DAS *neue* MÄNNERBUCH

Reinhard Haas · Axel Thorer

DAS *neue* MÄNNERBUCH

Karriere

Frauen

Gesundheit

Mode

Auto

Kultur

C. Bertelsmann

1. Auflage

© Reinhard Haas / Axel Thorer 1992
© dieser Ausgabe: C. Bertelsmann Verlag GmbH, München 1992

Schutzumschlag, Buchgestaltung und Produktion: Jan Michel, München
Satzbelichtung und Reproduktionen: EDTZ, Ottobrunn bei München
Druck: Karl Wenschow GmbH, München
Bindung: Großbuchbinderei Monheim
Printed in Germany
ISBN 3-570-01460-6

Nichts hat sich in den letzten Jahren dramatischer gewandelt als das Bild des Mannes. Männer, die sich heute noch in der Rolle des Macho gefallen, sind so wenig modern wie Kegelausflüge nach Bangkok. Männer, für die Frauen nichts Anderes als Lustobjekte sind, allenfalls noch preiswerte Dienstmädchen, sind so anachronistisch wie Rambo. Dieses Buch wurde für andere Männer geschrieben – für „richtige" Männer.

Die Emanzipation und Feminismus nicht mehr als persönliche Bedrohung empfinden, sondern die gesellschaftlichen Forderungen der Frauen als selbstverständlich akzeptieren.

Wir haben es für Männer geschrieben, die maßvoll und sensibel eine neue Lebensqualität anstreben, und dennoch immer auf dem Laufenden sein möchten. Die leiden, wenn sie weiße Socken zum Businessanzug und Goldkettchen auf haariger Brust sehen. Dieses Buch ist für Männer, die nicht mehr blindlings hinter allen Trends herstolpern, sondern ihre Individualität und ihr Wissen zum Maß aller Moden machen. Ihren Status im Berufs- und Privatleben nicht mehr an Protz-Symbolen aufhängen, sondern an einem gesunden Bewußtsein der eigenen Werte, dem Verständnis ihrer Mitmenschen und der Demut gegenüber der Natur.

Unter Männern

Unser Buch soll anregen, unterhalten, informieren. Es zeigt in zwölf Kapiteln das ganze Schicksal eines männlichen Daseins – und wie lebenswert amüsant es sein kann. Sollte. Muß. Von der munteren Früh-Fitness bis zum gepflegten Nightcap, vom bequemen Bürostuhl bis zum raffinierten Liebeslager, vom Nostalgie-Auto bis zur Traumfrau.

Dieses Buch soll aber auch den Frauen helfen, mit den Männern der Zukunft problemloser umzugehen. Sie besser zu begreifen. Ihren Kleinen Unterschied zu akzeptieren. Unseren Nöten und Ängsten mit Sympathie und Humor zu begegnen.

Ein Männerbuch, nicht nur für Männer.

Reinhard Haas – Axel Thorer

Erstes Kapitel

BUSINESS & KARRIERE

Zweites Kapitel

SPORT & FREIZEIT

Drittes Kapitel

WOHNEN & EINRICHTEN

Viertes Kapitel

ESSEN UND TRINKEN

Fünftes Kapitel

GESELLSCHAFT & BENEHMEN

Sechstes Kapitel

MODE & ACCESSSOIRES

INHALTSVERZEICHNIS

Danke ...

*Ohne die folgenden Personen oder Institutionen
wäre dieses Buch nicht möglich gewesen.
Wir danken für professionelle und
großzügige Unterstützung.*

KOLLEGEN

Peter W.Engelmeier, Marie Claire, !Forbes, Dr.Toni Meissner, Globo, Michael Ramstetter, Oliver vom Hofe, Lothar Strobach, Holiday, Hanns-Peter von Thyssen-Bornemisza, Ulrich Klever, Esquire (USA), Männer-Vogue

ILLUSTRATOREN

Simon Bond: 26/30, Geert Bordich: 36ff, Beate Brömse: 102, Ernst Dryden: 152/153, Peter Engel: 209, Rene Gruau: 169, Andreas Karl: 10/21/22/27/90/94/104/139/171/187/ 210/247/256/262, Male: 111/132/170/240, Christoph Treutwein: 25/45/50/78/79/95/106/189/192/238/ 263/267

FOTOGRAFEN

Hans Buttermilch: 74/75/116//117/146/155/159/178/182, Filmarchiv Engelmeier: 265 /270ff, Herbert Hesselmann: 199, Peter Kaiser: 59/60/62/139/164/165, Peter Kaspar: 48/149/150/151, Isolde Ohlbaum: 217, Stefan von Stengel: 185/6, Helmut Werb: 57/58

FREUNDE

Gisela Bree, Peter Eduard Meier, Josef Bulva, Prinz Bernhard der Niederlande, Katrin Dröge, Prinzessin Ashraf Pahlavi, Douglas Fairbanks jr., Walter Scheel, Heinz Fehring, Peter Tilly, Ralf Frenzel, Gloria von Thurn und Taxis, Dr.Hermann Geesing, Reinhold W.Timm, Herbert Grönemeyer, Willi Wacker, Remy Krug, Rüdiger von Wechmar, Christian Lacroix, Siggi Wentz

FIRMEN

Ermenegildo Zegna, Morgan's Rum, Levi's, Neiman-Marcus, Montblanc, Regent-Hotels

BUSINESS & KARRIERE

D er Meister sieht alles: „Sie sitzen krumm. Richten Sie sich etwas mehr auf. Nehmen Sie die Schultern zurück. Und atmen Sie tief durch." Dann kommt noch ein weiterer Ratschlag: „Beim Telefonieren ein bißchen mehr lächeln!"

Daß George Walther beim Telefonieren auf Körper- und Lippenhaltung seines Gesprächspartners achtet, mag als harmlose Marotte durchgehen. Daß er diese Lehrstunde jedoch am Telefon und von seinem Hotelzimmer im 200 Kilometer entfernten Frankfurt aus führt – das grenzt ans Wunderbare. Also gehorcht man, richtet sich auf, nimmt die krummen Schultern zurück und atmet lächelnd durch.

Laut Walther ist eigentlich alles so einfach: „Die Telefonstimme wird nicht nur von Wortwahl, Sprechtempo oder Mundart beeinflußt, sondern vor

Die Kunst des Telefonierens

Ein paar Tricks,
um fernmündlich schneller
zum Erfolg zu kommen

allem davon, wie man sich beim Telefonieren verhält."

So komisch das klingen mag – wer, aufrecht und leicht nach vorne gebeugt, sitzt (oder sogar auf und ab geht) und dabei ein freundliches Gesicht macht, hört sich wacher und dynamischer an und sammelt dadurch Pluspunkte bei seinem Gesprächspartner.

Und darum geht es dem Meister. Hunderte solcher Tips und Tricks für erfolgreiche Ferngespräche hat der kalifornische Erfolgsautor Walther in seinem Buch „Phone Power" (etwa: „Die Macht am Hörer") gesammelt und sich mit dem Wälzer einen Platz in den Bestsellerlisten für Wirtschaftsliteratur gesichert.

Das Potential des guten alten Telefons auszuschöpfen, das ist das Anliegen George Walthers, dessen Vater Angestellter einer Telefongesellschaft war. Der Sohn behauptet nun allen Ernstes: „Richtig angewendet, kann das Telefon wesentlich mehr zum unternehmerischen Erfolg beitragen als beispielsweise ein Computer." An dieser Theorie muß was dran sein. Jedenfalls zahlen Firmen wie Coca-Cola oder IBM viel Geld, damit Walther ihre Mitarbeiter bei Seminaren im Telefonieren ausbildet. Wobei er vor allem Spitzenleuten genau das verspricht, was sie am dringendsten benötigen: mehr Zeit. Denn nirgendwo werde im Geschäftsleben so viel kostbare Zeit verplempert wie am Telefon.

Der Meister will herausgefunden haben, daß bis zu 75 Prozent aller Versuche von Managern, telefonische Verbindung zu bekommen, erfolglos enden – der gewünschte Gesprächspartner ist nicht da, nicht zuständig oder aber nicht in der Lage, die gestellten Fragen auf Anhieb zu beantworten.

„Blindekuh am Hörer" nennt Walther das sattsam bekannte Spiel: Zwei vielbeschäftigte Erfolgsmenschen telefonieren unter Umständen tagelang hintereinander her, ohne je direkt ins Gespräch zu kommen. Walther hat dagegen drei Strategien entwickelt:

✆ Sich nicht abwimmeln lassen. Wenn Herr Meier nicht an seinem Platz ist, dann lassen Sie ihn ausrufen und notfalls sogar vom WC holen. Notlösung:

« Wichtige Leute rufen nicht zurück »
Lebensweisheit von
Gloria von Thurn und Taxis

Nach einem Ersatzmann fragen, der weiterhelfen kann. In keinem Fall jedoch das Handtuch werfen und auflegen.

✆ Hinterlassen Sie stets eine möglichst detaillierte Nachricht bei der (zuständigen) Sekretärin oder auf dem Anrufbeantworter. Das spart beim Rückruf enorm viel Zeit.

✆ Vereinbaren Sie einen festen Termin für Ihren nächsten Anruf oder für den Rückruf. Verfahren Sie so, als ob es sich um einen Besuch oder um eine Konferenz handeln würde.

Viele Ratschläge des Telefongurus aus den USA klingen beim ersten Mal geradezu banal: Fassen Sie sich kurz, bereiten Sie sich aufs Telefonieren wie auf ein persönliches Meeting vor, lehnen Sie ein Gespräch ab, wenn Sie nicht vorbereitet oder mit Ihren Gedanken ganz woanders sind. Praktiziert man die Tips jedoch, ergibt sich plötzlich ein ungeahnter Sinn und Nutzen für die tägliche Kommunikation. Vor allem dann, wenn es einem darum gehen sollte, mehr zu scheinen als zu sein.

Walthers vier Essentials: „Selbstbewußt auftreten. Geduldig zuhören. Sich dem Sprachtempo und der Sprech-

„In Kürze
außer Betrieb."
Eine Karikatur des
Amerikaners Ross aus
dem US-„Esquire"

ZEHN GOLDENE REGELN, AM HÖRER NICHT HILFLOS ZU SEIN

✆ Selbst anrufen – Sie treten am sichersten auf, wenn Sie Zeitpunkt und Thema des Telefonats bestimmen können.

✆ Vorbereitet sein: Akten und Unterlagen griffbereit vor sich liegen haben und beim Gespräch Notizen machen.

✆ Lassen Sie sich kein Telefongespräch aufzwingen. Lieber einen Termin für einen Rückruf vereinbaren.

✆ Wenn Sie unter Zeitdruck stehen, ein Limit setzen und versprechen, zu einem späteren Termin wieder anzurufen.

✆ Reservieren Sie täglich eine oder mehrere Stunden nur für Telefonate – außerhalb dieser Zeit nur im Notfall.

✆ Bilden Sie mit Ihrer Sekretärin ein Telefonteam, und lassen Sie einen Terminkalender für Gespräche führen.

✆ Informieren Sie Ihre Sekretärin darüber, mit wem Sie immer sprechen wollen, mit wem nie und mit wem gelegentlich.

✆ Freunden Sie sich mit der Sekretärin des Gesprächspartners an – sie ist der Schlüssel fürs Durchkommen. Den Namen merken!

✆ Wenn der Angerufene angeblich nie da ist: Die Damen in der Telefonzentrale wissen meist über jeden im Haus Bescheid.

✆ Wenn der andere sich rar macht: seinen Vorgesetzten anrufen. Er wird sie dorthin verbinden, wo Sie eigentlich hin wollten.

weise des Partners anpassen. Grundsätzlich positiv ausdrücken – also nicht sagen: ‚Die Lieferung kann aber erst am Freitag bei Ihnen sein.', sondern: ‚Die Lieferung wäre aber dann schon am Freitag bei Ihnen.'"

Laut Walther beherzigen nur die wenigsten, die einen Hörer in die Hand nehmen, auch nur die elementarsten Regeln: „Würde man alle Methoden, die man normalerweise im geschäftlichen Alltag einsetzt, um produktiv und effizient zu arbeiten, auf das Telefon übertragen, dann wäre diese hundert Jahre alte Erfindung mit Sicherheit das profitabelste Werkzeug im Geschäftsleben."

Statt dessen lasse man sich falsche Spielregeln vom Apparat diktieren. Welcher Fremde, so Walther, würde es beispielsweise wagen, einfach unangemeldet beim Chef eines Unternehmens hereinzuplatzen und ihm ein Gespräch aufzuzwingen? Der gleiche Fremde denkt sich jedoch nichts dabei, mit einem Telefonanruf zu stören.

Und der Angerufene läßt sich nicht nur wie selbstverständlich den Zeitpunkt, sondern auch noch das Thema der Unterhaltung aufdrängen, indem er den Hörer von der Gabel nimmt, höflich, mechanisch und, ohne nachzudenken, automatisch antwortet — damit hat er sich aber die Initiative bereits entreißen lassen. Ohne dynamische Ausstrahlung ist jedoch der Mißerfolg schon programmiert. Der Telefontrainer rät Führungskräften deshalb vor allem, sowenig Anrufe wie möglich zu akzeptieren. „Der wahrhaft effiziente Manager", rät George Walther, „ruft selbst an. Oder läßt nur dann anrufen, wenn er vorbereitet ist — mit den nötigen Unterlagen neben dem Hörer." Denn: „Führungskräfte sind nicht dazu da, ihren Unternehmen Telefonkosten zu sparen, sondern um Erfolg zu produzieren."

Ein Kannibale wird Dorfältester

18 Spruchsprossen auf der Karriereleiter.
Von Raymond Chandler bis Balzac

Irren ist menschlich. Aber noch menschlicher ist es, andere für den Irrtum verantwortlich zu machen.
Aus einem Buch des amerikanischen Krimiautors Raymond Chandler

Das Problem bei Problemen ist, daß man um keinen Preis zugeben darf, daß es eins gibt. Denn sonst wird man gezwungen, es zu lösen. *Anonym*

Der Fachmann lernt immer mehr über immer weniger, bis er am Ende alles von nichts weiß. Der Generalist lernt immer weniger über immer mehr, bis er am Ende nichts von allem weiß.
Aus der Vorlesung eines Harvard-Professors (der außer diesem Satz wenig produziert hat)

Die Versuche, ein Problem zu lösen, werden meist dann abgebrochen, wenn sich herausstellt, wer das Problem verursacht hat. *VW-Manager Daniel Goeudevert*

Entscheidungen trifft man am besten unter dem Gesichtspunkt, wie man sich aus der Schlinge ziehen kann, wenn sie schiefgehen.
Aus der Unterhaltung zwischen einem älteren und einem jüngeren SED-Funktionär

Es macht absolut keinen Sinn, seine Bildung auf Kosten seiner Autorität zu erweitern.
Aus der britischen TV-Serie „Yes Minister"

Wenn du dein Geld nicht für dich arbeiten lassen kannst, wirst du ein Leben lang für Geld arbeiten.
Ein gewisser Joe Miller im „Miami Herald"

Nie, absolut niemals, weise vorher darauf hin, daß du eine bedeutende Aussage zu machen gedenkst.
Charles G. Ross, Pressesprecher des US-Präsidenten Harry Truman

Ein freundlicher Klaps auf die Schulter ist nur wenige Zentimeter entfernt von einem unfreundlichen Tritt in den Hintern. *„Roncalli"-Direktor und -Clown Bernhard Paul*

Merke: Sogar ein Flugzeug startet besser mit Gegenwind.
Der amerikanische Wirtschafts-Nobelpreisträger Milton Friedman

Ich glaube, daß die Vorstellung, das Glück des Menschen liege in der Freizeit und nicht in der Arbeit, eine Fehleinschätzung ist. *Dieter Stolte (ZDF)*

Heute gut, morgen besser, übermorgen Argentinien.
Der Hamburger Briefmarkenauktionator Wolfgang Jakubek über untergetauchte Finanzmakler

Der Nachteil eines akademisch geschulten Geistes ist, daß er die Möglichkeiten übersieht, die sich durch Gewaltanwendung bieten.
Aus einem neueren US-Film über die Wall Street

Am Beginn eines jeden großen Vermögens steht ein Verbrechen.
Honoré de Balzac

Wenn Hindernisse im Weg liegen, ist die kürzeste Verbindung zwischen zwei Punkten ein Bogen. *S. F. Skinner*

Für den, der auf der Spitze des Berges steht, pfeift immer der Wind.
Tibetische Weisheit

Natürlich wird der Kannibale, der sein ganzes Dorf gefressen hat, Dorfältester. *Murphy's Law*

Erzählen Sie den Leuten nie, was Sie nicht tun würden. *Adam Clayton Powell*

In ihrem Fitneßwahn haben die Amerikaner den Dry-Martini-Lunch abgeschafft, was das „Wall-Street-Journal" als „Verlust an Charakter" beklagte. Beim Busineßlunch bleiben die Amis heutzutage nüchtern, sie trinken Mineralwasser oder Bloody Mary ohne Mary. Bei uns stellen sich die Probleme anders dar. Wir haben nie Martinis zum Mittagessen getrunken. Wenn schon Hartes, dann kippten wir – kalt, klar und kräftig – Aquavit oder Dornkaat. Enthaltsame bestehen auf Mineralwasser. Die anderen tranken immer schon Bier und heute mehr und mehr Wein. Aber da der Aperitif im Edelimbiß wie auch im Bistro bis hin zum gehobenen Eßlokal üblich geworden ist und man mindestens eine

"Oh! isn't it good?"

Wieviel trinkt man mittags?

Ein paar Tricks, um den Busineßlunch in Ehren zu überleben – und dennoch nicht als Spielverderber zu gelten

Karaffe von 0,2 Liter Wein weggeschluckt (und vielleicht noch einen Digestif), scheint es dringend geboten, die genossene Alkoholmenge zu berechnen, um den persönlichen Promillegehalt zu kennen und Probleme vermeiden zu können.

Das gilt besonders für Leichtgewichte unter 70 Kilo, die schon mit 35 Gramm Alkohol ihre 0,8 Promille erreichen. 35 Gramm, das sind ein Glas Champagner plus 0,2 Liter Chablis

und Cognac. Fangen wir bei Aperitifs an: Champagner hat zwölf Prozent Alkohol, ein Glas demnach 9,6 Gramm. Berechnungsformel: Prozente (= 12) mit Alkoholdichte (= 0,8) multiplizieren. Ergibt die Grammzahl für 0,1 Liter. Trinkt man dagegen einen trockenen Mosel mit Mineralwasser und Zitrone, kommt man auf knapp vier Gramm Alkohol. Das 5-cl-Glas Sherry fino bringt sieben Gramm Alkohol, ein kleines Pils genausoviel.

Beim Wein kann man besser „sparen". Die Faustregel heißt: Weiß- vor Rotwein, und alle deutschen Weine steigen weniger zu Kopf. Ein trockener Mosel-Riesling hat nur sieben Prozent Alkohol, ein Rheingauer um neun, ein fränkischer Silvaner um zehn, Chablis dagegen 13,5, ein Elsässer Pinot Blanc und ein Soave zwölf. Finger weg mittags vom Côtes du Rhône mit 13,5, Gigondas mit 13,8 oder Barbaresco mit 14,3 Prozent. Die meisten Bordeaux-Weine haben um zwölf Prozent. Soll es partout ein Roter sein, empfehlen sich Trollinger mit elf, Lemberger mit zehn oder Ahr-Burgunder mit neun Prozent.

Von den Schaumigen ist Asti Spumante (neun Prozent) der harmloseste, wenn auch lieblich süß. Nicht lieblich, aber süß ist die deutsche Beerenauslese, und die hat manchmal nur sechs Prozent. Ein Gläschen zur Gänseleber ist also immer drin.

Digestifs, vom Armagnac über Grappa bis zum Marc, schlagen mit 6,4 bis 7,2 Gramm Alkohol für die 2-cl-Ration zu Buche. Kaffee macht übrigens nicht nüchtern, wie allgemein angenommen wird, sondern treibt den Blutalkoholspiegel um fast 20 Prozent in die Höhe, täuscht aber Ernüchterung vor. Kräftiges Essen dagegen hält den Promillewert um rund 30 Prozent niedriger.

Und wie schnell baut sich der Alkohol ab? Weit langsamer, als man denkt. Die Leber schafft acht Gramm pro Stunde. Bei unseren angenommenen 35 Gramm zum Lunch sind das gut vier Stunden.

Man ist also erst wieder nüchtern, wenn man am Abend seinen ersten Entspannungsdrink kippt.

Wer keinen Aktenkoffer hat, kann nicht wichtig sein. Man hat ihn einfach dabei, egal ob etwas drin ist oder nicht. Und irgendetwas ist immer drin, auch wenn man's gerade nicht braucht. Sicher ist sicher. Es könnte ja sein. Und dann ist man froh, man hat ihn dabei. Außerdem gehört er einfach dazu – auf Geschäftsreise, weil er schon immer dabei war. Und wehe, man hat ihn mal nicht dabei, weil man ihn wirklich nicht braucht. Dann verhört einen die Polizei. Im Ernst: Neulich mußte ich mich am Flughafen, 1. ausweisen, 2. nochmals durchsuchen lassen, 3. fragen lassen, warum ich kein Gepäck habe. Nur weil ich ohne Aktenkoffer nach Frankfurt flog; glaubte, für die kurze Besprechung alles im Kopf zu haben. Falsch. Wer keinen Aktenkoffer hat, macht sich verdächtig: a) ein Verbrechen begangen zu haben, oder b) völlig unwichtig zu sein.

Wer einen hat, den können wir taxieren, einschätzen, vor- und aburteilen. Kofferträger sind Koffertypen:

1. VERTRETER, CLASSIC: Die Standardausführung, meist in schwarzem, dunkelblauem, bordeaux-rotem Leder. Kennzeichen: Goldene Schnappschlösser mit Zahlenkombination, Initiale neben dem Griff, metall-

Aktenkoffer und ihre Träger

Wer sich über Herrentäschchen mokiert, sollte lieber darauf achten, was er selbst in der Hand hält

verstärkte Rahmenecken. Der Inhalt des Koffers ist so langweilig wie sein Träger: nichts als Statistiken, Bilanzen, Auftragspläne. Dazwischen eine Schachtel Tabletten gegen Magenbeschwerden, ein Heft mit gültigen Postwertzeichen und Telefongebühren, der Klarsichtordner „Spesen- und Tagessätze für Reisen innerhalb Deutschlands", der Betriebsausweis mit Lichtbild, ein Päckchen Papiertaschentücher, drei Kugelschreiber, ein Taschenrechner. Meist unsichtbar ganz unten (wahlweise): „Playboy", „Penthouse", „Wanderwege im Schwarzwald".

2. ALUMINIUM, MARKE „ZEITGEIST": Die Blechträger sehen zwar ungemein dynamisch und flexibel aus, sind es aber genausowenig wie ihr Köfferchen. Obwohl sie meist der Werbe-, Film-, Musikszene entstammen. Außen: Swatch, Armreif, Jeanshemd, Pop-art-Krawatte, Lederjacke. Innen: zwei Schachteln „Marlboro", mehrere Prospekte über Segeltörns in der Karibik, sämtliche Zeitgeistmagazine (deutsch), Filofax, Walkman, drei Joghurtbecher aus der Lufthansa-Speisekammer in der Abflughalle. Dieses Gepäckstück signalisiert: Der Besitzer fühlt sich ganz anders als die anderen; ist jederzeit bereit, den Anschluß nach Paderborn gegen die Düse nach São Paulo einzutauschen. Leider wird nie etwas daraus.

3. HOLZKOFFER, EDELLOOK: Seit einiger Zeit ist ein neuer Aktentaschentyp in der Frühmaschine nach Hamburg, München und Köln aufgetaucht: der Holzkoffer. Sein Träger trägt meist Bart, Weste, Cordhosen und eine fremdsprachige Zeitung (bevorzugt: „USA Today") unterm Arm. Wir wissen sofort: Hier stört ein Individualist unsere geordnete Kofferwelt. Wenn sie ihn auf sein Gepäckstück ansprechen (was er schätzt), wird er Ihnen etwas von einer „Sonderanfertigung aus einer Schienenschwelle südlich von Santa Fe" erzählen. Dann öffnet er das Silberschloß, klappt das gute Stück auf und entnimmt ihm eine schmale Lesebrille und eine Pfeife, die er kalt raucht. Beim neugierigen Seitenblick auf den Inhalt erkennen wir fünf Päckchen Pfeifenreiniger, einen Knautschtabaksbeutel (Leder, Sillem) und den großen Sonderdruck „Alte Bauernhäuser – selber restaurieren".

4. LEDERMAPPE, VERWITTERT:
Wenn Sie sich Ihren Sitznachbarn aussuchen können – dieser ist die beste Wahl. Obwohl der Typ auf den ersten Blick aussieht wie alle anderen: dunkler Anzug, gedeckte Krawatte, Hut vielleicht. Als zweites aber fällt Ihr Blick auf seine Schuhe. Uraltes Modell, schon tausendmal geputzt, trotz aller Falten immer noch tipptopp. Genauso seine Mappe: verschrammt, verwittert und mit Rotweinflecken. Garantiert aber ohne Kofferanhänger von Lufthansa oder Eurocard. Umständlich bördelt er die alten Riemen auf, nimmt ein kleines Büchlein und den grünen Füller raus und will Sie gar nicht sehen. Gesprächsstoff für die nächsten zwei Tage böte allein der pastellfarbene Katalog in seiner Tasche. Titel: „Il Lancia superleggiera di Pininfarina". Ansonsten könnten Sie mit Mr. Ledermappe vielleicht noch reden über die schönsten Golflöcher der Welt, die Bordeaux-Jahrgänge 1967–72 oder die Neuaufnahme von Count Basies „One O'clock Jump". Interessant wäre es allemal, denn Ihr Nachbar ist so hoffnungslos unmodern, daß er unserer Zeit schon wieder weit voraus ist.

Ein paar Weisheiten aus aller Welt ...

... die Geschäfte leichter und Ihren Rauswurf schwerer machen

Wenn du nichts zu tun hast – schnell bewegen und sorgenvoll dreinschauen.
Aus einer Konversation zwischen zwei Arbeitern bei Ford in Detroit

Für jede Woche, die Sie weg sind, und Ihre Arbeit liegen bleibt, kommt eine Woche, in der Ihr Boß Urlaub macht und Sie das doppelte Pensum schaffen.
Daniel B. Luten, University of Berkeley

Bürokratie ist das Mittel, die freie Entscheidung des Menschen und des Handelns zu behindern.
Joachim Theye

Nur wer quietscht, wird geölt.
Busineßvolksmund

Der schmalste Grad ist der zwischen Loyalität und Arschkriecherei.
Der Schauspieler Douglas Fairbanks jr.

Warum werden meine Wünsche nicht respektiert, bevor ich sie zu Befehlen mache?
Fred Baumgärtel, Exchefredakteur des „Playboy"

Lassen Sie sich nicht täuschen – eine Aktennotiz soll nie den Empfänger informieren, immer nur den Absender schützen.
Der amerikanische Busineßautor Paul Dickson

Der Unterschied zwischen Kunden und Waren ist der, daß Kunden wiederkommen, wenn man sie nett behandelt.
Stanley Marcus, Seniorchef des US-Versandhauses Neiman Marcus

Es ist ein Gesetz des Lebens, daß der Papierkram, den man mit sich herumschleppt, mehr wird, wenn man ein größeres Aktenköfferchen wählt – und weniger, wenn man ein kleineres nimmt.
Der US-Außenminister Dean Rusk

Ein Termin verspätet sich um genau so viele Minuten, wie Leute hoch zwei an ihm beteiligt sind – wenn man 12 Uhr sagt und alleine ist, wird's 12.01 Uhr, kommt man zu zweit, wird's 12.04 Uhr, bei vier Personen wird's schon 12.16 Uhr ...
Aus einem Leserbrief an die „New York Times"

Die einzige Möglichkeit, Magengeschwüre zu vermeiden, ist – sie anderen zu verschaffen.
Der Manager eines deutschen Großverlags (Zeitschriften, nicht Bücher!)

Es ist eben so, daß zu einer Konferenz immer die zu spät erscheinen, die den kürzesten Weg haben.
Carl Thompson, Executive Vice President von Hill & Knowlton

Wer seinem Chef einen Vogel zeigt, muß damit rechnen, fliegen zu lernen.
Graffiti auf einer Herrentoilette von Siemens (München)

Wenn zwei Leute darüber entscheiden, was sie mit dem Geld eines Dritten machen, endet das unweigerlich in Betrug.
Aus „Der Spiegel"

Wenn Du Dir einen Feind machen willst, tu jemanden einen Gefallen.
Volksmund

Niemand ist unternehmungslustiger, tollkühner und gefährlicher als diejenigen, die nichts besitzen.
Hermann Abs, Vaterfigur deutscher Banker

Schuld sind immer die Abwesenden, deshalb ist es so wichtig, immer dabei zu sein.
Sam Rayburn, legendärer Speaker des US-Kongresses

Deckung geht vor Wirkung.
Ein uralter Spruch der Artillerie

Es gibt Leute, die grundsätzlich nichts lesen, was länger als eine Seite ist. Diese Leute nehmen rapide zu. Vor allem auf den Busineßetagen. Tatsächlich: Oft genügen fünf Zeilen. Der Rest entsteht aus zwanghaften Bedürfnis, eine weiße Seite zu füllen.

REGEL NR. 1: Schnell zur Sache kommen. Wichtig: Der korrekte Name des Empfängers, eine leichte Floskel zum Einstieg und dann die Informationen.

REGEL NR. 2: Je wichtiger der Inhalt, desto unwichtiger die grafische Gestaltung.

Es sind bereits hochdotierte Verträge auf Bierdeckeln formuliert worden,

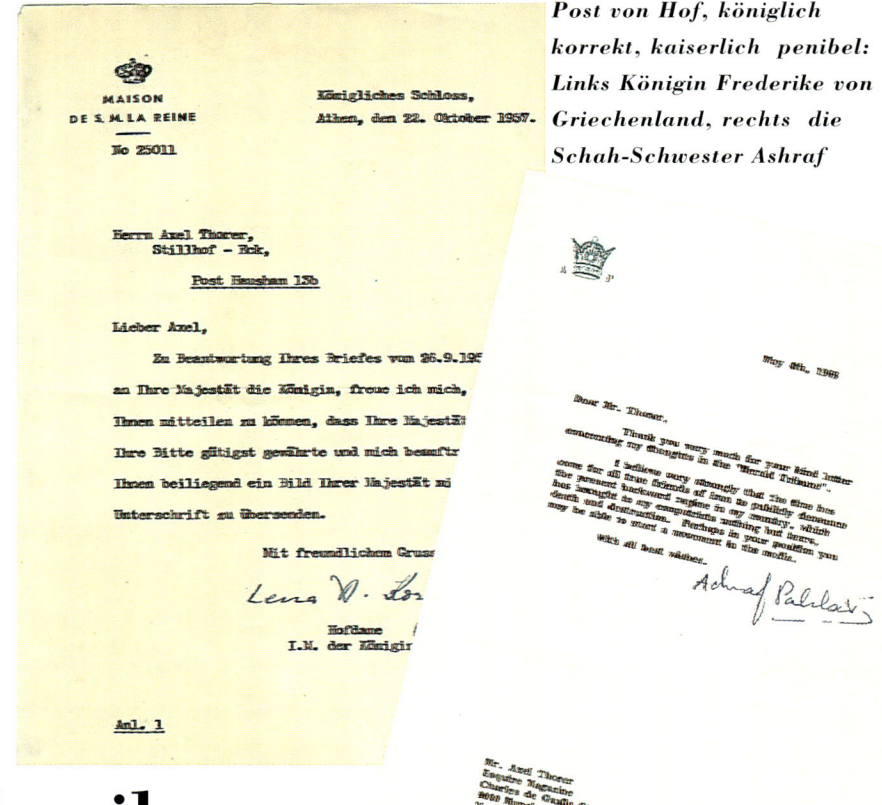

Post von Hof, königlich korrekt, kaiserlich penibel: Links Königin Frederike von Griechenland, rechts die Schah-Schwester Ashraf

Die Kunst, Briefe zu schreiben

Vom Bewerbungsschreiben bis zur Kondolenz. Oder wie man korrekt und gekonnt mit einem weißen Blatt Papier umgeht

und als die Frau von Albert Einstein eines Tages sah, wie ein Professor seine Formeln auf feinstes Büttenpapier schrieb, rief sie aus: „Komisch, mein Mann macht das immer auf den Rückseiten alter Kuverts!" $E = mc^2$.

REGEL NR. 3: Absätze. Sie erleichtern das Lesen und füllen die Leere.

Die richtige Anrede ist eine Kunst, die wenige beherrschen. Sie schwankt zwischen Vertraulichkeit, Korrektheit und Respekt. Ein paar Tips:

➥ Niemand vergibt sich etwas (im Gegenteil!), wenn er Vorgesetzte, ältere Damen und Menschen von Status statt mit „Sehr geehrte(r) ..." mit „Hochverehrte(r) ..." anredet.

➥ Ebensogut macht sich die Abschiedsformulierung „Ihr Ihnen sehr ergebener ..." (wenn's angebracht scheint). In der Höflichkeit liegt das zwischen Hutlüpfen und Handkuß.

➥ Tödlich dagegen sind im privaten Briefverkehr Floskeln wie „Hochachtungsvoll" oder „Mit freundlichen Grüßen". Kälter geht's nicht.

➥ Umgekehrt brauchen nur Geschäftsbriefe beantwortet zu werden, die ein Mensch unleserlich signiert (oder sich hinter dem Namen seiner Sekretärin versteckt). Privat sind das Flegelschreiben.

➥ Nur in sehr privaten Briefen kann auf einen Briefkopf mit Namen und Adresse des Empfängers verzichtet werden.

➥ Sind solche Briefe mit der Maschine geschrieben (und auch Computer sind Maschinen!), so gehört es sich, Anrede („Lieber Andreas ...") und Ausstieg („Herzlichst Dein ...") mit der Hand zu schreiben. Aber der Reihe nach.

LIEBESBRIEFE

Keine Frau kann von Ihnen Shakespearesche Sonette oder McCartneysche Liedertexte erwarten. Schlichte Ernsthaftigkeit genügt in Stil und Aussage. Nichts läßt sich so vielfältig (und unterhaltsam) ausdrücken wie Liebe, ein Liebesbrief ist der persönlichste und verräterischte aller Briefe. Und ein Dokument (ein Geständnis am Telefon dagegen ist nichts als eine Schallwelle). Zur Beruhigung: Alles, was Sie sagen wollen, wurde bereits mal besser gesagt (wenn auch nicht von Ihnen). Leihen Sie sich also eine Zeile von Rilke („Die Linie Deiner Lippen ...“) oder Bukowski („You boys can keep the virgins ...“) oder Grimm („Es war einmal ...“). Verstecken Sie sich hinter einer amüsanten Zeile – oder kommen Sie gleich zum Punkt. Hemmungen? Zeichnen Sie Ihre Gefühle. Mit einem Herzen (die Minimallösung), einem Blümchen, zwei Männlein (eins davon weiblich) und sogar Verlegenheitsdoodles. Es gibt keine festen Regeln für Liebesbriefe, jeder ist von neuem ein Original. Ihr Original! Warum also nicht eine Collage aus Fotos um den Text bauen oder die Eintrittskarten vom letzten Mal aufkleben („Weißt Du noch?“), oder was Ihnen sonst vom Herzen kommt (schon mal mit einer Kopie des Stichworts „Brennende Liebe“ aus dem Duden versucht? Da steht: „Pflanze mit behaarten Blättern und scharlachroten, in Trugdolden wachsenden Blüten“ (Heiterkeit beim Empfänger). Aber Vorsicht: Liebesbriefe schreibt man nicht auf Geschäftspapier, nicht per Computer und nicht per Fax. Auch Kuli ist schlecht. Liebe schreit nach Füller, Bütten und Farbe.

LESERBRIEFE

Immer erst ins unreine schreiben (wie ein Manuskript), denn irgend jemand soll's ja drucken. Gleich zum Punkt kommen, die Leser und den Leserbriefredakteur (meist eine Dame) schnell interessieren. Merke: Leserbriefredakteure besitzen die größten Papierkörbe der Welt. Die Sätze kurz halten, nicht mehr als einen Nebensatz. Je klarer (und kompakter) Ihr Brief ist, desto weniger wird er redigiert (wenn er überhaupt gedruckt wird, denn Leserbriefredakteure sind auch noch notorisch faul). Schreibfehler? Egal, dafür haben die Zeitungen Korrektoren. Aber beginnen Sie mit einem Lob für die Zeitung, der Sie schreiben („... lese Ihr Blatt seit Jahren jeden Tag mit neuem Genuß ...“); Chefredakteure lieben und drucken so etwas. Übertreiben Sie ruhig ein bißchen, aber beleidigen Sie niemanden (Chefredakteure haben panische Angst vor Anwälten). Wichtig: Beschäftigen Sie sich pro Leserbrief nur mit einem Thema. Und schreiben Sie nach dem Schnabel, das ist unterhaltsam, und durchaus per Hand. Hauptsache er ist gut. Trockenes Kanzleideutsch dagegen klingt nach juristischer Falle – und so langweilig. Merke II: Nur Briefe mit vollem Namen und korrekter Adresse haben eine Chance (Sie können jedoch um ein Pseudonym, Kürzel oder die Formulierung „Name der Redaktion bekannt“ bitten). Warnung: Zeitungen hassen Leserbriefe, in denen ein Leser auf den Leserbrief eines anderen Lesers antwortet (kaum Abdruckchancen, weil Privatkorrespondenz).

BEWERBUNGSSCHREIBEN

Das ist die subtilste und defensivste Form der Eigenwerbung: Sie möchten einen anderen von sich überzeugen, damit er Ihnen regelmäßig Geld gibt.

Was nur klappt, indem man das Bewerbungsschreiben präzise formuliert, unterhaltsam, informativ und in zwei Teilen aufsetzt: ein Anschreiben und eine Art Lebenslauf.

Der Lebenslauf (oder Curriculum vitae) muß enthalten:

- Name,
- Adresse,
- Geburtsdatum,
- Informationen über Ausbildung, Zeugnisse, Diplome, Titel,
- Name und Adresse früherer Arbeitgeber,
- Dauer früherer Jobs,
- derzeitiger Status mit genauer Position und Aufgabenbereich,
- Darstellung möglicher, vom bisherigen Arbeitgeber nicht erkannter oder genützter Fähigkeiten,
- Hobbys und andere außerberufliche Interessen,
- Ehrenämter (wie Vereinsvorsitzender) oder Erfolge (deutscher Vize-

---

EMPFEHLE MICH ...

➡ Nur in äußersten Fällen, und nur unter intimen Bekannten sollte man sich dazu hinreißen lassen, ein Empfehlungsschreiben auszustellen. Auf Empfehlungsschreiben ist einfach kein Verlaß. Meist ist der Empfohlene eine Zufallsbekanntschaft des Verfassers (vor der er sich wichtig tun möchte) und kennt den Adressaten oft ebenfalls nur flüchtig. Die Aussicht, daß ein solcher Brief alle drei zufriedenstellt, ist gering.

meister über 800 Meter), die zeigen, daß Sie a) Verantwortung tragen, b) unter Streß arbeiten können,

➥ Name und Anschrift von Leuten, die bereit sind, Ihnen Referenzen zu geben (vorher mit ihnen abchecken!),

➥ die Bitte um ein Vorstellungsgespräch (nennen Sie aber gleich die Zeitpunkte, die für Sie am günstigsten wären).

Der Lebenslauf kann getippt sein. Es empfiehlt sich, gleich ein paar Fotokopien davon zu ziehen.

Das Begleitschreiben, möglichst per Hand und dem dunkelsten Stift (tiefblaue oder schwarze Füllertinte), den Sie finden, muß sich auf die Stellenanzeige beziehen, geben Sie den Namen der Zeitung an, in der Sie diese gesehen haben und, wenn möglich, die Referenznummer.

Lassen Sie diesen Brief gegenlesen, damit Sie keinen grammatikalischen oder orthographischen Fehler begehen – er kann Sie den Job kosten!

Beziehen Sie sich nicht auf eine bestimmte Anzeige, sondern bewerben Sie sich ins Blaue hinein, dann müssen Sie begründen, warum Sie gerade für diese Firma tätig werden wollen, und warum die Firma unbedingt gerade Sie einstellen sollte.

Der Personalchef ist immer der korrekte Ansprechpartner, sofern in einer Annonce nicht ein anderer genannt ist. Der Ton des Begleitschreibens sollte angeregt, aber nicht zu vertraulich, sachlich, aber nicht zu kühl sein.

EINLADUNGEN

... läßt man auf einem etwas luxuriöseren Papier drucken (Karte, Faltblatt),

per Hand geschrieben ist nur der Name des Gasts. Folgende Informationen müssen den Einladungen zu entnehmen sein:

➥ Name des Gastgebers,

➥ Anlaß, Datum, Ort, geforderte Kleidung (im Sonderfall auch die Dauer der Einladung),

➥ Datum und Adresse für die Rückantwort (u. A. w. g.).

ACHTUNG: Auch wenn aus Höflichkeit eine Telefonnummer angegeben ist – ein Anruf ist nicht die korrekte Form zuzusagen (es sei denn, die Einladung erfolgt aus bestimmten Gründen sehr kurzfristig). Man antwortet schriftlich auf eine schriftliche Einladung – und bedankt sich dabei gleich.

GLÜCKWÜNSCHE

Ja, da können Sie ein Fax verwenden. Das ist in jedem Fall besser als eine dieser albernen vorgedruckten Karten für alle Gelegenheiten aus dem Supermarkt. Ein kurzes Briefchen oder eine Briefkarte ist noch besser. Ein paar persönliche Informationen sind erlaubt, aber ruinieren Sie Ihre Glückwünsche nicht, indem Sie von einem größeren Ereignis berichten, als Ihr Adressat feiert.

DANKSCHREIBEN

Das ist wie bei Einladungen: So was macht man schriftlich, nicht am Telefon. Auch Fax gehört sich nicht (weil es unsauber ist, einen möglichen Dritten lesen zu lassen, daß jemand Ihnen einen Gefallen getan hat).

Im Dankschreiben (fällt auch unter die Kategorie: schnelle Antwort) wiederholen Sie, womit der andere Sie

glücklich gemacht, Sie halten sich kurz, aber innig, und erwähnen Sie möglichst keine Probleme, auf die Ihr Adressat erneut mit einem Gefallen reagieren könnte – Dankschreiben dienen nur der Freude des Empfängers.

Bei Geschenken muß auch dann schriftlich gedankt werden, wenn Sie Ihnen persönlich übergeben wurden und Sie Ihren Dank bereits mündlich abgestattet haben.

ENTSCHULDIGUNGEN, KONDOLENZEN, MITGEFÜHL

Die schwierigsten Briefe, aber hinterher steigt jedesmal Ihr Selbstwertgefühl: weil eine Last von Ihrer Seele fällt, Sie sich gefallen als Anteilnehmer. Und weil der Inhalt Ihres Schreibens weniger wichtig ist als die Tatsache, überhaupt geschrieben zu haben (und sei's noch so kurz). Außerdem: Denken Sie daran, um wieviel schwieriger es wäre, dem Betroffenen Auge in Auge gegenüberzutreten.

MERKE: Das sind keine Einheitsschreiben. Auf jedes Töpfchen paßt ein anderes Deckelchen. Überlegen Sie sich das vorher, analysieren Sie den Adressaten. Für den einen Brief, dem eine Karte, für einen Dritten ein kleines Präsent.

Schreiben Sie zuerst ins unreine (Gefühl drückt man meist nicht im ersten Versuch perfekt aus). Erklären Sie, warum Sie scheiben, und schwafeln Sie nicht herum, suchen Sie nicht nach Informationen – drücken Sie aus, was Sie fühlen. Und wenn Sie nichts fühlen, lügen Sie (Ausweg: eine gemeinsame erfreuliche Episode schildern, mit dem Verblichenen, dem Beleidigten, dem Geschädigten ...).

Manchmal genügt ein winziges Detail (besonders in Kondolenzbriefen), um den Adressaten zu trösten. Sagen Sie, was Sie vermissen werden („... sein Lachen ..."). Aber hüten Sie sich, in die abgedroschenen Phrasen von Firmen zu verfallen, die einen langjährigen Mitarbeiter betrauern: „Wir werden ihn nie vergessen ...", „... werden in seinem Geist weiterarbeiten ...", „... er wird immer in unserer Mitte sein ...").

Schreiben Sie, was Ihnen in die Feder fließt, lesen Sie es einmal sorgfältig durch und „personalisieren" Sie es anschließend.

Nie vorgedruckte Karten oder Briefe verwenden. Wenn's wirklich nicht anders geht, unbedingt durch handschriftliche Zusätze adeln. Sonderfall Entschuldigungen: kurz halten. Fehler zugeben und Bedauern ausdrücken. Mehr nicht, vor allem kein Wenn und Aber (sonst lieber bleibenlassen).

PERSÖNLICHE
GESCHÄFTSBRIEFE

Wenn Sie an Ämter, Banken, Versicherungen, Vereine oder Handwerker schreiben, halten Sie sich kurz, schreiben Sie so simpel, wie nur möglich, und tun Sie so, als würden die Empfänger Ihre Briefe nur ungern lesen. Genauso ist es nämlich.

Da kommen Sie nur raus, indem Sie Aktenzeichen, die Daten und Unterzeichner früherer Briefe, Rechnungs- und Kontonummern usw. angeben. Das hilft ein bißchen (und vor allem Beamten auf die Sprünge).

Stilistisch und grafisch vorbildlich: Die Antwort von Gloria von Thurn und Taxis auf ein Kondolenzschreiben zum Tod des Fürsten Johannes

Regensburg, Januar 1991

Lieber Herr Thores,

über Ihre liebenswürdigen Worte zum Tode meines geliebten Mannes habe ich mich sehr gefreut.

Diese 10 Jahre mit ihm waren wunderschön.

Durch seine schwere Krankheit und die Möglichkeit, nur für ihn dazusein, hat unsere Liebe eine neue Dimension erfahren.

Mit Gottes Hilfe werde ich die von ihm übernommenen Aufgaben in seinem Sinne weiterführen.

Herzlich Ihre

Gloria

Grundsätzlich gilt: Kein Brief sollte länger als eine Seite sein, jeder Satz ein Absatz und schnell zur Sache kommen. Ordentlich Gebrauch von Aktenzeichen etc. machen.

Unter Ihre Unterschrift gehört (in Maschinenschrift oder Druckbuchstaben) Ihr voller Name noch einmal. Unbedingt eine datierte Kopie behalten.

BESCHWERDEN

Beschwerdebriefe sind wirksamer als Nörgeltelefonate, aber Fax geht auch (können ruhig viele Menschen sehen, was Meyer III wieder angerichtet hat). Aber bedenken Sie, daß ...

➠ nicht immer Absicht hinter einem Fehler stecken muß,

➠ Fehler eher zugegeben werden, wenn der Beschwerdebrief höflich statt drohend ist.

Finden Sie heraus, wer für Ihr Problem zuständig ist: Name, Vorname, Titel, exakte Anschrift (im Notfall inkl. Zimmernummer). Das mag mühsam sein, erschreckt den Adressaten aber heilsam. Es lohnt sich also.

Stellen Sie vor dem Schreiben eine Liste zusammen: Beschwerdepunkte der Reihe nach, hilfreiche Einzelheiten (Typ, Fabrikationsnummer, wo und wann gekauft, bei welchem Verkäufer moniert, wie teuer), Ihre bisherigen Schritte.

Dazu, in Fotokopie, alle illustrierenden Dokumente (die Originale immer behalten, auch wenn sie angefordert werden!).

Aber behaupten Sie nie etwas, das Sie nicht belegen können. Genau an diesem Schwachpunkt wird man Sie später aufhängen!

Beschwerdebriefe nie per Hand schreiben, immer mit Maschine. Und mit vielen Absätzen. Und penetrant auf Dokumente in der Anlage verweisen (und diese beilegen!)

Machen Sie schonungslos klar, was Sie eigentlich wollen: ein neues Gerät, Geld zurück, einen Termin, eine schriftliche Entschuldigung usw. Sagen Sie nie: „... es wird Ihnen schon was einfallen ...“! An der Stelle haben die anderen gesiegt, da fällt Ihnen nämlich immer was ein, was denen nützt, nicht Ihnen – aber Sie haben es ja nicht anders gewollt.

Beenden Sie solche Briefe nicht mit „Hochachtungsvoll“, sondern mit: „In Erwartung Ihrer Antwort grüße ich Sie. (Absatz) Hochachtungsvoll ...“. Immer eine datierte Kopie behalten.

Merke: Beschwerden von zehn Zeilen haben unendlich viel mehr Erfolg als Beschwerden von zwei Blatt.

PRIVATKORRESPONDENZ

Ein alter Freund von uns, der mit seinen Weisheiten reich und freundlich geworden ist, hat immer behauptet: nur Angenehmes schriftlich, Unange-

nehmes immer mündlich! Recht hat er. Private Briefe sollen Freude machen (außer die mit dem schwarzen Rand). Deshalb haben Dienststellen ja das hellblaue oder resedagrüne Warnkuvert eingeführt. Damit wir gleich wissen, daß es wahrscheinlich nichts Erfreuliches ist. Der Sinn von Briefen liegt darin, daß Sie genügend Zeit haben, sich zu überlegen, was Sie sagen wollen. Das unterscheidet Korrespondenz von Konversation. Dennoch: Stil und Form sind bei dieser Art von Brief weniger wichtig als Inhalt und Wärme. Und Neugier – der Empfänger soll sehen, daß jemand an seinem Leben anteilnehmen möchte. Zu Beginn: Überlegen Sie sich, was der andere gern hören

würde. Schreiben Sie das. Oder wenn Sie auf einen Brief antworten, gehen Sie zuerst auf diesen ein. Kommentieren Sie ihn, zeigen Sie sich erfreut über die Informationen.

Beleidigen Sie den Empfänger nicht mit Gründen, warum Sie so lang nichts von sich haben hören lassen. Schlecht: „... leider bin ich bisher nicht dazugekommen ...“ Gut: „... Dir zu schreiben, ist mir so wichtig, daß ich Zeit und ei-

nen freien Kopf haben will. Beides fehlte mir bisher ...“

Es ist pure Höflichkeit, auf Fragen einzugehen, die der andere in seinem Brief gestellt hat. Tun Sie es. Völlig überflüssig dagegen die eigene Frage: „Wie geht es Dir?“

Je intimer der Brieffreund, desto unterhaltsamer muß Ihr Brief sein. Legen Sie deshalb Zeitungsausschnitte, Fotos oder sonst irgendwas, worüber er mitreden soll, bei. Illustrieren Sie, benützen Sie Buntstifte.

Beenden Sie einen Brief nicht an einem Tag, schreiben Sie am nächsten weiter und am übernächsten. Sie werden überrascht sein, wie unterhaltsam das Ihre Korrespondenz macht (Hemingway pflegte so an Freunde zu schreiben).

Schildern Sie eine verrückte Idee, malen Sie sie aus, beziehen Sie den Empfänger ein, fragen Sie ihn, ob er auch schon mal so gedacht hat.

Oder schreiben Sie einfach das, was Sie mit dem Empfänger bespechen würden, wenn er bei Ihnen im Zimmer wäre.

Beginnen Sie einen privaten Brief persönlich und beenden Sie ihn auch so. Keine Floskeln, bitte, lieber Gags. Noch lieber Formulierungen, die wie ins Gesicht gesagt klingen: „... es war schön, mal wieder so ausführlich an Dich zu denken, antworte schnell, damit ich Dich nicht so lang vermissen muß ...“

Sehen Sie endlich ein, warum das Fax zwar das Telegramm ersetzt hat, aber nie den Brief killen wird (solange man es nicht drahtlos in der Brusttasche tragen kann)?

STELLUNGNAHME ERBETEN ...

➥ Unter Anwälten hat sich die Unsitte verbreitet, den Klienten vor jedem rechtlichen Schritt um eine „Stellungnahme“ zu bitten. Der deutsche Schriftsteller Curt Goetz („Das Haus in Montevideo“) gab, um diese Stellungnahme gebeten, folgende Stellungnahme ab. Sie ist zeitlos gut: «... meine Stellungnahme ist mir bekannt. Ich bitte um Ihre Stellungnahme, für die ich Sie sehr gern und sehr hoch honorieren möchte. Und ich bitte Sie, diese Ihre Stellungnahme dem Gegner mitzuteilen und mich von dem Endergebnis, aber nicht vorher, zu benachrichtigen. Ich habe mit vollem Vorbedacht den schweren Beruf des Anwalts nicht gewählt und möchte ihn daher auch nicht ausüben, am wenigsten unentgeltlich. Hochachtungsvoll ...».

6 UHR: Der Körper bekommt einen Cortisonschub. Blutzucker und Aminosäuren strömen ins Blut – zur Vorbereitung auf die Tagesarbeit.

7 UHR: Ihre Körpermaschine springt langsam an. Blutdruck und Körpertemperatur steigen. Tagmenschen werden aktiv.

17 UHR: All Ihre Sinne – Geschmack, Sicht, Gehör, Gefühl, Geruch – sind jetzt am sensibelsten. Ein gutes Essen schmeckt jetzt am besten; helles Licht stört am meisten. Es ist aber auch der optimale Moment für sportliche Betätigungen aller Art – Ihr Körper ist für höchste physische Leistungen gerüstet

Das 24-Stunden-Barometer

8 UHR: Jetzt ist die beste Zeit zum Aufstehen – oder, weil besonders viele Sexualhormone ausgeschüttet werden, die beste Zeit für die Liebe. Herzmedikamente wirken jetzt besonders gut. Und: Alkohol macht doppelt so schnell betrunken wie am Nachmittag.

9 UHR: Jetzt funktioniert das Kurzzeitgedächtnis am besten: Schüler und Studenten sollten noch einmal ihre Notizen durchsehen, ebenso Geschäftsleute, wenn sie eine Besprechung haben. Abwehrkräfte sind jetzt am stärksten: Bei Impfungen gibt es weniger Nebenwirkungen (z. B. Fieber).

10 UHR: Die Aufmerksamkeit und Konzentrationsfähigkeit erreicht ihr erstes Hoch (wiederholt sich im Vier-Stunden-Takt). Besonders schwierige Denkarbeiten sollten jetzt getan werden. Ideal auch für Konferenzen.

12 UHR: Jetzt ist eine der fünf bis sechs gleichmäßig auf den Tag verteilten Zeiten, in denen der Säurespiegel des Magens ansteigt: Sie bekommen Hunger und sollten essen.

14 UHR: Die Mittagsflaute beginnt. Der Körper fährt seine Funktionen herunter. 10 bis 30 Minuten Mittagsschlaf wären jetzt ideal.

Müssen Sie einen Schrank von Ikea aufstellen? Um 15 Uhr fällt es Ihnen am leichtesten. Wollen Sie Ihrer Frau Ihre Liebe beweisen (körperlich)? Am besten morgens um 8 Uhr. Hier die Bestzeiten Ihrer inneren Uhr

15 UHR: Nächstes Hoch – das Langzeitgedächtnis funktioniert sehr gut. Die beste Zeit, um zu lernen. Zur Mitte des Nachmittags gehen auch manuelle Arbeiten leicht von der Hand (Maschineschreiben, Musizieren, Handwerk). Und beim Zahnarzt tut's nur halb so weh wie morgens, weil die Schmerzschwelle 50 Prozent höher liegt .

16 UHR: Menschen, die vorwiegend monotone, gleichförmige Arbeiten verrichten müssen, haben ihr Leistungshoch. Also: jetzt ablegen, fotokopieren, sortieren, Laub rechen, Geschirr spülen oder Schuhe putzen.

und ermüdet (subjektiv) am wenigsten.

18 UHR: Bevor sich Ihr Körper in eine mehrstündige Entspannungsphase begibt, muckt er noch einmal auf: Der Blutdruck steigt, die Nerven sind angespannt, Streit liegt in der Luft. Die ideale Zeit für den Ehekrach.

20 UHR: Ihr Gewicht ist am höchsten. Mittel gegen Asthma und Allergien wirken am besten.

22 UHR: Ihr Körper läutet die letzte Runde ein. Er möchte zwar noch nicht schlafen, aber er schaltet jetzt auf Sparflamme. Machen Sie es sich auf der Couch gemütlich.

23 UHR: Frühaufsteher – gute Nacht.

2 UHR: Nachtmenschen bekommen kalte Füße, weil ihr Kreislauf in den Keller geht. Wenn Sie jetzt ins Bett gehen, fallen Sie schnell in Tiefschlaf.

3 UHR: Für mindestens zwei Stunden ist ihr Körper völlig auf Schlaf gepolt. Der einzige Arbeiter ist jetzt die Leber, die das Gehirn mit Glukose versorgt. Jetzt schlafen Schichtarbeiter am leichtesten ein, und passieren 16mal so viele Lkw-Unfälle wie sonst. Um diese Zeit geschah auch die Atomkatastrophe von Tschernobyl.

Es gibt glückliche und unglückliche Menschen. Glücklich sind die, denen es der Herr im Schlaf gibt. Am Tag. Die Unglücklichen dagegen schlafen nachts, wenn aus Sünden Träume werden. Und machen deshalb auch nie wirklich Karriere.

Steuerinspektor Erwin Faltermeier, 37, wurde mehrmals ertappt, wie er in seinem Büro tief und fest schlief.

Für seinen Vorgesetzten Hans Braun gab es jetzt nur zwei Möglichkeiten: Schlief Faltermeier wirklich tief und fest und vor allem stundenlang, dann war er ein hoffnungsloser Fall, der schnellstens aus Amt und Würden entfernt werden mußte.

War er jedoch nur mal kurz eingenickt, mußte er sofort für die Beförderung vorgeschlagen werden – der Mann war auf dem Karrieresprung! So wie alle, die „nicken" können: ein bis fünf Minuten konzentriert ruhen. In jeder Lage und an jedem Ort.

Ein Star und sein Brett: 1,80 Meter lang und 60 Zentimeter breit (das Brett). Eine Art Sargdeckel aus weißlackiertem Sperrholz. Der Star parkt seinen Wagen, nimmt das Brett aus dem Kofferaum, schleppt es in seine Garderobe und legt es schräg vom Stuhl zum Boden, schwingt sich mit dem Kopf nach unten darauf – und ist zehn Sekunden später weggeduselt.

Der einstmals berühmte Hollywood-Star Darin McGavin arbeitet an seiner wei-

teren Karriere. Er schläft im Dienst. Ein Pausennickerchen. Erfolg dieser jahrelangen Methode: tragende Rollen in den Filmen „Der Mann mit dem goldenen Colt", „Airport '77" und „City-Hai". Schauspieler McGavin ist ein Kollege von Steuerinspektor Faltermeier, und Faltermeier ist ein Kollege aller Reichen und Erfolgreichen.

Denn die beherrschen die Kunst des Nickerchens. Des schnellen Schlafs an jedem beliebigen Ort und unter allen Umständen.

Das ist das Neueste aus den Managementschulen der USA: Catnap. Oder wie in der „New York Times" zu

Der Fünfminuten-Büroschlaf

Alle erfolgreichen Männer haben eins gemeinsam:
Die Fähigkeit zum kurzen, tiefen Nickerchen

lesen war: „Der Weg zu Ruhm und Glorie". Und Fazit dieses Artikels: „Ohne es zu wissen, haben die wirklich Erfolgreichen eines gemeinsam – die Fähigkeit, ein Nickerchen zu halten." Der Generaldirektor genauso wie die Primadonna, ein Schauspieler oder ein Steuerinspektor.

McGavin: „Ich kann's auf Befehl! Das lernt man bei dieser verrückten Filmarbeit, bei der man nie weiß, ob man gleich drei Stunden rumsitzt – oder zwölf Stunden an einem Streifen vor der Kamera steht. Da ist man in ein paar Jahren am Ende, wenn man nicht nicken kann. Oder an der Flasche, an der Nadel oder im Irrenhaus. Zwei bis drei Minuten reichen mir. Ich liege wie bewußtlos da und fühle mich wie neugeboren, wenn ich aufwache."

Der Tibetforscher und Weltreisende, Professor Heinrich Harrer, sucht sich einen dunklen Winkel, ein Versteck, wenn er in der Öffentlichkeit nickt. Seine Frau Carina: „Auf den Vortragsreisen meines Manns geraten die Veranstalter oft in Panik, wenn er fünf Minuten vor Beginn verschwunden ist. Dann sitzt er in einer Besenkammer, einem Treppenwinkel oder in seinem Auto und konzentriert sich. Er schläft, auch wenn sein Verstand arbeitet. Das hat er während seiner langen Jahre in Tibet gelernt – und durch dauerndes Training beibehalten."

Als das Max-Planck-Institut für Psychiatrie in München die Schlafwissenschaftler Dr. Jürgen Zulley und Dr. Scott Campbell beauftragte, das Phänomen des Nickerchens zu untersuchen, gaben sie ihrer Arbeit die Überschrift: „Auch wer mittags schläft, sündigt nicht." Resultat ihrer monatelangen Versuche: „Der Mittagsschlaf, zumal der sprichwörtliche Büroschlaf, steht im öffentlichen Ansehen eher schlecht als recht da: Er gilt als Ausdruck eines ungebührlich trägen Gemüts oder auch eines über Gebühr gefüllten Bauchs. Zu Unrecht. Unsere Versuche haben gezeigt, daß der Mensch von seinen inneren Uhren her auf einen Mittagsschlaf, ja sogar auf mehrere tägliche Nickerchen physiologisch programmiert ist."

Die Versuchspersonen, die jeweils einzeln für drei Tage und Nächte in den unterirdischen Wohn- und Schlafraum einzogen, mußten sich jeglicher Beschäftigung enthalten. Sie durften weder lesen noch schreiben noch Musik hören und sollten auch sonst ihren Tagesablauf nicht durch die gewohnten regelmäßigen Mahlzeiten, durch Duschen oder Kleiderwechsel einteilen. Und Alkohol, Kaffee und Tee waren ebenso verboten.

Die Ergebnisse bewiesen eindeutig: Neben dem Nachtschlaf trat ein ausgeprägter zweiter Gipfel mit erhöhter „Schlafwahrscheinlichkeit" um Mittag auf, so gegen 13 Uhr. Aber es zeichneten sich noch zwei weitere, weniger ausgeprägte Tagschlafphasen ab: die eine um 9 Uhr vormittags, die andere um 17 Uhr am späten Nachmittag.

Wie das in der Praxis aussieht, schildert Dr. Zulley so: „Entfallen Verpflichtungen zum Wachsein, so kommt zunächst der Mittagsschlaf als der am stärksten ausgeprägte Tagschlaf zu seinem Recht. Sinkt jedoch die Hemmschwelle tiefer, werden auch die vor- und nachmittäglichen Nickerchen wahrgenommen."

Wer kein „Nicker" ist, fühlt sich ausgeschlossen. Wie ein mittlerer Manager, dem die höheren Weihen fehlen, um im Vorstandskasino essen zu dürfen. Meist lächeln die Nicker auch noch beim Nicken – als machten sie sich lustig über die benachteiligten Wachbleiber, deren Kräfte mit jeder Stunde schneller schwinden.

Noch eins: Nicker sind sofort wieder „da", auf die Sekunde. Nie leiden sie an Nachmüdigkeit. Und es soll sogar einige geben, die den Satz fortsetzen, bei dem sie eingeschlafen sind ...

Dieter Hildebrandt, Kabarettist („Lach- & Schießgesellschaft"), hat das jahrelang an seinem Kollegen Klaus Havenstein beobachten können. „Der schloß die Augen und war weg. Fiel sein Stichwort, schlug er die Augen auf und antwortete. Wir haben ihn bewundert dafür – und böse beneidet!"

Dr. Gerhard Waiblinger ist Nervenarzt, Neurologe und Psychiater in Neu-Ulm. Er nennt das Nicken „eine Gabe Gottes" und analysiert sie so: „Es ist kein eigentliches Schlafen, eher eine Art der Schlafhypnose, bei der man sich abschottet nach außen, um Ruhe und Entspannung zu finden. Die es

können, versetzen sich durch Bewegungslosigkeit in körperliche Ruhe, senken dazu ihr Bewußtsein gegenüber der Umwelt ab und erreichen eine größtmögliche Interessenlosigkeit.

Das ist das Geheimnis dieser Kunst." Leonard A. Lauder, Präsident des Kosmetikgiganten Estee Lauder, kam im Krieg zum Nicken, als er bei der Navy diente: „Ich war in der Funkbude, und da liefen die Nachrichten ohne Rücksicht auf die Tageszeit ein. Wir konnten, wenn überhaupt, immer nur zwischen Tür und Angel schlafen."

Es blieb ihm nichts anderes übrig, als sich auf die paar Minuten zu konzentrieren, die mit Sicherheit störungsfrei waren. Zum Beispiel, wenn sein Schiff antwortete und der Funkkanal belegt war. Plötzlich merkte Lauder, „wie ich abtrat und dennoch wach blieb. Anfangs hielt ich das für Yoga. Jetzt weiß ich, daß es eine reine Konzentrationsübung ist. Man gleitet in eine Traumwelt hinüber, aber das Gehirn arbeitet weiter".

Waiblinger beschreibt das so: „Der Kopf konzentriert sich ab, wie wir sagen. Der Nicker stellt die Hirntätigkeit auf eine Betrachtung des eigenen Körpers um. Er nimmt nur noch sich selbst wahr, und zwar nach innen. Nicken wird meist von Leuten beherrscht, die autogenes Training gelernt haben. Die es jedoch machen, ohne es überhaupt zu wissen." Irgendwann ahnen Nicker, daß sie zu Höherem bestimmt sind –

> **Nickerchen sind mehr Hypnose als Schlaf**

eben weil sie die Gabe des Nickens besitzen und merken, wieviel konzentrierter und frischer sie in Sitzungen gelten oder an Probleme herangehen. Nicker bilden, wie die „New York Times" schrieb, „einen höchst exklusiven Klub von Leuten, die wissen, warum sie unaufhaltsam nach oben kommen". So wie eine Schönheit ahnt, daß sie kaum als Hinterzimmerbedienung enden wird. Albert Einstein: Er war ein Meister des Nickens, wie auch Lee Iacocca, Garri Kasparow oder Klaus von Klitzing. Einstein konnte seine Hände sogar dazu zwingen, als Ersatzwecker zu dienen. Denn der Denker des Jahrhunderts klemmte sich einen Schlüsselbund zwischen die Finger und wußte aus Erfahrung, daß es etwa fünf Minuten dauern würde, bis dieser zu Boden fiel. Das Scheppern brachte Einstein wieder in die Realität zurück, er setzte sich auf und begann zu relativieren.

Dr. Zulley hat diese Fähigkeit wissenschaftlich untermauert: „Das Schlaf-Wach-Verhalten außerhalb des Nachtschlafs unterliegt einem Vier-Stunden-Rhythmus. Immer in diesen Abständen treten Phasen mit erhöhter Schlafbereitschaft auf. Im Alltag werden diese Tagschlafzeiten durch Arbeiten oder Kaffeetrinken überbrückt."

Was die Nichtnicker am meisten stört, ist die Unverfrorenheit, mit der Nicker ihre Fähigkeit öffentlich demonstrieren: McGavin auf seinem Brett oder Churchill lebenslang in den unmöglichsten Situationen. Adenauer provozierte andere geradezu mit seinem Schnellschlaf, obwohl es in der

Politik nahezu unmöglich ist, zwischen genialen Nickern und schlichten Pennern zu unterscheiden.

Immer wieder gibt es amüsante Fotos von weggetretenen Ministern auf der Regierungsbank oder eingeschlafenen Staatsoberhäuptern bei Paraden. Man sollte sie sich genau anschauen: Nickt der Mann, ist er zu Höherem bestimmt. Pennt er, sollten wir ihn uns nicht merken. Hannelore Kohl ist Nikkerin. „Ich kann's", sagt sie, „sofort und überall. Im Auto, zwischen zwei Terminen. Das ist meine Erholung." Ihr Mann, Kanzler Helmut, kann's leider nicht.

Nicken ist tatsächlich oft nur aus der Not entstanden. Beispiel Lauder. Es ist eher angelernt als angeboren. Die Chanel-Chefin Kitty D'Alessio war Ballettratte, ehe sie Managerin wurde. „Da sitzt man ausgepumpt am Boden, schließt die Augen, ist weg – bis man nach ein paar Minuten wieder auf die Beine muß!" Frau D'Alessio ist Büronickerin, die Tanzerei hat jedoch Spuren hinterlassen: „Ich kann deshalb nur im Liegen nikken." Ganz anders John Dankworth, musikalischer Direktor der London Symphony. Er würde es sogar „zwischen zwei Eisenbahnschienen schaffen, wenn's sein muß".

Nur nicht im Stehen, was der Münchner Medienmanager Hans R. Beierlein beherrscht: „Vielleicht sogar im Gehen. Auf jeden Fall aber im Taxi, im Flieger, am Schreibtisch und auf Empfängen schnell mal hinter dem

Gummibaum. Eine bis zwei Minuten dauert das, bis die verlorene Energie regeneriert ist. Ich mache das seit Jahren, es ist der Quell meiner Kraft."

Ein anderer Erfolgsnicker ist der Komponist Ralph Siegel („Ein bißchen Frieden"). Er bezeichnet es als „mein ein und alles". Ohne Nicken hätte ihn die Melodiensuche in seinem Kopf schon lang ausgelaugt.

Der Trick funktioniert nicht ohne physiologische Komponente, und die hat Dr. Waiblinger erkannt: „Die Skelettmuskulatur, das sind alles Muskeln, die den Körper halten und in Bewegung setzen, erschlafft. Die Blutgefäße werden derart entspannt, daß der Nicker eine gleichmäßige Verteilung des Bluts im Körper erreicht. Die rhythmischen Aktivitäten wie Puls und Atmung schaltet er dabei in eine Art Ruhegang."

Witta Pohl, die quirlige Schauspielerin („Mutter Drombusch"), würde gerne nicken, schafft es aber aus einem psychologischen Grund nicht: „Weil ich das Gefühl habe, um mich herum was zu verpassen. Was nachts nicht so schlimm ist, weil da ja alle schlafen." Für solche Fälle haben Profinicker einen Tip: klassische Musik. Sie bekommt man auch im Unterbewußtsein mit, sie stört nur selten und füllt die Leere, in der man etwas zu verpassen glaubt. Sonaten gelten als ideal. Sinfonien sollte man vermeiden: Bei ihnen schläft man zu leicht ein – tief und echt.

> **Manche Nicker können es sogar im Stehen**

Tatort ist der Arbeitsplatz. Hier tobt der weibliche Befreiungskampf gegen die männlichen Unterdrücker in unverminderter Härte. Die Emanzipation hat auch dort einen neuen Typ Frau hervorgebracht, und der heißt zwischen 9 und 5 Uhr „Sekretärin", „Kollegin" und „Chefin". Werfen Sie Ihren rudimentären Chauvinismus über Bord und stellen Sie sich auf eine neue Kontroverse zwischen Konferenzraum und Kantine ein. Wenn Ihnen Ihre Stellung lieb ist, seien Sie wachsam und achten sie auf folgende drei Frauentypen:

TYP MAGGIE T.: Ein gefürchteter Workaholic und besonders stark in höheren Positionen vertreten. Kurzvita: Vorne Dr., hinten Mädchenname. Die

„Firma Melzer & Co. ..."

Deine Kollegin, das unbekannte Wesen

So tolerant wir dem weiblichen Geschlecht im Alltag gegenübertreten – im Berufsleben hört der Emanzipationsspaß doch bitte auf

männlichen Mitarbeiter fachsimpeln darüber, ob sie noch nie mmmhhh hat oder doch lieber Frauen mag. In Ermangelung anderer Freuden des Lebens ist sie mit ihrem Job verheiratet. Sie haben zwei Möglichkeiten mit ihr als Chefin auszukommen. Sie können im Schwarm der Arbeitsbienen untergehen, Ihren Job unsichtbar erledigen (von wem sie nichts weiß, der macht

sie nicht heiß). Wer keine Nullnummer bleiben möchte, muß höher fliegen. Doch hier bläst ein eisiger Wind. Die eiserne Lady erwartet Höchstleistung und bedingungslosen Einsatz. Wenn Sie ihrem Beispiel folgen und sich ordentlich ins Zeug legen, haben Sie fast gewonnen. Ihr größter Fehler wären Balzgebärden jeder Art. Als Chefin bevorzugt Sie den geschlechtslosen

Mann. Ähnlich die Kollegin vom Typ spätes Mädchen. Ersatzbefriedung bietet der Arbeitsplatz. Männer sieht sie als notwendiges Übel, wobei sie deren Notwendigkeit ohnehin in Frage stellt. Nichts, was sie nicht selbst kann; und, Ihre Kollegin ist ein notorischer Besserwisser. Sägen Sie nicht an ihrem Stuhl, das Kratzgeräusch ortet sie über fünf Stockwerke. Wollen Sie Mr. Superstar werden, meiden Sie ihre Nähe. Nur auf Distanz haben Sie eine Überlebenschance. Lassen Sie ihr das Gefühl, genial zu sein. Sie wissen es: Das Genie hat einen IQ von 138; der Schwachsinn beginnt bei 140.

Als Sekretärin ist dieser Typ am erträglichsten. An ihr ist nichts auszusetzen – außer an ihrem Friseur. Übersehen Sie es, dafür bringt sie auf ihrem

Gebiet Höchstleistung. Leider fehlt sie zwei Tage pro Monat: Migräne. Denn eines quält den guten Geist. Sie träumt davon, Assistentin zu werden. Nähren Sie diese Hoffnung stetig, und wenn sie dann wirklich nörgelt: Eine unlösbare Aufgabe genügt.

TYP HERTA D.-G.: Eine drahtige, energische Person. Ihr fehlt der Dr., ersatzweise führt sie Doppelname und Doppelbelastung: Das erste Kind kam während des Studiums, das zweite verhinderte die Promotion. Pflegemutter und Haushaltshilfe übernehmen nun diesen Part, damit sie sich auf ihre Karriere konzentrieren kann. Als Chefin versucht sie, jede Rolle (Boß, Ehefrau, Geliebte, Mutter) zu perfektionieren. Meist scheitert es an den Unzulänglichkeiten der anderen (Mitarbeiter, Ehemann, Kinder). Während dieses Balanceaktes betreten Sie die Bühne: Am besten aber erst zwei Stunden nach Dienstschluß. Vorher brauchen Sie an eine Audienz nicht zu denken.

Als Kollegin, Typ neoemanzipiert, ist sie ebenfalls verheiratet, bisher kinderlos. Sie arbeitet aus Imagegründen. Nur Hausfrau – dafür hat sie nicht studiert. Sie steckt in der klassischen Kinder-oder-Karriere-Krise. Reichlich genervt, greifen Sie zu Plan A: Verwickeln Sie die Kollegin in eine Diskussion und vertreten vehement die Heim-und-Herd-Philosophie. Ihre Kollegin wird Sie unter der Rubrik dummdreister Chauvi ablegen und Ihnen aus dem Weg gehen. Für harmoniesüchtige Gemüter gilt Plan B. Flirten Sie mit Ihrer Kollegin, geben Sie Ihr Bestes. Dankbar, daß Sie ihre weibliche Seite

zum Klingen bringen, wird sie Sie an die Brust nehmen. Krise ade. Was Sie längst wissen: Sie wartet ohnehin nur auf den neuen Club-Med-Katalog.

Als Sekretärin ist sie eine Ia-Kraft mit solidem Sekretärinnenrepertoire. Sie kümmert sich um Sie wie eine Mutter. Sie danken es ihr mit kleinen Mitbringseln. In unergründlichen Abständen jedoch verweigert sie das Kaffeekochen – im fortgeschrittenen Stadium das Reinigen der Kaffemaschine. Vorzimmerkommentar: Das steht nicht in meinem Vertrag. Sie erschüttern ihre Grundfeste, wenn Sie kommentarlos selbst Hand anlegen. Stolz auf den errungenen Teilsieg, wird sie um so fleißiger zur Tagesordnung übergehen.

TYP GABRIELE VON T.: Frisch geschieden, teilt sie Tisch und Bett mit dem Scheidungsgrund. Auf dem Chefsessel ist sie mehr zufällig gelandet. Das sportliche Outfit paßt zu ihrem rostfreien Lebensmotto: „Fahren sie mich irgendwo hin – ich werde überall gebraucht!" Immer unterwegs, lebt sie nicht im Hier und Jetzt. Bei dieser Chefin wird Ihnen nie langweilig. Sie hat mindestens zwanzig Projekte in Arbeit, sprudelt vor Ideen. Ihr Problem: Sie schafft es nicht, Dinge der Reihe nach zu erledigen. Wenn Geduld Ihre Stärke ist, wunderbar. Machen Sie sich zum unentbehrlichen Reiseführer und übernehmen Sie Planung und Durchfüh-

rung. Vielleicht können Sie bald ihren Platz einnehmen, denn als Chefin ist sie sowieso nur auf der Durchreise.

Als Kollegin, derzeit in Scheidung lebend, hat sie übergangsweise ihren Sohn zum Ersatzmännchen gemacht. Gehalt plus Unterhaltungszahlung garantieren ihr den gewohnt üppigen Lebensstil. Auf der Suche nach einem neuen Porsche-Fahrer, sind Sie ein potentielles Opfer (selbst mit Golf). Sollten Sie gerade solo sein, dann behalten Sie es für sich. Ihre Krankenkasse und Ihre besten Freunde werden es Ihnen danken. Und halten Sie sich von ihrem Schreibtisch fern, in ihrem Chaos versinkt sie von ganz allein.

Als Sekretärin ist dieser Typ überfordert. Sie vergißt Termine, verlegt Akten. Pünktlichkeit = Fremdwort. Man trifft Sie öfters auf den Gängen als am Arbeitsplatz. Falls sie wider Erwarten am Platz ist, telefoniert sie mit der besten Freundin im zweiten Stock. Im Ernstfall hilft nur eins: an den Kollegen Franke in Nürnberg weiterempfehlen ...

Gemeinsame Morgentoilette nach langer Büronacht. Cartoon von Simon Bond

Thomas Neff, Präsident der renommierten amerikanischen Spencer-Stuart-Personalberatung, war entsetzt. Seit Monaten suchte er nach einem Generaldirektor für eine der zwanzig größten Banken in den Vereinigten Staaten. Ein hochdotierter Posten, ausgestattet mit allen Insignien monetärer Macht. Vom firmeneigenen Privatjet bis zum luxuriösen Penthousebüro. Doch bei welchem stellvertretenden Manager der Konkurrenz Neff auch immer anklopfte – der erfolgsgewohnte Kopfjäger handelte sich lediglich Absagen ein. „Ich bin geschockt", berichtete er auf einem Beratertreffen, „wie viele Nummer-zwei-Leute es rundweg ablehnen, die Nummer eins zu werden." Ein außergewöhnlicher Einzelfall? Eine zufäl-

Die mit sich und ihrer Person zufriedene Nummer zwei braucht sich und anderen nichts mehr zu beweisen. Sie steht über den Machtkämpfen

rebremser wohl wissen mögen über Dinge, die uns Immer-noch-Karrieresüchtigen nicht bekannt sind. Offenbar eine ganze Menge. Man kann also sehr viel lernen aus der Karriere derer, die sich entschieden haben, lieber Zweitbester zu bleiben.

Erste Lektion: Der Job ganz oben ist wesentlich härter und oft auch frustrierender, als es für Außenstehende scheint. Besonders in den ersten Monaten des Einarbeitens. John C. McCormick, seit einem Jahr Präsident von American Maize-Products, registriert nüchtern: „Statt mich – wie früher als Abteilungsleiter – mit der Lösung praktischer Probleme zu befassen, hocke ich jetzt Tag für Tag stundenlang in irgendwelchen langatmigen Konferenzen und beschäftige mich

Lieber Zweit-bester!

lige Verkettung unglücklicher Umstände? Eine Ausnahme von der uramerikanischen Karriereregel, so schnell und so weit nach oben zu kommen wie nur irgend möglich?

Die Umfrage einer anderen großen US-Kopfjäger-Firma unter leitenden, aber nicht geschäftsführenden Angestellten brachte an den Tag: Jeder dritte von ihnen hat keinerlei Interesse daran, die Karriereleiter noch weiter emporzuklettern. Es reizt sie nicht, Boß zu sein. Sie wollen weder die Hand am Hebel haben, noch den Kurs bestimmen. Sie sind mit ihrer Stellung als Nummer zwei zufrieden – hoch oben, aber immer noch unter dem Gipfel. Jahrelang, ja meist jahrzehntelang, ha-

ben sie sich in der Firmenhierarchie emporgekämpft, nur um dann einen Schritt vor dem endgültigen Ziel haltzumachen – freiwillig. Bis hierher und nicht weiter. Auch die deutschen Manager verlieren zunehmend die Lust am Herrschen.

„Unsere Erfahrungen", so Dr. Lothar Heimeier, seit Jahren „Kopfjäger" bei der Unternehmensberatung Baumgartner und Partner, „bestätigen voll und ganz den Trend, lieber zweiter zu bleiben. Um einen geeigneten Kandidaten für eine Topposition zu finden, brauchen wir doppelt soviel Zeit wie früher." Wer hätte das gedacht.

Da fragt man sich, was diese Karrie-

mit Firmenphilosophie, Unternehmensimage, Werbestrategien, Konkurrenzverhalten, Absatzchancen und ähnlich abstrakten Sachen."

Wie McCormick beklagen 72 Prozent aller Manager, daß ihnen der tägliche Besprechungsmarathon und die repräsentativen Pflichten viel zuwenig Zeit für ihre eigentlichen Führungsaufgaben lassen.

Zweite Erfahrung: Die Luft auf dem Gipfel wird merklich dünner. David Chamberlain, letztes Jahr vom Betriebsleiter zum Hauptgeschäftsführer der Shaklee Corporation aufgerückt, machte die ungemütliche Erfahrung, daß er sich auf dem Chefsessel „irgendwie ziemlich isoliert" fühlt.

Chamberlains Erklärung für die Einsamkeit auf der Pyramidenspitze: „Solange ich mich in der Firma hocharbeitete, tat ich etwas Konkretes. Seitdem ich ganz oben angelangt bin, überprüfe ich nur noch. Aus den Kollegen von einst sind Untergebene geworden." Und die Beliebtheit von Kontrolleuren hält sich naturgemäß in Grenzen.

Lehrsatz Nummer drei formulierte Thomas Comte, Dekan der Handelsschule des Rochester Instituts für Technologie, so: „Der Boß lebt ständig wie in einem Aquarium." Abgekapselt zwar, aber unter ständiger Beobachtung. Alles, was Nummer eins macht – oder unterläßt – wird permanent kritisch kommentiert. Bis hin zur Auswahl seiner Krawatte.

Größter Schrecken der ewigen Stellvertreter aber ist die Übernahme der alleinigen Verantwortung. „Diese Leute sind froh, daß sie nicht das Gewicht der ganzen Firma auf ihren Schultern tragen müssen", erklärt Barry Nathanson, der Präsident des Personalberatungsinstituts Richards Consultants. „Wer in einem Entscheidungsprozeß schließlich für endgültige Beschlüsse geradestehen muß, ist unter einem immensen Druck." Denn statistisch gesehen, müssen Topmanager laut neuesten Untersuchungen alle drei Minuten eine Entscheidung treffen.

Der Zweitmann darf und soll dabei zwar beratend mitwirken, kann sich ansonsten aber dezent zurückhalten. Bei ebenfalls mehr als ausreichendem Gehalt muß er nicht ununterbrochen den starken Mann markieren. Die mit sich und ihrer Position zufriedene Nummer zwei braucht – unbeschwert von Ambitionen – sich und anderen nichts mehr zu beweisen. Sie steht haushoch ehrgeizlos über den internen Machtkämpfen.

„So einen Mann aus der Stellvertreterebene eines renommierten Unternehmens für eine Spitzenposition in einer anderen Firma herauszubrechen ist fast nicht mehr möglich", weiß Headhunter Heimeier aus eigener, leidvoller Erfahrung. „Einfach ein höheres Gehalt reicht als Anreiz längst nicht mehr aus." Dabei ist auch eine Nummer zwei keineswegs vor Unbill oder gar Absturz gefeit. Schließlich balanciert sie immer auf des Messers Schneide. Einerseits muß Nummer zwei stark genug sein, alles durchzusetzen, was Nummer eins verfügt hat. Andererseits darf sie nicht den Eindruck erwecken, möglicherweise kompetenter als der Boß zu sein. Die wichtigste Voraussetzung für ein langes Überleben lautet: Nummer zwei darf für Nummer eins nicht zur Bedrohung werden. Um Unstimmigkeiten dieser Art vorzubeugen, haben viele Manager in der Chefetage eine klare Arbeitsteilung eingeführt: Nummer zwei hat all das zu tun, was Nummer eins nicht tun will. Das beginnt bei langweiligem Verwaltungskram und endet schließlich bei der Durchführung von Disziplinarmaßnamen.

„Ich habe gekündigt, um mal so richtig Zeit für mich selber zu haben …"

„Während der Chef über Zukunftsinvestitionen brütet und PR-Aktionen festlegt, schlage ich mich mit den täglichen Abrechnungen herum", sagt Jack Thompson, langjähriger Geschäftsführer einer Einzelhandelsfirma mit Jahresumsatz von über vier Milliarden Dollar. „Und falls einer der Gebietsleiter ausgewechselt oder gefeuert werden soll, weil er den Erwartungen nicht entspricht – raten Sie mal, wer das erledigen muß? Ich bin das schwarze Schaf und er das weiße, das die Gehaltserhöhungen genehmigt."

Die größte Gefahr für Zweitmänner ist denn auch, von der sogenannten Chefkrankheit befallen zu werden. Symptome sind Tagträumereien von der Art: „Ach, wenn ich König wäre." Aber: „Träumer sind", so Dr. Heimeier, „von ihrer Persönlichkeitsstruktur für Toppositionen ungeeignet."

Um als die permanente Nummer zwei im goldenen Käfig des Stellvertreters eine ausgeglichene Psyche zu bewahren, muß sich der Betreffende mit dem Gedanken anfreunden, sein Endziel erreicht zu haben. Dann ist so ein Mann, der sich in seiner Position gut aufgehoben fühlt, laut einer Untersuchung des Psychologen Harry Levinson, für die Firma von größtem Wert. Denn er verfügt nicht nur über ein großes Erfahrungspotential, sondern genießt in der Regel auch das Vertrauen aller, weil er keine eigennützigen Ziele verfolgt. Dadurch kann er oft Probleme eher erkennen und besser lösen als der Chef.

Daß immer mehr Manager lieber in der zweiten Reihe verharren, liegt auch an der Mitbestimmung ihrer Frauen. Sie zügeln allzu ungestümen Karrieredrang. Unternehmensberater Heimeier: „Der Mann entscheidet nicht mehr allein, ob und welche Position er annimmt. Der Leitsatz, daß Papi am Wochenende zumindest teilweise der Familie gehören soll, hat inzwischen auch in Chefetagen Gültigkeit. Außerdem werden von vielen Führungskräften mehr Freizeit und weniger Streß zunehmend höher eingeschätzt als eine weitere Gehaltsaufbesserung. Dazu kommt noch ein gestiegenes Gesundheitsbewußtsein. Sich für die Firma aufzuarbeiten gilt längst nicht mehr als idealer Lebenszweck."

Der Chef von heute will sich auch außerhalb des Unternehmens selbst verwirklichen. Sonnenbräune und Tennisschläger statt Bauch und Zigarre. Folge: Die Schere zwischen Bedarf und Angebot an qualifizierten Führungskräften wird immer größer. Topmanager werden händeringend gesucht.

Die Sorge ist andererseits auch Anlaß zur Freude. „Noch nie waren die Karrierechancen für engagierte, gut ausgebildete Nachwuchskräfte so hervorragend wie heute", so Jobvermittler Heimeier. „Wer bereit ist, mit Motivation und Selbstbewußtsein auch beschwerliche Wege zu gehen, kommt ziemlich rasch nach oben."

Kleider machen Leute. Eine Binsenweisheit aus Gottfried Kellers Tagen. Aber unauffällige Korrektheit kann, mehr denn je, eine Sprosse auf der Leiter nach oben bedeuten. Denn die Hackordnungen mittlerer bis großer Firmen lassen weder optische noch

Aber, aber, Herr Kollege …

Nichts ist schwieriger, als sich im Büro korrekt anzuziehen. Denn Busineßmode ist Karrieremode, und eine falsche Krawatte im richtigen Moment kann einen um Monate zurückwerfen

intellektuelle Extravaganzen zu. Der Busineßanzug hat, als Karriereinstrument, die Nachfolge des Gesellschaftsanzugs angetreten.

Als US-Präsident Ronald Reagan in seinen letzten Amtstagen gefragt wurde, warum er so häufig Anzüge in der unüblichen Farbe Braun trage, stotterte er herum. Ein paar Tage später bekam der neugierige Reporter von der Presseabteilung des Weißen Hauses schriftlichen Bescheid: „Der Präsident trägt Braun, weil er die Farbe mag, und weil Braun sich deutlich abhebt von dem sonst üblichen Dunkelblau oder Grau." Richtig beobachtet vom

Exwesternhelden, wenn auch reichlich kühn.

Nirgendwo wird so heftig gesündigt wie bei der Bürokluft. Aus Unwissenheit und Unsicherheit. Ein Beispiel: Wie nimmt man sich den mit höheren modischen Weihen gesegneten Vorge-

Busineßmode à la Simon Bond:
Lord Avariss, Captain of Industry –
korrekt gekleidet

setzten zum Vorbild, ohne bei ihm und den Kollegen als anbiedernder Kopist zu gelten? Indem man die sieben elementaren Regeln des Busineßanzugs beachtet.

1. Tragen Sie nie Mokassins zum Anzug – und schon gar nicht zu einem mit Weste oder einem Zweireiher. Man könnte sonst meinen, Sie seien auf dem Kriegspfad. Nur bei sportlichen Kombinationen sind Mokassins eventuell akzeptabel, aber auch dann nicht bei Veranstaltungen in Hallen (z. B. Kongressen) oder bei Meetings am firmeneigenen Konferenztisch.

2. Zu dunkle(re)n Hosen auf keinen Fall weiße Socken! Das ist Schick von gestern. Auf Fotos oder bei TV-Interviews sieht das außerdem „nackt" aus. Oder wollen Sie wirken wie ein Amateur-Boris, Bademeister oder Zivi?

3. Designerklamotten sollte man zu Vorstellungsgesprächen oder bei Vorträgen nur sparsamst tragen. Sie schaffen böses Blut („Kann der sich das eigentlich leisten?") und lassen vermuten, Sie legten auf Äußerlichkeiten mehr Wert als auf innere Vorzüge und notwendige Disziplin.

4. Zum Zweireiher (oder gar Westenanzug) nie Krawattennadeln oder -kettchen tragen. Beim Einreiher sei eine Ausnahme gestattet: in Firmen, in denen gern hemdsärmelig gearbeitet wird und die Jacke während der Bürostunden als eine Art Mantel gilt.

geht's, bemühen Sie sich jedoch, Klassiker anzustecken statt Zeitgeistschmuck. Zum Beispiel die Nadeln, die Picasso mal entwarf (gute Imitationen sind o. k.) oder die wunderschön schlichte Klemme aus Silber und Porzellan der Manufaktur Meißen.

5. Man trägt seine Initialen nicht auf dem Hemd. Warum auch? Erkennen Sie Ihr eigenes Hemd im Kleiderschrank nicht wieder? Das gilt auch für die Embleme der Hersteller. Sie sind Mega-Baba. Wer auf die egomanische Stickerei partout nicht verzichten will, trägt seine Initialen in derselben Farbe wie das Hemd auf der rechten Manschette (altenglisch).

6. Nur Sporthemden haben Brusttaschen, feine Anzughemden besitzen keine. Zum Zweireiher und Westenanzug sowieso nicht, beim Einreiher sei eine Ausnahme gestattet: in Firmen, in denen gern hemdsärmelig gearbeitet wird und die Jacke während der Bürostunden als eine Art Mantel gilt.

7. Hosenträger sind nur dann in Ordnung, wenn sie auch offen getragen werden können – als dekoratives, oft wechselndes Conversation Piece (Weihnachtsmanndekor im Advent, Surfer im Sommer, Bulls & Bears an der Börse). Die grauweißen, dünngummigen Hausmeistermodelle verraten spießiges Kleinbürgertum, und daß Sie einer Karriere in dieser Firma wohl nicht gewachsen sind. PS: Hosenträger werden angeknöpft, nicht angeklippt!

Siehe auch Kapitel 6 „Der Anzug"

Natürlich sind Ihnen die Belästigungen schon aufgefallen: Ständig verrät uns irgendein Psycho- oder Soziologe, Lebenskünstler oder Prominenter einen „idealen" Tip, wie man seinen Tag einzuteilen hat, um erfolgreich, gesund, ausgeglichen, umgänglich und glücklich zu sein.

Man kennt ja diese Ratschläge: „... und eine halbe Stunde sollten Sie pro Tag damit verbringen, nichts zu tun, als kreativ zu denken." Oder: „Auch Ihr Hund braucht Ihre Aufmerksamkeit ..." Oder: „Wann haben Sie sich zum letzten Mal die Sorgen Ihrer Frau angehört ...?" Wir haben nachgerechnet: Würde man dieser angeblich so dringend notwendigen Zeiteinteilung folgen, müßte ein Tag über 40 Stunden haben. Er ist aber bekanntlich nur 24 Stunden lang; folglich muß man auf einige der Tips verzichten. Aber auf welche? Prüfen Sie anhand unserer Tabelle, ob Sie in Zukunft noch mit den vorgesehenen 24 Stunden pro Tag auskommen (berechnet für einen außer Haus arbeitenden Mann), und wo Sie einsparen können.

➡ **GYMNASTIK:** Mindestens 30 Minuten pro Tag, fordern die Körperapostel; und zwar je fünf Minuten zum Aufwärmen und Entspannen und 20 Minuten für die eigentlichen Übungen. Turnen oder Jogging zum Beispiel. Wer's nicht tut, altert früher.

➡ **WASCHEN UND ANZIEHEN:** 45 Minuten sind wohl nicht zuviel, wobei die Morgendusche mit zehn Minuten zu Buche steht, das reine Anziehen und die Rasur mit je fünf Minuten und die „Spiegelprobe" mit zwei. Müssen

Supermanns Tagesablauf

Wenn es nach den sogenannten Experten geht, müßte Ihr Tag mehr als 40 Stunden lang sein. Prüfen Sie selbst, wo Sie die fehlenden 16 Stunden einsparen wollen

Schuhe geputzt werden, erhöht sich die Zeitspanne um zehn auf 55 Minuten. In dieser Berechnung fehlen sogar noch Zähneputzen und das Frischmachen nach der Heimkehr aus dem Büro.

➡ **ZEIT FÜR KINDER:** Wird von Experten mit mindestens vier Stunden pro Tag angegeben (soviel brauchen die Kinder angeblich). 15 Minuten pro Sprößling am Morgen und den Rest am Abend, wobei die Ehefrau durchaus eingeschlossen sein kann.

➡ **ZEITUNGLESEN:** Verbraucht 45 Minuten, kann allerdings oft mit dem Frühstück oder der Fahrt zur Arbeit zusammengelegt werden.

➡ **HAUSTIERE:** Es tut gut, meinen Psychologen, etwa 50 Minuten pro Tag mit Tieren zu spielen oder zu reden. Putz- und Fütterzeiten sind darin noch nicht enthalten. Merke: Nur Hunde verstehen Männer wirklich.

➡ **HAUSARBEITEN:** Meist unbewußt betätigen sich auch die Männer im Haushalt – oder sehr bewußt in ihrer persönlichen Spiel- oder Arbeitsecke, zum Beispiel mit kleinen Reparaturen oder Philatelie. Dauer: im Durchschnitt ein bis zwei Stunden (inklusive Autowaschen oder „Hausaufgaben", die aus dem Büro mitgebracht werden).

➡ **BERUF:** Rechnen wir im Schnitt sieben bis zehn Stunden (eher mehr als weniger, je nach Job). Überstunden und Arbeitsessen eingeschlossen.

➡ **FAHRT ZUR ARBEIT:** Sind 90 Minuten zuviel? Wir glauben nicht, alles in allem und hin und zurück. Kann allerdings mit Zeitunglesen oder „Selbstbesinnung" kombiniert werden.

➡ **BESORGUNGEN:** Zwei Stunden + 17,88 Minuten. Die merkwürdige zweite Zahl stammt aus einer US-Statistik, die besagt, daß Männer täglich 17,88 Minuten nur mit Einkaufen verbringen (Zigarettenkiosk, Zeitungsladen, Blumenshop, Apotheke), Frauen dagegen 22,25 Minuten. Die zwei Stunden/Tag sind ein Durchschnittswert, der die frühen Freitagabende, die freien Samstagmorgen und gelegentliche Behördengänge einschließt.

➡ **KÜCHE UND ABENDESSEN:** Eine Stunde Minimum, und wenn man Gäste zu Haus hat, dann zwei Stunden. Wobei vor allem kochende Männer selten mehr als 30 Minuten in der Küche zubringen, der Rest von 30 Minuten dient der eigentlichen Nahrungsaufnahme.

➡ **ZÄHNEPUTZEN:** Nach Ansicht hauptberuflicher Gebißpfleger muß man 18 Minuten pro Tag veranschlagen – sechs Minuten nach jeder Mahlzeit.

➡ **SEXUALLEBEN:** Strittig, zugegeben, aber nach Ansicht von Eheberatern müßte ein gesunder Mann dafür 50 Minuten am Tag opfern. Allerdings gelten bereits die zärtliche Vor-Aufsteh-Umarmung im Bett, die Abschieds- und Begrüßungsküsse sowie der fürsorgliche Anruf aus der Firma als „Sexualleben". Die Kopulation, sofern täglich praktiziert, steht dabei nur mit rund zehn Minuten zu Buche.

➡ **EHELEBEN:** Dazu zählen wir so ziemlich alles, was zwei verheiratete Menschen außerhalb des Betts, und ohne sich berühren zu müssen, gemeinsam machen können: miteinander reden, fernsehen, Radio hören, sich anschauen, Tischtennis spielen, diskutieren, Post lesen. Die dafür vorgesehenen sechs Stunden – sind eine von Fachleuten festgelegte Idealnorm.

➡ **GEMEINNÜTZIGE AUFGABEN:** Minimum vier Stunden, sagen die Soziologen. Das heißt: Würde jeder Mensch diese 240 Minuten der Gesellschaft opfern (um Parks sauberzuhalten, im Gemeinderat zu sitzen, Alte und Kranke zu pflegen, Kinder über Zebrastreifen zu führen, Basare zu or-

ganisieren, könnten die Probleme der Erde elegant aus eigener Kraft gelöst werden. Nur – wer opfert seine Zeit schon für so was? Bleiben also real zehn Minuten übrig (und sei es nur für ein freundliches Schwätzchen mit dem Nachbarn).

➡ **GARTENARBEIT:** ... entspannt und bringt den Menschen der Natur nahe. Wichtig, meinen Soziologen, damit der Mensch den Kontakt mit der Natur nicht verliert. Dafür sollten täglich zehn Minuten drin sein. Wenn kein eigener Garten vorhanden ist, genügt ein neugieriger Wald- oder Wiesenspaziergang oder das intensiv erlebte Gießen einer Fensterpflanze.

➡ **SELBSTBESINNUNG:** Eine volle Stunde. Einfach nichts tun. Ein tägliches Muß in dieser Länge, behaupten besorgte Psychologen.

➡ **EIN BUCH LESEN:** Ebenfalls eine Stunde, die selten erreicht wird. Diese Zeit fällt bei Experten ebenfalls unter „Abschalten" oder „Auf neue Gedanken kommen", und dafür können manchmal schon fünf bis 30 Minuten intensiven Beschäftigens mit einem schöngeistigen Text ausreichen.

➡ **BETEN:** 15 Minuten, je nach Bedarf. Tut keiner? Wenn Sie wüßten ...

➡ **SCHLAFEN:** 7,5 Stunden scheint die durchschnittliche Dauer bundesrepublikanischer Nachtruhe zu sein – das Mittel aus fünf (Nachtschwärmer) und zehn Stunden (Hühnerimitator).

Macht – vorsichtig gerechnet – 40 Stunden und 40 Minuten für einen Tag von 24 Stunden Länge. Viel zuviel also. Aber wo kann man kürzen? Nur an den wirklich wichtigen Dingen: Gymnastik (ganz weglassen/Gewinn: 30 Minuten), mit den Kindern spielen (auf fünfzehn Minuten kürzen), Haustiere (nur zehn Minuten Gassigehen beibehalten), Sexualleben (von 50 auf zehn Minuten abwürgen) und „Eheleben" (die Zeit vor dem Fernseher muß reichen – zwei statt sechs Stunden). Das ergibt eine Einsparung von neun Stunden und 35 Minuten – es bleiben aber immer noch 31 Stunden und fünf Minuten: mehr als sechs Stunden zuviel für den Tag! Daraus können Sie jetzt zwei Konsequenzen ziehen: Machen Sie ruhig so weiter wie bisher und kümmern Sie sich nicht um die guten Ratschläte der angeblichen Experten. Denn bisher sind Sie mit Ihren 24 Stunden pro Tag ja auch ganz gut ausgekommen, nicht? Oder Sie verzichten in Zukunft auf Lesen (eine Stunde), Nachdenken (eine Stunde) und die sogenannten Hausarbeiten (zwei Stunden), sehen nur noch 30 Minuten pro Abend fern und schlafen zwei Stunden weniger. Macht 24 Stunden und fünf Minuten – immer noch 5 Minuten zuviel. Wenn Sie jetzt noch auf das Zähneputzen nach dem Mittagessen verzichten könnten ...

SPORT & FREIZEIT

Auto
Typen
Klassiker
Sammeln
Hinterlist
Golf
Survival
Spiele

Alters sind Sammlerstücke. Um so erfolgreicher sie waren, um so teurer sind sie.

■ Ein bekannter Vorbesitzer oder Fahrer? Macht Sammlerautos noch teurer, vor allem, wenn die Vorbesitzer den Nachnamen Hitler, Presley oder Dean haben.

■ Kleinserie? Alle limitierten Serien sind bislang im Wert gestiegen. Kleinserie heißt: weniger als 1000 pro Jahr oder 5000 gesamt.

■ Von dem Modell gibt es kaum mehr gut erhaltene Exemplare? Je weniger Autos, um so größer die Nachfrage.

■ Auf einer Ausstellung prämiert? Je-

Wann ist ein Auto ein Sammlerstück?

*Rarität oder Anwärter auf den Autofriedhof?
Wenn Sie zusammen mit Ihrem Fahrzeug folgende
Fragen beantwortet haben, wissen Sie,
ob es etwas wert ist*

Geben Sie jeder mit Ja beantworteten Frage einen Punkt. Haben Sie mehr als 14 Punkte – herzlichen Glückwunsch. Wenn Sie das Stück verkaufen, müssen Sie nicht mehr arbeiten. Mit 10–14 Punkte können Sie immer noch auf jede Autoauktion. Mit acht Punkten machen Sie einen guten Eindruck auf jeder Flanierstraße. Mit sechs Punkten haben Sie Freude am Fahren. Zählen Sie nur vier Punkte besitzen Sie einen günstigeren fahrbaren Untersatz. Stellen Sie sich am besten neben Ihr Auto, nehmen den Brief zur Hand und beantworten die folgenden Fragen nach bestem Wissen und Gewissen

■ Es ist ein Roadster oder Cabrio? Die sind immer mehr wert, weil weni-

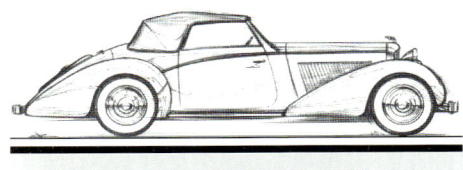

**1939 BENTLEY 4 1/4 LITER
(VANVOOREN)**
*Nachkriegsmodelle der
Rolls-Royce-Schwester (seit 1933)
stehen für Klasse und Eleganz*

ger davon gebaut werden und sie mehr Spaß machen.

■ Es ist ein Zweisitzer-Sportwagen? Attraktiver, weil er eine schnittigere Form hat und das Gefühl von Individualität vermittelt.

■ Ein erfolgreicher Rennwagen? Rennwagen jeden

des noch so häßliche Fahrzeug, das einen Preis gewonnen hat, verdient einen Punkt.

■ Hoher Neuanschaffungspreis? Vor allem Fahrzeuge, die nicht maschinell, sondern handgefertigt sind.

■ Zum Zeitpunkt des Kaufs sehr populär? Wenn es vor mindestens 20 Jahren der absolute Verkaufsrenner war. z. B. Ford Model T, VW-Käfer, Jaguar E-Type.

■ Technisch revolutionär? Immer im

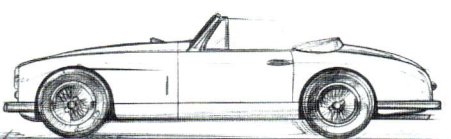

1954 ASTON MARTIN DB2 DROPHEAD-COUPÉ

Der Vorläufer des legendären James Bond-Autos DB4. Heute fast unbezahlbar

Vergleich zu seiner Zeit. Kompressor? Wankel? Doppelturbo? Höchstgeschwindigkeit über 240 km/h ist einen Bonuspunkt wert.

■ Sehr niedrige Seriennummer?

■ Technisch außergewöhnlich? Ein V 12 oder gar ein V 16-Motor?

■ Englische, deutsche und italienische Autos sind grundsätzlich einen Punkt wert.

■ Ein Überlebender? Die Automarke existiert seit Jahren nicht mehr?

■ Modell, für das es einen Club gibt? Wo ein Club ist, sind auch potentielle Käufer.

■ Ein besonders „schönes" Auto? Dasselbe wie eine schöne Frau. Man erinnert sich immer wieder gern an sie.

■ Historisch wichtig? Einige Autos sind Meilensteine der Geschichte und von Geschichten: Bugattis, Rolls Royce „Phantom XI", Bentley Nr. 7, Porsche 356 Roadster.

■ Von einem bekannten Autodesigner? Vor allem, wenn er Pininfarina, Guigiaro, Ferrari, Uhlenhaut oder Buehrig heißt.

■ Einzelanfertigung? Hat sich ein reicher Mensch das Fahrzeug maßschneidern lassen? Ein Extrapunkt.

■ Jedes Fahrzeug, das in der Autozeitschrift „Car and Driver" in der Bestenliste verzeichnet ist. Diese Autos gehen in die Klassikerliste ein.

ZUKUNFT IM OLTIMER

DIE BESTEN ADRESSEN, UM SICH SEIN AUTO DER TRÄUME ZU BESORGEN

ADT Auctions Ltd.
Expedier House
Portsmouth Road
Hindhead
Surrey GU26 6TS
Tel. (00 44-281)456 22

The Auction
3535 Las Vegas Boulevard South
Las Vegas, NV 89 109
Tel. (001-702)794 31 74

Claude Boisgirard
Commissaire Priseur
2, Rue de Provence
F-75 009 Paris
Tel. (00 33-1)47 70 81 36

1955 JAGUAR D-TYPE

Bis 1945 hießen alle Jaguars noch S.S. – Swallow Sidecar. Aus dem D-Type wurde der Klassiker E-Type

Brooks
81 Westside
Coapham
London SW4 9AY
Tel. (00 44-1)223 51 34

Christie's, Manson & Woods Ltd.
8 King Street
St. James's
London SW1Y 6QT
Tel. (00 44-1)839 90 60

Rick Cole Auctions
10 701 Riverside Drive
North Hollywood,

CA 91602
Tel. (001-818)506 65 33

Coys of Kensington Ltd.
2–4 Queens Gate Mews
London SW7 5QJ
Tel. (00 44-1)589 88 50

Finarte Casa d' Aste S.p.A.
Piazzetta Maurilio Bossi, 4
I-20 121 Milano
Tel. (00 39-2)87 70 41

James Auctioneers
Norwich Auctions Ltd.
33 Timberhill
Norwich NR1 3LA
Tel. (00 44-603)
62 53 69 + 76 41 96

Kruse International
P.O.Box 190
Auburn
Indiana 46 706
Tel. (001-219)92 55 00

Orion Auction House
Victoria Building
13, Bld. Princesse Charlotte
Monte Carlo
MC 98 000 Monaco
Tel. (00 33-93)30 16 69

Perrin, Royère, Lajeunesse
Commissaires-Priseurs
Associés

3, impasse des Chevau-Légers
F-78 000 Versailles
Tel. (00 33-1)
39 50 69 82

Phillips, Son & Neale
Blenstock House
7 Blenheim Street, New Bond Street
London W1Y 0AS
Tel. (00 44-1)629 66 02

Hervé Poulain,
Rémy Le Fur
Commissaires-Priseurs
Associés
700, Avenue de Bréteuil
F - 75 007 Paris
Tel. (00 33-1)45 67 11 31

Scottsdale 80's Auction Co.
5530 E. Washington
Phoenix
Arizona 85 034
Tel. (001-602)273 07 91

Sotheby's
34–35 New Bond Street
London W1A 2AA
Tel. (00 44-1)493 80 80

Sportscar Auction
c/o Oldtimer Garage Bern
CH-3005 Bern
Tel. (00 41-31)81 38 38

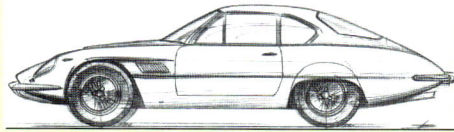

1961 FERRARI 400 SUPERAMERICA (PININFARINA)

Nach dem Preiskrieg der 80er Jahre sind alte Ferraris wieder „erschwinglich" geworden

Du bist, was du fährst

Manchmal sind berechtigte Zweifel angebracht, ob sich der Mensch das Auto aussucht, oder umgekehrt. Wie sonst ist zu erklären, daß in bestimmten Autotypen immer dieselben Autotypen sitzen

◀ VW GOLF

Der echte unterscheidet sich vom gemeinen Golffahrer durch die Potenzierung „GTI" am Heck. Außerdem durch den abgrundtiefen Haß gegen alle „Turbos". Seine Stärken liegen vor allem im „Durchmachen" von Festen aller Art, im „Abziehen" anderer Verkehrsteilnehmer, im „Runterrackern" von täglichen Tätigkeiten, im „Stemmen" von derben Vertreterinnen anderen Geschlechts und im „Ausknacken" an arbeitsfreien Tagen.

- ■ Name: Hans-Georg (Rufname: Schorschi)
- ■ Alter: Volljährig – ja, mündig – nein
- ■ Beruf: Wer seinen Kollegen öfters „mal was auf die Nuß gibt", kann leider nie Vorarbeiter werden.
- ■ Lieblingsbuch: Tuning – leichtgemacht
- ■ Lieblingsfilm: „Auf dem Highway ist die Hölle los"
- ■ Lieblingssendung im Fernsehen: Das Testbild
- ■ Lieblingsgetränk: Bourbon Coke ohne Cola
- ■ Lieblingslokal: Schorschi's Pils Pub
- ■ Lieblingsfrauen: „Die keine Zicken machen"

NISSAN ZX ▶

Der Nissan-Fahrer ist soeben am tiefsten Punkt seiner Midlife-crisis angekommen. Vor zwei Jahren hat er seine Frau und die zwei Kinder wegen eines Serviermädchens sitzenlassen. Und die ist gerade mit einem Kellner durchgebrannt. Jetzt nimmt er regelmäßig Vitamin E und bucht zweimal im Jahr Club Med. Diese Woche hat er einen Termin beim Institut für Haartransplantation, zwei Verabredungen im Club „Kennenlernen per Video" und schon viermal junge Anhalterinnen mitgenommen. Ohne Erfolg.

- ■ Name: Johannes (lieber: Johnny)
- ■ Alter: 50 (höchstens ein bißchen darüber)
- ■ Beruf: Leidender Angestellter
- ■ Lieblingsbuch: „Die Kunst der Körpersprache"
- ■ Lieblingsfernsehsendung: „Herzblatt"
- ■ Lieblingsspruch: „Sind Sie öfters hier?"
- ■ Lieblingsgetränk: deutscher Sekt
- ■ Größte Furcht: ein Leben wie dieses hier

VW KÄFER CABRIO ▶

Die typische Käfer-Cabrio-Fahrerin ist einfach zu beneiden, denn sie wird nie erwachsen werden. Und die knackigen Jungs auf Ibiza wird sie noch in zehn Jahren „zum Sterben schön und einfach himmlisch" finden. Wolken sind ihre einzigen Feinde (sie verdecken die Sonne, und die macht braun). Nächsten Sommer will sie vielleicht doch ihre Ausbildung anfangen. Aber nur, wenn's da eine Pausenterrasse gibt. Ihre beste Freundin ist zwar nicht besonders zuverlässig, immerhin aber haben ihre Eltern ein Haus im Süden mit Pool.

- ■ Name: Susanne (Susi)
- ■ Alter: immer 18
- ■ Lieblingsfilm: „Tarzan, Herr der Affen"
- ■ Lieblingsbuch: „Braun, ohne rot zu werden"

bei günstiger Zinslage viel gewinn-bringender im hochspekulativen Op-tionsgeschäft angelegt werden. Abge-sehen von dem nötigen Emotionsbe-darf.

- Name: Annette Beatrix und Claus J. P.
- Alter: 28 und 29
- Beruf: Investment Banking Analysis Consultant (Er) und Media Executive (Sie)
- Lieblingsbuch: „Megatrends" (Er), „Starke Frauen weinen nicht" (Sie)
- Lieblingsfilm: „Wall Street" (Er), „9½ Wochen" (Sie)
- Lieblingszeitschrift: Forbes (Er), Cosmopolitan (Sie)
- Lieblingsfarbe: Dunkelblau (Er), Grau (Sie)
- Typische Unterhaltung beim Frühstück: (Sie) „Deine Mutter hat letzte Woche angerufen". (Er) „Richtig, sie hat mir vor zwei Wochen schon eine Message aufs Band gespro-chen."
- Lieblingsessen: Sushi (beide)
- Sein größtes Ge-heimnis: kann Sushi nicht aus-stehen
- Ihr Geheimnis: kann Claus nicht ausstehen. Aber allein könnte sie sich niemals eine so große Wohnung leisten.

◄ JAGUAR XJ-6
Die Scheidungen der Ja-guar-Fahrerinnen enden gewöhnlich mit Heiraten. Aber bei der nächsten (die fünfte) ist es garantiert aus reiner Liebe. Daß er einigermaßen vermögend ist, nimmt sie stillschwei-gend in Kauf. Ihre Tage sind meist aus-gefüllt mit Einkaufen, Friseurterminen und Mittagessen. Leider reicht das Haushaltsgeld meist nur für das Nö-tigste. Für das kleine Extrataschengeld bringt sie die Modellkleider der letzten Saison zum Nobelsecondhand.

- Name: Ruth
- Alter: „Danach fragt man eine Dame nicht."
- Beruf: Einkäuferin
- Lieblingsbuch: Der Tiffany Weihnachtskatalog
- Lieblingsfilm: „Frühstück bei Tiffany"
- Lieblingsessen: Süßstoff
- Lieblingsplatz: Umklei-dekabinen
- Größte Beleidigung: Kre-ditlimits
- Lieblingsspruch: „Ich neh-me beide."
- Größter Traum: zehn Minu-ten allein mit Julio Iglesias
- Größte Furcht: Der Weltvor-rat an Collagen geht zu Ende.

ROLLS ROYCE ►
Der RR-Besitzer macht große Geschäfte damit, große Na-sen kleiner zu machen. Die ständi-gen Querelen mit der Kassenärztlichen Vereinigung sind nun auch passé, seit er nur noch Privatpatientinnen in sei-nem Institut empfängt. Die ständigen Querelen mit seiner Frau haben sich damit auch erledigt – Privatpatientin-nen und Privatleben konnte er einfach

- Lieblingsgetränk: Tequila Sunrise
- Lieblingsmusik: „Sunshine Reggae"
- Größter Glücksfall: Fernandez
- Größter Reinfall: Thorsten
- Größter Irrtum: Das Wort „echt" ist noch kein vollständiger Satz.
- Lieblingsspruch: Wenn alle Men-schen am Strand liegen würden, gäbe es keine Kriege.

▲ MERCEDES 190
Das Baby-Benz-Paar lebt in einer per-fekten Beziehung. Nie gibt es Streit, weil sie sich nie sehen. Und wenn, sind sie viel zu sehr mit ihrer Freizeit beschäftigt. Ihr größtes Problem zu Haus ist, wie sie alle Outfits in zwei Schränken unterbringen. Und, wie sie durch geschickte Umschuldung die Jahresbilanz noch etwas progressiver aussehen lassen können. An Kinder ist in den nächsten acht Quartalen nicht gedacht. Allein das finanzielle Investi-tionsvolumen für so ein Projekt könnte

◀ VOLVO KOMBI

Die Volvo-Familie ist wie ihr Auto: genügsam, solide und furchtbar langweilig. Die Umrüstung auf Katalysator beispielsweise wurde dem Familienrat zunächst technisch erläutert, dann zur Abstimmung gebracht und schließlich im Haushaltsbuch unter „Besondere Ausgaben" verbucht. Das wiederum wirkte sich auf den Kultur- und Bildungsetat aus und verhinderte die Studienreise zur Mecklenburgischen Seenplatte. Auch die Anschaffung eines Kompostzerkleinerers wurde zunächst zurückgestellt. Die zu erwartenden Steuervorteile fließen jedoch im nächsten Jahr der Versorgungspauschale zu, so daß einer Erhöhung des Taschengelds im Prinzip nichts im Weg steht.

- Name: Dipl.–Ing., M. A. und Jr.
- IQs: 150, 150, 162
- Alter: 38, 37, 12 (geistig zehn Jahre älter als seine Klassenkameraden
- Beruf: Spezialist für rechnergesteuerte Lagerhaltung (Er), Vorsitzende des sozialdemokratischen Frauenkreises (Sie), Klassenbester (Es)
- Lieblingsfilm: „Bleierne Zeit"
- Lieblingsbuch: „1000 ganz legale Steuertricks"
- Lieblingsessen: Tofuburger
- Lieblingssport: Recycling
- Größtes Geheimnis (Er): eine Flasche Burbon hinter der „Enzyclopedia Britannica"
- Größtes Geheimnis (Sie): die „Fiebel der Ehehygiene" im Einband von „Rosa Luxemburgs Memoiren"
- Größtes Geheimnis (Es): eine Fünf in Sport im nächsten Halbjahreszeugnis

nicht trennen. Um der Konkurrenz die geliftete Stirn bieten zu können, besucht er regelmäßig die Fachkongresse in den Golfhotels von Marbella, Portofino und Gstaad.

- Name: Herr Doktor
- Alter: „Das korrigiere ich mit zwei kleinen Schnitten."
- Ausbildung: Studium an der Internationalen Universität von Panama
- Lieblingsfilm: „Der Elephantenmensch"
- Lieblingsmelodie: „Mackie Messer"
- Lieblingsort: Silicon Valley
- Lieblingsschauspielerin: Brigitte Nielsen
- Lieblingsbuch: Schönheit ist meßbar.
- Lieblingsspruch: „Kein Mensch ist perfekt."
- Standardspruch: „Machen Sie sich einmal oben herum frei."
- Motto: „Eine Nase ist eine Nase ist eine Nase."
- Größtes Geheimnis: die Nähte
- Seine Verabschiedung: auf Wiedersehen!

- Gemeinsames Ziel: ein Familienportrait in der Zeitschrift „Natur"

PORSCHE CARRERA ▼

Der Carrera-Typ hält sich nicht lange auf. Schließlich muß er sich heute abend noch auf drei Partys sehen lassen. Man sieht ihn nicht kommen und nicht gehen, weder auf den Festen, noch auf der Autobahn. Aber plötzlich ist er da. Und wo er ist, da ist Action. Schnelligkeit ist seine Stärke, auch im Geschäft. Er verhandelt nicht, er dealt. Und er war immer schon da, wenn die anderen erst kommen.

- Name: „Baby, wollen wir quatschen oder was?"
- Alter: „Spielt das eine Rolle?"
- Beruf: „Ich stecke meine Nase auch nicht in Dein Buineß!"
- Lieblingsfilm: „Solchen Luxus kann ich mir in meinem Job nicht leisten!"
- Lieblingsdrink: Espresso im Stehen
- Lieblingsbuch: „Ich brauche keins, ich habe schon eins!"
- Größte Angst: Streik der Tankstellenpächter
- Größte Stärke: die Lichthupe
- Urlaubsziel: New York–Frankfurt–New York und wieder zurück
- Lieblingsspruch: „Zeit ist Geld!"
- Motto: „Nehmen und sich nicht nehmen lassen!"

Autos,
die man nie vergißt

Mercedes 300 SL

Jaguar E-Type

NSU Ro 80

Citroën DS 21

Citroën 2 CV

Es gibt ein paar Automobile, mit denen verbindet uns mehr als das reine Besitzen. Es sind fahrende Erinnerungen an das

Ford Mustang

erste Liebesabenteuer, den unvergeßlichen Griechenland-Urlaub und den ewigen Traum vom Reichsein

BMW 507

Messerschmidt Kabinenroller

VW-Käfer

Mercedes 280 SL Pagode

Morgan Plus 8

„Collecto, ergo sum"

Die Sammelgebiete der Neuzeit

Swatchuhren

Sie ist ein Massenartikel. Besteht aus 20 Gramm Plastik und 51 Metallteilchen. Sie kostet 65 Mark, und es gibt sie in 600 verschiedenen Ausführungen. Was also ist so besonders an dieser Swatch, daß Sammler für ein Stück bis zu 35 000 Mark zahlen?

Nichts! Sie ist weder technisch, künstlerisch noch historisch ein besonderer Kultgegenstand. Sie ist einfach „in". Und noch „inner" ist, wer eine ausgesuchte Sammlung dieser Quarzwerke besitzt. Nicht irgendwelche, sondern circa 30 ganz spezielle Ausführungen sind gefragt. Eben die, die nicht jeder hat, weil sie erstens längst vergriffen und vom Markt verschwunden sind oder zweitens ohnehin nur in begrenzter Stückzahl gefertigt wurden. Jedes Jahr legen die Schweizer Swatch-Macher nämlich einige wenige Uhren nur mit 99 999 oder 9999 Stück auf und verschenken sie entweder an Freunde des Hauses oder verkaufen sie in ausgewählten Geschäften. Und genau die Uhren sind es dann, die solche astronomischen Preise erziehlen.

Beispiel: Wer aus der ersten Auflage noch eine der durchsichtigen „Jelly Fish"-Swatches besitzt, trägt einen Wert von rund 25 000 Mark am Arm. Oder: Wer vor einem Jahr noch ganz regulär in der südfranzösischen Fondation Maeght (nahe Cannes) eine der speziellen Maeght-Swatches für 100 Mark erworben hat, erfreut sich heute ihres 50fachen Werts.

No-Disturb-Schilder

Und in jedem Hotel stellt sich dieselbe Frage: Nehme ich etwas mit? Und wenn ja, was? Schließlich möchte man ja doch ein kleines Souvenir behalten von den fernen Ländern, die man besuchte. Es soll charakteristisch sein für den jeweiligen Ort, nicht sperrig und trotzdem originell.

In den Badezimmern seiner Freunde bewundert man ergo die Batterien aus Seifenschälchen, Duschgels und Streichholzschachteln. Aschenbecher stehen als nächstes auf der internationalen Hotelsouvenir-Rangliste. Es folgen Handtücher und Bademäntel. Alles ohne Gefahr, auf die berühmte „Schwarze Liste" eines Hotels zu geraten, die die nächste Buchung erheblich erschweren kann.

Bei den wahren Snobs in Sachen Hotelklau findet sich neuerdings eine überdimensionale Pinnwand zu Hause. An der prangen, fein säuberlich nach Städten und Ländern geordnet, die gesammelten No-Disturb-Schilder der Hotels. Die Schilderjäger rühmen vor allem den hohen Erinnerungswert der Plaketten:

Die unvergeßliche Nacht im New Yorker „Morgans" sicherte beispielsweise ein schlicht-edel-ovales Stück Plastik mit der einzigen Warnung „Privacy!". Im noblen Londoner „Blakes" war es ein ebenso nobles graues Schild an grauer Kordel. Das „Golf-Hotel" im italienischen Punta Ala bewahrt seine

Die neue Generation der Hotelsouvenirs: No-Disturb-Schilder. Einmalige Erinnerungen an einmalige Nächte

Gäste mit grünen und roten Barockfiguren vor ungebetenem Besuch; im „Casuarina" auf der malayischen Insel Penang ist es nur eine gezeichnete deutsche Zipfelmütze, die scheinbar die ganze Welt in ihrer Bedeutung versteht. Wer allerdings im altehrwürdigen „Gajoen Kanko"-Hotel in Tokio den Unterschied zwischen „Ruhe bitte" und „Zimmer aufräumen" anzuzeigen begehrt, hat die Wahl zwischen zwei Holzstöckchen im Schlüsselloch. Einmal mit Sonne, einmal mit Mond drauf. Den Unterschied kennt wohl nur das Zimmermädchen.

Materialwert gleich null. Sammlerwert ständig steigend: Telefonkarten

Spazierstöcke

Es war das Mekka der internationalen Spazierstocksammler, der Louvre, das Nirwana, alles zusammen. Ganze Busladungen ausgewachsener Männer pilgerten aufs Gut Weisham im bayerischen Chiemgau zu Ulrich Klever, um dessen einmalige Sammlung von rund 2000 Spazierstöcken zu bewundern. Und meist kamen sie alle gerade vom internationalen Stockkongreß in München, wo jedes Jahr im „Sheraton-Hotel" die weltgrößte Tausch-, Handels- und Kaufbörse stattfindet. Klever starb 1990, sein Vermächtnis ist der Nachwelt nurmehr in Form des Standardwerks „Spazierstöcke" (Callwey) erhalten geblieben. Verändert hat sich der Markt. Vorbei die Zeiten, wo man

noch ein rares Stück (z. B. mit Pistole im Knauf) auf dem Marché aux puces in Paris oder an der Londoner Portobello Road günstig ergattern konnte. Spazierstöcke, vor allem die kunstreichen aus Elfenbein, Silber, Perlbambus und Malakkarohr, werden heute so teuer gehandelt wie alte Armbanduhren.

Angefangen hat die Lust auf den Stock schon bei Tutenchamun, der 3000 Stück mit in seine Grabkammer nahm. Der englische König Heinrich VIII. besaß neben sechs Ehefrauen auch einen Spazierstock mit sieben Funktionen. Im Griff ein Parfümdöschen, unter dem eine Sonnenuhr befestigt war; im Inneren befanden sich eine Zange, ein Kompaß, ein Zollstock, ein Messer und eine Feile. Friedrich der Große gebrauchte seinen Stock gleich für drei Funktionen: Mit ihm trug er besser an seiner Gicht, mit ihm prügelte er auf faule Beamte ein, mit ihm machte er sich immer wieder eine Freude, wenn er sich einen neuen Diamanten in den Knauf einsetzen ließ. Der gräfliche Maler Toulouse Lautrec hatte nur eins damit im Sinn: im „Schuß", wie der Schaft fachlich heißt,

trug er ständig einen halben Liter Absinth mit sich herum.

Wer sich in diese Tradition einreihen will, findet sich eines Tags im Züricher Geschäft von Dr. Heinrich Keller wieder. Das neue Mekka einer alten Leidenschaft.

Telefonkarten

Es ist das jüngste Kind des Sammelbooms und für Einsteiger noch das günstigste: Telefonkarten. Ja, auch diese einfachen Plastikstücke mit dem Chipprozessor sind schon dermaßen begehrt, daß es bereits mehrere Auflagen eines „Michel-Katalogs" (sonst nur für Briefmarken) gibt.

Besonders begehrt sind natürlich in diesem Fach die sogenannten Testkarten, die Bundespost in der Erprobungsphase ab 16. 12. 1986 ausgegeben hat. Eine der ersten, und zwar die Testkarte T 4 bringt ihrem Besitzer bereits rund 2000 Mark ein. Design: vorne rot, hinten schwarz. Eine grüne Karte, T 14 genannt, ist immerhin schon 1600 Mark wert. Die teuerste mit Werbeaufdruck ist die der Firma Autel, die für rund 1400 Mark gehandelt wird. Sollte noch

Eine der ersten Karten mit Werbeaufdruck von 1988. Wert: circa 1000 Mark

jemand ein altes Exemplar von 1988 mit dem Schriftzug „Philadelphia Kräuter" besitzen – 1000 Mark. Kleine Abstriche im Preis (circa zehn Prozent) müssen für bereits verbrauchte Einheiten gemacht werden. Ansonsten ist dieses Plastik teuer wie Gold.

Je bunter, desto teurer:
Orden aus der Ex-DDR

Ostblockorden

Dies ist (noch) ein Sammelgebiet im luftleeren Raum: Es gibt keine kompetenten Kataloge und kein internationales Preisgefüge. Darin liegt neben großer Unsicherheit eine riesige Chance. Denn der Markt ist so frisch, daß Kostbarkeiten, zumindest aus der Ex-DDR, z. T. beschämt verschleudert werden. Grundsätzlich jedoch gilt: Ein Vaterländischer Verdienstorden (in Bronze, Silber und Gold, früher mal ganz was Feines) kostet mit Verleihungsurkunde 1000 Mark, ohne nur 200 Mark (eher höher, wenn Walter Ulbricht unterzeichnet hat, eher weniger, wenn's Honni war). Absolute Spitze: der nur selten verliehene Karl-Marx-Orden – rund 3500 Mark mit Urkunde, egal von wem. Beim Modeschmuck aus dem Ostblock (an der Pilotenjacke oder am Cocktailkleid zu tragen) haben sich die Preise bei drei bis 150 Mark eingependelt – von der FDJ-Mitgliedsspange, billig, bis zum höchst dekorativen Juristenorden Sozialistische Rechtspflege, teuer. Faustregel: Alles, was nicht aus Blech (Alu, Zink) ist, von buntem Email geziert wird und möglichst noch am Kettchen baumelt, wird höher geschätzt. Touristen- oder Parteitagstand ist gar nichts

wert, und mehr oder weniger geheime Mitgliedsnadeln (Stasi, KGB, U-Boot-Truppe etc.) sind das Meißen unter dem zerschlagenen Porzellan des Sozialismus.

Filmplakate

Auch dies ist ein Sammelgebiet, auf dem noch alles möglich ist — für Investoren, echte Fans und Betrüger. Beispiel „Casablanca": Während das schmucklose Originalposter aus Österreich (1948) immer noch für ganze 50 Mark gehandelt wird (sofort kaufen, wenn Sie's sehen), schwankt der Preis für die deutsche Erstausgabe zwischen 1500 und 3500 Mark. Ganz zu schweigen vom US-Original, das zwischen 5000 und 15 000 Mark kosten kann. Vorsicht: Fallen Sie nicht auf die „Casablanca"-Plakate herein, die auf jeder Filmbörse angeboten werden, dies sind fast ausschließlich Kopien des belgischen Originals. Faustregel: Poster von Filmklassikern sind (oder werden)

Im Original sind Ingrid
(und Bogey) auf dem
Plakat mindestens
15 000 Mark wert

stets teuer – von „Metropolis" über „Ben Hur" bis „Pretty Woman". Absolute Weltspitze: das Original des 33er „King Kong" (mindestens 20 000 Dollar). Aber wie für alles, so gibt es auch hier einen florierenden grauen Markt unter der Hand, und da kann man z. B. das deutsche Originalplakat zu „Dick und Doof – ganz doof" für 30 Mark bekommen.

PS: Es gibt ein hübsches Zusatzsammelgebiet für Spezialisten – Filmplakate berühmter Posterkünstler. Batiste Madalena („Die Zehn Gebote") oder Saul Bass („Der Mann mit dem goldenen Arm") aus den USA oder jene Poster, die der deutsche Atlas-Filmverleih in Auftrag gegeben hatte („Mon Oncle"), oder gar jene Plakate, die Jean Cocteau zu seinen eigenen Filmen entwarf („La Testament d'Orphée"). Sehr gesucht, sehr schön, sehr teuer.

T-Shirts

Vergessen Sie all jene Hemdchen, die von Mombasa bis Malibu angeboten werden („It's better in the Bahamas"). So was sammelt man nicht, das trägt man im Urlaub und spendet es anschließend einer nackten Seele. Wir reden z. B. von jenem T-Shirt, das für das

Woodstock-Festival (1969) produziert wurde: Friedenstaube auf Gitarre, weiß auf schwarz. Das gab's nur 30mal, die überlebenden Exemplare kosten mindestens 10 000 Dollar … Beim allgemeinen T-Shirt-Sammeln müssen dieselben Regeln gelten, unter denen der Kurator der größten T-Shirt-Collection der Welt (Smithonian Institution, Washington) akquiriert: Hemden, die zu einem bestimmten Anlaß (Papstbesuch) in Neuguinea, (Zeile: „Mi lukim Pop"), für eine bestimmte Person („Free Mandela"), Organisation (CIA), ein stolz machendes Jet-set-Ereignis („Paris–Dakar 1970") oder als politische Provokation („Solidarnosc") produziert wurden. Sammler-T-Shirts müssen also Zeitzeichen sein, gewissermaßen historische Hemdchen oder große Trend-Ts (und wenn's geht, bitte, beidseitig bedruckt). Die Tourshirts aus der Popwelt – Werbegeschenke an befreundete Kritiker, Uniformen der Roadies – gelten nur dann als Objekte, wenn die reisenden Musiker wirklich echte Klassiker sind: Rolling Stones, Madonna, Highwaymen. Aber wer ein veritables Elvis- oder Beatles-Hemd besitzt, sollte es schnellstens ins Banksafe packen – international nicht unter 1500 Mark.

In den 80ern nur ein Gag, heute schon Sammlerstück: das 3-D-T-Shirt

Ein köstliches Sammelgebiet, eben erst entdeckt und leider erst mit wenig Literatur gesegnet (es gibt nur ein französisches Standardwerk). Das können alte Speisekarten längst geschlossener Nobelrestaurants („Ehmke", Hamburg) sein, aber auch die Dinnerkärtchen großer Kreuzfahrtschiffe oder die Tischmenüs privater Feste. Da erfährt man dann z. B., daß es am 5. Juli 1898 zum „II. Frühstück" auf dem Dampfer „Amazonas" der Hamburg-Südamerikanischen Dampfschiffahrtsgesellschaft Ochsen-Rouladen mit Kartoffelmus oder Kalbskoteletten mit Kartoffeln" gab. Oder zur Grundsteinlegung des Deutschen Museums in München, 3. September 1928, Donauschill überkrustet und wahlweise Märzenbier oder Bowle. Für zehn bis 25 Mark bekommt man die alten, z. T. handgeschriebenen und auch künstlerisch hochinteressanten Menükarten. Und wenn man Glück hat (wie einer der Autoren), dann entdeckt man auf der Tageskarte des „Savage Club" in London vom 19. Mai 1906 das verwitterte Autogramm des prominenten Tagesgastes – Nordpolforscher Fritjof Nansen. Es ist in jedem Fall ein Sammelgebiet mit praktischem Nutzen: Man lernt eine Menge über die fast untergegangene Kultur der Speisenfolgen.

Zehn Dinge braucht der Mann
Was Männer immer für sich behalten sollten.
Für alle (Un-)Fälle des Lebens

1. Die (theoretische) Möglichkeit, jederzeit von zu Haus abhauen zu können. Deshalb immer am Mann: Paß (mit Australienvisum), Kreditkarte (Gold), 1000-DM-Notschein in der Brieftasche.

2. Die privaten Terminplaner der letzten zehn Jahre. Die gesammelten Werke der Karrieren und Niederlagen, Lieb- und Leidenschaften, der teuren und verlorenen Stunden.

3. Die Liebesbriefe längst vergessener Jugendsünden. Eine Stunde lesen ist wie fünf Stunden Kino mit Starbesetzung.

4. Die Erinnerung an den ersten Arbeitstag. Hilft gegen jeden Anflug von Übermut, Arroganz und Verschwendungssucht.

5. Das erste Taschenmesser, das Vater geschenkt hat. Wenn man wieder Zeit hat, Holzboote zu schnitzen.

6. Die Telefonnummer des besten Freunds. Stell Dir vor, es ist nachts um drei und Du liegst besoffen im Straßengraben.

7. Den Anmachtrick: „Entschuldigen Sie, darf ich Sie auf etwas aufmerksam machen? (Mit gesenktem Kopf und Bubenlächeln): Auf mich!"

8. Die Jeans, die mit 20 paßte. Das beste Argument gegen die Lebenslüge „Ich habe fast mein Idealgewicht."

9. Die beste aller Ausreden (die nie eine Ausrede, sondern immer die Wahrheit ist): „Ich weiß, es war alles falsch. Ich bin ein seltsamer Mann, aber ich weiß, daß ich Dich jetzt mehr liebe als am ersten Tag."

10. Den Traum vom Leben ohne Sorgen. Ohne ihn wäre das Leben längst vorbei.

Wahlweise: den Traum vom Häuschen am Meer, das man im Geist viel hübscher bauen kann.

Vier Dinge braucht der Mann à la Clint Eastwood: Ein Gewehr, einen Hut, ein Zigarillo und den Spruch „Go ahead and make my day …"

… und zehn Dinge, die er nicht mehr braucht

1. Den Traum vom Leben mit einer Lotto-Million. Frei nach Konsul Weyer: „Jedes Bankkonto unter zehn Mio. halte ich für ziemlich armselig."

2. Die schlechteste aller Ausreden: „Du, entschuldige, aber es dauert heute länger im Büro." Frauen, die das noch glauben, haben plötzlich ungeheuer viele Abendkurse an der Volkshochschule. Und das ist noch unglaublicher.

3. Die alte Trainingshose für zu Haus. Stell' Dir vor, Sie steht vor der Tür, und Du stehst so da.

4. Die weißen Tennissocken. Weil sie bald nicht einmal mehr für den Tennisplatz taugen.

5. Die Erinnerung an das „erste Mal". Weil es ja doch in die Hosen ging.

6. Die Angewohnheit, in Gegenwart von Damen keine Ferkelwitze mehr zu erzählen. Wer sich einmal in der Toilette geirrt hat, kennt so und so die besten.

7. Das Auto als Symbol sexueller und finanzieller Potenz. Seit Erfindung des Privatleasings gilt noch nicht einmal mehr das.

8. Die Besinnung auf Vaters „gutgemeinte Ratschläge". Weil man sie inzwischen längst zu den eigenen gemacht hat.

9. Das Bild der Angebeteten auf dem Schreibtisch (vor allem Wechselrahmen). Oder können Sie es sich leisten, bei der Sekretärin und sämtlichen Kolleginnen total abgeschrieben zu sein?

10. Der prähistorische Glaube, das Weib sei dem Mann untertan. Oder wollen Sie wirklich wissen, was ihre Frau davon hält?

Wahlweise: der prähistorische Glaube, Frauen seien die gefühlsmäßig stärkeren Menschen.

Na, warte …

*Rache ist süß.
Rezepte für den
Alltag und besondere
Gelegenheiten.
Sehr lästig für den
Betroffenen,
gefahrlos für den
Rächer*

Es stand im „Tattler", dieser wunderbaren britischen Gesellschaftspostille: Da hatte einer der „Golden Boys" von London seine Geliebte geschaßt. Leider besaß die noch ein Doppel seines Wohnungsschlüssels, nutzte eine längere Auslandsreise ihres Exgeliebten – und rächte sich ebenso einfallsreich wie fürchterlich:

Sie sprayte zuerst Wasser gegen die Wände und auf den Boden. Dann säte sie Kresse und Senf (auch die Körner gibt's erstaunlicherweise in jeder Samenhandlung), verließ die Wohnung und warf die Schlüssel durch den Briefkastenschlitz. Als der Ungetreue Tage später heimkam, wogten ihm die grünen Wellen einer Kresse- und Senfplantage entgegen.

Rache ist süß. Rache ist gemein. Rache ist oft der einzige Ausweg gegen miese Vermieter, unverschämte Mieter, unbelehrbare Nachbarn, hämische Exfreunde und sonstige Exen (siehe oben). Hier zehn schlagkräftige Argumente, warum man in Zukunft sanfter mit ihnen umgehen sollte.

1. DER FEUERSTUHL: Einfache Methode: Knallfrosch behutsam in den Auspuff Ihres Feindes schieben, bis er in den Auspufftopf fällt. Dann einfach nur warten. Verfeinerte Methode: ein Wegwerffeuerzeug benützen. Sensationelle Resultate. Nachteil: Man ist nicht dabei.

2. DER ALTE MANN UND DAS MEER: Sollte Ihr Feind ein Aquarium besitzen – eine Tablette Alka Selzer genügt. Bedauerlich für die Fische, schööön für Sie. Merke: Nirgendwo trifft man böse Menschen mehr als an ihrer weichsten Stelle, der Tierliebe.

3. DER EDLE SPENDER: Aufkleber drucken lassen mit Name, Adresse und Telefonnummer des Feinds. Dazu den Satz: „Eine Spende von …" Die Aufkleber pappt man in die schweinischsten Bücher und Magazine, die aufzutreiben sind, und stellt die „Spenden" heimlich in die Regale öffentlicher Büchereien.

4. TELEFONSEX: Hinterlassen Sie Telefonnummer Ihres Feinds und den Namen seiner Ehefrau, wo Sie nur

können: Herrentoiletten, Telefonzellen, Buswartehäuschen. Dazu den Tip: „Bl… wie ein Weltmeister. Hartnäckig bleiben, ist am Anfang zickig!" Es rufen Tausende an, Tag und Nacht (ausprobiert!).

5. DIE GRÜNE VISITENKARTE: Vorausgesetzt, der Feind besitzt ein Stück Rasen – dann lassen sich kurze kräftige Worte (wie Sau, Arsch, Betrüger, Dickwanst) schnell und sauber in sein Gras sticken. Mit einem Fläschchen Essigsäure, starkem Alkohol (Tip: der Chemierum „Stroh") oder auf die natürlichste Weise: per Eigenstrahl. Nach etwa zwei Tagen erscheint das nette Wort.

6. KLEINE SPENDE FÜR DEN WIRT: Läuft Ihnen der Ober über die Galle, der Wirt über die Leber? Ein bißchen Silbernitrat (oder Merfen-Orange, das Wundmittel) einpacken, in das Klo der Kneipe schleichen und den Inhalt des Seifenspenders austauschen. Alle Toilettenbesucher erscheinen mit roten Händen und Köpfen.

7. DIE ZWIEBELSPRACHE: Hat Ihr Feind Zimmerpflanzen, im Büro oder zu Haus? Dann geht's: geschälte Zwiebeln in die Topferde drücken, in ein paar Tagen wiederkommen. Das Büro (das Wohnzimmer) wird leer sein – der Gestank ist zu mörderisch, und die Quelle kaum zu entdecken.

9. TELEFONBLOCKADE: Feind anrufen (mit verstellter Stimme), um Verzeihung bitten („Ich glaube, ich habe mich verwählt"), warten bis er auflegt – aber selbst den Hörer in der Hand behalten. Solange Sie jetzt nicht auflegen, ist seine Leitung blockiert. Sehr, sehr ärgerlich.

Golf in 60 Minuten

Geht das überhaupt? „Zumindest kann man sehr weit kommen", sagt Heinz Fehring, Lehrmeister von Bernhard Langer und Exnationaltrainer. Er hat acht Lektionen für absolute Golflaien zusammengestellt

Schritt zwei: Die rechte Hand liegt auf dem linken Daumen

Schritt drei: Der Schlägerkopf zielt auf die Ballmitte

S ie benötigen dafür ein Eisen 7, einige Bälle und ein paat Tees. Schlichte Turnschuhe genügen (statt der genagelten Golfschuhe).

SCHRITT EINS: Erstmal nur zuschauen, wie's gemacht wird. Denn im Grunde ist Golf simpel. Man muß nur das Gefühl bekommen dafür, wie sich ein Schläger anfaßt. Man muß das Gewicht des Schlägerkopfs erfahren. Begreifen, wie das ist, wenn man mit diesem Schlägerkopf von hinten auf den Ball zielt. Wie sich das anfühlt, wenn man ein wenig ausholt und „durchschwingt" – mal ohne Ball, als „Luftschlag", mal mit Treffen des Balls. Schauen Sie mir fünf Minuten lang zu.

SCHRITT ZWEI: Versuchen Sie, Ihre Hände genau so um den Griff zu legen, wie ich das hier vormache. Immer wieder. Erfühlen Sie ganz bewußt das Gewicht des Schlägers, seine Länge, seine Funktion als Ihr verlängerter

Arm. Das Hauptproblem für einen Anfänger ist nämlich, den Abstand zu begreifen zwischen Handgelenk und Schlägerkopf. Denn mit dem wollen Sie ja den Ball treffen. Legen Sie den Schläger zwischendurch weg und fangen Sie von neuem an. Üben Sie das 15 Minuten lang.

SCHRITT DREI: Wenn Sie das Gefühl für den Schläger, seinen Kopf, sein Gewicht bekommen haben, dann setzen Sie die Schlagfläche mehrmals hinter dem Ball auf. Stellen Sie sich dazu so auf, wie Sie sich wohlfühlen. Versuchen Sie schon mal, mit dem Schläger ganz leicht auszuholen (aber nicht den Ball zu treffen!). Wiederholen Sie das mehrmals. Dafür gebe ich Ihnen fünf Minuten Zeit.

SCHRITT VIER: Ich zeige Ihnen jetzt, wie Sie korrekt „zum Ball" stehen: Füße parallel und etwa schulterbreit auseinander. Wenn Sie Ihre Schuhspitzen durch eine gedachte Linie verbinden, muß diese in die Richtung zeigen, in die Sie schlagen wollen. Bitte, fünf Minuten probieren.

SCHRITT FÜNF: So ist Ihre Haltung richtig: Leicht vorgebeugt (aus der Hüfte) und mit minimaler Kniebeuge. Achten Sie darauf, wo sich meine Hän-

de mit dem Schläger befinden. Dort sollten Ihre auch liegen. Probieren Sie diesen Stand fünf Minuten lang.

SCHRITT SECHS: Jetzt sind Sie schon so weit, daß Sie das üben können, was ich Ihnen in Kapitel 1 vorgemacht und in Kapitel 2 bis 5 beigebracht habe. Üben Sie das mit und ohne Schläger, aber immer ohne Ball: Schläger in die Hände

Der Schläger dient als Hilfslinie für die Fußstellung

Schritt sieben: Leichter zu treffen, der Ball auf dem Tee

nehmen, korrekten Griff anwenden (Kapitel 2), Schlägerkopf hinter den (gedachten) Ball setzen (Kapitel 3), zum Ball stellen (Kapitel 4 und 5), leicht ausholen, sanft durchschwingen bis in die volle Endstellung (Foto 1). – Jetzt haben Sie das Gefühl für den Schläger. Nun müssen Sie das

Leichte Kniebeuge, Rücken gerade, sicher stehen

Gefühl für sich selbst bekommen. Deshalb legen Sie zwischendurch den Schläger immer mal wieder weg und schlagen mit leeren Händen. Sie tun so als ob – und, sehr wichtig, drehen sich selbst voll zum Ziel, so daß Ihr rechtes Knie das linke Knie berührt. Dafür gebe ich Ihnen zehn Minuten.

SCHRITT SIEBEN: Sie werden jetzt zum ersten Mal einen Golfball schlagen. Dazu legen Sie ihn etwa zwei Zentimeter hoch auf ein Tee. Warum? Weil Sie mit dem Schläger einen fast vollständigen Kreis beschreiben, umd um den Ball gut zu treffen, muß der Schläger kurz vor der tiefsten Stelle des Kreises unter den Ball. Das geht natürlich

Die richtige Haltung beim Rückschwung

leichter, wenn der Ball erhöht liegt (später, auf dem Platz, ist das nicht mehr erlaubt).

SCHRITT ACHT: Sie werden inzwischen gemerkt haben, daß Sie noch nicht genau wissen, wie Sie mit dem Schläger auszuholen haben – so, wie ich Ihnen das auf diesem Foto demonstriere: Sie dürfen den Schläger nicht heben, sondern müssen ihn mit einer kreisförmigen, schwingenden Bewegung und fast gestrecktem linken Arm hochziehen (wenn Sie Rechtshänder sind). Idealschwung: Ein Viertel des Kreises, also etwas weniger als Schulterhöhe, beim Aufschwung, aber dann voll durch den Ball bis in die Endstellung (Foto 1). Für diese Übungen 7 und 8 haben Sie zusammen 15 Minuten Zeit.

FAZIT: Sie sollten jetzt einen Golfball einigermaßen korrekt schlagen können. Das entbindet Sie nicht davon, bei einem Pro richtigen Unterricht zu nehmen – aber vielleicht habe ich Ihnen schon mal die Scheu vor diesem angeblich so höllisch schweren, angeblich so teuflisch exklusiven Sport genommen.

Den Schläger nicht heben, sondern mit fast gestrecktem linken Arm kreisartig hochziehen

Wie man …

… sich in allen Lebenslagen zu helfen weiß. Ein Leitfaden für ewige Pfadfinder, Trapper, Indianer und sonstige Naturfreunde. Oder wissen Sie immer, wo Süden ist?

Himmel – in welche Richtung?

Ganz einfach:

■ Morgens um 6 Uhr steht die Sonne im Osten, um 12 Uhr im Süden, um 18 Uhr im Westen.

■ Bei Nacht leuchtet der Polarstern genau im Norden.

■ Baumstämme haben meist eine klar erkennbare „Wetterseite" (auf Flechten achten!). Sie liegt im Westen oder Nordwesten.

■ Schlupflöcher von Tauben- und Starenkästen zeigen in der Regel nach Osten.

■ Wein- und Obstgärten liegen meist auf Südhängen.

■ Trigonometrische Steine (wenn auffindbar) sind auf der Südseite mit einem gemeißelten TP gekennzeichnet.

Wunderkompaß

Das Zifferblatt eines Kompaß zeigt 360 Grad. Bei Null ist Norden, bei 90 Grad Osten, bei 180 Grad Süden, bei 270 Grad Westen. Will man z. B. nach Osten gehen, muß man auf 90 Grad einstellen, indem man den Kranz mit der Gradeinstellung so lang dreht, bis die 90 auf dem Richtungspfeil steht. Nun dreht man sich selbst mit dem Kompaß so lang, bis die Spitze der Magnetnadel genau auf die „Abweichungsmarkierung" zeigt, knapp links von Norden (also auf den magnetischen Nordpol). Jetzt ist Osten genau dort, wo der Pfeil hinweist.

PS: Kompaß immer waagrecht in der Hand halten, damit die Nadel ungestört rotieren kann.

Ich, der Wetterfrosch

Gutes Wetter ist zu erwarten, wenn …

■ die Milchstraße deutlich zu sehen ist.

■ die Wolken am Morgen rosa sind.

■ die Luft flimmert.

■ auf einen grauen Morgenhimmel ein roter Abendhimmel folgt.

■ es nachts im Wald spürbar kälter ist als auf freiem Feld.

■ das Thermometer im Sommer besonders stark ansteigt

■ und im Winter heftig sinkt.

Schlechtes Wetter droht, wenn …

■ die Schwalben tief fliegen.

■ die Mondscheibe auch bei Neumond gut zu erkennen ist.

■ der Morgenhimmel nach Regen tiefblau ist.

■ morgens ein Regenbogen am Himmel steht.

■ der Himmel tiefblaß erscheint.

Maßstabsgerecht

Der Maßstab einer Karte zeigt an, um wieviel kleiner die kartographische Darstellung ist als die Natur. 1 : 200 000 bedeutet also: $^1/_{200\,000}$ der Wirklichkeit. Daraus ergibt sich: 10 cm auf einer Karte mit Maßstab 1 : 10 000 = 1 km in der Natur. 0,5 cm auf einer Karte mit Maßstab 1 : 200 000 = 1 km in der Natur.

Merke: Jede Landkarte, die einen kleineren Maßstab besitzt als 1 : 200 000, ist ein ungenauer Kompromiß.

Moskitos ahoi!

Der Umgang mit einem Moskitonetz ist eine Kunst, die Moskitos gehören zu den raffiniertesten Lebewesen auf unserem Planeten.

TIP 1: Netz rund ums Bett öffnungsdicht unter die Matratze klemmen. Beim Einsteigen nur seitlich (beim Kopfkissen) einen Spalt öffnen und vorsichtig hineinschlüpfen. Sofort wieder dicht verschließen.

TIP2: Netz nach Löchern absuchen. Ist eins vorhanden, das Netz rund ums Loch mit drei spitzen Fingern „bündeln" und einen dünnen Faden herumwickeln. Das Loch ist auf einfachste Weise verschlossen.

TIP 3: Alle Dinge, die man nachts benötigt, mit unters Netz nehmen (Taschenlampe, Lektüre).

Tip 4: Vorsicht vor dem Besprühen des Netzes mit kaltem Wasser. Die Verdunstungskälte führt zu Unterkühlung.

TIP 5: Moskitonetze, die nur den Kopf umhüllen, sind Schnickschnack.

PS: Ist kein Moskitonetz vorhanden, Licht brennen lassen und Taschentuch über die Augen legen (da die Moskitos Helligkeit hassen, eine 50 : 50-Chance).

Temperatur im Schatten	Tage ohne Wasser	Tage mit 1 Liter	Tage mit 2 Litern	Tage mit 4 Litern	Tage mit 10 Litern	Tage mit 20 Litern
49 °C	2	2	2	2 ½	3	4 ½
43,3 °C	3	3	3 ½	4	5	7
37,7 °C	5	5 ½	6	7	9 ½	13 ½
32,2 °C	7	8	9	10 ½	15	23
26,5 °C	9	10	11	13	19	29
21 °C	10	11	12	14	20 ½	32
15 °C	10	11	12	14	21	32
10 °C	10	11	12	14 ½	21	32

Check yourself

Der österreichische Forscher und Abenteurer Heinrich Harrer entwickelte eine spezielle Methode, sein Expeditionsgepäck zusammenzustellen – ohne etwas zu vergessen. Er checkte seinen eigenen Körper, indem er sich neben Koffer oder Kiste stellte, und bei den Füßen begann: soundso viel Paar Schuhe, soundso viele Socken – bis rauf zu Brillen und Kopfbedeckungen. Harrer war auf Reisen stets komplett.

Wasser, Wasser …

Wie lange kommt ein Mensch ohne Wasser aus? Je nach Hitze. Aber an den Überlebensdaten kann man leicht ersehen, wieviel Flüssigkeit selbst ein scheinbar sicherer Urlauber pro Tag benötigt (siehe Tabelle oben).

LAß WEHEN, KUMPEL

Salomé

Keith Haring

Prinz Charles (Wales)

Die persönliche Flagge, nach eigenem Design, bedeutet ultimativen Luxus. Und eine Art gesellschaftlicher Adel, der wenig kostet und jedem erlaubt ist.
Die eigene Fahne ist so alt wie die Individualität. Sehr alt.
Hier vier noble Beispiele: Die persönliche Flagge des Prince of Wales (Federn in Krone), die Fahnen der Maler Keith Haring und Salomé sowie das persönliche Banner des schottischen Prinzen Charles Stuart.
Relativ neu dagegen ist die Möglichkeit, sich eine wehende Visitenkarte nach Maß schneidern zu lassen.
Der Meister unter den Fahnendesignern heißt Chris Reid, sitzt in den USA (P. O. Box 1827, Midlothian, VA 23 113) und liefert weltweit.

Prinz Charles Stuart (Schottland)

Eine 60 × 90 Zentimeter große Flagge kostet je nach Ausführung zwischen 156 und 350 Dollar. Bei Jumboflaggen von 1,80 × 3 Metern klettert der Preis bis auf 720 Dollar.
Wenn Sie auch in die noble Gilde der Fahnenträger aufrücken wollen, müssen Sie Mr. Reid lediglich einen Entwurf schikken (oder das Design mit ihm beraten), den Stoff auswählen (Seide, Nylon ect.), die Farbauswahl treffen und die Größe des Tuchs bestimmen. Und wehen lassen …

Spiele für die Theke

Es gibt Tage, da ist es selbst in der Stammkneipe ziemlich trist. Hier sieben Gegenmittel

1. Pöhlpoker

Die schnellste Methode, sich die nötigen Mittel zur Begleichung der Zeche zu verschaffen, ist der Geldscheinpoker: Jeder Mitspieler nimmt einen Zehn-Mark-Schein und schaut verdeckt auf die Endziffer der Seriennummer. Nun darf beliebig hoch gepokert werden. Die höchste Ziffer gewinnt.

2. Einarmiger Bandit

Vor allem nach dem Genuß von zwei Zweistöckigen die Hohe Schule der Körperbeherrschung: Jeder Teilnehmer nimmt in eine Hand eine Streichholzschachtel, die andere Hand liegt flach auf der Theke. Wer es als Erster schafft, ein Streichholz herauszunehmen und anzuzünden, hat gewonnen. Der Barmann nimmt die Zeit und die Bestellungen entgegen.

3. Zahnstochermikado

Man nehme die gesammelten Vorräte an Zahnstochern vor Ort und bilde einen klassischen Scheiterhaufen. Gewonnen hat der, der am meisten Sticks daraus entfernen kann, ohne daß sich die anderen Hölzchen bewegen.

PS: Nicht zu verwechseln mit „Beamtenmikado". Wer sich zuerst bewegt, hat verloren.

4. Markenmemo

Alle Teilnehmer starren mit glasigen Augen auf die Flaschenbatterie vor sich. Dann werden jedem mit dem Glasputztuch des Barmanns die Augen verbunden. Wer sich an die meisten Markennamen erinnern kann, hat – verloren. Er hat sich als notorischer Säufer entlarvt.

5. Langnase

Der Wirt stellt zehn Gläser mit alkoholischen Getränken auf die Theke. Mit verbundenen Augen und nur durch Riechen müssen die Teilnehmer die Sorte feststellen. Wer die meisten errochen hat, muß alle leertrinken.

PS: Amateurönologen spielen das Spiel nur mit Wein und lassen die Rebsorten erschnüffeln.

6. Heiteres Beruferaten

Alle Teilnehmer sitzen mit dem Rükken zum Tresen an der Bar und mustern neu ankommende Gäste. Jeder gibt seinen Tip ab über den Beruf des Fremden. Wer am längsten zögert, muß hin und fragen. Gewonnen hat der Gast. Dem spendiert die Runde einen Drink.

7. Ziehen und zahlen lassen

Nehmen Sie die Gesamtrechung und reißen (!) Sie sie in drei gleichgroße Streifen. Auf den mittleren schreiben Sie den Namen ihres Kumpels, auf den rechten und linken Ihren Namen. Falten Sie die Zettel und werfen Sie in einen Sektkühler. Wetten Sie, daß sie blind garantiert seinen Zettel herausfischen werden. Lösung: Der mittlere Zettel hat zwei rauhe Ränder.

WOHNEN & EINRICHTEN

Große Ziehung

Die zehn Regeln, wie man aus dem WC eine Oase der Gemütlichkeit macht. Das ist so wichtig für Männer!

Der Satz: „Wo selbst der Kaiser allein hingeht ...“ war gar nicht so dumm – das private WC zu Haus (und nur von dem reden wir) ist ein Ort der Einsamkeit – und damit der Langeweile. Dem muß man abhelfen. Als Mann. Zumal es historisch belegt ist, daß Klo-aufenthalte Männern Spaß machen (Frauen weniger).

Schauen wir also mal, was in unserem Klo drin sein muß – außer dem, was der Klempner eingebaut hat.

REGEL 1: Behandeln Sie ihr WC als Zimmer wie alle anderen. Es bekommt also Wandschmuck. Am besten Cartoons (noch besser die Originale), anständig gerahmt. Erlesene Postkarten („Greetings from the Woomwala River, where the famous three-titted women live“) passen ebenso wie Menükarten der Sonderklasse Freddy Giradet, Eckart Witzigmann oder Wolfgang Puck – exklusiv, schnell überschaubar, gastrisch anregend und ein Conversation Piece für jeden Besucher. Auch die Hole-in-One-Urkunde gehört hierher.

Rechts an der Wand in Sitzhöhe hängt ein kleines Bücherregal mit einer ganz speziellen Bibliothek: handliche Bände, die man minutenweise genießen

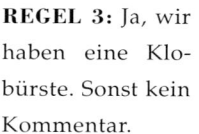

kann – Cartoonsammlungen, Fotopaperbacks, Reiseliteratur.

Unsere Vorschläge: Gary Larson, „Unter Bären und Schlangen“, Lloyds „Register of Ships“ (zwei Bände), der neueste Katalog von Ikarus-Reisen (so schön abenteuerlich!), Guinness-Buch der Rekorde, Desmond Morris, „Bodywatching“, die allerletzte Ausgabe der „Automobil-Revue“ (alle Autos dieser Welt), Haas/Thorer/Schönburg-Glauchau, „Das Beste vom Besten“.

Und natürlich der kleine „Tremmler“, die klassische Klokollektion deftiger Ärztewitze (Bezugsquelle: Tremmler-Pharma, Postfach 22 69, W-3550 Marburg).

Typisch Tremmler: Soldat Müller bekommt nach zwei Jahren endlich Urlaub und telegrafiert seiner Braut: „Ankomme Samstag, Erwin“. Sie telegrafiert zurück: „Freue mich. Empfange Dich mit offenen Armen, Uschi“. Antwortet Erwin: „Bin besorgt. Hattest du Unfall? Was machen die Beine?“

Nicht vergessen: Ein kleines Beistelltischchen zum „Hindenburg-Knobeln“ (Becher, fünf Würfel, Schreibgerät), eine Tasse Tee oder für ein Kartenspiel.

REGEL 2: Kein Schnickschnack. Die Müscheli-Sammlung gehört nicht hierher, die gehört ins Freie oder die Diele. Dafür steht im Klo das große Spaghetti-Glas (mit Deckel), in dem wir alle unsere Hotelseifen sammeln. Oder der Kasten mit den „Don't disturb“-Schildern.

REGEL 3: Ja, wir haben eine Klobürste. Sonst kein Kommentar.

REGEL 4: Nein, wir möchten keine eiskalten Fliesen betreten. Entweder Fußbodenheizung (schon damit die Hose, zeitweise an den Knöcheln, gewärmt an den Körper zurückkehrt) oder ein kuscheliger Teppich (verhindern Sie die abwaschbare Billigware, die Frauen in Klos legen wollen, weil sie an die „Tröpfchenmär“ glauben!)

REGEL 5: Bitte kein Bidet. Diese abstruse französische Erfindung, Grundausstattung antiquierter Bordelle (und nur dort sinnvoll, weil dem Voyeurismus dienend!) und verstaubter Hotels. In einem Männerklo/-bad hat diese Stalagmitendusche nichts verloren. Wo sie nicht mal einen Deckel hat wie jede anständige Toilette.

REGEL 6: Nur Mischbatterien. Warm und kalt aus einem Spund, zum Selbermischen. Weil kein Mann von Welt mehr den Stöpsel benützt und Wasser ins Becken laufen läßt. Wir duschen unsere Hände, wir baden sie nicht.

REGEL 7: Männer verwenden keine Seifenschalen. Das ist unmännlich. Wie innen mit Chintz bezogene Körbchen, in denen kleine Duftpröbchen liegen. Oder Zwergenhandtücher. Wir legen unsere Seife neben die Hähne und haben darüber ein Regal mit Handtüchern. Und irgendwo ein Gefäß, wo die gebrauchten Towels reinkommen.

REGEL 8: Natürlich Papierkörbe und Aschenbecher! Aus dem irrigen Glauben, daß kein Abfall anfällt, wenn es keine Mülltonnen gibt, verhindern Frauen Papierkörbe und Aschenbecher im Klo. Wehren! Hier stehen der Ascher aus dem „Tour d'Argent" und die überdimensionale Coladose fürs nicht Brennbare.

REGEL 9: Papierkram. Doppellagig selbstverständlich. Wenn man schon nicht darüber redet, sollte das Beste gerade gut genug sein. Wo Männer doch da so empfindlich sind. Und nix parfümiert oder angefeuchtet. Wer sind wir denn?

REGEL 10: Kanal 00. Kein Klo ohne Radio (getunt auf dritte Programme, besser noch lustige Privatsender). Fernsehen: nicht kommod (muß erst warm werden, kaum passende Programme tagsüber. Es sei denn, man tunt gleich auf MTV – sofern möglich). Besser: das reine Videoabspielgerät. Mit Slapsticks und Action. Kassette gleich drin (Charlie Chaplin, „The Cure", Dick & Doof, „Two Tars"/ „You're Darn Tooting", und nur das Wagenrennen aus „Ben Hur" oder aber die Verführungsszene aus „Sea of Love").

Latrinenparolen

Die zehn besten Klograffiti, die wir in Deutschland finden konnten. Daß sechs davon aus der Uni Freiburg stammen, scheint kein Zufall zu sein

Tritt näher ran, du altes Schwein, der nächste könnte barfuß sein. *Uni Freiburg*

In dieser Schüssel wohnt ein Geist, der jedem, der zu lange scheißt, von unten dann ein Ei entreißt. *Uni Freiburg*

Tu das Dings mehr nach links, sprach die Sphinx zu Herrn Frings, und dann ging's. *Hauptbahnhof Hamburg*

Bitte keine Kippen in das Becken – ich pinkle ja auch nicht in Ihren Aschenbecher! *Uni Heidelberg*

Der Homo läßt die Arbeit ruhen und freut sich auf den after-noon. *Uni Freiburg*

All meinen Lesern ein frohes Weihnachtsfest und ein glückliches Neues Jahr. *Uni Freiburg*

Da lacht der Klopoeten Herz, die Muse küßt ihn niederwärts. *Uni Freiburg*

Ist der Arsch auch alt und faltig, es lebe unser Rudi Altig. *Uni München*

Ich fühle mich nicht mehr jugendlich und folglich schon recht tugendlich. *Uni Freiburg*

Hier geh ich hin, hier darf ich sein, wo ich ich bin, da bin ich Schwein. *Hauptbahnhof Dortmund*

AUFHÖREN DA OBEN!

Das Klo in der Bar, ein Aquarium zum Spülen und der Trick mit dem Tonband: Thomas Crapper (1837–1910), der britische Erfinder der Wasserspülung, schuf geniale Toiletten. In Sydney zum Beispiel baute er für ein Pub die Theke aus Pinkelbecken – die Männer verließen ihr Bier nicht mehr. Und in London, erinnere ich mich, gelang ihm eine öffentliche Toilette mit Aquarien als Wasserkästen: Zog man, saßen die Fische auf dem Trockenen, schwammen aber wieder fröhlich herum, wenn das Wasser wieder einlief. Die komischste WC-Geschichte aber stammt

„Thomas und seine Arbeiter bei einem Test".
Zeichnung von Edith Crapper

aus Deutschland, und zwar aus Sylt. Dort installierte unser Freund W. Ü. in der Erdgeschoßtoilette einer vornehmen Herberge ein Tonbandgerät. Es reagierte auf das Schließen des Deckels, und als eine ältere Dame Platz nahm, ertönte eine kreischende Stimme: „Um Gottes willen hören Sie auf, hat Ihnen denn keiner gesagt, daß hier unten am Kanal gearbeitet wird, aufhören, wir kriegen ja alles in die Augen, Schluß da oben ...!" Über die kreidebleich aus dem WC schießende, nur teilweise bekleidete Dame werden auf Sylt heute noch Tränen gelacht.

Wie man sich ein Nest baut

Die Männerwohnung – eine Insel der Individualität. Aber kaum einem gelingt es, dieses Eiland seiner Persönlichkeit bis ins hohe Alter zu retten. 19 Regeln, es dennoch zu versuchen.

Natürlich können es Innenarchitekten, Dekorateure und andere Ästheten besser. Aber nicht in Ihrer Wohnung, das ahnen Sie. Ihr eigener Geschmack mag zweifelhaft sein, dennoch wissen nur Sie, 1) in welchem Ambiente Sie sich wohl fühlen, und 2) in welcher gewohnten Umgebung Sie sich wohl fühlen.

Innenarchitekten, Dekorateure und andere Ästheten diskutieren stundenlang über Farben, Proportionen und historische Stimmigkeit.

Sie wissen, daß dies in Ihrem Zuhause relativ belanglos ist. Im Gegensatz: Zuviel Geschmack führt zu Unwohlsein.

Und denken Sie daran: „Unter zehn Innenarchitekten gibt es immer drei, die Ihnen afrikanische Kunst aufschwatzen möchten" (behauptet Tom Wolfe).

Deshalb hier 19 Regeln, wie sich ein erwachsener Mann ein Nest baut, in dem er ein Leben voller Stolz und Zufriedenheit führt.

1. Bauen Sie Ihr Familienmuseum
Ein Ahn in Öl, das Foto des Hauses in dem man geboren wurde, das Familienwappen, gerahmt an der Wand. Eine sparsame Spur Stolz auf die Tradition (sofern vorhanden). Erst dann kommt man wirklich „nach Haus". Außerdem: Es gibt nichts Dekorativeres als selbsterlebte Antiquitäten.

2. Der Blick zurück – anders
Selbst wenn sie ultrapostmodern wohnen – auch ein 23jähriger hat 23 Jahre Geschichte auf dem Buckel. Leisten Sie sich Zeitzeugen, im Zweifelsfall vom Flohmarkt (sofern sie nur aus Ihrer Zeit sind): „Schneewittchensarg" von Braun, Sperrholzstuhl von Charles Lamb (1966), das „Viva"-Plakat, die „Valentine"-Schreibmaschine von Ettore Sottsass.

3. Tiere gehören dazu
Zumindest im Geiste. Richten Sie sich so ein, daß Platz fürs Körbchen wäre, Doggy auf die Couch dürfte, Minou gemütlich auf einem Fensterplatz Platz nehmen könnte. Ihre Wohnung wird menschlicher dadurch.

4. Platz für die eigene Geschichte
Irgendwo sollte herumstehen oder -hängen, was Sie selbst geschaffen haben, was Sie geprägt oder Ihnen mal Spaß gemacht hat: eine (alte) Landkarte der Gegend, in der sie aufgewachsen sind. Eine Urkunde, ein Foto mit Freunden im Urlaub, das Modell des Sportwagens, den Sie gefahren haben, die Karikatur, die mal einer von Ihnen gezeichnet hat.

5. Eine Männerinsel
Sport, Jagd, Militär, Klub. Vaters alte Orden, ein Korkenzieher aus dem Warzenschweinhauer, ein Golfpokal, der von Boris signierte Tennisschläger. Daneben die silberne Zigarettenbox von ... (Name eingraviert am Boden) und das Zertifikat vom Stück Regenwald, das Sie sponsern. Es darf ganz

leicht nach Schweiß und Macho riechen.

6. Ein Hauch von Patina

Je echter, desto besser. Aber nichts gegen Reproduktionen: Hauptsache, es fühlt sich gut an und sieht ein bißchen nach Würde aus. Wie Mahagoni. Auf Glas, Marmor oder Alu erfrieren Ihnen die Unterarme. Eiche wirkt zu ländlich, zu unordentlich. Möchten Sie futuristisch wohnen, bitteschön, dann dient Ihnen ein Hauch Patina als Kontrast.

7. Ein paar Souvenirs

Eine kleine Eskimoskulptur aus Kanada, ein Planters Chair aus Malaysia, eine Jadeschale aus Burma, die Nakkenstütze aus Uganda. Das wirkt so weltoffen, darüber kann man so gut reden.

8. Viel Silber

Es ist das Männermetall. Zwei Kerzenleuchter (eckig!), eine Dose (für Krimskrams), ruhig auch zwei dieser nutzlos kämpfenden Hähne. Dazu ein, zwei Becher (graviert, ungraviert) und eine Schale für Konfekt oder Asche. Silber schafft Wärme ohne Feuer.

9. Chinesisch kann nicht schaden

Erstaunlich, wie sehr Steingut (oder Porzellan) nach Kultur aussieht. Auch wenn Sie nur die Blumentöpfe in die Vasen stellen (und sie so zu „Übertöpfen" degradieren). China – „Tscheina" – ist männlich deftig, sehr dekorativ, warm.

10. Zeitlose Bezüge

Der Geheimtip: Englisch-Chintz. Weil's so pflegeleicht ist und selbst verschütteten Whisky verträgt (stoff- und dekormäßig). Außerdem: Chintz ist nie so langweilig wie im Büro. Da

gibt es als Muster „Persanes" (Vögel im Geviert) und „Indian Tree" (Vögel auf Ästen). Beides geht.

11. Die Farblehre

Das einfachste Kapitel (für Männer): viel Grün, Türkis, Silbergrau und alle Arten von Blau – mit einem Schuß Mauve, Koralle oder Orange. Männer lieben klare Farben. Auch an den Bilderrahmen: Gold oder Gold mit Schwarz oder Silber.

12. Platz für Rituale

Frauen verstecken die kleinen Geheimnisse der Haushaltstechnik, Männer nicht. Sie zeigen die Dekanter, die Sammlung alter Korkenzieher, den Nußknacker, den Champagnerquirl, den Zigarrenabschneider.

13. Stickerei? Natürlich!

Glauben Sie denen nicht, die jetzt von „unmännlich" reden. Ein Petit-Point-Kissen wiegt eine Stunde Überredung auf (heißt es in Verführerkreisen). Rahmen Sie das Stoffstück, in das Mutter Ihren Namen gestickt hat. Dieses Y-Chromosom zuviel ist der häusliche Touch, der Ihrem Nest gefehlt hat.

14. Eine Spur von Rattan

Eine Veranda in Bali, im Gimlet knackt das Eis, tropischer Sonnenuntergang, eine Brise vom Meer. Ein Stück Rattan bringt das Fernweh in Ihr Heim (Vorsicht mit Bambus! Es ist die Lieblingsdeko der Coiffeure und heißt in Fachkreisen „Malay Peninsula Modern"). Rattan sieht außerdem so wirkungsvoll nach Boheme aus. So als wollten Sie jeden Moment aufbrechen – unwiderstehlich.

15. Das Geheimnis Ihrer Wände

Weich sollen sie wirken, nicht architektonisch. Deshalb passen Tapeten zu

Männern (im Knast gibt's die nicht) – überhaupt alles, was aus Mauern Weite schafft. Frauen halten Wände immer möglichst frei. Männer hängen sie zu. Aber Vorsicht vor jenem wohlfeilen Surrealismus, der gleich mit den Rahmen geliefert wird.

16. Wenn das Feuer brennt …

Nichts geht über einen Kamin in einer Männerwohnung. An dieses Zimmerlagerfeuer hat sich noch jede Frau freiwillig gelegt. Romantik. Aber zum Kamin gehört auch ein Sims, und den benötigen Sie – für Ihre besten Stücke,

DER LORA-EFFEKT

Daß der amerikanische Schriftsteller und Komponist Paul Bowles („Himmel über der Wüste") ein origineller Kauz ist, weiß man schon lang. In seiner Biographie „Rastlos" stellt er jedoch, was Wohnen betrifft, eine unerwartet seltsame Theorie auf:

„(Als ich mich in Tanger niederließ) … kaufte ich einen kichernden Papagei aus dem Amazonas. Und wieder einmal wurde mir der immense Unterschied zwischen einem Zimmer mit Papagei und einem Zimmer ohne Papagei klar."

Ein Mann, so Bowles, hat einfach einen Papagei zu haben …

die tägliche Post, und um dekorativ Haltung einzunehmen (linker Arm aufgestützt, Beine verschränkt).

17. Achten Sie auf Symmetrie

Sie ist das A und O der Männerwohnung, und es hat tiefenpsychologische Gründe, warum Paarweise so gut wirkt: zwei Leuchter, zwei Staffordshirehündchen, zwei Berrocal-Figuren, zwei Meißen-Teller, zwei Solfa-Lampen, zwei Glasvasen. Der Höhepunkt: zwei gleichgroße Bücherregale.

18. Der Ton an der Tür

Vermeiden Sie schrilles Klingeln. Oder das hysterische Brrrr. „Ding-Dong" ist männlich – oder ein Dreiton. Noch männlicher (weil unauffälliger) ist ein Türklopfer aus Messing oder Bronze: großer Klöppel (fühlt sich an wie ein Phallus), Löwenkopf oder schlichter Ring.

19. Was noch fehlt …

… das bißchen individuelle Verrücktheit. Das sieht alles immer noch so perfekt aus. Was fehlt, ist das Bündel Pfeile von der letzten Reise nach Manaus – einfach in eine Ecke lehnen. Oder all die Swatchuhren, die Sie gesammelt haben (in die große Schale auf dem Couchtisch). Oder die 16 Bände „Simplizissimus", die Ihnen der Onkel vermacht hat (und die sich jetzt in zwei Stapeln am Boden türmen). Das „Pretty Woman"-Poster – wohin damit? Allmählich wird das Ihre Wohnung …

PS: Geben Sie nicht mehr als fünf dieser Prinzipien auf, wenn's ein Nest für zwei wird. Denn: Die nächste Einsamkeit kommt bestimmt.

Psychologie der Wohnungseinrichtung

Wie Männer leben

Gibt es einen Unterschied in der Wohnung eines verheirateten, eines geschiedenen und eines überzeugt alleinlebenden Mannes? Der Unterschied ist so groß wie der Einfluß der Frau, die darin wohnt, wohnte, übernachtet

Die typische Zweierbeziehungsunterkunft von Humphrey Bogart und Gattin Lauren Bacall in der Prä-Ikea-Ausbaustufe

1. DIE ZWEIERBEZIEHUNGS-UNTERKUNFT

LAGE: Etwas abseits, nahe Grünanlagen. Ideal für ausgedehnte Sonntag-nach-dem-Mittagessen-Spaziergänge. Er hat Platz genug zum Autowaschen vor dem Haus, sie nicht weit ins Vorort-Einkaufszentrum.

GRÖSSE: Mindestens drei Zimmer mit Balkon. Schlafzimmer mit Bügelbrettstellplatz, Wohnzimmer mit Gästebewirtungseßecke, Arbeitszimmer mit Blick in die Zukunft und Multifunktions-Schreibtisch (Wickelkommode!). Terrasse mit witterungsbeständiger Sonnenliege und Topfpflanzensichtschutz.

PREIS: § 10e-bereinigt, ratenweise für die nächsten 35 Jahre an die EiWoBau.

KÜCHE: Eingebaut, holzverblendet, voll abwaschbar. Essentielle Accessoires: Gewürzbord, Dreifachabroller für Küchenpapier, Alu- und Transparentfolie, Eierkochautomat, Universalküchenmaschine, Pinnwand (Kork), Häkelvorhang (Mühlenmuster, halbhoch).

MÖBEL: Die Prä-Ikea-Ausbaustufe in Leder, Chrom und Glas. Zweisitzer zum Ausziehen. Arenaförmige Anordnung um TV und Hi-Fi-Turm. Fernsehsessel mit Liegestellung. Plexiglas-Bei-

stelltisch für Repräsentationsflaschen (Likör, Weinbrand, Bourbon). Aluminiumgerahmte Druckavantgarde. Lamellenjalousien. Niedervoltsatelliten mit Oberleitungsverspannung.

FARBEN UND BODENBELAG: Grundfarbe weiß (auf Rauhfaser). Lichtbrauner Kurzflor-Teppichboden (strapazierfähig), blutroter Miniperser (Wertanlage), trittfester Industriefußboden (Küche, Bad) in Mausgrau.

2. DAS VON TISCH UND BETT GETRENNTE NOTLAGER

LAGE: Noch weiter draußen als Nr. 1. Jetzt am Ende der Welt. Keine Kneipe, kein Kino, keine alleinstehenden Nachbarinnen.

GRÖSSE: Fünf Zimmer mit (vernach-

lässigtem) Gartenanteil. Schlafzimmer mit Wäschebergecke. Wohnzimmer mit verbliebenem Grübel-, Trink-, Video-, Schlafsessel. Arbeitszimmer als Abstellkammer, Kinderzimmer als Abstellkammer, Eßzimmer als Abstellkammer.

PREIS: Restgehalt minus gerichtlich festgestelltem Existenzminimum.

KÜCHE: Freistehende Doppelspüle. Antiker Küchenschrank aus dem elterlichen (seinem) Nachlaß. Wartungsbedürftige Wasch-Kühl-Gefrier-Kombination. Mobiler Campinggaskocher. Vielzweck Klapptisch (ehemals Terrasse). Restfläche: Leergut.

BAD: Doppelwaschbecken (einseitig verkalkt). Jede Menge Platz für einen geschliffenen Kristallspiegel. Handbemalte Designerkacheln. Medikamentenschrank.

EINRICHTUNG: Chippendale-Kommode (teure Fälschung). De Sede-Wohnlandschaft (50 Prozent). High-End-Musikanlage (McIntosh, 4 × 250 Watt). 500teilige Jazzplattensammlung (ungeordnet). Jubiläumsausgabe der „Brockhaus Enzyklopädie". Lieblingssessel (Design Charles Eames). Mahagonihausbar mit Restbestand. Serie

Das von Tisch und Bett getrennte Notlager von Charles Bukowski hat vor allem eins: Jede Menge Platz für Leergut

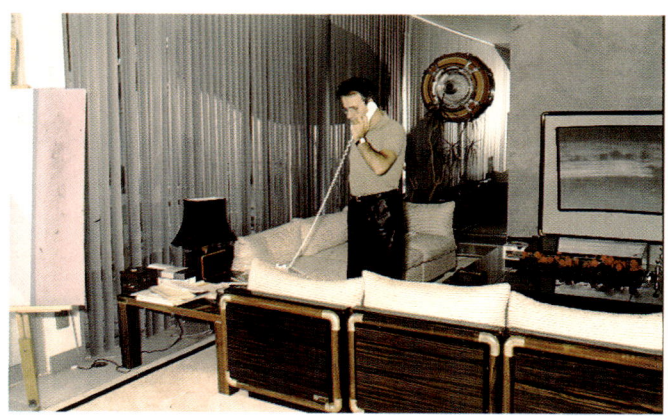

Die klassische Kommst-Du-mit-zu-mir-Höhle von Komponist Giorgio Moroder: Luxusgroßraum mit allseits offener Tür

originaler Warhol-Lithographien (ehemals vollständig).

BODEN, WÄNDE, TÜREN: Carrara-Marmor (rotweingetränkt), Parkett (mit Helldunkelzonen), pastellfarbene Lackspachtelwände (stellenweise neuwertig), bleiverglaste Art-déco-Türen (stark beschädigt).

3. DIE KOMMST-DU-MIT-ZU-MIR-HÖHLE

LAGE: Mittendrin, strategisch günstig, von allen Seiten einsehbar.

GRÖSSE: Ein-Zimmer-Großraum auf mehreren Ebenen, luxussaniert. Mit offener Küche, offenem Schlafzimmer, offenem Kamin, offener Tür.

PREIS: Kein Vergleich zur ortsüblichen Vergleichsmiete. Inkl. Staffelmiete.

KÜCHENBEREICH: Durch Eßbar scheinbar abgetrennt, tatsächlich aber Hauptschauplatz verdeckter Seitenangriffe. Chrom und Edelstahlglanz (Bulthaup, Christofle, Alessi). Mit Profiherd (Strom und Gas), Profiküchenmaschinen für Nudeln (Simac), Toast (Dualit), Espresso (Gaggia), Grapefruitsaft (Braun), Eiswürfel (General Electric).

SCHLAFBEREICH: Nachdem sich die Futon-Lösung als unpraktikabel erwiesen hat (herzlich, aber hart), Rückkehr zur Seiden- und Daunenvariante. Alle relevanten Bedienungselemente (Licht, Stereoanlage, Sektkühler) in Griffweite. Elektrisch höhenverstellbares Kopfteil; Schwenktisch (Eigenkonstruktion) für Frühstück-im-Bett-Tage (duo und solo).

NASSBEREICH: Einzelwaschtisch, freistehend (Meißen). Spiegel 1: im Barockrahmen. Spiegel 2: mannshoch. Spiegel 3: Vergrößerung. Doppelbadewanne (Ideal Standard Playa) mit Unterwasser-Intervall-Massage. Accessoires: Badesalz (Moschus), Badeschwamm (echt), Badeente (elektrisch).

WOHNBEREICH: Doppelcouch (Leder, weiß), Flokatiteppich (kuschelig, weiß), Freischwingersessel (Bauhaus-Kopie, weiß), Interlübke-Schrankwand (bücherfrei, weiß). Als Kontrast: Kaschmir-Plaid (Zegna, schwarz), Artemide-Leuchte (mit Dimmer).

DER IDEALFALL ...

eines Kleiderschranks steht in einem Haus namens Breakaway am Summit Drive in Beverly Hills. Es gehörte mal Charlie Chaplin, ehe es Kollege George Hamilton (*1939) für 1,2 Millionen Mark kaufte. Hollywoods schönster Mann beauftragte seinen Bruder Bill, einen Designer, mit der Inneneinrichtung, und der baute ihm einen Kleiderschrank ins Schlafzimmer, der auf Knopfdruck reagierte.
Erster Button – eine Zimmerwand gleitet zurück, die Kleiderkammer wird sichtbar.
Zweiter Button – auf Schienen fahren Kleiderständer und Regale aus. Jeder Bügel, jedes Fach ist durchnumeriert.
Dritter Button – die Bügel und Regale gleiten um die Kurve (in den Schrank zurück) und Hamilton konnte aus Hunderten von Anzügen, Jacken, Hosen, Hemden, Pullovern, Krawatten etc. schon vom Bett aus seine Tagesauswahl treffen.
Hamilton: „Das System hatte einen weiteren großen Vorteil – ich rief auf Reisen

zu Haus an und ließ mir Kleidungsstücke schicken, indem ich nur die Nummern sagte – Anzug Nr. 366 mit Hemd Nr. 47 und Krawatte Nr. 108, dazu Socken Nr. 90 und Schuhe Nr. 24."
PS: Heute wohnt Adnan Kashoggis Tochter Nabila in „Breakaway". Hamilton verkaufte ihr das Haus samt Kleiderschrank für 6,5 Millionen Dollar – ein Gewinn von 5,3 Millionen ...

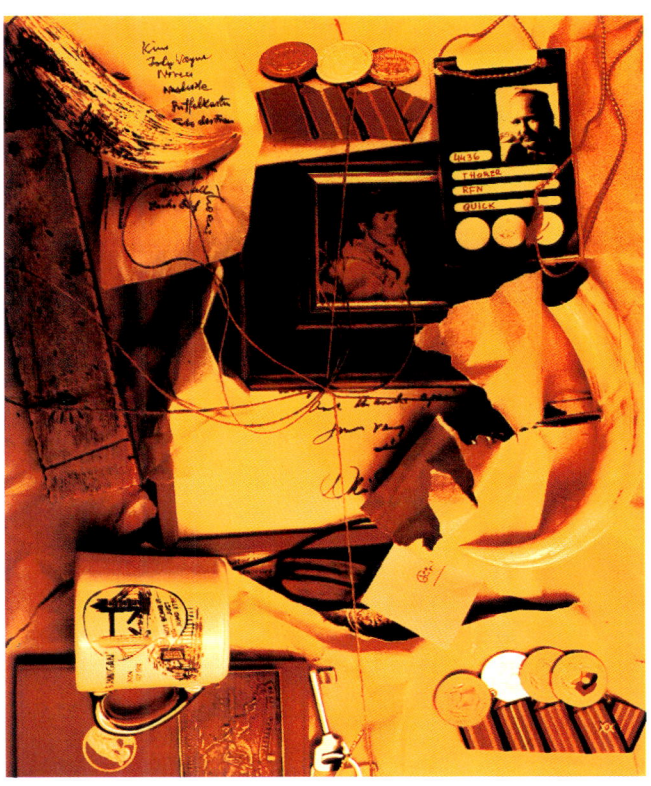

1. VATERS GOLDENE UHR: Auch wer Traditionspflege für das Markenzeichen des ewig Gestrigen hält: Jeder Sohn erbt von seinem Vater irgend etwas, das der vielleicht von seinem Vater vermacht bekommen hat. Sei es die Uhr, der Siegelring, die Münze, der Glücksbringer. Werte, die in jeder Moralbaisse kursstabil bleiben.

2. DIE JUGENDKISTE: Irgendwo steht noch immer ein alter Schuhkarton, eine Blechschachtel, eine Zigarrenkiste mit den Trophäen der Pubertät: ein Lederarmband zum Zeichen männlicher Blutsfreundschaft, die Billigpfeife der ersten Züge, die seltenste Muschel der Welt, Kunstwerke der frühen Periode, Souvenirs der ersten Sie, Relikte erster Körperstudien.

Die geheimen Schätze erwachsener Männer

Dinge, die jeder Mann für sich behält. Die er hütet wie seinen Gral. Die er mit in die Ehe bringt – und auch wieder mitnimmt.

3. DAS BILDERBUCH DER FRÜHEN TAGE: Früher oder später kehrt jeder einmal an die Stätten seiner (Un-)Taten zurück und betrachtet sich die Bilder, die nur das Gedächtnis fotografiert hat. Er sieht den Schulhof, der damals viel größer erschien; der Fluß, der einst ein reißender Strom war; das geheimnisvolle Grundstück, das einem Reihenhaus wich; der

Kiosk, der jetzt eine Schnellreinigung ist.

4. DAS GEHEIME GEHEIMFACH: Das findet nicht die Putz- und nicht die Ehefrau. Und oft stoßen auch Männer erst wieder zufällig darauf. Was drin ist? Anstößige Literatur und deren Anschauungsmaterial; Briefe, die lange Erklärungen

nicht nötig machen würden; peinliche Bilddokumente; Unversteuertes.

5. DIE GAU-STRATEGIE: Optimistisch, zukunftsbewußt, positiv, wie wir alle sind, würden wir natürlich nie eingestehen, daß wir schon öfters an den totalen Zusammenbruch (körperlich, moralisch, finanziell, karrieretechnisch) gedacht haben. Aber immer wenn Männer an so etwas denken, entwickeln sie wenig später eine Strategie, wie sie dann mit diesem GAU (Größten Anzunehmenden Unfall) klarkommen. Diese Strategieschätze sind genauso irreal wie undurchführbar, aber Hauptsache Mann hat sie.

6. LIEBLING I: Das Foto der Ehefrau, auf dem sie so aussieht, wie man gehofft hatte. Und manchmal noch aussieht, wenn sie sich um Harmonie bemüht.

7. LIEBLING II: Der letzte Brief der Geliebten – kitschig rosa und immer noch zart duftend („Mille"). Es ist der Brief, in dem sie schreibt, daß sie Verständnis hat für die Entscheidung …

8. LIEBLING III: Der nostalgische Schlüssel. Viele haben so einen. Man bekommt ihn manchmal am Morgen danach. Dieser hier ist von der alten Freundin Domenica.

9. DUKE'S CUP: Der dicke Becher, aus dem John Wayne trank, als er in London „Brennigan" drehte – und den er dann seinem größten Fan schenkte.

10. VOM PAPST: Der Presseausweis aus Polen. Als Karel Woityla zum ersten Mal heimkehrte als Papst. Man war dabei. Papa ante Portas.

11. PAPAS ORDEN: Im falschen Re-

gime zwar, aber dekorativ. „Verdienter Sozialist des Volks". Ideale, in Blech gestanzt (und besser als das Parteiabzeichen).

12. AUS DER HÜFTE: Die Gürtelschnalle zur Buffalo-Bill-Show 1887 in London. Stargast (damals und auf der Schnalle): Annie Get Your Gun.

13. KIM: Die Taschenausgabe in Saffian. Auf Englisch. Das Buch, bei dem Gedanken Flügel bekommen ...

14. SETZEN – 6!: Der alte Griffelkasten mit den 1000 Graffiti der Pubertät.

15. DER LETZTE BRIEF: Als sie zu

schwach war, um ohne Tintenkleckse schreiben zu können.

16. DER SCHUSS: Es war einmal in Kenia, da fiel ein Warzenschwein. Aus seinem Hauer ließ man einen Korkenzieher machen. Nie benutzt.

17. DER BEUTEL: Aus dem Hodensack eines Kudu geschnitten. Darin der berühmte „Schlangenstein", der jedes Gift heilt.

18. NOCH EIN ZAHN: Es war an der Baffin-Bay. Da lag plötzlich dieser Walroßzahn in der ewig gefrorenen Erde. Seit dem Jahre 1726. So hatte es damals einer ins Bein geschnitzt.

Die Basiswerkzeuge des Mannes

50 Mittel für alle Zwecke

1. DER ALUMINIUMKOFFER VON „RIMOWA": Die Kölner Alternative zum US-Angeber-Modell von „Halliburton". Staubdicht, wasserdicht, begleitet Männer rund um die Welt. Als Transportmittel, Sitzgelegenheit, Stehleiter, Schutzschild.

2. DER KLEBSTOFF „UHU": Graf Zeppelin hielt seine ganze „Hindenburg" damit zusammen. 1992 wird der deutscheste aller deutschen Kleber 60 Jahre alt, weil auch dann noch gilt: „Im Falle eines Falles ..."

3. DER BLEISTIFT „FABER CASTELL 9000": Gerade weil dieses sechseckige Schreibgerät kein Gramm Blei enthält, kann man so wunderbar denkend darauf herumkauen, die Gedanken zu Papier bringen und sie mit einem Strich wieder verwerfen.

4. DIE BOHRMASCHINE „BOSCH PBH": Lampen aufhängen, Regale befestigen, Vogelhäuschen basteln, Kinderwagen reparieren ... Was wären Männer ohne ihre Bohrmaschine? Helden ohne Waffe.

5. DIE CREME „NIVEA": Unsere Väter pflegten noch zu sagen: „Nivea, sonst brauch' ich nix." Und für viele gilt das heute noch, trotz „Razor Burning Relief", „Anti Wrinkle Mask" und „Tanning Moisture": An Männerhaut kommen nur Wasser und Nivea.

6. DER FISCHER-DÜBEL: Wer Nr. 4 hat, braucht auch Nr. 6. Was sonst?

7. DIE ENZYKLOPÄDIE „BROCK-HAUS": 180 Jahre gesammeltes Wissen, das jedem Mann jeden Tag hilft, das Wesentliche vom Unbedeutenden zu unterscheiden.

zieht ihn, nimmt ihn, wirft ihn, setzt sich darauf und ißt ihn auch. Mann braucht ihn einfach.

12. DAS KARTENSPIEL „ASS": Wußten Sie, daß Goethe seinem Kammerdiener C. E. Sutor half, eine Spielkartenfabrik in Weimar zu gründen. Jetzt

„ASPIRIN": Von wegen nur gegen Kopfschmerz und Kater. Angeblich auch gegen Herzinfarkt.

17. DER MAGENBITTER „UNDER-BERG": Vater der „Ramazottis", „Avernas" und „Fernets". Semper idem – immer derselbe, heißt der

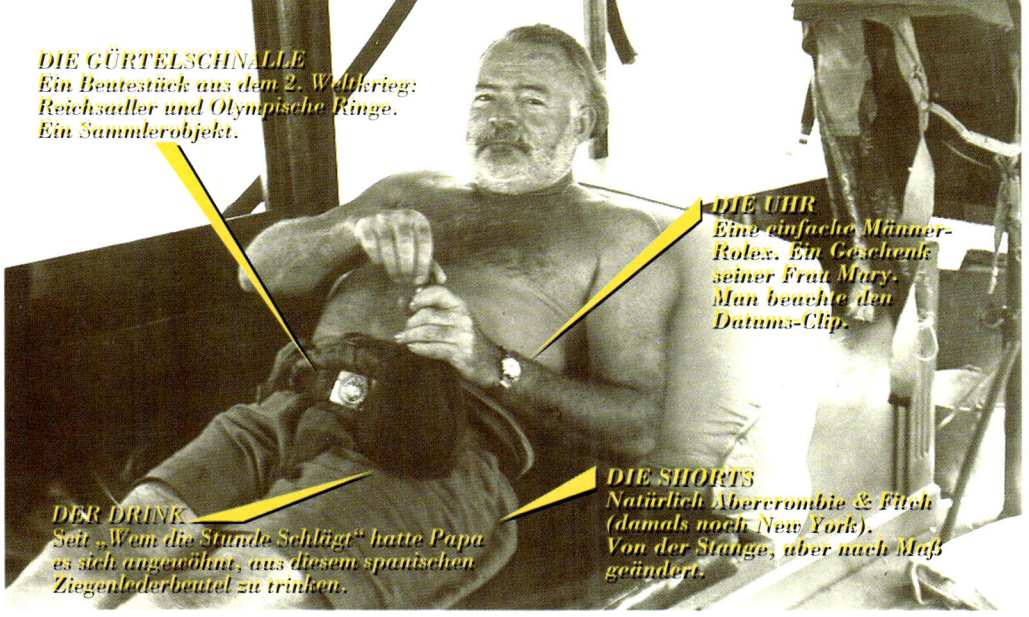

DIE GÜRTELSCHNALLE
Ein Beutestück aus dem 2. Weltkrieg: Reichsadler und Olympische Ringe. Ein Sammlerobjekt.

DIE UHR
Eine einfache Männer-Rolex. Ein Geschenk seiner Frau Mary. Man beachte den Datums-Clip.

DER DRINK
Seit „Wem die Stunde Schlägt" hatte Papa es sich angewöhnt, aus diesem spanischen Ziegenlederbeutel zu trinken.

DIE SHORTS
Natürlich Abercrombie & Fitch (damals noch New York). Von der Stange, aber nach Maß geändert.

Wovon „Papa" sich nie trennte: Der amerikanische Literatur-Nobelpreisträger Ernest Hemingway (1898–1961) ein Jahr vor seinem Tod. Sein Boot dümpelt bei 30 Grad durch die Karibik, er hat sich einen Schattenplatz an Deck gesucht und lächelt in die Kamera. Vier Dinge, die er liebte, und die ihn ein Leben lang begleiteten, sind klar erkennbar. Typische Männerdinge, von Frauen nur in der Not zu verwenden.

8. DER FASERSCHREIBER „ED-DING 3000": Das einfachste Schreibgerät, um auf sich und andere Dinge aufmerksam zu machen.

9. DER FÜLLER „MONTBLANC MEI-STERSTÜCK": Wenn ein Mann Charakter hat, dann macht er ihn durch die Handschrift mit der handgeschnittenen Goldfeder deutlich. Wenn er keinen hat, ist der Kolbenfüller immer noch Statussymbol.

10. DIE HAUSHALTSSCHERE „ZWILLING": Gegen alte Zöpfe, unnütze Worte, umständliche Wege, eigentlich gegen alles, was zu lang ist.

11. DER HUT „FEDORA": Man(n)

wissen Sie's und kennen fortan auch den Vater ihres Skatblattes.

13. DER KLEBEFILM „TESA": Seit Erfindung der gelben Klebezettel wohl etwas aus der Mode geraten. Nur daß man mit denen kein Auto reparieren kann.

14. DIE KAMERA „MINOX LX": Für Spione, Spanner, Späher. Klein, fein, immer am Mann.

15. DER KOPFHÖRER „SENNHEI-SER HD 540": 196 Gramm, die Männer noch einmal nach Woodstock bringen, wenn ihre Frauen in Dallas weilen.

16. DIE KOPFSCHMERZTABLETTE

Wahlspruch des Hauses. Die Autoren schließen sich dem an.

18. DER MELISSENGEIST „KLO-STERFRAU": Hilft gegen alles, wo Nr. 17 nicht mehr hilft.

19. DIE SUCHERKAMERA „LEICA M 6": Wer die hat, hat das Thema Kamerakauf ein für alle Mal abgeschlossen.

20. DIE MOTORSÄGE „STIHL 034 AVS": 5,4 Kilo und 4,5 PS für Brennholz, freie Sicht und korrekte Gütertrennung.

21. DIE MUNDHARMONIKA „HOH-NER": Für Serenaden, Ständchen, Sinfonien aus der Westentasche.

22. DAS MUNDWASSER „ODOL": 70 Prozent aller deutschen Mundwasserbenutzer (männlich) hauchen ihre Liebesschwüre aus der gebogenen Flasche. Fehlen noch 30 Prozent ...

23. DER BRIEFORDNER „LEITZ": Seit 1901 die Inkarnation des korrekten Bürowesens.

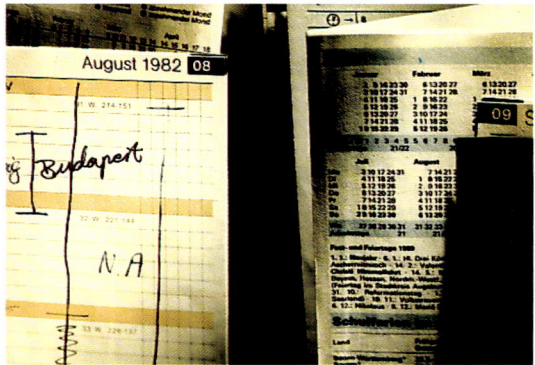

24. DAS TASCHENTUCH „TEMPO": Männer wischen sich damit den Schweiß von der Stirn, den Lippenstift von der Wange und die Suppe von der Krawatte. Als Ohrenstöpsel, Erste-Hilfe-Verband oder tatsächlich zum Naseputzen; Männer deponieren es meist in den Handtaschen ihrer Frauen.

25. DAS PFLASTER „LEUKOPLAST": Hält Regale zusammen, Gartengeräte und Autoteile. Hält, was es verspricht.

26. DER REGENSCHIRM „BRIGGS": Direkter männlicher Nachfahre des Seitenschwerts. Nur nützlicher.

27. DER RASIERPINSEL „DACHSHAAR": Für die Rasur schlechthin. Nichts nur für Schaumschläger.

28. DAS RASIERMESSER „SOLINGEN": Schönstes Mittel zum Zweck. Waffentechnisch überholt.

29. DIE SONNENBRILLE „RAY BAN AVIATOR": Gläser, die den Aufprall einer Stahlkugel aus einem Meter Höhe aushalten und auch noch gut fürs Auge sind.

30. DER TENNISSCHUH „SUPERGA": Für Asche und Teppich, für Asphalt und Parkett. Universell, unverwüstlich, unscheinbar.

31. DAS BUCH „IN WORLD GUIDE": Die besten Shops, Restaurants, Hotels jeder Weltstadt auf Taschenbuchgröße. Hilft gegen jeden Finanzüberschuß.

32. DER TEDDYBÄR „STEIFF": Allzweckwaffe gegen beleidigte Frauen jeden Alters.

33. DAS FERNGLAS „ZEISS": Weil ein Mann gar nicht genügend Weitblick besitzen kann.

34. DER WELTATLAS „DIERKE": Der aus der Schule. Handwerkszeug jedes Kosmopoliten.

35. DAS WÖRTERBUCH „DUDEN": Alle Romane der Weltliteratur stehen darin. Man muß sie nur richtig zusammensetzten.

36. DER KAMM „ACE": Trotzdem. Auch wenn er nicht mehr aus der Gesäßtasche ragt und „Brisk" von der Gelwelle überrollt wurde.

37. DIE ARMBANDUHR „ROLEX OYSTER, STAHL": Unscheinbar, aber unglaublich haltbar. Für alle Anlässe und Anforderungen.

38. DAS „SCHWEIZER OFFIZIERSMESSER": Rot, gut in der Not.

39. DAS FEUERZEUG „ZIPPO 200": Es gibt genügend Feuerzeuge, die bei 160 km/h im Auto funktionieren. Aber nur eins auch im Cabrio.

40. DIE WURFSCHEIBE „FRISBEE": Als Spielzeug ein unerreichter Wurf.

41. DIE SOFORTBILDKAMERA „POLAROID, IMAGE SYSTEM": Es gibt Momente im Leben eines Mannes, die muß er sich sofort und dann immer wieder anschauen.

42. DER SCHRAUBENSCHLÜSSEL „BAHCO": Made in Sweden, bekannt als „Franzose", ersetzt den halben Werkzeugkasten.

43. DIE KREDITKARTE „AMERICAN EXPRESS": Und Mann hat das Gefühl unbegrenzter Finanzmittel (zumindest für einen Monat).

44. DAS MODEBUCH „A GENTLEMAN'S WARDROBE": Die Bibel des guten Geschmacks.

45. DIE JEANS „LEVI'S 501": In Kombination mit Nr. 30 und Nr. 37 das perfekte Äußere eines Weltbürgers.

46. DAS ADRESSVERZEICHNIS „ROLODEX": Die stand- und statthafte Kartentrommel als Basis für Filofax und elektronisches Notizbuch.

47. DER REISEWECKER „BRAUN VOICE CONTROL": Endlich haben wir jemanden, den man morgens anschreien darf, und der dann für fünf Minuten Ruhe gibt ...

48. DIE PLATTENSAMMLUNG „BERNSTEIN SONGBOOK": Die Basisbeschallung für jeden Abend zu zweit. Von da aus kann man jederzeit auf Mozart, Milva oder Modern Jazz umstellen.

49. DAS DIKTIERGERÄT „OLYMPUS PEARLCODER": Ein stummer Sekretär, der auf Zuruf alles Wesentliche aufzeichnet.

50. DIE ZEITSCHRIFT „DER SPIEGEL": Nicht das Maß aller politischen Dinge, aber als Mitredestoff unverzichtbar.

Der befrackte Diener verbog sich zu einem artigen Bückling und sagte: „Verzeihen Sie, meine Herren. Der Herzog von Edinburgh läßt fragen, ob er seinen Lunch an Ihrem Tisch einnehmen darf."

Gelassen erwiderte der Schauspieler Douglas Fairbanks jr.: „Aber natürlich, es sind ja noch drei Plätze frei." Und der 82jährige Bankier Helmut William Bruno Schroeder neben ihm ergänzte: „Sagen Sie ihm, daß wir allerhand zu besprechen haben."

Da schritt der Prinzgemahl, der an der Bar im Parterre einen Schluck Bowle aus gemischten Früchten zu sich genommen hatte, auch schon durch die Glastür zum Speisesaal. Im Schlepptau hatte er seinen ältesten Sohn, und nun wurde es eng an unserem Tisch. Charles deutete eine leichte Verbeugung an und fragte: „Meine Herren, ich habe gerade meinen Vater getroffen, darf auch ich mich zu Ihnen setzen?"

Und da passierte es. Da konnte ich – sapperment noch mal – dem zukünftigen König von England einen Gefallen tun und sagte mit fester Stimme: „Hoheit, es ist uns ein Vergnügen."

Ich schwöre: So war es an diesem ganz gewöhnlichen Dienstagmittag bei „White's" in London, dem exklusivsten Club der Welt. Plötzlich saß ich neben genannten Herren und bekam mit, wie Fairbanks, ein Uraltfreund

Die allerletzte Insel

Ganze Generationen von Männern haben zu Haus nur geschlafen. Gewohnt haben sie in ihrem Klub. Bei „White's" in London ist das heute noch so – für Ladies off limits …

des Hauses Windsor (und der einzige Bürgerliche, bei dem die Queen je privat zu Abend gegessen hat), zu Philipp sagte: „Nun erzählen Sie doch mal, wie das wirklich gestern Nacht war im Schlafzimmer Ihrer Majestät."

Erst relativ spät kapierte ich, daß Fairbanks keine Details aus der königlichen Intimsphäre wissen wollte, sondern Einzelheiten über das Einsteigen eines Individuums namens Michael Fagan, der im Buckingham-Palast plötzlich auf der Bettkante von Elizabeth II. gesessen hatte, als diese ihre blauen Augen für einen neuen Tag öffnete.

„White's", 37 St. James's Street, London SW 1. Telefon: (004 41)493 66 71. Das ist so fein, daß man darüber nicht schreibt. Als Douglas Fairbanks jr. zustimmte, mich in den Club mitzunehmen, beschwor er mich noch auf den sechs Stufen, die zu „White's" hinaufführen: „Sagen Sie bloß keinem, daß Sie was schreiben wollen! Ich bekäme die allergrößten Schwierigkeiten." So firmierte ich als Farmer aus dem ehemaligen Deutsch-Südwestafrika.

Vorher hatte ich schon den Fairbanks-Kollegen David Niven, der damals noch lebte und neben dem Hollywood-Altstar der einzige Mime unter den 700 Mitgliedern war, um ein paar Schnurren aus dem Leben bei „White's" gebeten. Aber auch er erschrak und schrieb zurück: „Um Gottes willen! Ich bin so froh, daß ich da drin bin, und wage es einfach nicht, Ihnen irgend etwas zu erzählen." Er tat's, kurz vor seinem Tod, dann doch.

Man ist drin oder nicht. Ist man's nicht, schweigt man. Ist man's, redet man noch viel weniger. Höchstens signalisiert man Klubzugehörigkeit im internationalen „Who's Who" durch die sieben Buchstaben mit dem Apostroph. Aber die wirklich Vornehmen tun nicht mal das.

Bernhard der Niederlande. Beruf: Prinzgemahl. Hobby: Jagd. Klub: White's.

Alexander von Tunis: Beruf: Feldmarschall. Hobby: –. Klub: White's.

Menzies, Robert: Beruf: Expremierminister von Australien. Hobby: Spazierengehen und erstklassiges Kricket. Klub: White's.

Da fragt man sich natürlich, wie es ein Mann wie Niven, der seine Brötchen auf „unmögliche" Weise verdiente, überhaupt geschafft hatte, diese nie geschleifte Festung der Vornehmheit zu stürmen. „Oh", erwiderte der Kollege Fairbanks, als ich ihn fragte, „als

Mann, der eigentlich Kunstmaler ist und Amerikaner dazu.

Immerhin hatte mich Fairbanks reingebracht. Das war dem einzigen deutschen „White's"-Mitglied, dem Exbotschafter Hasso von Etzdorf aus Eichtling bei Moosach in Oberbayern, nicht gelungen. Zwar wollte auch er mich zum Lunch einladen, was nach Voran-

„nominierte" Getty (wie es in der Klubsprache heißt), und ein anderes Mitglied, die graue Eminenz der amerikanischen Außenpolitik, Averell Harriman, schickte eine „positive Bewertung". Aber fünf Jahre lang blieben das die einzigen Prostimmen. Möglicherweise gab es auch einige Kontras, aber die werden – for heaven's sake – bei

Charles James Fox, englischer Staatsmann, hinterließ im Unterhaus einen schwachen Eindruck, weil er kurz vorher bei „White's" 33 000 Pfund verwettet hatte

Feldmarschall Blücher trank bei „White's" mit Talleyrand roten Wein, den die Briten importiert hatten, als Frankreich noch zur Hälfte in englischer Hand war

Arthur, Herzog von Wellington, Englands größter Staatsdiener, glaubte, daß seine Mitgliedschaft bei „White's" wichtiger für ihn war als der Sieg bei Waterloo

Sir Oswald Mosley, ehemaliger britischer Faschistenführer, spendierte den Angestellten von „White's" alljährlich eine Fünf-Pfund-Note. Den Klub meidet er

Schauspieler wäre er da nie reingekommen, aber David war früher Berufsoffizier und damit akzeptabel."

Und Fairbanks? Es erschien mir taktlos, ihn nun selbst zu fragen, und so erkundigte ich mich bei seinem toskanischen Butler Giuseppe. „Sir", antwortete der, „wissen Sie denn nicht, daß die Queen bei uns gespiest hat?" Doch, das war mir bekannt (und man beachte das „uns"). „Sehen Sie", lächelte Giuseppe da, „und außerdem wurde Mister Fairbanks wenig später ja auch geadelt." Ach, so ist das. Dennoch ein gewaltiger Hüpfer für einen

meldung durchaus möglich ist, aber der Diplomat war so ehrlich gewesen, mich als schreibwilligen Autor vorzustellen. Da mußte er allein speisen.

Die Abfuhr stellte mich mit Paul Getty auf eine Stufe. Denn diesem reichsten Mann der Welt (durch eigene Arbeit) erteilten sie eine noch viel, viel herbere Abfuhr in dem weißlackierten Haus an der St. James's Street. Allerdings hatte er die Spielregeln von „White's" mißachtet, wenn auch in so freundlicher Absicht. Und das ging so:

Der damalige US-Botschafter und vielfache Millionär Walter Annenberg

„White's" weder gewertet noch registriert.

Nun wurde Getty ungeduldig und beging eine Todsünde, indem er über einen Mittelsmann anbot, 100 Jahre lang (!) die möglichen Defizite des Klubs zu decken. Einige Tage später fehlte seine „Nominierung" am Schwarzen Brett in der Eingangshalle von „White's", und Botschafter Annenberg wurde gebeten, seinen Vorschlag „zurückzuziehen". Getty galt für die Society fortan als unsanft entschlafen.

Douglas Fairbanks behauptet: „Ich bin Mitglied in zehn weiteren, als höchst exklusiv geltenden Klubs auf der ganzen Welt. Aber keiner macht die Aufnahme nur annähernd so schwierig wie „White's". Aber drin zu sein, bedeutet nun einmal, zu den 700 absoluten Spitzen dieser Welt zu gehören."

Hasso von Etzdorf meint, es sei „eine ziemliche Leistung, da hineinzu-

rokraft, sondern eine achtbare Stütze der Gesellschaft, der dieses Amt der Ehre wegen versieht. Meist ein taktisch gewiefter, organisationsfreudiger Exoffizer wie Wingcommander Marmaduke Ponsenby, Rearadmiral Archibald Davenport oder Brigadier Thomas Fitzsimmons.

Macht der „Kandidat" auf diesen Se-

nes Bändchen mit den Statuten, die sich von der Verfassung Englands nur dadurch unterscheiden, daß sie schriftlich fixiert sind.

Nun ist einer also drin, freut sich und möchte seinen Einstand geben. In der Bar von „White's" vielleicht, obwohl die nur knapp zwei Meter breit ist (dafür kostet ein Gin mit Tonic nur 1,50 Mark). Und schon hat er seinen ersten Schritt zurück nach draußen getan. Denn, so erklärte mir der alte, weise Bankier Schroeder: „Wenn einer seine Zugehörigkeit zu „White's" feiern zu müssen glaubt, scheint er von ihr überrascht zu sein. Ergo gehört er eigentlich nicht in den Klub."

Als ich, starr vor Staunen, schüchtern fragte, ob dies nicht der Gipfel des Snobismus sei, lüpfte der Gentleman seine Augenbrauen und stellte eine köstliche Frage: „Was, mein Herr, ist Snobismus?" Ich schämte mich – wie soll ein Snob wissen, was Snobismus ist.

Auf ähnlich vornehme Art wie die Aufnahme verläuft ein Rausschmiß. Offiziell gibt es ihn gar nicht, alle Jubeljahre passiert aber mal einer. Nur – rausgeworfen wird wirklich keiner, das Mitglied wird lediglich gebeten, seine „Zugehörigkeit aufzugeben". So wollen es die Statuten. Weil sich ja auch ein König mal danebenbenehmen könnte. Soll schon vorgekommen sein. Einen König jedoch werfen nur Revo-

Bertrand Russell, englischer Philosoph, beteiligte sich mit anderen Geistesgrößen begeistert an der 30jährigen Dichterschlacht, die bei „White's" tobte

Paul Getty, einst reichster Mann der Welt, erhielt eine schmerzliche Abfuhr, weil er dem Klub „unfeiner Weise" angeboten hatte, ihn 100 Jahre lang finanziell zu unterstützen

Prinz Charles, britischer Thronfolger, mußte bei „White's" zusammen mit seinem Vater Prinz Philip 20 Minuten warten, ehe sie an einem Vierertisch Platz nehmen durften

kommen". Er selbst schaffte das, trotz Adel, nur über die traditionell etwas lockerer gehandhabte „Diplomatenliste" von „White's". Aber selbst die endet am Eisernen Vorhang und mit Sicherheit kurz vor dem Kongo.

In der Tat ist die Aufnahmeprozedur geradezu peinlich umständlich: Zuerst muß der „Kandidat" von einem Mitglied vorgeschlagen werden. Schriftlich. Das ist die „Nominierung". Dann wird der Bewerber nach Monaten aufgefordert, sich in Begleitung seines „Sponsors" beim Klubsekretär vorzustellen. Der ist nun beileibe keine Bü-

kretär einen leidlich guten Eindruck („Und vor dem steht man wie ein dummer Schulbub", erinnerte sich Niven), erscheint sein Name fünf bis acht Jahre (!) am Blackboard, nur bei Ausländern akzeptiert man manchmal drei bis vier Jahre Wartezeit. In dieser Ära sollen, so will es die Gewohnheitspflicht bei „White's", mindestens 50 Mitglieder den Aufnahmewunsch positiv beurteilen. Ist dies der Fall, erhält der „Kandidat" einen nie mehr als dreizeiligen Brief, in dem ihm das Betreten der Klubräume gestattet wird, ein Mitgliederverzeichnis und ein dün-

luzzer raus, Gentlemen bitten ihn zu gehen. So vornehm geht die Welt zugrunde.

Die Queen zum Abendbrot, ein kleiner Adelstitel. Diplomat am Hofe von St. James, erstklassige Familie und eine Laufbahn auf der militärischen Milchstraße zu den vier Sternen. Das schadet nicht bei „White's", aber wen sie nicht wollen, dem hilft auch ein ruhmreiches Leben nicht.

Admiral Nelson, Britanniens Stolz zur See, kam bereits als junger Seeoffizier zum Klub. Bevor er Napoleon und sich selbst bei Trafalgar vernichtet hatte. Nicht sein Rang ermöglichte die Mitgliedschaft, sondern sein erstklassiger „Stall" (wie man bei „White's" zu Familien zu sagen pflegt).

Ähnlich erging es dem englischen Pressezaren Sir Max Aitken („Daily Express", „Sunday Express", „Evening Standard"). Ihn nominierte sein Vater als Eton-Eleve, noch ehe Mäxchen überhaupt lesen konnte.

Und in seinen Memoiren überlieferte der Sieger von Waterloo, der Herzog von Wellington, seine feste Überzeugung, daß die Niederlage des kleinen Korsen zwar für den nichtfranzösischen Rest Europas wichtig gewesen sei, seine Aufnahme bei „White's", die nach Waterloo erfolgte, für ihn persönlich aber wertvoller.

„White's", das sollte man inzwischen begriffen haben, ist nicht einfach ein spinniger Herrenklub. „White's" ist mindestens mal das höchste Statussymbol der Welt, wahrscheinlich jedoch der mächtigste Geheimbund der Erde. Eine kühne Behauptung, die man aber schriftlich belegen kann durch

Protokolle des britischen Parlaments.

Da stellte ein konservativer Abgeordneter über zwei Kollegen fest, die in Paris beim Falschspiel erwischt worden waren: „Beide Gentlemen sind Mitglieder dieses Hohen Hauses, nicht aber von ‚White's'. Die Regierung Ihrer Majestät sollte das bedenken, bevor über Hilfsmaßnahmen für die Gentlemen nachgedacht wird." Der Protokollführer verzeichnet hier Buhrufe

Douglas Fairbanks jr., Filmschauspieler, wurde nur deshalb Klubmitglied, weil er ein Freund der Windsors ist und ...

von der Labour-Bank, denn natürlich gehörten die Falschspieler der Arbeiterpartei an. Denn wer ist schon Mitglied bei „White's"?

Allein 32 konservative oder liberale Premierminister Englands seit Gründung des Klubs vor 291 Jahren.

Als vor einiger Zeit ein Londoner Verleger den Exregierungschef James Callaghan, einen Labour-Politiker, als Gast zu „White's" mitnahm, rempelte

ihn ein hochdekorierter Heerführer des Zweiten Weltkriegs von der gewundenen Treppe, die das Parterre mit dem ersten Stock verbindet. Callaghan verließ den Klub ohne Murren. Natürlich legte das allmächtige „Committee" von „White's" dem General höflich nahe, seinen Austritt einzureichen. Was der Haudegen mit dem wahrhaft heroischen Ausspruch tat: „Die Ehre dieser noblen Institution ist mir wichtiger als meine Mitgliedschaft. Ein ‚Commy' bei ‚White's'? Niemals!" Unter „Commy" versteht man in Großbritannien einen Kommunisten.

Gegen Faschisten liegt weniger vor. So erfreut sich der englische Nazi-Führer Sir Oswald Mosley ungetrübten Andenkens, und mit Rührung erinnern sich die Angestellten jener Fünf-Pfund-Note, die er zu Weihnachten zu schikken pflegte. Allerdings, so stellte Klubkollege Fairbanks fest, „hat Sir Oswald das Taktgefühl besessen, die Räume von ‚White's' seit der Kriegserklärung nicht mehr zu betreten".

Nicht auszudenken, was geschehen wäre, wenn Hitler den Krieg gewonnen hätte. Dachte ich. Aber der alte Bankier Schroeder, ein Jude, sagte nur: „Auf ‚White's' hätte das überhaupt keinen Einfluß gehabt." Die letzte Bastion, gleich um die Ecke beim Piccadilly Circus.

Das klingt alles ein bißchen nach trotzigem Beharren auf versteinerten Spielregeln. Nach den Relikten einer Welt, die mit dem Untergang des britischen Empires und der Landung auf dem Mond eigentlich verschwunden sein sollte. Man sucht unwillkürlich nach weiteren Beweisen von „Siehste!"

und findet sie in dem für Außenstehende extrem schwer zu beschaffenden Mitgliederverzeichnis. Scheinbar.

So gibt es bei „White's" keinen einzigen Neger. Aha, wieder ein Fall von bedauerlicher Apartheid? Aber Fairbanks, von mir gestellt, wiegelt elegant ab: „Die Mitglieder scheinen eben keinen Umgang mit Negern zu pflegen, die sie für den Klub vorschlagen möchten." Eine Antwort, die zwischen den Zeilen mehr sagt als die Statuten von „White's", nach denen selbstverständlich auch „Blacks" (wie sie dort genannt werden) zu akzeptieren sind.

Dafür gibt es einen Pflicht-Chinesen, der in Hongkong Textilien produziert, und den Muß-Inder, der natürlich nicht irgendwer ist, sondern der Maharadscha von Jaipur. Als ich mich umhörte an der Bar, was ihn wohl für eine Mitgliedschaft qualifiziert habe, hörte ich folgende Gründe: „wohlerzogen", „phänomenal reich", „verdammt guter Sportsmann, vor allem beim Polo", „Gott sei Dank selten anwesend". Ein dunkelhäutiges Feigenblatt, mit endlosem Stammbaum zudem.

Aber – wo sonst hätte man die Chance, zu Prince Charles „Nein" zu sagen, wenn er am gleichen Tisch Platz nehmen möchte.

Als ich an jenem denkwürdigen Dienstagmittag meinen Lunch mit dem britischen Thronfolger, seinem Papa, Bankier Schroeder und Douglas Fairbanks einnehmen durfte, saßen im Speisesaal gleichzeitig der argentinische Expräsident Aramburu, irgendein Rothschild, der Historiker Hugh Frazer, ein Bierbrauer vom Stamme Guinness, der exilpolnische Prinz Radzi-

will, der Chefauktionator von Christie's, zwei Churchills, der französische Cognac-König Hennessy, der Kricketstar George Allen, Prinz Alexander von Jugoslawien und Südafrikas Chefdiamantenschürfer Philip Oppenheimer.

Beeindruckend. So beeindruckend sogar, daß man sich fest darauf konzentrieren muß, wie das nun eigentlich geht, mit Messer und Gabel zu essen.

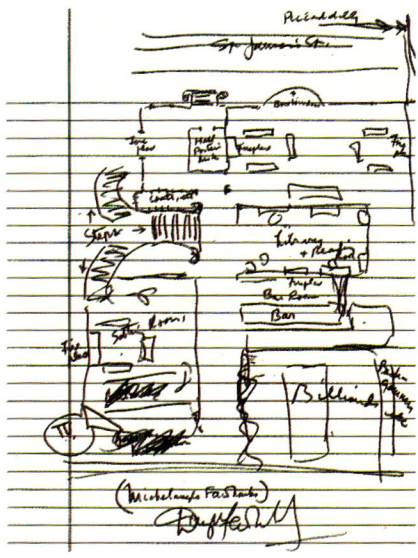

... die Queen ihn geadelt hatte. Er zeichnete als „Michelangelo Fairbanks" (siehe seine Unterschrift) den Grundriß

Wo einem doch Prinz Philip dauernd auf den Teller schaut. Da muß man auf seine innere Stimme hören, diesen Lauser, der einem zuflüstert, daß die einen auch nur von ungeheizten Burgen stammen, die anderen aus Raubritterdynastien des technischen Zeitalters. Und „White's" – Mensch Meier – entstand aus einer nichtalkoholischen Schenke, in der ein italienischer Kellner namens Francesco Bianco, der sich

Francis White nannte, das Modegetränk des ausgehenden 17. Jahrhunderts tassenweise verkaufte: heiße Schokolade.

Eine Stammkundschaft entwickelte sich, die mangels Zeitungen den Stadtklatsch gleich persönlich besprach. Es wurden die ersten Wetten abgeschlossen und Geschäftsverbindungen angeknüpft. Von da an war es nur noch ein kleiner Schritt zum Klub, zu dessen Betreten die Billigung der übrigen Mitglieder erforderlich war und die Zahlung eines Beitrags.

Bei „White's" kommt man heute für 800 Pfund rein (das sind etwa 3000 Mark) und bleibt für jährlich 108 Pfund drin – umgerechnet knapp 400 Mark. Eine preiswerte Exklusivität, die sich eine Menge Leute leisten könnten. Wenn nicht, ja, wenn nicht ...

So ein britischer Herrenklub, zumal wenn Ausländer zugelassen sind, ist eine merkwürdige Sache. Ich erinnere mich noch gut daran, wie ein verrückter Freund von mir im „Army & Navy Klub", unten am Green Park in London, ins Sekretariat schlich, die Lautsprecheranlage anknipste und so fürchterlich einen streichen ließ, daß die pensionierten Gene- und Admiräle aus ihren Lederfauteuils sprangen. Was war die Reaktion? Daß ein uralter Kriegsführer einen Diener zu sich winkte und befahl: „James, veranlassen Sie, daß kein Unsinn mit der Lautsprecheranlage getrieben wird!"

Britische Klubherrlichkeit bedeutet, daß gerade jene Zeitgenossen, die zu Haus eher als fade und geistlos gelten, auftauen und durch Schlagfertigkeit glänzen. Besonders bei „White's", der

Krönung britischer Klubherrlichkeit. Feldmarschall Harold Rupert Alexander, gegen Ende des Zweiten Weltkrieges Stellvertreter Eisenhowers als Alliierter Oberkommandierender, war so einer. Als ein dümmlicher britischer Landadeliger (auch die gibt's bei „White's"), der ihn jahrelang nicht mehr gesehen hatte, an der Bar fragte, wo er denn die ganze Zeit gesteckt habe, antwortete der nach Montgomery berühmteste Soldat Britanniens: „Well, George, I've been a bit in the war." – Na ja, George, ich war halt ein bißchen im Krieg.

Andere dagegen betrachten den Klub als Einsiedlerhöhle, in der sie ihre Marotten fern vom „Naganaga" der Ehefrau pflegen können. David Niven beschrieb mir mal so eine Type:

„Als ich eines Tages bei ‚White's' nach dem Lunch einen tiefen Ledersessel bezog, eine Zeitung herausgeholt hatte und mich zu erholen gedachte, beugte sich ein älterer Herr zu mir herunter, wedelte mit seiner ‚Times' vor meinem Gesicht herum und sagte dreimal dumpf, aber heftig: ‚Umpf, umpf, umpf.' Ich grüßte höflich zurück und widmete mich wieder meiner Zeitung. Da holte sich der Herr einen Drink, kehrte zurück, wedelte wieder mit der ‚Times' und gab erneut seine feuchten Brummtöne von sich. Das ging dann noch eine ganze Weile so weiter, bis er aufgab, einen anderen Sessel mit dem Rük-

„Eine Einsiedlerhöhle fern der Ehefrau"

ken zu mir bezog und ein Klubdiener mich aufklärte, daß der alte Herr seit 30 Jahren in ‚meinem' Sessel sein Nickerchen zu machen pflegte. Aber in deutlichen Worten rausschmeißen konnte er mich auch nicht, da die Statuten keine Privilegien kennen." Soweit David Niven.

Die einen blühen also bei „White's" auf, andere sinken in sich zusammen. Beide Verhaltensweisen entstehen komischerweise aus dem gleichen Grund: Weil die Klubmitglieder, fern der Heimat und ihres sonstigen Wirkungskreises, nicht befürchten müssen, von irgend jemandem ermahnt oder beschnüffelt zu werden. Wer zu „White's" gehört, erkennt automatisch den ehernen Grundsatz an, daß alle Informationen, die er in den eigentlich eher schäbig wirkenden, mit Sesseln in Blumenmustern vollgestellten und vom Staub der Würde eingehüllten Klubräume aufschnappt, draußen nicht verwendet werden dürfen. Deshalb ist man Journalisten gegenüber so reserviert.

Das mit den Informationen war keineswegs immer so. Im 19. Jahrhundert schrieb ein Historiker mal, „daß mindestens 100 Jahre lang die Weltgeschichte bei ‚White's' gemacht wurde". Aber seit den dreißiger Jahren gibt es eine Bestimmung, die geschäftliche Besprechungen verbietet, und zwar auf folgende geschraubte, altenglische Art:

„Sie werden höflich aufgefordert,

Ihre Aufmerksamkeit auf die Bestimmung zu lenken, die darauf hinweist, daß es nicht gestattet ist, in den Klubräumen über berufliche Angelegenheiten zu sprechen. Dies ist eine gesellschaftliche Einrichtung, bitte, richten Sie sich danach."

So durften Fairbanks und Niven seelenruhig über europäische Schnäpse reden, nicht aber über gemeinsame Filmprojekte. Die Messieurs Hennessy und Heidsieck konnten gern den letzten Kinobesuch diskutieren, nicht aber die Gefahr erhöhter Importe von spanischem Sherry.

Klubs wie „White's" waren freilich auch entstanden, weil es im London des späten 17. Jahrhunderts außer in Privat- und Hurenhäusern kaum anständige Betten gab für eine Nacht in der City. Wer im Vorort Hampstead wohnte, heute knapp zehn Minuten Autofahrt entfernt, war einen ganzen Tag unterwegs, nachts zudem ohne Straßenbeleuchtung. Besucher vom Lande, die keine Verwandten besaßen in der Hauptstadt, mußten ganz einfach in Klubs unterkriechen. „White's" und die ähnlich hochkarätigen „Brooke's" und „Boodle's" waren – und da stimmt der Satz des Historikers Perry Colson plötzlich – wirklich „Inseln" in einer Wüste mangelnder Zivilisation.

„Diese Bedeutung", sagte mir ein englischer Herzog, der Geld nahm für seine Informationen über „White's" und deshalb ungenannt bleiben möchte, „hat der Klub heute wiedererlangt. ‚White's' ist eine Zufluchtstätte gepflegter, durchgeistigter Gentlemanlikeness." Auch wenn man im Klub nicht mehr in Betten schlafen kann.

Apropos Bett – noch immer sind die Herren bei „White's" unter sich. Zum letzten Mal durften Damen die reichlich dunklen, im Parkett knarrenden und eigentlich wie bessere Kleinbürgerzimmer wirkenden Räume 1953 betreten, als eine Frau den Thron von England bestieg. Allerdings nur für wenige Stunden und als Tribüne für die Krönungskavalkade. Seitdem wehrt man sich hartnäckig gegen feminine Vorstöße. Vor allem mit dem Hinweis auf die „unsichere Statik" der im oberen Stockwerk gelegenen Zimmer. Das Parterre würde die Ladys ja noch tragen – aber was, wenn sie dann nach oben essen gehen möchten? Ein zweifelhaftes Argument und eine Frechheit in sich.

„White's" ist übrigens älter als die Bank von England und wurde gegründet, bevor Schottland zum Vereinigten Königreich kam. Die Türken hatten gerade Belgrad zurückerobert und im Norden schlug sich der Große Kurfürst mit den Schweden herum. Als bei „White's" bereits Kulturgeschichte gemacht wurde mit dem Einbau des ersten Klos mit Wasserspülung, prangte Schwarzafrika noch als weißer Fleck auf den Landkarten.

Aber die Einkünfte der Klubmitglieder wurden schon in den Gründerjahren derart leichtsinnig aufs Spiel gesetzt, daß Jonathan Swift, der Dichter von „Gullivers Reisen", jedesmal seine Rechte ballte, wenn er an „White's" vorbeiging. Bis heute ist er deshalb nicht besonders angesehen unter den literarisch gebildeten Klubmitgliedern.

Der Grund seines Ärgers waren Wetten, die aus den albernsten Gründen abgeschlossen wurden, und ein Würfelspiel, dessen Name immer noch als Synonym für Risiko gilt – „Hazard". Einer wirft eine Zahl, und die nächsten müssen ansagen, ob sie sie unter- oder überbieten wollen.

„Der geforderte geistige Aufwand und die dazu notwendige körperliche Anstrengung standen in keinem Verhältnis zur Höhe der Einsätze, die oft mehr als 30 000 Pfund betrugen", schrieb ein Chronist des 18. Jahrhunderts. Und 30 000 Pfund waren damals immerhin rund 600 000 Mark.

Ein Spiel also, bei dem man betrunken genauso mitmachen konnte wie nüchtern, und das war die Hauptsache. Kein Wunder, daß „Hazard" derart populär wurde und ungeahnte Nebenwirkungen zeitigte.

So berichtete eine Londoner Zeitung, daß der „sonst so brillante" Abgeordnete Charles James Fox bei einer Rede im Unterhaus nur deshalb einen „ungewohnt schwachen Eindruck" hinterlassen habe, weil sein parlamentarischer Auftritt zwischen zwei Spielrunden bei „White's" lag und er dort mit 33 000 Pfund in der Kreide stand.

Vielleicht wegen dieser mörderischen Wetten und der verantwortungslosen Einsätze läßt William Hogarth, der Maler der Armen, auf seinem bekanntesten Bild, „The Rake's Progress", den Blitz bei „White's" einschlagen. Der Klubchronist Perry

> ## „White's' ist älter als die Bank von England"

Colson zu diesem Thema: „Ganze Generationen hoffnungsvoller junger Briten wurden durch diese exzessiven Wetten und das schwindelerregend hohe Spiel bei ‚White's finanziell und damit für immer ruiniert."

Die Mitglieder soffen, schlugen sich die Bäuche voll, riskierten Vermögen, die ausgereicht hätten, alle Slums von Mittelengland zu sanieren.

„Aber es waren auch jene Männer", stellte der Hofmarschall der Queen fest, der zum Kaffee zu uns stieß an jenem Dienstagmittag, „die die ersten Expeditionen zur Erforschung der Erde ausrüsteten, Unsummen für Erfindungen zum Wohl der Menschheit ausgaben, ein teures Haus für ein bezauberndes Sonett tauschten und als Kolonialbeamte ihre Umgebung mit einer Akribie erforschten, die später nie wieder erreicht wurde."

Es waren „White's"-Mitglieder, die Kinder in den walisischen Kohlegruben schuften ließen und dafür sorgten, daß die Sklaverei abgeschafft wurde. Sie errichteten im Burenkrieg die ersten Konzentrationslager und überlegten bereits 100 Jahre früher, daß man Heime für Alkoholiker und gemeinnützige Siedlungen für mittellose Arbeiter anlegen müsse. Und jene Kunstschätze, die heute bei „Sotheby's" und „Christie's" Millionenumsätze erzielen, wurden von Leuten zusammengetragen oder für sie hergestellt, die – voll des guten Portweins – 10 000 Pfund darauf verwetteten, ob eine Fliege sitzen blieb oder wegflog.

Bei „White's" wurde etwas kultiviert und zur Nationaleigenschaft hochstilisiert, wofür die Welt die Briten bewundert – der Spleen.

Da gab es zum Beispiel jenen schottischen Herzog, der sich drei Tage lang nicht aus seinem Bett bewegte, weil angeblich draußen die Nebel so dicht wallten. Bis ihm gesagt wurde, daß die graue Suppe vor einem Fenster das Dach eines Gartenzeltes war, in dem seine Tochter Hochzeit feierte. Erleichtert erhob sich der Duke, aber da war das junge Paar bereits in die Flitterwochen abgedampft. Der Herzog – ein waschechtes „White's"-Mitglied.

Oder ein gewisser Francis Egerton, der 1905 gegen einen Mister Cyril Martineu ein Pfund wettete, daß dessen Bruder Lionell auf der dreimonatigen Schiffsreise von Southampton nach Kapstadt kein einziges Wort mit seinen Mitpassagieren wechseln werde. Egerton gewann, Lionel Martineau hatte nicht ein einziges Mal den Mund aufgemacht. Typische „White's"-Mitglieder. Oder General Augustus Klingner Ferguson, der später als Generalgouverneur von Neuseeland politische Karriere machte. Er hatte das Pech, im Zweiten Weltkrieg von den Japanern im Dschungel Burmas eingeschlossen zu werden. Die in der Heimat verbliebenen Freunde fürchteten (zu Recht, wie sich herausstellte), daß Ferguson im Urwald das Monokel abhanden gekommen sein könnte. Also veranlaßten sie beim nächsten Versorgungsflug der Royal Air Force, daß neben Verpflegung und Munition auch ein Beutelchen mit 50 Eingläsern abgeworfen wurde. Und es erreichte den General' ... Eine Fürsorge, die nur bei „White's" keinen wundert.

Der legendäre Beau Brummell, Held zahlreicher Stücke von Oscar Wilde und noch heute Personifizierung von Witz und Eleganz, wurde 1798 zum Mitglied „elected" und hat mit Hilfe des Multiplikators „White's" mehr für die Männermode getan, als 500 Jahre Erfahrung und Erfindergeist vor ihm. Wir tragen „seine" Hosen, Revers und Krawatten.

Brummell stolperte übrigens über seine lose Zunge, als er den König von England – als Thronfolger sein Busenfreund – in angetrunkenem Zustand aufforderte: „Los, George, hol mal die Kellner!" Wie man sieht, konnte eben auch mit dem Fauxpas Kulturgeschichte gemacht werden bei „White's".

Dabei sind (und waren) die Herren von „White's" in lichten Momenten durchaus selbstkritisch.

Im berühmten „Betting Book", dem amüsantesten Relikt, das Klubfremden zugänglich ist, findet sich unter einer handgeschriebenen Wette der Lordschaften Montfort und Waldegrave eine Fußnote, in der ein Frechling feststellt: „Man nimmt an, daß der englische Adel ungefähr um diese Zeit anfing, das Schreiben zu erlernen." Der bissige Kommentar stammt aus dem Jahre 1754, und die Worte „zu erlernen" sind mehrfach unterstrichen.

Dieses „Betting Book", das seit 1736 lückenlos geführt wird, gilt selbst unter den derzeitigen Mitgliedern als Kuriosum, wenn auch, wie Fairbanks bemerkt, „die Höhe der Einsätze und der Nonsens der Wetten stark nachgelassen haben".

Da glaubte doch noch vor 44 Jahren ein Mitglied von „White's" einem anderen nicht, daß ein Mensch zwölf Stunden lang ohne Hilfsgeräte unter Wasser verbringen könne. Zu Recht, aber nüchtern vermerkte der Klubsekretär den Verlauf der Wette im „Betting Book":

„Ein Subjekt von der Straße erklärte sich gegen Geld bereit, diesen Versuch zu wagen, wurde in einem Ruderboot auf der Themse versenkt, und da weder der Mann noch das Boot nach vereinbarter Zeit – zwölf Stunden – aufgetaucht sind, gilt die Wette als gewonnen."

Erstaunliche Beträge wurden auf das Ableben mitbietender Freunde, die Untreue ihrer Ehefrauen, auf Geburten, Pferderennen, das Hin und Her im Leben Napoleons, technische Entwicklungen wie Telegraf und Düsenjäger, den Ausgang von Prozessen, den Beginn von Kriegen und auf Geschwindigkeitsrekorde gesetzt. Der Spleen

„„White's': Spleen, Spott, Nonsense und Wetten""

erlebt bei „White's" bis in unsere Tage immer neue Höhepunkte.

So glaubte am 23. Februar 1939 ein gewisser Ralph Milbanke nicht, daß ein Mister Richard Sutton einen Golfball in weniger als 200 Schlägen von der Hausnummer 69 in der St. Thomas Street quer durch die Londoner Innenstadt bis auf die Stufen von „White's" schlagen könne. Luftlinie mindestens 14 Kilometer und die Themse dazwischen. Aber Sutton schaffte die Aufgabe in 193 Schlägen, gewann fünf Pfund in bar und eine Golftasche „nach freier Wahl".

„Nirgendwo auf der Welt geht es heute noch so witzig, herausfordernd und stilvoll zu", sagt Fairbanks jr. Humorlos werden die Mitglieder von „White's" nur dann, wenn sich einer zum Schaden des Klubs danebenbenimmt. Etwa das berühmte Fliegeras des Zweiten Weltkriegs, das – zum Krüppel geschossen – sich nicht mehr im zivilen Leben zurechtfand, fast jeden Tag bei „White's" an der Bar herumlungerte, sich sinnlos vollaufen ließ und immer so gegen 22 Uhr krachend umfiel. Jahrelang nahm niemand daran Anstoß. Die Mitglieder schluckten es sogar, wenn der Veteran sie anpöbelte, sich bekleckerte und seine Rechnungen nicht bezahlte. Aber dann ohrfeigte der Kriegsheld einen Kellner – und war am nächsten Tag draußen. Stil mit Herz à la „White's".

Vielleicht liegt diese Fürsorge, die Angestellten betreffend, auch daran, daß der Klub ernsthafte Personalsorgen hat. 1975 verriet ein Sekretär dem „Evening Standard", daß von einstmals 40 Bediensteten ganze sechs übriggeblieben waren. Dabei fehlt es durchaus nicht an Nachwuchs und Bewerbern – „White's" kann es sich bei der Qualität seiner Mitglieder nur nicht erlauben, jeden zu nehmen. Und auch die, die jetzt dort arbeiten dürfen, sind nicht mehr das, was sie einmal waren.

Da passierte es doch vor einiger Zeit, daß die Frau eines Mitglieds die Eingangshalle betrat, auf den „Porter" zuging und den folgenschweren Satz sprach: „Mein Mann hat mich gebeten, seine Post abzuholen." Und als der Livrierte gerade seinen Mund zum Protest öffnen wollte, sagte die Dame: „Ich weiß, ich weiß, das dürfen Sie eigentlich nicht, aber wir haben keinen Parkplatz gefunden, mein Mann sitzt draußen im Wagen und hat mich reingeschickt."

Der „Porter" händigte ihr die Post aus, die Ehefrau fand den gesuchten Brief, das Mitglied wurde schuldig geschieden und der „White's"-Angestellte streng verwarnt. Denn natürlich hatte der Mann nicht im Wagen gesessen, sondern auf einem schottischen Hochsitz.

An solche Schnurren sollte denken, wer die St. James's Street auf der rechten Seite hochwandert und „White's" sucht zwischen Piccadilly und Jermyn Street. Es findet sich kein Namensschild am Haus, nicht mal eine Nummer. Den Klub erkennt man nur an der scheeweißglänzenden Fassade und den schwarzgestrichenen Kandelabern rechts und links vor der Treppe ins Hochparterre.

Wer ganz genau hinschaut, kann im ersten Stock die Seidentapeten an den Wänden und die Deckengemälde im großen Speisesaal erkennen. Im Parterre dagegen ist nichts auszumachen, weil man zur Abschirmung der Mitglieder die Portiersloge derart dicht an die Eingangstür gerückt hat, daß beleibte Mitglieder – und das sind nicht wenige – sich durchwinden müssen wie Aale durch die Reusen. Innen ists alles ein bißchen unordentlich, verstaubt, gar nicht mal luxuriös und toll aufregend.

Wo sonst, wie gehabt, kann man Prinz Charles an seinen Tisch bitten und mit Prinz Philip Fruchtbowle trinken? Beides ganz ohne Verabredung, einfach so.

Wenn überhaupt, dann wird diese letzte wahre Bastion gepflegter männlicher Exklusivität am Mangel an Bediensteten zugrunde gehen. Nicht etwa daran, daß „White's" ein Anachronismus ist, der nur noch nicht weiß, wie tot er in Wirklichkeit eigentlich schon ist.

„Es dürfte klar sein", sagte der gegenwärtige Klubsekretär, als ich an der Bar neben ihm zu stehen kam, „daß sich die Mitglieder lieber selbst auflösen, als sich selbst zu bedienen."

Beim ollen Francesco Bianco, der sich Francis White nannte – was für ein göttlicher Satz.

„Der Klub der skurrilen Wetten"

Der Safe von Charles

Teuerstes Zimmer des Empire: Die Überlebenskammer des britischen Thronfolgers auf Highgrove House. Topgeheimes Meisterstück internationaler Inneneinrichtung

Stellen Sie sich vor, Terroristen greifen einen englischen Landsitz an, zerstören das Gebäude mit Raketen – und in den Trümmern bleibt ein Stahlwürfel stehen, dem weder Sprengstoff noch Spitzmantelgeschosse etwas anhaben können.

Genau so einen Würfel, 6,60 × 6,60 × 6,60 Meter groß, hat sich der britische Thronfolger Prinz Charles (geb. 1949) in sein Schlößchen Highgrove House einbauen lassen, das 1,6 Kilometer außerhalb der schnuckeligen Kleinstadt Tetbury (Grafschaft Gloucestershire) steht – 208 Kilometer westlich von London. Details sind natürlich top secret, aus gutem Grund. Wir können

deshalb auch nicht alle Tricks und Gags aufzählen. Aber hier ein paar interessante (und nachahmenswerte) Informationen über das technische Wunderwerk inmitten der lieblichen Parklandschaft voller Kühe, Schafe, Golfplätze und Tweed-tragender Engländer:

Highgrove House gehörte mal Maurice Macmillan, Sohn des Expremiers Harold, und wurde vom Duchy of Cornwall (der Versorgungsholding des Kronprinzen, der keine Apanage vom Staat bezieht) als Wochenendquartier von Charles für 800 000 Pfund erworben.

Ein stolzer Preis für „nur" neun Schlafzimmer, sechs Bäder und vier Salons. Und eine nicht wesentlich geringere Summe steckte Charles ins

Zentrum von Highgrove House, jenen sogenannten Iron Room im ersten Stock.

Von Eisen keine Spur. Das Zimmer besteht rundherum aus extra gehärtem Stahl und soll als Überlebenskammer dienen. Sie stürzt, wird das Haus drumherum zerstört, wie eine Fahrstuhlkabine ins Parterre und bleibt dort unversehrt liegen. Denn der Iron Room ist in jeder Beziehung autark: keine Fenster, eine nur von innen zu öffnende Tür, ein drahtloses Funk- und Telefonsystem, extra gefilterte, unabhängige Luftzufuhr, selbständige Stromquelle und eine raffinierte Toilette, die speziell für vier auf engstem Raum lebende Menschen (Charles, Di, zwei Söhne) konstruiert wurde.

Der undurchdringliche Würfel enthält dazu ein mit modernsten Waffen bestücktes Arsenal, eine klimatisierte Kammer mit Lebensmitteln und Drinks von fast endloser Haltbarkeit und einen Schrank mit Medikamenten für alle Arten äußerer und innerer Wehwehchen.

Der Iron Room ist, sozusagen, ein Haus im Haus und ermöglicht ein monatelanges (wenn auch einsames) Überleben des Thronfolgers.

Nachdem bereits Prinzessin Anne und ihr damaliger Mann, Mark Phillips, Highgrove House als „zu teuer und zu nah an der Straße" abgelehnt hatten, kamen auch Prinz Charles' Bedenken. Aber er fegte sie schließlich mit dem Satz weg: „Ich nehme es, weil ich mich der Herausforderung stellen will, daraus etwas zu machen."

Er hat es gemacht: das teuerste (und sicherste) Zimmer des Empire.

ESSEN & TRINKEN

Teegestöber

Jede Kulturnation trinkt ihr eigenes Gewächs –
aus den passenden Gefäßen. Trinken Sie mit!

JAPAN

Neben den zahlreichen grünen
Tees aus Japan fällt der
Genmaicha auf, der mit
geschälten und gerösteten Reiskörnern
vermischt ist. Man trinkt ihn vorzugsweise
aus dünnen, verzierten Geisha-Tassen (1)

RUSSLAND

Tee aus der
südrussischen
Provinz Grusinien
am Kaspischen
Meer, wird mit dem
Samowar bereitet oder
einfach aufgegossen.
Man trinkt ihn aus hohen
mundgeblasenen Gläsern (2)
mit Rotwein und einem Stück
Apfel darin

TÜRKEI

Eine beliebte Variante
in der Türkei ist es,
heiße Milch über die
Teeblätter in ein kleines
Glas (3) zu gießen. Nach
Bedarf kann Zucker
hinzugegeben werden

TEEBONBONS

Dafür braucht man nicht einmal Wasser
und Tee. Wem die Zeit fehlt für eine
Teestunde, lutscht drei solcher Bonbons. Der
Teingehalt entspricht einer Tasse

CHINA

Chinesischer White Tea gehört zu den grünen Tees, die in einer zarten Reiskornschale (4) mit Deckel gereicht werden. Man läßt ihn in der Kanne drei bis fünf Minuten ziehen und trinkt ihn ohne jegliche Zusätze. Auf keinen Fall dieselbe Kanne benutzen wie für schwarzen Tee!

ZIMBABWE

Die Tradition der Tea Time ist ein Relikt der englischen Kolonialzeit. Zimbabwe-Tee ähnelt sehr dem Assam, und zum Zeremoniell gehört denn auch eine Steinguttasse (5). Zum kräftigen Aufguß natürlich Milch und Zucker

INDIEN

Der Darjeeling, König der schwarzen Tees, wächst am besten am Rand des Himalajas. Inder trinken ihn am liebsten aus feinen Porzellantäßchen (6) mit Milch und Pfeffer

JAVA

Java bezog seine Teekultur von den holländischen Kolonialherren. Sehr verbreitet sind hier einfache kleine Tonbecher (7), aus denen der schwarze Tee mit einem Arrak getrunken wird

TAIWAN

Der Oolong-Tee von der Insel Formosa gilt als einer der besten überhaupt. Der Aufguß ist hell-rötlich, die Blätter werden dunkel- bis hellgrün. Man nippt den Tee aus einer dünnen Schale (8) – ähnlich der vom Festland. Als Zusatz gelten allenfalls ein paar Räucherstäbchen im Raum

TIBET

Der tibetische Tee ist meist in kunstvolle Ziegel gepreßt und muß zuerst mit einem Mörser zerkleinert werden. Man kocht ihn mit Wasser auf und trinkt ihn aus schlichten Holzschalen (9). Zutaten: Salz und Butter

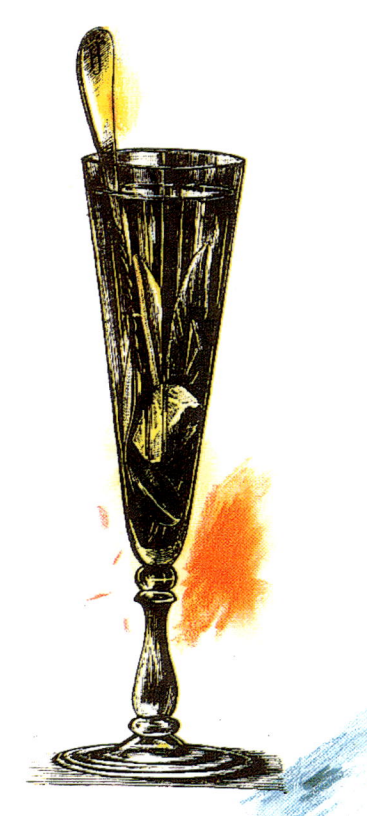

Drinks, die Mann können muß

*Sie stehen an Ihrer Hausbar,
sie ist durstig.
Jetzt geht's los*

Stellen Sie sich vor, Sie lehnen ganz lässig an Ihrer Hausbar, und die Frau Ihres Herzens (oder Ihrer Absichten) verlangt nicht nach Wasser, Cola oder Whisky straight up, sondern nach einem Cocktail.

Wenn Sie dann erst Ihr großes Barhandbuch wälzen müssen, haben Sie schon verloren. Ein solides Mixrepertoire gehört zu jedem (Bar-)Mann. Hier die wichtigsten Drinks, die man können muß. Rezepte vom neuen Star am deutschen Shakerhimmel, Greg Balfour („Riz", Würzburg).

GEHEIMWAFFEN

Red Champagne

2 cl Wodka, 2 cl Bols Red Orange, 2 cl Zitronensaft, 1 cl Orangensaft, 1 Teelöffel Zucker shaken und mit Champagner auffüllen.

Wirkung: Sieht aus wie Champagner rosé, wirkt wie Benzin auf glühende Kohlen.

Long Island Ice Tea

2 cl Rum, 2 cl Wodka, 2 cl Gin, 2 cl Tequila, 2 cl Cointreau, 3 cl Zitronensaft shaken und mit Cola auffüllen.

Wirkung: Schmeckt so frisch, daß sie sich glatt noch einen bestellen würde, wäre sie nicht vorher schon willenlos in Ihre Arme gesunken.

Honolulu Madness

2 cl Wodka, 2 cl Rum, 2 cl Gin, 2cl Cointreau, 2 cl Bold Red Orange, 1 cl Amaretto, 5 cl Orangen-, 2 cl Zitronen-, 5 cl Preiselbeer- und 5 cl Ananassaft shaken.

Wirkung: Danach verlangt sie nur noch nach zwei Dingen – nach Ihnen und einem Bett.

Bingo

Grapefruitsaft, Birnensaft und Erdbeersirup shaken und mit Ginger Ale auffüllen.

Wirkung: Nonalkoholischer Frauendrink mit hohem Staunfaktor.

Ruddy Mary

3 cl Aquavit, 8 cl Tomatensaft, halbes Eigelb, einen Löffel Sahne, einen Dash Tabasco, 1 cl Zitronensaft, 1 cl Ketchup shaken, in ein Glas sieben und mit gestoßenem Eis auffüllen.

Wirkung: Sie wird Ihnen auf immer und ewig dankbar sein, daß Sie ihren Kater weggezaubert haben.

KLASSIKER

Martini Cocktail

Einen Tropfen weißer Wermut, einen Tropfen Zitronensaft, 6 cl Gin mit gestoßenem Eis gründlich verrühren, in ein Glas sieben, eine gefüllte Olive zufügen.

Manhattan

4 cl kanadischer Whisky, 2 cl roten Wermut, einen Dash Angostura mit Eis verrühren, in ein Glas sieben. Ein sehr vornehmer Drink!

Whisky Sour

4 cl Bourbon-Whisky, 2 cl Zitronensaft, 1 Teelöffel Zucker mit Eis shaken.

Margarita

4 cl Tequila, 2 cl Cointreau, 3 cl Zitronensaft shaken und in ein Glas mit Salzrand sieben.

Caipirinha

Eine Zitrone in vier Stücken und einen Löffel braunen Zucker im Shaker stoßen, mit 6 cl Cachaca (ausgesprochen: „Kaschassa" auffüllen, sieben und mit gestoßenem Eis verrühren. Das trinkt man in Rio vor dem Samba.

Pina Colada

3 cl weißen Rum, 3 cl braunen Rum, 3 cl Coconut Cream, 6 cl Ananassaft, 1 cl Sahne shaken, in ein Glas sieben, mit gestoßenem Eis verrühren. Das trinkt man in Rio nach dem Samba.

Wodka Gimlet

6 cl Wodka, 4 cl Zitronensaft mit Eis shaken. Geht auch mit Limejuice aus der Sirupflasche. Singapur läßt grüßen.

Brandy Alexander

4 cl Brandy, 2 cl Creme de Coco brown, 2 cl Sahne mit Eis shaken. Bißchen heavy, nicht jedermanns Geschmack, aber ideal fürs Bärenfell vor dem Kamin.

Irish Coffee

4 cl irischen Whisky und 2 Löffel braunen Zucker erhitzen, mit heißem Kaffee auffüllen, geschlagene Sahne obendrauf (vorsichtig am Löffel ins Glas laufen lassen). Vorsicht: Schmeckt endlos, bekommt aber nicht endlos! Nach einem ist Schluß. Geht an die Hüfte.

Am Morgen danach

Mit dem österreichischen Forscher Prof. Heinrich Harrer unterwegs zu sein, bedeutet lautstarken Morgenstreß – der Mann hat eine der seltsamsten Methoden, den neuen Tag zu beginnen (nach eigenem Bekunden hat er sie von einem nord-indischen Yogi

Du mußt", sagt er mir einmal, „jede Öffnung Deines Körpers durchpusten." Sprich: Öffnen, irgend etwas passieren lassen – von innen nach außen (Luft z. B.) oder umgekehrt (ein Getränk z. B.) – den Körper einen Moment lang nach außen stülpen.

Sieben Öffnungen, Poren und Augen nicht mitgerechnet, hat der Mensch. Diese kosten etwa 10 bis 20 Minuten Zeit, etwas Wasser (von innen und außen), natürlich Papier, ein paar isometrische Übungen und ein paar besonders tiefe Schnaufer nach jedem Aufstehen.

Lesern, mehr mit dem Handfesten haben, empfehlen wir den „Sydney Sunrise" (wie er im ãRegent"-Hotel serviert wird). Es ist der beste Morning Drink, dem wir je begegnet sind, und erweckt selbst Scheintote auf angenehmste Weise zum Leben:

250 ml frisch gepreßter Orangensaft,

1 rotes Ei,

Saft einer halben Limone,

2 Teelöffel Honig.

Gut verrühren, bis eine etwa drei Zentimeter hohe Schaumkrone entsteht. Diese mit geriebener Muskatnuß garnieren.

Mögen unsere Frauen nie Witwen werden!

Trinksprüche sind die frommen Wünsche der Alkoholiker und die Beschwörung der Gerührten beim Ritual der gemeinsamen Glaserhebung. Mit einem Wort: ungeheuer wichtig. Und es gibt kaum etwas Schwierigeres als das gepflegte Zuprosten

Es gibt Tausende von feuchten Deklamationen. Die meisten sind längst vergessen, wir trinken lieber schnell und leise, und ausgerechnet die Russen konservieren die Kunst des wohltemperierten Toasts am besten.

Steht einer in Nowosibirsk an der Bar, hebt sein Wodkaglas und ruft: „Auf dieses Wässerchen, von dem es nur zwei Sorten gibt – gutes und sehr gutes!" Das ist Spruch Nummer eins, made in the GUS, und der Gospodin gegenüber kann nun mit einem noch hübscheren Spruch kontern: „Auf Deinen Sarg, Genosse, der aus dem Holz der Birke geschreinert wird, die wir morgen pflanzen!"

Das klingt makaber, ist aber durchdacht; denn so bleiben dem Trinker noch mindestens hundert Jahre zum Leben ...

Rund um die Bloody Mary, in der sich Wodka im Tomatensaft versteckt wie Promille im Blut, haben sich extrafeine Trinksprüche entwickelt. Vor allem in den USA. Gast prostet Barkeeper zu und verlangt eine Nachfüllung: „Easy on the blood, heavy on the mary!" – also wenig Tomate, mehr Schnaps. Kann ja sein, daß daneben einer steht, der Wodka pur süffelt. Der zückt dann sein Glas und ruft verzückt: „Auf die Jungfrau Maria!"

Charles Bukowski, der Lyriker der Liebfrauenmilch, gehört von Berufs wegen zu den Weltmeistern im Trinkspruch-Ausbringen. Eine Kostprobe: „Auf daß wir stets Margarine im Haus haben, nie den Toaster verschrotten und die Katze in die Pfanne hauen müssen!"

In New York hörten wir einmal in der schrecklichen „Diamonds Lil" an der Canal Street folgenden Toast: „Auf den wundervollen Inhalt dieses Glases, der enge Zimmer weit macht!"

Bei der Royal Navy verging kein Rumabend ohne den Spruch: „Auf unsere Ehefrauen und unsere Verhältnisse. Mögen sie sich nie treffen!"

Ein etwas feuchter Kunde einer Bar in Amsterdam („Bodega" in der Nähe des Leidse Plein) gab nach rund einem Dutzend Sherrys eine Philosophie ganz besonders weiser Art zum besten: „Auf daß wir immer die zweiten sein mögen. Denn die ersten Christen fraßen die Löwen, ihre Enkel wurden bereits Kardinäle!"

Der Mann hätte in den Madras Klub gepaßt, seit frühesten Kolonialzeiten ein Hort trinkfester Tropengeschädigter. Dort rief einmal einer (und der Spruch wurde zu einer festen Redensart): „Zwischen die Zähne, durch den Kragen, aufgepaßt, hier kommt er, Magen!"

Es gibt eine Menge solcher Toasts, die den Körper warnen oder die Ge-

WASSER? NIE!

Der amerikanische Filmkomiker (und schwere Alkoholiker) W.(illiam) C.(laude) Fields, 1879–1946, auf die Frage, warum er nie Wasser trinke: „Water? Never! Fish are fucking in the water ..."
Dieser weise Mann starb mit 67 an einer Ginzirrhose

tränke testen sollen. Überliefert unter Rotsponern ist da etwa: „Aaahhh – Staub auf der Zunge, Pelz auf den Zähnen!"

Die Burschenschaften, die immer übertreiben, haben diesen Spruch zur gymnastischen Übung verformt, und das klingt, mit vollem Glas in gebückter Haltung, so: „Auf den Boden, über den Hoden, durch den Mund, in den Schlund ..." Worauf kräftig gepichelt und über den Zug im Chor gerufen wird: „... kolossaler Fetzen!"

Der rechte Toast zur rechten Zeit ist eine Kunst, und in Rudyard Kiplings Roman „Kim" findet sich der Snobismus des russischen Offiziers Dirkowitsch, der in einer indischen Garnison die Briten um den Verstand trinkt. Dirkowitsch über Trinksprüche: „Nur ein Offizier kennt die Bedeutung des Toasts, die Menge bringt es bloß bis zum Gefühl!"

Was uns zu dem raffiniertesten Trinkspruch bringt; einen, bei dem die Damen strahlen, bis sie begreifen ... Er heißt: „Mögen unsere Frauen nie Witwen werden!" – Na, denn Prost ...

Nightcaps – die letzte Ruhe

Dies sind die Drinks, die man nimmt, wenn man nur noch eins vorhat – richtig gut zu schlafen

NOCH EIN GLAS, CHARLES ...

Was trinken Frauen und Männer am Tresen am liebsten. Wir haben in fünf führenden deutschen Bars nachgefragt

SCHUMANNS/MÜNCHEN
CHARLES SCHUMANN
DAMEN
1. Weißwein, trocken
2. Champagner
3. Cocktails
4. Mineralwasser
5. Säfte

HERREN
1. Pils
2. Weißwein, trocken
3. Cocktails
4. Mineralwasser
5. Säfte

OXMOX/BADEN-BADEN
SIAMAC MERRIKH
DAMEN
1. Champagner
2. Weinschorle
3. Weißwein, trocken
4. Pfirsichsaft
5. Cola

HERREN
1. Kölsch
2. Weinschorle
3. Champagner
4. Longdrinks
5. Weißwein, trocken

ALTER WARTESAAL/KÖLN
MANFRED FITZGERALD
DAMEN
1. Weißwein, trocken
2. Champagner
3. Caipirinha
4. Mai Tai
5. Cappuccino

HERREN
1. Kölsch
2. Weißwein, trocken
3. Longdrinks
4. Expresso
5. Caipirinha

MEYER-LANZKY'S/HAMBURG
HUSSEIN FARMANBAKCH
DAMEN
1. Sekt
2. Alkoholfreie Cocktails
3. Säfte
4. Mineralwasser
5. Cappuccino

HERREN
1. Gin Tonic
2. Wodka Lemon
3. Fruchtpunch
4. Cappuccino
5. Mineralwasser

EINS ZWEI/FRANKFURT
FRANK RÜHL
DAMEN
1. Mineralwasser
2. Weißwein, trocken
3. Kaffee
4. Schweppes
5. Cocktails

HERREN
1. Bier
2. Kaffee
3. Longdrinks
4. Mineralwasser
5. Weißwein, trocken

PS Speziell nach Cocktails befragt, ergab sich, in allen fünf Bars zusammengenommen, folgende Hitliste:
1. Caipirinha
2. Pina Colada
3. Margarita
4. Planter's Punch

PUSSY FOOT

4 cl weißer Jamaica-Rum

3 cl Ananassaft

3 cl Limonensaaft

3 cl Maraschino-Likör

3 cl frische Sahne

Wirkung: Wer noch Hunger hatte – jetzt nicht mehr. Macht schläfrig und zufrieden. Schafft dringendes Bedürfnis nach Kuschelkatzen. Deshalb der merkwürdige Name.

ORANGENPUNCH

8 cl brauner Jamaica-Rum

2 cl Cointreau

4 cl Zimtsirup

6 cl Orangensaft

6 Nelken

Zubereitung: Das Ganze erhitzen und mit schwarzem Tee aufgießen.

Wirkung: Riecht wie Weihnachten vor dem Kaminfeuer, wärmt Herz und Magen. Trinkbare wohlig-wonnige Wärmflasche. Vor dem Trinken Augen schließen, nachher bitte Glas wegstellen!

APOTHEKE

⅓ Carpano Punt e Mes

⅓ Fernet Branca

⅓ Crème de Menthe

Wirkung: Ist sanft zum Gaumen, freundlich zum Magen. Sorgt dort für gründliche Aufräumarbeiten und ist endgültig der letzte, den Sie an diesem Abend noch erleben.

NIGHTCAPCOCKTAIL

1 Eigelb

⅓ Anisette

⅓ Curaçao

⅓ Cognac

Wirkung: Den nimmt man auf der Bettkante und plumpst dann glucksend nach hinten weg. Für Träume mit rauschenden Wellen, blutroten Sonnenuntergängen, während ein weißes Schiff vorüberzieht.

BRONX

4 cl Gin

2 cl Wermut rot

2 cl Wermut trocken

2 cl Orangensaft

Wirkung: Dividiert den Herzschlag durch zwei, läßt sämtliche Glieder wohlig ermüden – bis auf eins.

RAUSWURF

Werner P. aus M., kein Freund konventionellen Benehmens und deshalb häufig Gegenstand eines Rauswurfs, fand im Londoner Klub „Annabel" einen kleinen Zettel unter seinem nächsten Drink: Darauf stand: „Bitte, trinken Sie in Ruhe aus und verlassen Sie dann sofort den Klub!" Vornehme britische Art, jemanden ohne Gesichtsverlust zu entfernen. Werner P. war beeindruckt und gehorchte

BRANDY EGG NOG

6 cl Cognac

12 cl Milch

2 cl Sahne

2 Teelöffel Zuckersirup

1 Ei

2 Dashes Angostura

Wirkung: Das Richtige für zwei Kätzchen, die schlafen und am Morgen ohne Kater aufwachen wollen.

DANDY COCKTAIL

½ Rye-Whisky

½ Dubonnet

1 Dash Angostura

3 Dashes Cointreau

Wirkung: Stimmt leise und beschwingt. Macht federleicht.

HOT BUSH

⅔ heißes Wasser

⅓ irischer Whisky

1 Zitronenscheibe gespickt mit

4 Nelken

1 Zimtstange

1 Teelöffel Zucker

Wirkung: Sanft lodernd wie ein Kaminscheit.

SWEET DREAM

1/1 warme Milch

3 Dashes Amaretto

Wirkung: Sie schlabbert alles aus, schmiegt sich in seinen Arm und ...

FIESTA

2 cl Himbeersirup

4 cl Orangensaft

8 cl Maracujasaft

2 cl Sahne

Wirkung: Ohne Promille ohne Probleme einschlafen.

Papa Hem' (rechts) wird den Autoren sicher verzeihen, wenn sie auf sämtliche „Harry's Bars" und „Harry's New York Bars" dieser Welt verzichten. Die kennen wir alle,

Bars, in denen Mann gewesen sein muß

da waren wir bereits und gehen auch immer wieder hin – aber erst, wenn wir auch in denen da waren:

Fairway Inn, Talkeetna

Außen pfui, innen hui: eine weiße Holzhütte bei Denali. An der Bar: „Dead Mans's Wall" – Memorial toter Kletterer und Flieger. Mitnehmen: die Hausstreichhölzer. Text: „Fairview Inn, Dim View Out." Weiß Gott …

The Quarter Deck, Anchorage

Wer an anderen Theken der Welt angeberisch vom Ausblick im New Yorker World Trade Center oder auf dem Hongkong Peak schwärmt, wird im „The Quarter Deck" verschämt verstummen. Links von ihm steht Mount McKinley, Nordamerikas höchste Erhe-

bung; rechts am Horizont Mount Spur, ein aktiver Vulkan. Das sehen, trinken, sterben. Ein schöner Tod.

Birdsville Pub, Birdsville

Nur per Kamel, 4 WD oder Flieger zu erreichen (eigener Strip hinter dem Klo) – keine Bar liegt weiter am A… der W… Aber nirgendwo gibt es kälteres Bier in heißerer Gegend.

Grandhotel Bar, Prag

Die prunkvolle Einrichtung stammt aus der Jahrhundertwende, die internationale Kundschaft aus jüngeren Jahren. Trotzkis Mörder, Ramon Mercader, fing hier an zu trinken; russische Offiziere parkten ihre Panzer draußen auf dem Wenzelsplatz und taten's ebenfalls. Heute sind es Exilpalästinenser, Neu- und Altdeutsche, afrikanische Studenten und schon immer – die schönsten Tschechinnen weit und breit, aber nah und schmal.

Schumann's, München

Man mag ihn, man mag ihn nicht. Häuptling Charles bleibt Deutschlands Schüttelguru Nummer eins Dabei behaupten viele, er könne viel besser kochen als mixen. Mahlzeit!

Hemingway Bar, Paris

An der Place Vendôme im Hotel „Ritz". Der Barchef ist noch einer, der mit ihm zum Jagen ging. Wenn er Sie mag, erzählt er ein paar alte Geschichten. Mag er Sie nicht, müssen Sie sich eben mit Stammgast Jaques Chirac unterhalten, und der versteht eine Menge, z. B. von Cognac.

Bar du Pont Royal, Paris

Beaudelaire was here! Die kleine holzgetäfelte Bar im siebten Arrondissement hat nur 30 Sitz- und zehn Stehplätze, aber fast jeder ist mit einem Literaten besetzt – oder einem, der sich dafür hält. Paris, wie es trinkt und tratscht.

The Volvo Club

Eingang per Rolltreppe, Service per Mini-Rolls-Royce, Rechnung per Tischcomputer. Extra ohne Aufpreis: Führung zur Toilette, Jackettreinigung währenddessen, Rückenmassage beim Händewaschen, Führung zurück. Perfekt. Ein Muß. Extraordinär.

INDIEN

Benji's, Gulmarg

Auf 4000 Metern, und deshalb eine der höchsten Bars östlich von Suez. Sinnigerweise dekoriert mit Fotos von Präsident Eisenhower – der spielte hier mal Golf ...

ITALIEN

Antico Caffè della Pace, Rom

Der Name täuscht – im „Friedenscafé" geht es hoch her. Das efeuberankte Eckhaus inmitten der römischen Altstadt ist Treffpunkt für Vertreter aus Halbwelt, Boheme und Politik. Vorsicht, Kardinäle in Zivil!

Il Giamaica, Mailand

Mussolini (der damals noch überzeugter Sozialist war) verfaßte an den Marmortischen zahlreiche Leitartikel. Seit Kriegsende geben sich Avantgardemaler, Intellektuelle und Dolcevita-Cliquen im „Giamaica" die Klinke in die Hand. Hinter der verglasten Theke überlebte Mamma Lina (90) bisher noch alle.

JE MEHR BARS ...

Endlich wissen wir es: Je mehr Bars, desto weniger Unfälle. Andersherum: Je weiter ein Mann fahren muß, um ein gemütliches „Watering Hole" zu finden, desto größer ist die Gefahr, einen Unfall zu bauen. Leuchtet ein. Diese Erkenntnisse hat der amerikanische Universitätsprofessor Israel Colon (Temple University) wissenschaftlich untermauert, indem er die Anzahl der Bars in den 50 US-Bundesstaaten gegen die Anzahl der Verkehrsunfälle aufrechnete. Resultat: siehe oben.

Villa Cipriani, Asolo

Die Queen schrieb ins Gästebuch: „A lovely place to stay." Falsch. Man muß sitzen. Und zwar auf der Gartenbank ganz vorn an den Arkaden. Einen „Bellini" in der einen, eine Bella Donna in der anderen Hand. Mit Blick auf die Palladio-Villen des Veneto. Basta!

EX-JUGOSLAWIEN

Hotel Metropol, Belgrad

Einer der wenigen (Gast-)Stätten des Ostens, wo der Sozialismus noch nicht über den Handkuß gesiegt hat. Apropos Dame. Barchef Mirko kennt nicht nur die schönsten der Stadt, sondern weiß auch, wo sie wohnen.

KANADA

Lux, Montreal

Eine alte Kleiderfabrik und die perfekte Mischung aus französischem Pseudokitsch und New Yorker Loftatmosphäre. Wer durch die Schwingtür geht, steht plötzlich auf der Bühne eines Bauhaus-Architekten. Auf zwei Stockwerken gibt es 24 Stunden lang nichts, was es nicht gibt: Kaviar und Heidelbeerpopcorn, die weltbesten Zigarren und Designerzahnbürsten. Im zweiten Stock dann noch die kuscheligste Bar westlich von Paris.

KENIA

Small Happy Welcome Bar, Nairobi

Schwer zu finden, miese Gegend, aber das Risiko wert. Der Mixer ist eine Perle, das Buschbabyteam erstklassig. Wen der Name stört – nebenan liegt die „Suffering without Bitterness Bar".

MALAYSIA

Eastern & Oriental Hotel, Penang

Vergessen Sie das „Raffles" in Singapur und das „Oriental" in Bangkok. Hier ist Kolonialmekka.

MEXIKO

Mirador Hotel, Acapulco

Eine luftige Terrasse auf den Klippen der Glitzermetropole. Und wer sich zu weit über die Brüstung beugt, dem hüpft einer der famosen Klippenspringer genau in die Margarita. Der beste Platz zum Zuschauen (vier Shows jeden Abend).

NEPAL

The Rum Doodle Bar, Katmandu

Dabeisein – ohne Pickel und Seil. Einfach nur zuhören („... und als wir dann vom Basislager …") oder die Legenden von den Wänden lesen: Da sind alle verewigt, die Everest-aurateure.

PAKISTAN

Green's Hotel, Peshawar

Das „Wasserloch" aller Kriegsbericht-erstatter, Söldner, Waffenhändler und Freiheitskämpfer. Hier wurde mehr Blut vergossen als an jeder anderen Bar der Welt.

PAPUA-NEUGUINEA

Kokoda Trail Hotel

Etwa fünf Tage braucht man, durch Matsch und Mountains, um anzu-kommen. Aber dann – Fred Feuerstein live, Mütterchen Natur hört auf, sich zu drehen.

PERU

Makaka, Iquitos

Zum Sonnenuntergang zwei Pitu mit Limonen und gestoßenem Eis, und da-nach schreiben Sie das Buch „Der Amazonas ist ein langer ruhiger Fluß". Vor Ihnen im Baum spielen Leguane mit Chamäleons, dahinter gleitet ein mit Bananen beladener Einbaum vor-bei, und am Horizont ist der Regen-wald noch in Ordnung.

PHILIPPINEN

The Tap Room, Manila

Im „Manila Hotel" hatte einst General MacArthur sein Hauptquartier (militärisch). Jahre später hielt Imelda Marcos hier ihre Besprechungen ab (gesellschaftlich). Wenn sie reingehen, werden sie sicher sein, daß beide Hand in Hand gerade rausgegangen sind.

SCHOTTLAND

The Vinters Room, Leith

Das Haus ist 700 Jahre alt und Sitz der Scotch Malt Whisky Society. Nur 20 Sorten Malt werden hier ausgeschenkt, aber die besten. Schauen Sie genau hin (und lernen Sie für alle Zeiten), wie die Members ihren Whisky trinken. Er wird in einem bauchigen Sherry-ähn-lichen Glas serviert und erst unmittel-bar vor dem Trinken mit zwei Finger-breit Quellwasser zur Blüte gebracht.

SCHWEDEN

Cadier Bar, Stockholm

Im Grand Hotel treffen sich regel-mäßig Spion und Spion und blicken gemeinsam hinüber zum Königspalast, zur Altstadt und auf die Boote, die im Sommer in den Hafen einlaufen.

SCHWEIZ

Kronenhalle Bar, Zürich

Nebenan im Restaurant tobt das kuli-narische Leben, hier besinnt sich Bahn-hofstraßens Elite auf ihren Cocktail. Grün bespannte Wände, Mahagoni, Messing – englischer geht's nicht in der Schweiz.

SPANIEN

Abaco, Palma de Mallorca

Klassische Musik, Gemüsepyramiden, lebende Haustiere, Blumenkaskaden, Antiquitäten zum Anfassen – und als Methode ein Y-Chromosom zuviel. Das Plätzchen in einem Palästchen in der Altstadt wird bereits in der Lite-ratur besungen, aber die beiden spani-schen Besitzer schafften es bisher dennoch, dem „Abaco" ständig neuen Zulauf und seinem Interieur immer

wieder einen unerwarteten Gag zu verpassen.

Bar Chicote, Madrid

Früher: Luis Buñuel, Ava Gardner, Er-nest Hemingway. Heute: die Künstler-, Literatur- und Filmelite Spaniens. Alle lassen sich von Barmann Antonio Ro-mero die berühmten Chicote-Cocktails (bis zu 3000 Variationen) shaken. Ro-meros Dienstantritt: im Jahr 1940.

TAHITI

Quinn's Bar, Papeete

Der Beweis, daß auch miese Orte nette Plätze haben können. Wird ab und zu polizeilich geschlossen (was für „Quinn's" spricht), aber geöffnet; ein Treffpunkt von Leuten direkt aus „Moby Dick".

USA

Shotgun Willies, Denver

Lage: auf einem Parkplatz (Größe Fuß-ballplatz), Architekur: amerikanischer Supermarkt. Drinnen: Dutzende von Playmates (jeden Kontinents) auf klei-nen Bühnen und „Margarita extra size" als Tranquilizer.

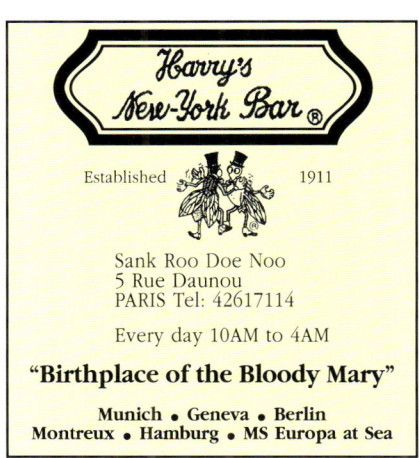

Cheesburger in Paradise, Lahaina (Maui)

Der 180-Grad-Blick (vom Tresen aus): Im Osten – Cruising und Shopping à la Hawaii. Im Nordosten – eine Zwei-Mann-Kapelle von der Westcoast. Im Norden der älteste Hafen der Inseln. Im Nordwesten – der Tanz der Wale (zwischen November und Mai). Im Westen – die Sonne plumpst in die Ananasfelder von Lanai. Passendes Getränk: Tequila Sunrise. Aloha!

The Four Seasons Clift, San Francisco

Wien, Casablanca, Montevideo – alles in einer Bar (wie vor 50 Jahren). Ein Säulensaal – drei Stockwerke hoch, eine Mahagonitheke – ebensolang. Gustav Klimt original an der Wand; der schwarze Pianoplayer live am Flügel. „As time shouldn't go by ...“

The Polo Lounge, Los Angeles

Im „Beverly-Hills-Hotel". Garantiert die größte Stardichte weltweit.

BUKOWSKIS BARKNIGGE

Der amerikanische Schriftsteller Charles Bukowski (1922 in Andernach geboren) hat sein halbes Leben in Bars verbracht. Seinen Knigge fürs Überleben an der Theke darf man deshalb getrost beherzigen.:
1. Betrinken Sie sich nie in einer Stadt, die Sie nicht kennen. Dies gilt besonders für den Orient.
2. Machen Sie einen Bogen um Bars, deren Toilette im Keller liegt. Viel zu gefährlich (und schmutzig).

Wein als Anlageobjekt

Mit seinem Weinimporthandel „Gran Cru Select" hat sich Ralf Frenzel an die deutsche Spitze getrunken

Lagern statt leer trinken. Und was man lernen muß, wenn man kostbare Weine sammeln will. Damit sie a) besser und b) noch kostbarer werden. Von Weinimporteur und Deutschlands Sommelier Nummer eins Ralf Frenzel

Weinanlagegeschäft? Wer da einsteigen will, muß wie in jedem Sammel- und Anlagefach erst einmal den Markt erkunden. Wer bietet was an? Welches Gebiet interessiert mich? Wieviel will ich anlegen? Welche Lagerkapazität habe ich?

Die Fragen des Gebiets überläßt man am besten seinem persönlichen Geschmack. Man sollte im Grunde nur das sammeln, was man auch gern trinkt. Um so besser kann man es beurteilen. Die Kapital- und Kapazitätsfragen sind sicher schnell beantwortet. Die Kenntisse des Markts liefern Fachbücher und Zeitschriften.

Ein Standardwerk ist das Buch von Michael Broadbent. Das ist der Chefauktionator von „Christie's", und er beschreibt sehr detailliert, wie man überhaupt einen Wein richtig beurteilt, sprich: verkostet. Dann gibt es ein Buch von Duijker, der sehr detailliert die verschiedenen Weinlandschaften beschreibt; und ich empfehle das Werk von Woschek, der in seinen Verkostungsnotizen immer sehr wertvolle Tips gibt. Man sollte auf jeden Fall Bücher verschiedener Autoren kaufen. Das eine mag etwas leichter zu lesen sein, das andere mühsamer. Aber aus

KAPITAL IM KELLER

Der eine kauft sich Autos, der andere Kunst, der dritte festverzinsliche Wertpapiere. Wer sein Geld in genießbaren Werten anlegen will, legt sich einen Weinkeller an. Hier drei Einkaufsempfehlungen für drei verschiedene Geldbeutel (Preise: Stand 5/92):

DER STANDARDKELLER: BIS 1000 MARK

Menge	Jahrg.	Bezeichnung	Preis DM
3 Fl.	1990	Riesling Andlau, Domaine Marc Kreydenweiss	56.–
3 Fl.	1989	Meursault Villages, Olivier Leflaive	127.50
3 Fl.	1990	Il Vignola, Avignonesi	99.–
3 Fl.	1990	Gavarini, Elio Grasso	54.–
3 Fl.	1988	Volnay „En Caillerets", Domaine de la Pousse d'Or	153.–
3 Fl.	1988	Grifi, Rosso di Toscana, Avignonesi	61.50
3 Fl.	1987	Barolo Ciabot Mentin Ginestra, Domenico Clerico	120.–
3 Fl.	1986	Château Gloria, Cru Bourgeois Saint-Julien	88.50
3 Fl.	1986	Château Pontet-Canet, 5. Cru classé Pauillac	91.50
3 Fl.	1985	Château Trottevieille, 1. Grand Cru classé Saint-Emilion	160.–

DER AUSGEWOGENE: BIS 10 000 MARK

Menge	Jahrg.	Bezeichnung	Preis DM
6 Fl.		Besserat de Bellefon Cuvée des Moines	213.–
3 Fl.		Champagne Krug Grande Cuvée	336.–
6 Fl.	1989	Riesling Kastelberg Grand Cru, Domaine Marc Kreydenweiss	186.–
6 Fl.	1990	Chablis Premier Cru „Vaillons", Vieilles Vignes, Dom. J. P. Droin	210.–
6 Fl.	1989	Puligny-MontachetVillages, Domaine Levlaive	378.–
6 Fl.	1989	Chassagne-Montrachet Blanc Premier Cru „Le Morgeot"	345.–
6 Fl.	1990	„Il Vignola", Sauvignon, Avignonesi	198.–
3 Fl.	1983	1½ Château d'Yquem, 1. Cru classé Sauternes	537.–
6 Fl.	1989	Pommard „Les Jarrollières", Domaine de la Pousse d'Or	357.–
6 Fl.	1989	Clos de Vougeot, Domaine Meo-Camuzet	573.–
6 Fl.	1986	Chambertin Clos de Bèze, Domaine Armand Rousseau	648.–
6 Fl.	1986	Château Le Bon Pasteur, Pomerol	288.–
6 Fl.	1985	Château Lynch-Bages, 5. Cru classé Pauillac	408.–
6 Fl.	1981	Château La Mission Haut-Brion, Grand Cru classé Graves	573.–
6 Fl.	1983	Château Palmer, 3. Cru classé Margaux	642.–
6 Fl.	1982	Château Figeac, 1. Grand Cru classé Saint-Emilion	648.–
6 Fl.	1982	Château Cos d'Estournel, 2. Cru classé Staint-Estèphe	900.–
3 Fl.	1982	Château Mouton-Rothschild, 1. Cru classé Pauillac	885.–
6 Fl.	1988	Maurizio Zanella, Ca'del Bosco	462.–
6 Fl.	1985	Barolo Riserva, Giacomo Conterno	498.–
6 Fl.	1988	Barbaresco „Rabaja", Bruno Rocca	288.–
6 Fl.	1986	Brunello di Montalcino, Case Basse	525.–

der Mischung bekommt man ein sehr gutes Gefühl dafür, wo man sich hinbewegen will.

Eine weitere Informationsquelle sind die Fachzeitschriften: „Alles über Wein" ebenfalls von Woschek, dann das hervorragende österreichische Magazin „Falstaff", „Vinum" aus der Schweiz und, wenn man sehr in die Tiefe gehen will, der „Wine Spectator" aus den USA, „Decanter" aus England oder „Gault Millau" aus Frankreich.

Die empfehlenswerten Weinimporteure erfährt man besten in seinem Lieblingslokal. Da besteht die Vertrauensbasis zum Sommelier oder zum Restaurantchef. Diese Fachleute sagen einem am besten, wer für welches Gebiet der leistungsfähigste und der seriöseste ist. Das Weingeschäft ist eine ganz kleine Welt. Wenn man sich bei zwei oder drei Restaurants erkundigt, kristallisiert sich ganz schnell das beste heraus. Topadressen für den Weinkauf sind in jedem Fall die Firma Segnitz in Bremen, ein großer Klassiker im Weinhandel, sie ist spezialisiert auf Bordeaux-Weine. Dann natürlich die Firma Hawesko in Hamburg, die gerade für den Endverbraucher ein sehr großes Angebot hat und auch sehr detaillierte Fachinformationen für den Interessenten bereithält. Der dritte Wichtige ist France Vinicol, und schließlich die Firma D. C. in Hofheim. D. C. beschäftigt sich ausschließlich mit der Domäne Romanée Conti. Schließlich gibt es noch die von mir geführte „Grand Cru Select"-Weinhandelgesellschaft, ohne deren Erwähnung die Liste empfehlenswerter Firmen sicher unvollständig wäre.

DER ENDGÜLTIGE: BIS 100 000 Mark

Menge	Jahrg.	Bezeichnung	Preis DM
12 Fl.	1989	Puligny-Montrachet Premier Cru „Les Pucelles", D. Leflaive	1230.–
12 Fl.	1985	Chassagne-Montrachet Premier Cru „Les Ruchottes", Domaine Ramonet	852.–
12 Fl.	1989	Meursault Premier Cru „Les Perrières", Domaine Pierre Morey	996.–
12 Fl.	1988	Batard-Montrachet Grand Cru, Domaine Leflaive	1944.–
3 Fl.	1983	Montrachet Grand Cru, Domaine Ramonet	1875.–
3 Fl.	1989	Montrachet Grand Cru, Domaine Marc Colin	1425.–
6 Fl.	1986	Clos de la Coulée de Serrant, Château de la Roche	375.–
1 Fl.	1967	Château d'Yquem	1175.–
1 Fl.	1975	Château d'Yquem	595.–
3 Fl.	1983	½ Château d'Yquem	645.–
1 Fl.	1953	Château Gilette Crème de Tête	396.–
12 Fl.		Lanson rosé	528.–
12 Fl.	1979	Salon Cuvée S, Champagne Salon	1944.–
12 Fl.	1982	Krug Vintage	1800.–
6 Fl.	1983	Krug Clos du Mesnil	1692.–
3 Fl.	1982	Krug Vintage Magnum	1062.–
12 Fl.	1989	Clos de Vougeot Grand Cru, Domaine Meo-Camuzet	1146.–
12 Fl.	1986	Chambertin Clos de Bèze Grand Cru, D. Armand Rousseau	1296.–
12 Fl.	1988	Maurizio Zanella, Ca'del Bosco	924.–
12 Fl.	1985	Barolo Riserva, Giacomo Conterno	996.–
3 Fl.	1974	Barolo Riserva Monfortino, Giacomo Conterno	525.–
6 Fl.	1988	Merlot Rosso di Toscana, Avignonesi	333.–
6 Fl.	1987	Anfiteatro, Vecchie Terre di Montefili	303.–
12 Fl.	1986	Brunello di Montalcino, Case Basse	1050.–
1 Fl.	1963	Croft Vintage Port	210.–
6 Fl.	1982	Château La Mission Haut-Brion, Graves	1050.–
6 Fl.	1979	Château La Mission Haut-Brion, Graves	712.–
3 Fl.	1978	Château Haut-Brion, Graves	606.–
12 Fl.	1983	Château Palmer, Margaux	1284.–
3 Fl.	1961	Château Palmer, Margaux	3225.–
12 Fl.	1983	Château Margaux, Margaux	2340.–
3 Fl.	1979	Magnum Château Margaux, Margaux	1332.–
3 Fl.	1970	Château Ducru-Beaucaillou, Saint-Julien	615.–
3 Fl.	1966	Château Leoville-Las-Cases, Saint-Julien	810.–
12 Fl.	1985	Château Lynch-Bages, Pauillac	816.–
3 Fl.	1982	Château Pichon-Lalande Magnum, Pauillac	897.–
12 Fl.	1982	Château Latour, Pauillac	3444.–
3 Fl.	1970	Château Latour Magnum, Pauillac	2286.–
3 Fl.	1961	Château Latour, Pauillac	3312.–
1 Fl.	1959	Château Latour, Pauillac	888.–
12 Fl.	1982	Château Lafite-Rothschild, Pauillac	3444.–
1 Fl.	1953	Château Lafite-Rothschild, Pauillac	955.–
12 Fl.	1982	Château Mouton-Rothschild, Pauillac	3540.–
6 Fl.	1975	Château Mouton-Rothschild, Pauillac	1722.–
3 Fl.	1970	Château Mouton-Rothschild, Pauillac	1026.–
3 Fl.	1959	Château Mouton-Rothschild, Pauillac	3075.–
1 Fl.	1959	Magnum Château Mouton-Rothschild, Pauillac	2388.–
1 Fl.	1945	Château Mouton-Rothschild, Pauillac	3850.–
6 Fl.	1978	Château Lafleur, Pomerol	1620.–
1 Fl.	1978	Magnum Château Lafleur, Pomerol	558.–
6 Fl.	1975	Château Trotanoy, Pomerol	1980.–
1 Fl.	1975	Jeroboam Château Trotanoy, Pomerol	3744.–
6 Fl.	1971	Château Petrus, Pomerol	6120.–
6 Fl.	1982	Magnum Château Figeac, Saint-Emilion	1338.–
6 Fl.	1982	Château Ausone, Saint-Emilion	2340.–
12 Fl.	1982	Château Cheval Blanc Saint-Emilion	2448.–
3 Fl.	1970	Château Cheval Blanc Saint-Emilion	918.–
3 Fl.	1947	Château Cheval Blanc Saint-Emilion	5940.–
12 Fl.	1986	Côte Rôtie „La Turque", Guigal	4140.–

Bei der Anlage eines Weinkellers muß man sich erst einmal im klaren sein, was man eigentlich damit will. Man sollte auf jeden Fall für sich selbst folgende Fragen beantworten:

■ Will ich große Weine über Jahre lagern oder nur den Vorrat von einigen Dutzend Flaschen, die in nächster Zeit getrunken werden. Im letzteren Fall ist ein Weinkeller überflüssig.

■ Brauche ich einen Weinkeller zu Haus, oder kann ich die Weine an einem anderen Ort lagern?

■ Muß es ein Keller sein, oder kann ich ein Zimmer meines Hauses/Wohnung zum Lagerraum umgestalten?

Für die Beantwortung der letzten Frage empfiehlt sich auf jeden Fall die Konsultation der Firma Chambrair in Hamburg. Wenn man nur eine Eigentumswohnung hat, kann man sich beispielsweise von dieser Fachfirma eine Spezialtüre in die Speisekammer einbauen lassen. In dieser Türe sind alle technischen Vorrichtungen für die richtige Kühlung und Befeuchtung integriert. Für 5000 bis 8000 Mark habe ich damit einen perfekten Weinkeller auf der Etage.

Für die Weinlagerung genügt ein schlichtes Holzregal, wie man es in jedem Discountladen bekommt. Allerdings sollte man darauf achten, daß die Flaschen liegend lagern, damit der Korken immer feucht bleibt. Die Standardformel für die Temperatur heißt zwölf Grad Celsius und 70 Prozent Luftfeuchte.

Zur Grundausrüstung gehört natürlich auch das richtige Weinglas. Ich empfehle die Gläser der Firma Riedel aus Kufstein/Österreich für Burgunder, Bordeaux und Champagner. Im Grunde kann man mit diesen drei verschiedenen sehr gut auskommen. Für die Chardonnays kann man das Burgunder-Glas benutzen, in das Bordeaux-Glas kann man auch Weißweine eingießen. Zum Dekantieren würde ich eine schöne Karaffe empfehlen, eine Glaskaraffe. Es gibt sehr zweckmäßige Serien, die Mövenpick anbietet, aber auch Riedel und Rosenthal. Das bedeutet nicht, daß man jeden Rotwein dekantieren soll oder muß. Gerechtfertigt ist es im Grunde nur bei wirklich großen Gewächsen oder, weil man daneben eine kleine Show abziehen will.

Als Korkenzieher benutze ich selbst das ganz schlichte Kellnermesser. Wenn man damit umgehen kann, ist es perfekt, vor allem bei alten Korken. Wenn die Korken noch geschmeidig sind, ist der amerikanische Screwpull ganz hervorragend. Die Geräte, die elektrisch funktionieren oder mit Luftdruck halte ich für eine Beleidigung des Weins.

Wer so weit gediehen ist mit der Ausrüstung, kann mit dem Weinkauf beginnen: Wer bestimmte Lieblingsmarken hat oder im Restaurant auf einen Wein aufmerksam wurde, macht natürlich Preisvergleiche bei den verschiedenen Importeuren. Prüfen Sie aber, ob der Anbieter den Wein auch tatsächlich hat. Oft geschieht es nämlich, daß eine Sorte sensationell günstig angeboten wird, obwohl sie längst ausverkauft ist. Das sind pure Lockangebote. Pro Sorte empfehle ich maximals zwölf Flaschen. Ich finde das vernünftig, weil es einerseits überschau-

bar bleibt, andererseits genügend ist, um eine kleine Gesellschaft damit zu versorgen. Schrecken Sie auch nicht davor zurück, Großflaschen (z. B. eine Magnum mit 1,5 Liter oder eine Doppelmagnum mit drei Liter) zu kaufen. In der Regel sind die Weine darin langlebiger, weil der Wein jünger bleibt.

Das Standardprogramm eines gut sortierten französischen Weinkellers wird hauptsächlich bestimmt durch die klassischen Domainen, die anläßlich der Weltausstellung 1855 in Paris als hervorragend bewertet wurden: Château Lafite, Château Haut-Brion, Château Margaux, Château Latour, Château Mouton Rothschild (kam 1973 dazu). Dazu kommen Pétrus, Trotanoy, Lafleur, St. Emillion, Cheval blanc, Ausone. Mit einem Investitionsvolumen von rund 10 000 Mark und diesen Gewächsen kann man nichts falsch machen und hat eine sichere Bank.

In bezug auf die Jahrgänge meine ich, daß es gar keine schlechten gibt. Es gibt nur solche, die zum falschen Zeitpunkt getrunken werden. Der Jahrgang 1980 gilt zum Beispiel als schlechter Jahrgang. Aber wenn man heute die guten 80er trinkt, stellt man fest, daß sie sich hervorragend präsentieren. Das liegt daran, daß die Weine kein so großes „Rückgrat" haben, nicht soviel Tannin und durch die frühe Reife sehr angenehm schmecken. Ein

> **„Es gibt keine schlechten Jahrgänge, nur den falschen Zeitpunkt des trinkens"**

großer Jahrgang, 1978 oder 1982, braucht viel mehr Zeit, bis er in das trinkreife Stadium kommt. Ich persönlich würde in meinen Keller die Jahrgänge 1982/83/85 nehmen, plus dem genannten 80er. Man sollte in jedem Fall erst einmal die Weine nehmen, die man heute auch trinken kann. Erst mit der Sicherheit kommt der Mut zum Risiko.

Als Spekulation sind meine Favoriten die Weine von Le Bon Pasteur, Château Lafleur, Lagrange, La Mission Haut Brion; und zwar die Jahrgänge '61, '66, '70, '75, '82 und '85. Auch '62 und '64 sind zeitweise sehr günstig zu haben. Das Wagemutigste sind die sogenannten Subskriptionsangebote. Das sind günstige Vorabverkäufe nach der Ernte, bevor der Wein aufs Faß gelegt wird. Man kauft praktisch die Katze im Sack, kann Glück haben, aber auch furchtbar auf den Bauch fallen.

Wer auf Weinauktionen kaufen will, sollte sich auf jeden Fall vorher den Katalog kommen lassen, um in aller Ruhe das Angebot sondieren zu können. Viele Auktionskäufer sind enttäuscht, wenn sie meinen, ein gutes Geschäft gemacht zu haben, ohne die Folgekosten mitkalkuliert zu haben. Sie müssen den Wein nämlich direkt von der Auktion in Ihren Keller schaffen, und das kann Sie mitunter fast die Hälfte des Kaufpreises kosten! Vor allem, wenn Sie fernbieten.

Zehn Fragen zu Champagner

*Manche trinken ihn
wie andere Leute Sprudelwasser.
Alle kennen ihn, nur wenige
verstehen was davon.
Hier zehn Fragen zu Champagner,
die Sie schon immer stellen
wollten**

1. WELCHES SIND EIGENTLICH die allerbesten Champagner-Sorten, die heute auf dem Markt sind?

Im allgemeinen die sogenannten Luxuscuvées, im speziellen alle Weine von Krug (zuletzt besonders Rosé und 1979), der letzte Laurent-Perrier Grand Siècle, Dom Pérignon '82, Roederer Cristal aus dem gleichen Jahr, Cuvé spéciale Louise Pommery Rosé Cuvé William Deutz '82 und noch besser Rosé '82, Pol Roger Cuvé Sir Winston Churchill, Bollinger RD 1975 und Bollinger Vieilles Vignes Françaises 1981 aus den ältesten Reben der Champagne.

2. DIE „MÉTHODE CHAMPENOISE" – das Geheimnis der großen Schaumweine oder eine 300 Jahre alte Marketingmasche?

Ich weiß schon, Chemie war noch nie Ihre Lieblingsdisziplin, und was Französisch betrifft, sind Sie zu Recht stolz, alle Vornamen Ihrer Töchter zu wissen. Dennoch, woran jahrhundertelang arbeitsame Gottesmänner (Dom Pérignon) und lebenshungrige Witwen (Veuve Cliquot) gefeiert haben, kann ohne ein paar Fachausdrücke nicht erklärt werden. Stillen Weißweinen wird eine Lösung aus speziell gezüchteten Chamapgner-Hefen und Traubenzucker zugesetzt (der sogenannte Liqueur de Tirage). Im Lauf der nun einsetzenden zweiten Gärung – sie erfolgt nach der Champagner-Methode in der Flasche – spalten die Hefen den zugesetzten Zucker in Alkohol und jene feine Kohlensäure, die Sie bei nach dem Cuvé-Close-Verfahren (Tankgärung) hergestellten Sekten vergeblich suchen werden. Nach getaner Arbeit sammeln

Der Picknick-Rolls-Royce (Baujahr 1985) von Krug. Sonderanfertigung fürs noble Frühstück im Grünen

sich die abgestorbenen Hefebakterien, unterstützt von der schüttelnden Hand des Remueures oder der immer beliebteren Rüttelcomputer, als Depot an den Flaschenhals. Der enge Kontakt von Wein und Bakterien verleiht dem Champagner sein unverwechselbares Aroma, das oft an Biskuits und frisches Weißbrot erinnert. Nachdem im Dégorgement das Depot entfernt wurde, erhalten die Schaumweine der Champagne zur Abrundung (Dosage) etwas Zucker und manchmal einen Spritzer alter Jahrgangsweine. Dem Süßegrad entsprechend, sind die Weine dann Extra brut, Brut, Extra sec, Sec, Demi sec und Doux.

3. AUCH IN DEUTSCH-LAND und Italien wird das klassische Verfahren angewandt. Warum gilt Champagner immer noch als Klassenbester?

Keiner kann die Grundweine so gut verschneiden wie die Spezialisten aus Reims und Epernay, die es verstehen, aus oft Dutzenden Bestandteilen eine überlegen komplexe Cuvée zu mischen. Dazu kommt der höchst stickstoffreiche Boden, der für mehr Duftstoffe in den Trauben sorgt als in allen anderen Schaumweingebieten. Die unübertroffen besten Rebsorten für die Schaumweinerzeugung, Chardonney, Pinot noir und Pinot Meunier, stehen ebenso nirgendwo sonst in der-

artiger Qualität und Vielfalt zur Verfügung.

4. LANGSAM TRAUE ICH MICH nicht mehr, „Champagner" zu sagen. Jedesmal, wenn ich's doch tue, zieht der Sommelier, der augenscheinlich eher aus Brunsbüttel als aus Epernay stammt, die Braue hoch und antwortet betont nasal: „Sehr wohl der Herr, ein Glas Champagne."

Lassen Sie sich nichts gefallen. Seit im vorigen Jahrhundert der Schaumweinkonsum explodierte, ist Champagner (ergänze: Wein) genauso Bestandteil des Sprachschatzes wie Wiener (ergänze: Würstchen).

5. APROPOS JAHRGANGSCHAMPAGNER, was hat man eigentlich davon, daß das Jahr auf der Flasche steht?

So sieht der Krug-Rolls innen aus: A votre santé!

Vintage-Weine werden viel später dégorgiert (siehe Frage 2.), was für feinere Perlage und Aromatik bei ungetrübter Frische sorgt. Allerdings nur bei besonders gutem Traubenmaterial, was den Produzenten zu noch strengerer Selektion zwingt. Bollinger bietet Kennern besonders lang auf der Hefe gelagerte Jahrgangsweine mit dem RD (Récemment Dégorgé = kürzlich dégorgiert)-Label an. Deutz, der herkömmliche Bollinger, Pol Roger und Gosset sind die regelmäßigsten Millésimes der mittleren Preiskategorie.

6. GIBT ES EIGENTLICH IRGEND etwas, wozu Chamapagner nicht paßt?

Leider. Bruts vertragen sich zum Beispiel ganz und gar nicht mit Desserts, auch wenn das François Mitterrand

Monsieur Krug. Heißt, wie man ihn
spricht – Krug, nicht Krüg

nicht wahrhaben will – kürzlich kredenzte er Krug 1975 zu Konfekt.

Wenigstens Helmut Kohl soll's geschmeckt haben. Mit fetten Speisen erscheint trockener Schaumwein oft metallisch, besonders wenn er richtig temperiert – also sehr kalt – serviert wird.

7. WELCHE CHAMPAGNES Bruts ohne Jahrgang sind ihr Geld wert?

Es gibt glücklicherweise genug. Pol Roger, Deutz, Laurent-Perrier ultra brut, manchmal

Taittinger und wieder einmal Bollinger sind die überzeugendsten Beispiele der Grandes Marques.

8. KELCHE, FLÖTEN, SCHALEN … Woraus trinkt man denn nun eigentlich Champagner?

Ihre Schalen sollten Sie für Sorbets, Moscato d'Asti und einen Überraschungsbesuch von Jason King bereithalten. Die geringe Füllmenge und die große Oberfläche lassen die Kohlensäure verrauchen und Geruch gar nicht erst aufkommen. Ansonsten müssen es schon die „Jahrgangschampagner" aus der Reihe Sommeliers von Riedel sein. Lieber hängen Perfek-

tionisten ihre Nasen nur noch in Riedels Willsberger-Glas, auf das man heute allerdings schon sechs Monate warten muß.

9. ZU WEIHNACHTEN WERDE ICH mit jahrgangslosen Champagnern überhäuft. Lohnt sich die Lagerung, oder muß ich weiter darin baden?

Herbe Weine wie Laurent-Perrier ultra brut und Bollinger, aber auch vollere wie Veuve Cliquot erreichen ihren Höhepunkt erst nach zwei Jahren – wenn die Lagerung stimmt (15 Grad Celsius, lichtgeschützt). Große Temperaturschwankungen sind der Tod jeden Schaumweins.

10. NA JA, DIE CHAMPAGNE MAG führend für alles Prickelnde sein, woher aber kommen die schärfsten Konkurrenten?

Zur Zeit aus Italien und vor allem aus Kalifornien. In der lombardischen Franciacorta bereitet Cà del Bosco's Maurizio Zanella Schaumweine, die bei Blindtests schon Krug geschlagen haben. Die allerbesten amerikanischen Champagnes kommen vom Schramsberg (Blanc de Noirs und Reserve) und seit neuerer Zeit von der Iron Horse Ranch in Sonoma. Der Brut Rosé 1985 gilt als bester aller Zeiten.

Aus „Männer-VOGUE".

KELCH DER KÖNIGIN

Nicht nur trunkenen Historikern ist aufgefallen, daß Champagnerkelche, vom Stiel her betrachtet, eine wundersam weibliche Form haben. Richtig: Der klassische Champagnerkelch wurde nach dem makellosen Busen der französischen Königin Marie Antoinette geformt. Sie starb in Zeiten, als Champagner als bourgeois galt, unter der Guillotine. Ihr Busen ist unsterblich geworden

Alles über Kaviar

Kaviar ist eine Speise mit Nimbus und Prestige. Kaviar ist teuer. Kaviar wird durch Umweltschäden immer seltener. Er gehört wie weiße Trüffeln und Austern zu den Delikatessen, deren Wohlgeschmack man erlernen, sich anessen muß. Das heißt, Kaviar schmeckt, von der Qualität einmal abgesehen, um so besser, je mehr man Kenner geworden ist. Dann wird man allerdings wie zum Beispiel ich kaviarsüchtig. Der echte Kaviar wird entgegen dem Duden mit C geschrieben, denn der Name leitet sich vom persischen Chariyar ab, was „eiertragend" heißt.

Er war der Freund und Berater der Autoren, Kollege und stetes Vorbild in Sachen Lebensart. Und er war einer der größten Kaviarkenner überhaupt. Ulrich Klever, Fernsehkoch, Feinschmecker, Bonvivant († 1990). Hier sein letztes Manuskript über die Eier vom Stör, die er so sehr liebte

Kaviar nennt man die mit Salz aus den Seen der Astrachaner Steppe für einige Zeit haltbar gemachten Eier (= Rogen) der Fischgattung der Störe. Wenig Salz bedeutet etwa vier Prozent, und das ist sehr, sehr mild. Das „malossol", das auf den russischen Originaldosen steht, heißt übersetzt „wenig Salz" und gilt als Echtheitsgarantie.

Störe leben heute hauptsächlich im Kaspischen und Schwarzen Meer und in dem Flußdelta der Mandschurei: Seefische, die im Süßwasser der Flüsse laichen. Drei Fische muß der Kaviarfreund namentlich kennen, denn so heißt auch die jeweilige Kaviarsorte.

DER SEVRUGA (deutsch Scherg; Bild rechts unten) ist der kleinste und häufigste der Störfamilie. Ein Fisch, bis 20 Kilo schwer, liefert um die 2 bis 3 Kilo Kaviar: kleine Körner mit zarter Haut, dadurch manchmal zu weich. Bei guten Qualitäten aromatischer Geschmack nach Meer, bei minderen fischig (möglichst vor dem Kauf probieren). Die 100-Gramm-Dose kostet 100 Mark.

DER OSIETRA (deutsch Stör; Bild rechts oben), auch Oseetra, Osetr oder Asetra geschrieben, ist ein 100-Kilo-Fisch mit einem Rogenanteil von etwa 12 Kilo. Mittelgroßes, festes Korn, grau oder bräunlich, aus der Mandschurei bis bernsteinfarben. Feiner Nußgeschmack, präsentiert sich perlig. Die 100-Gramm-Dose kostet 150 Mark, chinesischer ist etwas billiger.

DER BELUGA (deutsch Hausen; Bild links unten) ist der größte und, da im

Selbst Kaviarfreaks schaffen auf einen Rutsch selten mehr als 100 Gramm. Nichts sättigt schneller. Thank god!

Aussterben begriffen, der seltenste. Ein 500-Kilo-Weibchen trägt etwa 50 Kilo Kaviar. Großkörnig, zartschalig, ebenso zarter Geschmack, von schwarzgrau bis hellgrau. Die schöne Optik hat ihren Preis: die 100-Gramm-Dose bis 500 Mark.

Kaviar wird, trotz schöner Gefäße von Cartier oder Christofle, in der Originaldose serviert, die durch Innenlack den Kaviar vor Metallgeschmack schützt. Metall verträgt Kaviar nicht, deshalb ißt man ihn mit Perlmutt- oder Schildpattlöffeln. Eierlöffel aus Kunststoff sind zwar stillos, aber beeinträchtigen den Geschmack nicht. Kaviar ißt man pur; gehackte Zwiebeln, eine persische Sitte, zerstören den feinen Kaviargeschmack; die gehackten Eier, die in Restaurants und auf Kreuzfahrtschiffen dazu angeboten werden, sollen nur die kleinen Portionen strecken. Kaviar ißt man zu dünnem Toast, zu Brioches, zu in Scheiben geschnittenen altbackenen Semmeln

vom Vortag (gut!), zu Blinis, das sind kleine Hefepfannkuchen aus Buchweizenmehl, zu Kartoffelpuffern oder zu Pellkartoffeln. Köstlich, die großen Backkartoffeln zum Auslöffeln, die man in Supermärkten in der Tiefkühltruhe findet (Agrarfrost). Man trinkt Champagner oder trockenen Sekt dazu oder einen trockenen, nicht zu fruchtigen Weißwein. In Münchens Kaviarhochburg Boettner wiegt die Portion 50 Gramm. Bei „Kaviar satt" wird eine große, vorher gewogene Dose auf den Tisch gestellt und nach dem Essen wieder gewogen, der Unterschied wird berechnet. Wie mir Roland Hartung berichtete, werden im Durchschnitt nicht mehr als 100, höchstens 150 Gramm von einer Person allein gegessen. Ich selbst habe es nie, auch wenn eine 1,8 Kilo-Originaldose (das sind vier russische Pfund) auf dem Tisch stand, über 100 Gramm gebracht.

Snobs lachen nicht über den Witz mit der „Brombeermarmelade". Sie bestellen sie

Metall verträgt Kaviar nicht. Deshalb ist man ihn mit Permutt- oder Schildpattlöffeln

Frühstück, die Hauptmahlzeit

Zehn Millionen Deutsche tun's gar nicht. 20 Milionen machen es nur gelegentlich, 30 Millionen lassen sich zuwenig Zeit. Dabei hatte schon Grillparzer die große Bedeutung des Frühstücks erkannt: „Solang' ich nüchtern bin träg und dumm. Doch nach dem Frühstück schon kommt der Witz und Klugheit."

Wer nun meint, dies sei ein Freifahrtschein für exzessive Frühstückszeremonien – liegt richtig. Zumindest, was die Zeremonie angeht. Dr. Volker Pudel, Leiter der ernährungspsychologischen Forschungsstelle der Universität Göttingen: „Das richtige Frühstück charakterisiert den ganzen Tag. Wer darauf angewiesen ist, acht oder zehn Stunden lang geistige Höchstleistung zu erbringen (Wer ist das nicht? Anm. der Autoren), legt mit dem Frühstück den Grundstein für seinen Erfolg." Hier die zehn Grundregeln für das erfolgreiche Frühstück:

1. Das erste Getränk am Morgen sollte niemals Kaffee sein. Nehmen Sie nach dem Aufstehen erst einmal einen tüchtigen Schluck Wasser. Das kurbelt die Verdauung an, ohne auf den Magen zu schlagen.

2. Ab sofort ist Schluß mit er Männer-Lieblingsfrühstücksbeschäftigung, Zeitungslesen (ganz zu schweigen von Frühstücksfernsehen). Wer sich nicht auf seine Mahlzeiten konzentriert, kaut zuwenig, schluckt zu hastig, verdaut nicht richtig.

3. Good-bye Brötchen, Butter, Marmelade. zu viele Kohlehydrate am Morgen sättigen nur kurzfristig, schießen den organismus hoch und lassen ihn eine Stunde später um so tiefer absakken. Ideal ist die Mischung aus Vollwertprodukten (Vollkornbrot, Müsli etc.), Milchprodukten (Jogkurt, Käse) und Vitaminen (Obst, Saft).

4. Das ideale Frühstück sollte mindestens eine halbe Stunde dauern. Nicht im Bett, nicht im Stehen, nicht im Gehen. Sitzen und genießen.

5. Wer morgens schon Konferenzen hat – mindestens eine Stunde zuvor

DIE BESTEN FRÜHSTÜCKSADRESSEN

BERLIN
CAFÉ AM UFER, Paul-Lincke-Ufer 42

DÜSSELDORF
CONFETTIS, Düsseldorfer Straße 2

FRANKFURT
ORFEO, Hamburger Allee 45

MÜNCHEN
BAMBERGER HAUS, Brunnenstraße 2

STUTTGART
FRESKO, Konrad-Adenauer-Straße 28

LONDON
LA BRASSERIE, 272 Brompton Road

PARIS
AUX DEUX MARGOTS, 170 Boulevard St. Germain

ROM
ALLEMAGNA, Via del Corso 181

WIEN
CAFÉ SPERL, Gumpendorfstraße 11

ZÜRICH
CAFÉ SCHOBER, Napfgasse 4

frühstücken. dann läuft die Maschine auf vollen Touren.

6. Frühstückskonferenzen sind höchst effizient, wenn man vorher schon ein kleines Frühstück zu sich genommen hat. Zu großer Hunger lenkt von der Sache ab; der Organismus ist noch nicht auf „Vollbetrieb".

7. Die erste Zigarette hat Zeit bis nach der zweiten Tasse Kaffee (besser Tee) im Büro. Nikotin am frühen Morgen fördert allzu schnelle Verdauung, läßt die Leistungskurve gegen 10 Uhr rapide in den Keller fallen. Und auf jeden Fall: 0,0 Prozent Alkohol am Morgen.

8. Die beste Methode: nicht zu üppig frühstücken (wenig Kohlehydrate) und nach zwei Stunden nochmal dasselbe. Garantiert Full Power bis zum Mittagessen.

9. Brunch (Breakfast + Lunch) nur an absolut arbeitsfreien Tagen. Oder, wie wie die Lateiner sagen: Plenus venter non studet libenter (= Ein voller Bauch studiert nicht gern).

10. Wenn schon im Bett, dann mit Bachs „Kaffeekantate" und Casanova's „Elexir der Kräfte" (eine mit Wasser übergossene Mixtur aus zerhackten Mandeln, Sonnenblumenkernen, Sesam verrührt mit Feigen).

FRANKREICH

Die traditionelle Haute Cuisine verführt mit allem, was dick macht. Deshalb verlangt sie besondere Disziplin beim Bestellen. Essen Sie sich reichlich satt an den Crudités (roher Paprika, Sellerie, Lauch, Chicorée), allerdings ohne die Gemüsestengel andauernd in die besonders leckere Vinaigrette zu tauchen.

Beim Hauptgang sollten Sie alles meiden, was nach Sahnesoße klingt, ebenso Flambiertes und Gerichte, die mit Alkohol zubereitet sind. Wenn Sie der Fleischeslust nicht widerstehen können: dünnes Kalbfleisch und Putenschnitzel.

Diätplan für internationale Spesenritter

Wer geschäftlich im Ausland ist und geschäftlich im Ausland ißt, kommt nicht nur mit hohen Rechnungen, sondern meist mit hohem Gewicht zurück. Es sei denn, er kennt die Kalorienfallen fremdländischer Küchen. Hier sein Diätatlas:

Ein Restaurant mit Nouvelle Cuisine ist in jedem Fall die bessere Wahl. Bei deren „Übersichtlichkeit" auf den Tellern ißt das Auge mit, und die Gabel bleibt halbleer – davon wird man nicht dick, aber satt.

ITALIEN

Prinzipiell ist gegen jede Art von Pasta nichts einzuwenden (am besten Vollkornnudeln). Die Soße drüber ist Dein Feind. Am besten nimmt man Ricotta oder Spinat, auf keinen Fall Sahnesoße. Auf Antipasto misto (gemischte Vorspeise) muß man nicht verzichten, wenn man sie als Hauptgericht wählt. Auch Parmaschinken mit Melone fallen nicht zu sehr ins Gewicht, noch besser ist, die Melone wegzulassen. Ideal als Hauptgang: Leber mit Rosmarin. Pizza? Hands off! Wer zum Schluß das italienische Eis nicht missen mag: Cranite ist ein Fruchteis ohne Milch und Sahne. Geradezu ein Abenteuer!

CHINA

Wer die Wahl hat, sollte unbedingt die Kantonesische Küche der aus Peking, Schanghai oder Szechwan vorziehen. Die Kantonesen bevorzugen gedämpfte oder gekochte Gerichte, die anderen verwenden meist Öl zum Kochen. Ideal als Vorspeise sind die klaren Gemüsesuppen. Fischgerichte fallen gedämpft am wenigsten zur Last, im Gegenteil zu allem Fritierten. Achten Sie darauf, nur gekochten, keinen gebackenen Reis zu bestellen. Als Beilage gibt es knackiges Gemüse aus dem auch bei uns immer beliebter werdenden Dampftopf Wok, in dem fast kein Öl benutzt wird.

JAPAN

Sie sind chic, leicht und machen nicht dick: alle Arten von Sushi und Sashimi. Tempura ist genau das Gegenteil. Fisch und Meeresfrüchte ansonsten nur gegrillt. Hände weg von allen Nudelvariationen und vom Sake, dem japanischen Reiswein. Als Nachspeise Lychees, solange sie nicht in Sirup schwimmen. Außer Sumoringern schon mal dicke Japaner gesehen? Eben.

INDONESIEN

Leider müssen Sie sich auch bei den leckeren Sateh-Spießchen zurückhalten, die am kleinen Tischfeuer gebraten werden. Die Erdnußsoße dazu ist reines Gift. Ingwerhühnchen und Rindfleisch mit Chili dagegen lassen Ihr Gewicht gut aussehen. Wie immer empfiehlt sich auch in Indonesien gegrillter Fisch. Achtung: Wann immer auf Ihrer Speisekarte das Wort Kokusnuß auftaucht, sollten Sie das Gericht bereits gestrichen haben. Haut rein, als fiele es von einer Palme!

GRIECHENLAND

Viele der Salatvorspeisen sind kein Problem für Ihre Linie, solange sich kein Käse und keine Bohnen darunter finden. Ebenso Hände weg von allen Pasteten und dem warmen Pitta-Brot. Das Beste sind Fleisch vom Rost oder Gyros mit dem typischen hellenischen Gemüse. Sollten Sie jemals auch nur in Versuchung kommen, den herrlichen griechischen Joghurt (womöglich mit Nüssen und Honig) zu bestellen, wird Ihre Waage schon bei dem Gedanken nach oben schnellen.

INDIEN

Tandoori-Gerichte, sei es Huhn, Lamm, oder Fisch, sind die beste Wahl, weil sie ohne Haut im Ofen gegrillt sind. Fisch gibt es manchmal auch gedünstet oder gebacken. Außerdem bietet die indische Speisekarte jede Menge Gerichte mit Bambussprossen oder mit Hüttenkäse. Das alles fällt nicht zu sehr ins Gewicht, solange Sie jede Zutat von Nüssen und Schweinefleisch meiden. Leicht und lecker ist auch Raita, der Naturjoghurt mit Minze und Kräutern. Wenn Sie sich dann noch des Fladenbrots Nan enthalten können, freut sich ihre Waage zu Haus. Im übrigen kochen die Inder so raffiniert vegetarisch, daß nicht einmal Vegetarier merken, daß sie vegetarisch essen.

USA

Hamburger, Chili und Spareribs schlagen gar nicht so sehr zu Bauche wie die Soßen, Relishes und alles, was außer Salat noch darauf liegt. Auch wenn wir uns auf diese Weise das Aussehen so vieler Amerikaner immer erklären möchten. Also nehmen Sie ruhig die doppelte Portion Fleisch und lassen dafür Käse und Speck weg. Von French Fries und fritierten Zwiebelringen gar nicht zu reden. Steaks oder Chicken vom Grill sind dagegen höchst empfehlenswert, solange Sie ohne B-B-Q-Soße auskommen. So what: BBQs sind eh nur Meisterleistungen der chemischen Industrie. Wichtig: Achten Sie darauf, daß die Baked Potato nicht mit Sour Cream, sondern mit Joghurt gefüllt ist. Ein Tip, der längst nicht nur für die USA gilt, sondern mindestens so dringend für Germany. Übrigens: Ein Salat schmeckt auch wunderbar mit Zitronen-Öl-Dressing anstatt mit Blue Cheese.

MEXICO

Von dem Gedanken an eine Margarita sollten Sie sich als erstes verabschieden. Die dreieckigen Tortilla-Chips aus Maismehl stehen beim Mexikaner zwar obligatorisch auf dem Tisch, leider sind sie auch der größte Feind der schlanken Linie. Versuchen Sie es einfach mit Guacamole (Avocadocreme) ohne alles, oder einer mexikanischen Salsa, einer Art Mixed Pickles aus Paprika, Zwiebeln und Gurken. Ein leichter Hauptgang ist ein Taco (Maisflade) nur mit Hühnerfleisch und Salat gefüllt, oder – wenn der Hunger übermäßig ist, leisten Sie sich ein Steak mit Salat, aber – madre dios! – ohne Käse! Meiden Sie auf jeden Fall alles, was mit Käse überbacken ist, oder wozu Frijoles (Bohnen) gereicht werden. Die Begierde nach einem Tequila zum Schluß wird unterdrückt zugunsten des kalorienärmeren mexikanischen Biers.

FISCHRESTAURANTS

Hier geht alles, bis auf die fritierten und die mit Buttersoße angerichteten Fischgerichte. Bestellen Sie den Fisch gegrillt, gebacken oder pochiert, und lassen Sie die Hände von den Brot-und-Butter-Kalorien. Fast immer gilt: Soße macht dick. Das Schlimmste, was Sie bestellen können, sind Pommes frites. Wenn schon Kartoffeln, dann Salzkartoffeln oder Baked Potato. Frisches Obst oder Eis zum Nachtisch sind o. k., aber nie mehr als drei Kugeln (ohne Sahne).

VEGETARISCH

Nur weil Sie kein Fleisch essen, können Sie hier noch lang nicht völlig hemmungslos zuschlagen bei Kartoffeln, Mais und Bohnen. Am besten bekommt ihrer Linie ein leichter Gemüseeintopf mit Auberginen und Lauch, Salate (Gemüse oder Früchte) und Naturjoghurt ohne süße „Einlage". Glauben Sie uns, man gewöhnt sich auch daran, und das sogar ziemlich schnell. Vermeiden Sie alle Gerichte, die mit Nüssen und Käse zu tun haben, und vergessen Sie bitte nicht, daß der Schokoladenkuchen und die Pralinen zum Kaffee zwar astrein vegetarisch sind, aber in einem vegetarischen Restaurant genauso dick machen wie in anderen „normalen" Restaurants.

GOLDENE DIÄTREGELN BEIM GESCHÄFTSESSEN

Setzen Sie ein Zeitlimit für das Essen. Erstens ist Ihr Geschäftsfreund gezwungen, pünktlich zu kommnen. Zweitens verringert sich dadurch die gefährliche Zahl an Cognacs und Pralinen danach.

Wählen Sie nach Möglichkeit das Restaurant selbst aus. Viele Lokale bieten mittags nur komplette Menüs und lassen Ihrem Diätplan keine Chance.

Kommen Sie nicht hungrig zur Verabredung. Erstens sind Sie durch Ihre Eßgier zu sehr abgelenkt vom Gespräch, zweitens essen Sie zuviel.

Ein Apfel oder eine Banane vorher bewahren Sie vor der Plünderung des Brotkorbs.

Gehen Sie direkt zu Ihrem Tisch. Ein Cocktail an der Bar verlängert das Mittagessen, steigert Ihren Alkoholkonsum und schwächt Ihren Maßhaltewillen.

Vermeiden Sie alles Überbackene und Fritierte. Ebenso alle Soßen, Ketchup und Remouladen.

Statt Reis, Nudeln, Kartoffeln lieber grünes Gemüse oder Salat.

Der Nachtischwagen ist Ihr größter Feind. Nur Obstsalat ohne Alkohol und Sahne sind erlaubt. Das Beste: vom Hauptgang direkt zum Kaffee übergehen.

Alkoholfreies Bier statt Pils, Schorle statt Weißwein. Am besten Mineralwasser und Fruchtsaft. Für Essen ohne Alkohol braucht man längst keine Entschuldigung mehr – außerdem gibt es genügend.

In Wien sagt man, man müsse sich auf ein Schnitzel setzen können, ohne eine nasse Hose zu bekommen

Wie man ein Schnitzel richtig brät

es ist der Kochstolz aller Hausmänner. Aber wissen Sie wirklich, meine Herren, wie man ein perfektes Wiener Schnitzel brät? Hier das definitive Rezept:

Zunächst einmal: Das Wiener Schnitzel muß vom Kalb sein. Der Begriff „Wiener Art" auf der Speisekarte ist eine Mogelpackung, hinter der sich ein schweinernes verbirgt. Bestehen Sie beim Kauf auf rosafarbenem Fleisch – es stammt von gesunden Tieren. Das früher so gefragte weiße Fleisch ist von blutarmen Kälbern, die in dunklen Ställen gehalten werden. Wer dem Kalbfleisch allerdings mißtraut, kann statt dessen auch ein quer zur Faser geschnittenes Stück aus der Putenbrust nehmen.

Das echte Wiener Schnitzel wird aus dem Frikandeau geschnitten, dem Vorderteil der Hinterkeule, in Wien auch Kaiserstückl genannt. Bleistiftdick muß es sein, also sechs Millimeter, nicht mehr und nicht weniger. Und geklopt muß es werden. Das kann der Fleischer besorgen, wenn Sie's anschließend gleich verarbeiten. Sonst sollten Sie das Fleisch vor dem Braten selber klopfen.

Die Zubereitung ist nicht schwierig, ber sie erfordert Sorgfalt. Ehe Sie sich ans Werk machen, richten Sie die Zutaten her; einen Teller mit Mehl, den zweiten mit Ei, das mit etwas Wasser und Öl aufgeschlagen wird, den dritten mit Bröseln. Frische, noch etwas weiche Semmelbrösel sollten es sein, Krume von Weißbrot ohne Rinde. Einen Tag alte entrindete Semmeln eignen sich, auf der Reibe gerieben, oder Toastbrot, in der Messermühle nicht allzu fein zermahlen, dann kurz aufein Blech zum Trocknen ausgebreitet.

Die geklopften Fleischscheiben werden ringsum an der feinen Randhaut mehrmals eingeschnitten (die zieht sich sonst beim Braten zusammen und das Schnitzel wölbt sich); falls die Oberfläche feucht ist, tupfen Sie das Wasser mit Küchenkrepp weg, wenden das Fleisch im Mehl und schütteln den Überschuß ab. Die leicht bemehlten Schnitzel mit lockerer Hand von beiden Seiten durchs Ei ziehen, dann in die Brösel legen (es müssen genug sein, um den Teller auszufüllen), sanft andrücken und wieder den Überschuß abschütteln. Nicht liegen lassen, sondern gleich in der Pfanne damit. Die Schnitzel müssen im hießen Fett schwimmen. Manche Wienerinnen schwören auf Schweineschmalz. Butter müssen Sie klären, sonst verbrennt sie – also nehmen Sie gleich Butterschmalz. Auch ungehärtetes Pflanzenfett eignet sich. Wie auch immer: Ein Pfund Fett gehört in die Pfanne, damit die Schicht dick genug ist. Die Schnitzel müssen Platz haben, deshalb braten Sie lieber in zwei Pfannen oder zwei Etappen. In drei, höchstens vier Minuten in das Wiener Schnitzel auf dem Punkt. Auf Krepp abtropfen lassen – Sie sollen sich auf Ihr Schnitzel setzen können, behaupten jedenfalls die Wiener, ohne daß es Spuren hinter läßt. Sofort servieren. Die optimalen Beilagen: Kartoffel-Mayonnaise und Kopfsalat. Das Getränk: ein rescher grüner Veltliner.

Götterspeise

Mit Kartoffelsalat lockt man jeden Mann: hinterm Ofen hervor, an die Tafel, in die Falle. Aber bei kaum einem Gericht wird mehr gesündigt. Deshalb wollen wir den Frauen mal zeigen, wie ein richtiger Männersalat auszusehen hat

KARTOFFELN:
Der festen Art (Hansa, Sieglinde, Nicola, Cilena). Noch lauwarm pellen. Wo nicht extra angegeben, werden pro Rezept drei Pfund verwendet.

SALAT A LA MARLENE D.
Eine Schalotte, ein Ei, ein Teelöffel scharfer Senf, ein Esslöffel Sherryessig, eine Tasse Rinderbrühe, frischgemahlener Pfeffer. Zusammen pürieren. Zwei Tassen Distelöl tropfenweise darunterschlagen, das Ganze salzen und über die noch warmen Kartoffelscheiben geben. 30 Minuten ziehen lassen. Speck in feinen Würfeln auslassen, hinzufügen. Je eine Handvoll Kerbel, Feldsalat, Löwenzahn drüberstreuen.

SALAT A LA JULIA R.
Auf 100 Gramm Pellkartoffeln 200 Gramm Corned beef, 100 Gramm süßsaure Gurken, sechs saure Heringe kleingeschnippelt, vier hartgekochte Eier, ein Schnapsgläschen Lebertran, eine ganze Knoblauchzehe (zerrieben), eine große Zwiebel. Alles vermischen, 125 Gramm fetten Speck anbraten, mit Saft von zwei Zitronen und 200 ccm saurer Sahne untermischen. Ein Glas Aquavit darüberkippen.

SALAT A LA MATA H.
Ein gegrilltes Hähnchen, 150 Gramm Gouda, 150 Gramm Leerdamer, eine kleine Dose Ananas, drei harte Eier. Kleinschneiden und mit den Kartoffeln vermengen. Aus einer Zwiebel, fertiger Mayonnaise, Essig, Öl, Pfeffer, Salz, einem Teelöffel Senf und Petersilie eine Marinade mischen. Darübergießen. Mit Petersilie und Tomaten garnieren.

SALAT A LA ZSA ZSA G.
Marinade aus Fleischbrühe, angeschwitzten Zwiebelchen, Essig, Salz, Pfeffer würzig anmachen und noch warmüber die Kartoffeln gießen. Je eine Dose Ananas, Mandarinen und dazu zwei bis drei in Scheibchen geschnittene Bananen in zwei Esslöffeln Mayonnaise wenden, alles vorsichtig untereinanderheben.

SALAT A LA MARILYN M.
Zwei Kilogramm Kartoffeln mit zwei roten Paprika, zwei feingewogenen Peperoni, vier schwarzen Oliven, zwei zerdrückten Sardellen, zwei Essiggurken, 200 Gramm Salami mischen. Brühe aus Selleriesalz, Öl, Kräutersenf, glatter Petersilie, einer Prise Zucker, zerdrückter Knoblauchzehe und zwei feingehackten blauen Zwiebeln anrichten und drübergießen. Zwei Stunden abgedeckt ziehen lassen.

Filet de Sole Bretonne

Selle d'Agneau Roti a l'Anglaise

Salade

Bombe Cirano

Mercredi Le 12 Aout 1981   At Port Said

Wie schlicht man doch bei Königs speist: Am Mittwoch, den 12. August 1981, lag Königin Elizabeth II. mit ihrer Yacht „Britannia" vor Port Said, und die Speisekarte war, wie immer, auf französisch: Seezunge, Lamm, Salat und Eisbombe

Das Lexikon der Speisekarten

Es bewahrt vor schlimmen Überraschungen und garantiert für stille Bewunderung seitens Ihrer Tischdame

– A –

Aceto Balsamico: Balsamessig aus Modena

A la carte: Der Gast sucht sein Menü selber aus.

Al dente: Teigwaren und Gemüse noch „mit Biß" gekocht

Al forno: im Ofen gebacken

Al pomodoro: mit Tomaten und Weinsoße

Al sugo: mit Fleischsoße

Amuse-gueule: kleine Häppchen vor dem Menü (meist kostenlos)

Ansautiert: angebraten

Antipasto: kalte italienische Vorspeise

Aperitif: appetitanregendes alkoholisches Getränk

A part: Bestandteile eines Menüs gesondert servieren

A point: optimal durchgegart

Aspik: Fleisch, Fisch, Geflügel, Gemüse mit Gelee gebunden

Au gratin: mit Käse überbacken

Aux fines herbes: mit Kräutern gewürzt

– B –

Baby-Steinbutt: junger Steinbutt

Barberie-Ente: Kreuzung aus Hausente mit wildem Erpel

Bardiert: Fleisch mit Speckstreifen ummantelt

Batavia-Salat: Kreuzung zwischen Kopf- und Eissalat

Béchamel-Soße: weiße Soße aus Mehl, Milch, Zwiebeln

Beignets: Früchte und Biskuit in Fett ausgebacken

Blanchiert: Gemüse kurz in Salzwasser angekocht

Blini: dünne Hefepfannkuchen

Bouillabaisse: Fischsuppe

Braisiert: geschmort

Bresse-Huhn: mit Naturfutter gemästetes Huhn aus der französischen Region Bresse

– C –

Canapé: kleine Brote mit Belag

Cannelloni: mit Hackfleisch gefüllte Teigröhren

Carpaccio: Fisch oder Fleisch, roh in dünnen Scheiben

Cassoulet: französicher Eintopf mit Bohnen, Fleisch und Kräutern

Charolais-Rind: Rind aus Südburgund

Chateaubriand: doppeltes Filetstück vom Rind

Confit: Eingemachtes

Consommé: Kraftbrühe

Coulis: Püree von Fisch, Wild, Geflügel

Crêpes: hauchdünne Eierpfannkuchen

Crudités: in Streifen geschnittenes rohes Gemüse

– D –

Digestif: Verdauungsschnaps

Dip: kalte Soße zum Eintunken

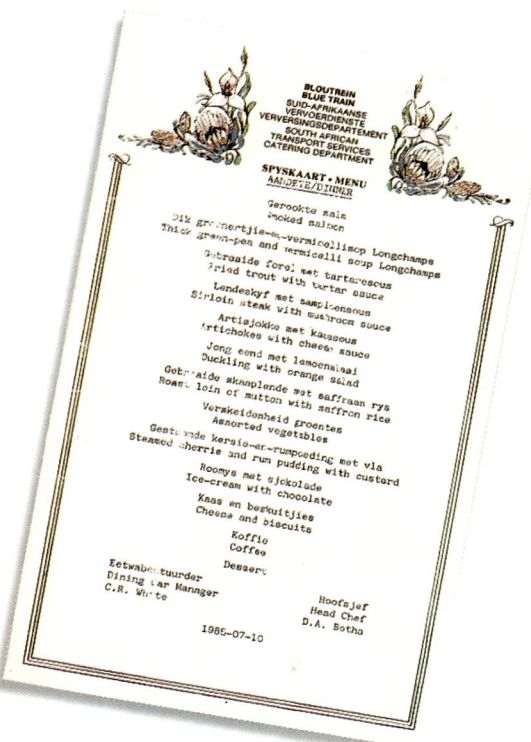

Eine Menükarte aus dem berühmten Luxuszug Südafrikas, dem „Bluetrain". Datum: Mittwoch, 10. Juli 1985. Es gab ordentlich zu essen. Zehn Gänge, und das zweisprachig – Afrikaans und Englisch. Fremdworte vermied Küchenchef Botha – beim „Bluetrain" fahren immer zu viele Amerikaner mit ...

– E –

Eichblattsalat: Winterendivien ähnlicher Salat

Eisbergsalat: weitergezüchteter Kopfsalat

Engelshaar: hauchdünne Fadennudeln

Entrecote: Zwischenrippenstück (einfach oder doppelt) vom Roastbeef

Essenz: stark eingekochte Brühe

– F –

Farce: Füllung

Fettucine: 5 mm breite Bandnudel

Filet: feinstes Stück Fleisch des Tiers

Flambieren: mit Alkohol übergossen und entzündet

Flan: Gemüsepüree oder Pudding oder Auflauf

Foie gras: Stopfleber (Leber von besonders gemästeten Gänsen)

Frappé: Dessert aus Früchten mit Eis

Friséesalat: Neuzüchtung, Löwenzahn-ähnlich

Fritiert: in Fett schwimmend ausgebacken

– G –

Galette: dünner Buchweizenpfannkuchen

Glaciert: mit glänzender Schicht überzogen

Gnochi: kleine Kartoffelklöse

Gratin: überbackenes Gericht

Graved Lachs: gepöckelt in Salz, Zukker, Pfeffer, Dill

Grissini: kleine Weißbrotstangen

Guacamole: Avocadocreme

– H –

Hors d'oeuvre: Vorspeisen

– K –

Kir: trockener Weißwein mit Johannisbeerlikör

Kir Royal: Champagner mit Johannisbeerlikör

Kobe-Rind: das teuerste Rindfleisch der Welt aus Japan

– L –

Legiert: gebunden

Lende: Filet von Rind, Kalb, Schwein

Lucca-Augen: Toastscheibchen mit Kaviar und Austern

– M –

Maccheroni: lange Hohlnudeln

Malossol: milder Kaviar

Marc: französischer Trester-Branntwein (ital.: Grappa)

Mark: das Innere der Röhrenknochen beim Schlachtvieh

Mascarpone: italienischer Doppelrahm-Frischkäse

Medaillon: bis zu 75 g schwere Scheibe aus der Filetspitze

Mignon: kleines Filetsteak

Millefeuille: Blätterteig

Mousse: schaumige Creme auf Sahnebasis

– N –

Netz (im): mit dünnem Fettgewebe zusammengehaltenes Fleisch

Ninis: sehr kleine Windbeutel

Nuß: besonders feines Stück Fleisch aus der Keule

Nußöl: farbloses Speiseöl aus Waloder Haselnüssen

– O –

Orechiette: kleine, ohrförmige Nudeln

Orly: Stücke von Fisch, Fleisch oder Geflügel in fritiertem Backteig

– P –

Paleron: Schulterstück vom Rind

Palmenherzen: das Innere sprießender Blattstiele bestimmter Palmenarten

Panade: Kruste für Gebratenes

Panaché: unterschiedliche Sorten von Creme oder Eis unvermischt in einer Form

Pannequets: sehr kleine, hauchdünne Eierpfannkuchen

Parfait: gefrorene Creme

Parmaschinken: mild gesalzener und luftgetrockneter Schinken aus der italienischen Region Emilia Romagna

Pasta asciutta: Nudelgericht mit wenig soße

Pastinake: möhrenähnliches Wurzelgemüse

Pâté: Pastete

Pâtisserie: feines Gebäck

Penne: kurze, dicke Röhrennudeln

Pelmeni: kleine Nudelteigtaschen mit Fleischfüllung

Perlhuhn: kleine Fasanenart

Pesto: Kräutersoße

Petits fours: kleines Backwerk mit Füllung

WIE MAN KORREKT UND VERLUSTARM MIT STÄBCHEN ISST

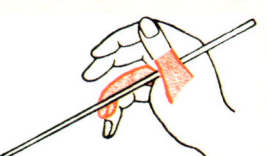

Das erste Stäbchen (1) klemmt man zwischen Daumen und Ringfinger in der Daumenbeuge fest. Es bleibt in dieser starren Lage.

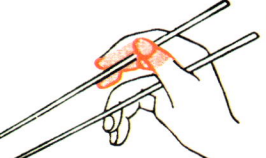

Das zweite Stäbchen (2) wird wie ein Bleistift zwischen Daumenspitze, Zeigefinger und Mittelfinger gehalten und gleichzeitig durch Zeige- und Mittelfinger bewegt.

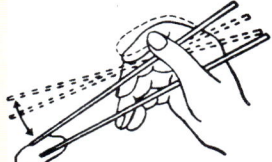

Mit dem beweglichen Stäbchen (2) drückt man so die Speisen gegen das feste Stäbchen (1) und kann sie zum Mund führen.

Piccata: dünne Kalbfleischscheiben, paniert

Pochiert: knapp unter dem Siedepunkt gegart

Polenta: Maißmehl-Grießbrei (fest)

Porterhouse-Steak: 6 cm dicke Scheibe aus dem Roastbeef

Pot au feu: französischer Eintopf

Praliniert: in Zucker geröstet

Püree: zu Muß verarbeitetes Gemüse, Obst, Hülsenfrüchte

Quiche Lorraine: Lothringer Specktorte

Radicchio: kleiner roter Kopfsalat mit bitterem Geschmack

Ravioli: Nudeltaschen mit Füllung

Relish: süßsaure Würzsoße

Ricotta: quarkähnlicher Frischkäse

Rillette: Fleischpastete

Risotto: Reisbrei mit unterschiedlichen Einlagen (Fisch, Fleisch, Gemüse, Pilze)

Roastbeef: rosa gebratener Rinderrükken

Rösti: geraspelte Kartoffeln gebacken

Sabayon: Weinschaum (ital.: Zabaione)

Sautiert: kurz in Butter gebraten

Sorbet: Halbgefrorenes aus Früchten und Champagner

Soufflé: Auflauf

--- T ---

T-Bone-Steak: Scheibe aus dem Rinderrippenstück

Tagliatelle: flache, breite Bandnudeln

Kaisermanöver in Sachsen, Parade-Diner bei König Albert am Dresdner Hof, Samstag, 7. September 1889. Bei den zehn Gängen kommt selbst der Fachmann ins Grübeln – was mag „Rebhuhn nach Art des Finanzmannes" sein? Mit Hahnenkämmen und Hahnennieren. Dennoch tafelten damals 270 Personen

Tagliolini: schmale Bandnudeln

Tenderloinsteak: Scheibe aus dem Rinderfilet

Terrine: Pastete ohne Teigmantel

Tortellini: kleine Teigtaschen gefüllt (größer: Tortelloni)

Tortilla: hauchdünner Fladen aus Maismehl

Trenette: lange, schmale Bandnudeln

--- V ---

Vermicelli: lange Fadennudeln

Das ist eins der ältesten Themen überhaupt. Und noch immer scheinen Männer handfeste Gründe dafür zu haben, seit Jahrtausenden auf der Suche danach zu sein.

Es ist wie der Unterschied zwischen Mutter (!) und Schraube. Die Schraube muß gedreht werden.

Es ist jedoch auch ein Frauenthema (natürlich), und das Standardwerk „Aphrodisiaka en Vogue" (Mosaikverlag) hat eine Frau verfaßt (Renate Zeltner). Inhalt: 33 Gerichte von „Lammzunge gebacken," bis „Schopftintlinge mit Pecorino".

Alkohol	Anis
Auberginen	Austern
Bärenklau	Bärlauch
Basilikum	Blut
Bohnenkraut	Champagner
Chili	Curry
Eier	Ginseng
Hahnenkämme	Hengsthoden
Hirschgeweihe	Honig
Kaffee	Kardamom
Kaviar	Knabenkraut
Knoblauch	Koriander
Kresse	Krokodilstränen
Krötenliebstöckel	Lorbeer
Mandagora (Alraune)	Minze

Dick wie ein Unterarm

Auf der Suche nach einem Mittel, das Männer wieder aufs Pferd bringt. Oder: Was es so alles gibt an glaubwürdigen Aphrodisiaka

Für die Potenz sterben Nashörner. Ein Irrtum. Und die „Spanische Fliege", ein ums Mittelmeer lebender Käfer, ist nur einfach giftig. Aber was ist denn nun jene im Rock 'n' Roll besungene „Love Position Number Nine", die angeblich Menschen außer Rand und Band bringt?

Die nächste Enttäuschung: Alchemisten aller Zeiten und Länder haben keine gefunden. Aber: Der Urvamp Mae West hat einem Partner mal geraten, seine „Emotions" mal in „Motion" zu bringen. Genau das ist es, wenn der Moment gekommen ist zu dem einsamsten aller Männergebete: „Herr, Du hast mir das Wollen gegeben, bitte, gib mir auch das Können."

Vor einiger Zeit bekam einer der Autoren von einem wohlmeinenden Freund aus Tansania ein Tütchen von jenem Wunderstaub aus der Rinde eines afrikanischen Baums, der seit vielen Jahren durch die Aphrodisiakaliteratur geistert. Im Begleitbrief stand „Nimm, bitte, pro Tasse einen Teelöffel voll. Viel Erfolg!"

14 Tage später läutete das Telefon, der Freund war dran, erregt: „Um Gottes willen. Höchstens einen Teelöffel pro Tag nehmen!"

Hier die Liste jener Aphrodisiaka, deren Ruf in jeder einschlägigen Publikation immer wieder aufgewärmt wird (unterstrichen jene Mittel, auf die wir „aus gutem Grund" ausführlicher eingehen):

Paprika	Petersilie
Pfeffer	Safran
Schafsbockhoden	Schöllkraut
Selleriecreme	Senf
Spanische Fliege	Spatzenhirn
Stierhoden	Tee
Tintenfische	Trüffel
Vanille	Venusmuscheln
Zedernsamen	Ziegenhoden
Zimtstäbe	Zwiebeln

Der Trick dabei ist immer (und ziemlich einleuchtend), daß sich etwas dehnt. Bevorzugt die Blutgefäße des Genitalbereichs, ein wenig aber auch die Phantasie (Mann sieht, wie Frau Banane ißt. Banane = Aphrodisiakum).

Das wahre Geheimnis jedoch ist die raffinierte Kombination potenzanregender Stoffe.

LUSTTRÖPFCHEN ZU ZWEIT

Für zwei Personen gießt man eine Flasche feinen roten Burgunder in eine gläserne Schale (feuerfest) und gibt drei Gewürznelken, einige Pimentkörner, Zimtblüten und wenige Stäubchen Ingwer dazu. Wein fast bis zum Sieden erhitzen und vom Feuer nehmen. Sobald er sich ein wenig abgekühlt hat, rührt man zwei Eßlöffel Honig hinein, entfernt die Gewürze und quirlt vier Dotter von sehr frischen Eiern, die im Wasserbad bei mäßiger Hitze schaumig geschlagen wurden, unter den Trank, der nun in zwei große Pokale gefüllt und in kleinen Schlucken getrunken wird.

RÜHREIER MIT ESTRAGON

Wer sich an einem angebrochenen Abend die belebende Kraft einer feinen Eierspeise zunutze machen will, der sollte dazu sein Kräutergärtchen plündern.

4 Eier

3 EL Mineralwasser

Kräutersalz

2 Prisen edelsüßes Paprikapulver

1 Messerspitze gemahlener Koriander

3 Basilikumzweige

3 Estragonzweige

20 g Butter

Die Eier mit Mineralwasser, Salz, Paprikapulver und Koriander verrühren. Blätter von zwei Basilikum- und Estragonzweigen abzupfen, waschen und grob hacken. Unter die Eiermasse mischen, die aber nicht schaumig aufgeschlagen wird. Butter in einer Pfanne erhitzen, Eiermasse hineingießen und

die Unterseite fest werden lassen. Pfanne vom Herd nehmen und die Eier noch etwas stocken lassen, bis nur noch die Oberfläche glänzend und feucht ist. Eierspeise auf eine vorgewärmte Platte gleiten lassen und mit den gewaschenen und trockenen Kräuterzweigen dekorieren. Dazu paßt Walnußbrot mit gesalzener Butter.

Für Männer in Not, die nicht akzeptieren können, daß es keine „direkten" Aphrodisiaka gibt, glimmt ein schwacher Hoffnungsschimmer: jene vier Mittel, die wir auf der vorangegangenen Liste unterstrichen haben.

ALKOHOL

In „Macbeth" warnte Shakespeare, ein Weiser, daß Alkohol zwar Wunder wirkt, wenn es darum geht, einen zögernden Partner ins Bett zu holen. Weil er die Lust weckt. Aber, so Shakespeare, beeinträchtigt er die „Performance". Wie wahr. Rezept: Nie mehr als zwei Gläser, von welchem Alkohol auch immer.

AUSTERN

Sie enthalten einen hohen Prozentsatz Zink, ein Mineral, das auf seltsame Weise für Erektionen zuständig ist.

Natürlich darf man sich das nicht so vorstellen, daß man nach dem Genuß von 48 Austern mit seiner Erregung Klaviere hochstemmen kann; aber sie fördern zumindest das erotische Durchhaltevermögen.

GINSENG

Die Wurzel dieses wie waagrechter Efeu am Boden dahinkriechenden Gewächses hat was. Was genau, weiß man nicht. Versuche mit Mäusen haben jedenfalls ergeben, daß sie sich nach einer Ginseng-Diät benehmen wie liebestolle Nerze (und bei denen dauert ein Nümmerchen vier Stunden).

KAFFEE

Eine neue Studie der University of Michigan beweist, daß Coffein die sexuelle Aktivität länger bewahrt als jede andere Droge. Versuchskaninchen der Wissenschaftler waren Personen über 60, und bei den reinen Kaffeetrinkern ging immer noch die Post ab. Bleibt die Frage, ob aus den Hexenküchen der pharmazeutischen Industrie nicht doch endlich ein High-Tech-Aphrodisiakum kommt. Antwort: jein.

Denn in den USA scheinen drei Mittel auf dem Markt zu sein, die aus dem kleinen Mann einen Riesen machen: „Wellburtin" von Burroughs Wellcome, „Yocon" von Palisades Pharmaceuticals und „Yohimex" von Kramer Laboratories. Alle drei Mittel sind rezeptpflichtig.

EPILOG: Einer der Autoren besuchte vor einiger Zeit die Karibikinsel San Andres und entdeckte winzige Taschenfläschchen von „Gordon's"-Gin, gefüllt mit einer öligen Flüssigkeit. Preis: 3,50 Mark. Kichernd erklärte die Marktfrau, man müsse eine Stunde, bevor es ernst wird, seine Hoden damit einreiben, die Erektion drohe dann Größe und Stärke eines Unterarms anzunehmen (sie sagte wirklich „Unterarm"!). Es stimmt.

> ### APHRODISIAKA
> „Mittel, die eine Steigerung des Geschlechtstriebs und der Geschlechtsempfindung hervorrufen sollen"
> **Brockhaus**

Wie man einen Kellner ruft

Winkt man, schnipst man mit den Fingern, ruft man oder schlägt man gar mit dem Messer gegen das Glas? Aus dem Brevier „Der Gentleman" von 1913:

Wie schwer es ist, jenen dienstbaren Geist, der uns im Restaurant umschwirrrt, zu rufen, glaubt ein Laie gar nicht. Früher hieß der Herr eben einfach Kellner. Danach wurde man höflicher und kam auf die Idee, „Herr Oberkellner" zu sagen. Allmählich schwanden die beiden letzten Silben ganz, es hieß einfach: Ober. Das wurde populär, jeder Pikkolo hieß Ober, und so war man wieder gezwungen, für die besten der Zunft eine Steigerung zu erdenken. Man kehrte zum alten Kellner zurück, und daran erkennt man den Kavalier. Er sagt: „Kellner, die Rechnung"; der Bürger, der noch anderes im Leben zu tun hat, als auf solches zu achten, spricht: „Herr Ober, ich möchte zahlen." Man zahlt im eleganten Lokal nicht, sondern fordert die Rechnung.

Jetzt gibt es aber noch zwei sehr feine Nuancen. Will man nämlich andeu-ten, daß man irgendwo wie zu Hause ist, ein Stammgast sozusagen – und es macht sich ja in Wirtshäusern, die man nicht unter 30 Mark Zeche verlassen kann, sehr gut –, dann ruft man den Kellner mit seinem Zunamen, in etwas intimen Restaurants wohl auch mit dem Vornamen. Jedenfalls ist der Zunamenruf sehr vornehm, er zeigt den Eingeweihten und drückt die Achtung vor dem Diener und zugleich das Bewußtsein des Herrn aus. Die letzte Feinheit in dieser wichtigen Angelegenheit bleibt den Snobs unbekannt, und wenn sie sie kennten, wäre sie bei ihnen nicht beliebt, weil man keinerlei Aufsehen damit erregen kann.

In wirklich erstklassigen Restaurants, ruft man weder „Ober" noch „Herr Ober" noch „Kellner" noch „Gustav" – man schaut ihn nur an, den Kellner, einerlei ob ins Gesicht oder in den Rücken, er hat solche Nerven, daß er einen Wunsch, einen Blick des Gasts fühlt und kommt. Das ist die letzte Vollkommenheit von Herr und Diener.

Eine Kopfwendung: Er räumt ab, bringt den neuen Gang. Ein Blick unter den Tisch: Er holt eine neue Gabel. Ein äugelndes Suchen auf dem Tisch: Soße. Eine kleine Rückenbewegung: Schon schiebt er den Stuhl zurück, daß man aufstehen kann. Ein Blick nach dem Fenster; er rennt nach dem Auto. Diese Augensprache geht bis ins Unendliche, wenn der Gast sich erstklassig be-nimmt. Wer zum Fisch ein Messer ver-langt – den allerdings versteht ohne Worte der stumme Kellner nicht. Man gibt es sicher zu, daß die schweigende die schönste Art ist, aber sie will ge-lernt und geübt sein. Ob Ober oder Kellner, wird dem eine müßiges Problem, der sich auf die dritte Lösung versteht.

„Wir müssen Sie leider bitten zu gehen. Sie stehen nicht im ‚Gute-Gäste-Führer' der Gastronomie"

GESELLSCHAFT & BENEHMEN

Ein Dinner in Houston (Texas). Ein wunderbarer alter Herr wendet sich, kaum hat man Platz genommen, seiner jungen Tischdame zu und fragt mit allem Charme, den 50 Jahre Lebenserfahrung aufstauen: „How small would you like to have the talk?" – Wie anspruchslos hätten Sie unsere Konversation gern? Ein Meister des Small talks. Small talk ist die hohe Kunst, die Konversation durch Oberflächlichkeiten in Fluß zu halten. Weil man ja nie wissen kann, neben welcher geistig überforderten Person man zu sitzen kommt.

Die Königin von England ist die Weltmeisterin des Small talks. Aus Gründen des Überlebens. Denn über das, was der normale Sterbliche mit ihr reden möchte, will sie partout nicht sprechen. Etwa: „Euer Majestät, wie lebt sich's denn so als Queen?"

Elisabeth II. hat sich deshalb schon vor Jahren einen Einstiegssatz zurechtgelegt, den sie immer dann vom Stapel läßt, wenn ein Gespräch mit jemanden, der ihr unbekannt ist, auf sie zukommt. Er heißt: „Sind Sie von weither gekommen, um mich zu besuchen?"

Ein genialer Satz – höflich, weil scheinbar interessiert, defensiv, weil es nicht die Queen ist, die antworten muß, und absolut belanglos, denn was für einen Unterschied macht es für die Königin, ob man aus München oder

Wie klein hätten Sie den Small talk gern?

*Die Hohe Schule, etwas zu sagen,
ohne etwas zu sagen. Keiner beherrscht sie besser
als die Königin von England*

aus Manchester angereist ist?

Small talk ist automatisierte Konversation, abgestanden bis zur Absurdität, aber eine der tödlichsten Waffen zwischenmenschlicher Betziehungen.
Dame I: „Irgendwie ist es doch von der Natur herrlich eingerichtet, daß man jeden Morgen aufwacht."
Dame II: „Und von allein."
Dame III: „Aber leider auch, wenn man eigentlich länger schlafen könnte."
Dame I: „Liebste, dann nehmen Sie doch ein Schlafmittel!"
Bingo oder die Hohe Schule des noblen Nonsens.

Dabei gibt es ein paar Inseln im Krokodilteich der Konversation, die man trockenen Fußes erreichen kann. Meine

Mutter pflegte zwischendurch einfach mal das völlig unverbindliche Adjektiv „erstaunlich" auszurufen (besonders bei Vernissagen moderner Kunst, die sie nur mühsam begriff).

Gut und auf alle Gelegenheiten passend ist auch der Satz: „Kannten Sie es/ihn/sie schon früher?" (das ist die Queen-Frage, aufguß- und trinkbereit wie Pulverkaffee).

Lauschen Sie mal folgendem Gespräch dreier Münchner Schickeriae; es enthält mindestens zwei Lügen, aber gute Beispiele eines bedeutungslosen, aber fröhlich dahinplätschernden Gesprächs.
Dame I: „Bussi, Bussi. Tolles Diamantherz mit Brillis hast Du da. Bewundre ich seit Jahren. Neu?"
Dame II: „Hab' ich doch damals für unseren ersten Sohn bekommen."
Dame I: „Verlier's bloß nicht, ist ja fast schon ein antikes Stück."
Dame III: „Aber da, Dein Ring, der ist neu, oder?"
Dame II: „Den hab' ich von meinem Schwiegervater, das ist ein wirklicher Schatz."
Dame I: „Du hast's gut, bei Euch bleibt alles in der Familie ..."
Brillant.

Einer der raffiniertesten Small talker deutscher Zunge hat verbalen Nonsens zu solcher Perfektion gebracht, daß die Leute ihn bereits daran erkennen:

„Ach, Sie sind das?"

Zu seinen Perlen gehören Sätze wie: „Mmhh, der Wein ist bei den Partys von Beutelhubers nicht das Problem. Die haben alle Etiketten im Haus."

Oder: „Dafür, daß ich gar nicht kommen wollte, bin ich schon ziemlich lang da."

Oder: „Zucker? Nein, danke, Zucker hab' ich selbst."

Oder: „Noch so eine Rechnung, und ich muß einen Bausparvertrag auflösen."

In dem englischen Werk „The Great Book of Small Talk" fand ich eine Konversation von zehn Menschen, die sofort übernehmbare Zitate für jede noch so kleine Konversation liefern (wobei nur drei Teilnehmer der Gesprächsrunde aufeinander eingehen).

Nummer 1: „Hab' ich Ihnen eigentlich schon meine ...fotos gezeigt?" (Fotos nach Belieben).

Nummer 2: „Irgendwoher kenne ich die Dame da drüben."

Nummer 3: „Ach, Sie rauchen immer noch?"

Nummer 4: „So spät nehme ich immer ein Taxi."

Nummer 5: „Bleiben Sie doch noch."

Nummer 6: „Manchmal hakt es bei ihm aus, finden Sie nicht?"

Nummer 7: „Willi hat's auch erwischt. Er ist verliebt."

Nummer 8: „Ich hab' meine Mutter im Haus. Auf die muß ich Rücksicht nehmen."

Nummer 9: „Das dumme Luder hat mich doch nicht zu ihrer Party eingeladen."

Nummer 10: „Seien Sie bloß froh. Es war furchtbar."

Nummer 11: „Aber Sie hätten mir die Chance geben müssen abzusagen ..."

Da ist alles drin, was Small talk ausmacht: Das tödliche Schweigen wurde vermieden, riskante Themen konnten umschifft werden, fast unmerklich wurde ein Gesprächsteilnehmer zurechtgestutzt, und kräftige Ohrfeigen, wurden ausgeteilt, die aber – das ist die angenehmste Seite des Small talks – als verbale Wattebäuschchen daherkamen.

Noch ein Tip: Lügen Sie, wenn Ihnen gar nichts einfällt. Behaupten Sie, daß Sie gerade aus einem Krisengebiet zurückgekehrt seien (vorausgesetzt daß Sie schon mal da waren und Ortskenntnis besitzen): „Mein Gott, was haben die Iraker aus Babylon gemacht! Schrecklich ..."

Besonders nützlich sind auch absurde Behauptungen, sofern sie ein allgemein stets interessierendes Thema betreffen. Zum Beispiel:

■ „In wirklich guten Hotels gibt es seit Neuestem esoterische Zimmer ... – die sollen unter besonders gutem Einfluß stehen ... – auf Bali hat man das schon längst erkannt ..."

■ „Uradlige haben eine unerklärliche Genschwäche, die sie für AIDS anfällig macht ..."

■ „60 Prozent aller deutschen Frauenärzte über 55, das haben Wissenschaftler soeben festgestellt, sind impotent ..."

Vorsicht ist jedoch geboten. Denn professionelle Small talker haben längst erkannt, daß als geistreich nur gilt, wer herzlich über die Witze anderer lacht. Nicht selbst welche macht.

Unfreiwilliger Humor kann dabei durchaus beiden von zwei Gesprächsteilnehmern zugute kommen, wie man aus dem Small talk eines Duos bekannter deutscher Schauspieler ersieht, die über einen dritten (abwesenden) Schauspieler sprachen.

A: „Kollege Wussow ist ausgezeichnet."

B: „Unbedingt. Nur wird er offenbar mit der Belastung nicht fertig."

A: „Das ist ja auch schwierig. Dafür fehlt ihm eben unsere Erfahrung mit dem Fernsehen, nicht?"

B: „Und vor allem der Umgang mit der Presse. Das halte ich für noch wichtiger."

A: „Außerdem habe ich immer bedauert, daß er so dialektschwach ist."

B: „Dialektschwach? Wie meinen Sie das, Herr Kollege?"

A: „Nun, daß er nicht Schwäbisch spricht. Die Serie heißt nun mal ‚Schwarzwaldklinik', nicht?"

B: „Mir würde das keine Schwierigkeiten bereiten."

A: „So etwas haben wir früher von der Pike auf gelernt ..."

Und so weiter, und so weiter.

Manchmal bedarf es jedoch eines Ausflugs in höhere Sphären, und zwar dann, wenn der Small talk eine Spritze bekommen soll. Oder wenn ein Thema ausgereizt ist und man das Pferd wechseln möchte. Dann ist ein Satz sehr hilfreich, der etwa so gehen kann: „Nein, neue Freundschaften schließe ich nicht. Das hab' ich hinter mir. Ab sofort mach ich nur noch Bekanntschaften. Man wird zu oft enttäuscht."

Small talk = Samaritertalk. Damit wären die nächsten 40 Minuten mit Anstand überstanden.

„Haben Sie nichts Besseres vor, als mit mir Pferde zu stehlen?"

Die hohe Kunst der hundsgemeinen Komplimente

Manche Nettigkeiten hören sich an wie faire Beurteilungen oder schmeichlerische Beschreibungen. Und nur die Eingeweihten wissen, was wirklich damit gemeint ist. Versuch einer Enttarnung

Wie ist sie?" fragt ein Mann, dem der Freund ein Mädchen vorstellen möchte. „Sehr apart", erwidert der Freund, und das klingt ausweichend. Warum nennt er sie nicht hübsch oder nett oder wenigstens attraktiv?

Genau das ist das Problem: Sie ist eben nicht hübsch, nett oder attraktiv. Sie ist aber auch nicht häßlich, unleidlich oder abstoßend. Sie ist Durchschnitt, Mittelmaß, auf dem erotischen Markt kaum wettbewerbsfähig.

Aber das sagt man nicht unter höflichen Menschen. Weshalb die Gesellschaft eine Art Geheimsprache entwikkelt hat – ähnlich den wohlklingenden und doch so hinterhältigen Formulierungen, die Arbeitgeber Angestellten in die Zeugnisse schreiben.

Mit diesen unverfänglichen Gemeinheiten informieren sich Männer über Frauen wenigstens noch mit einem gewissen Augenzwinkern; richtig bösartig wird es jedoch, wenn Frauen so

über Frauen sprechen, und das tun sie weit häufiger als die Männer.

„Mit ihr kann man Pferde stehlen …"
= Ein sportlicher Tausendsassa mit Blankeneser Faltenrock. Sympathisch, aber burschikos und wenig weiblich.

„Sie ist ein guter Kumpel …"
= Ähnliche Attribute wie bei der Pferdediebin (siehe oben). Keine Verlokkungen, keine Geheimnisse, keine Überraschungen.

„Sie hat die typisch weibliche Intelligenz …"
= Etwas dümmlich, Mangel an abstraktem Denken. Interessiert sich nur für drei persönliche Themen: Küche, Kinder, Kleider.

„Sie ist ein mütterlicher Typ …"
= Lieb, aber reizlos und ohne jede erotische Ausstrahlung. Zehn Kilo Übergewicht, trägt Konfektionsgröße 44. Gute Köchin und selbst hausbacken.

Eine Frau, die trösten kann, aber nicht stimulieren.

„Sie ist sehr häuslich …"
= Angenehm für die ersten drei Tage, wenn man mit einer „jungen Wilden" Schluß gemacht hat. Etwas bieder und betulich, verschönert ständig das Heim und kann sich zum anhänglichen Klebehaustier entwickeln.

„Sie ist ein lieber Kerl …"
= Mehr Kerl als Frau. Lieb und herzig, will immerzu helfen. Geht einem jedoch schnell auf die Nerven.

„Sie ist sehr patent …"
= Kann malern, tapezieren, Reifen wechseln und ganze Heere von Handwerkern dirigieren. Das ist aber auch alles, was sie kann.

Wenn eine Frau sagt: **„Ich halte nichts von weiblicher Emanzipation …"**
= Ich bin doch nicht so blöd wie die anderen, ich lasse lieber einen Mann für mich arbeiten.

Und wenn eine Frau sagt: **„Wenn man sich wirklich liebt, braucht man keinen Trauschein …"**
= Er ist noch etwas widerspenstig und will von Heirat nichts wisen, aber glaubt mir, im Bett kriege ich ihn schon noch rum.

„Er ist ein Mann in den besten Jahren …"

= Seine guten Jahre sind längst vorbei, was man an schlaffem Bindegewebe, Bauchansatz und Haarausfall erkennt. Renommiert unentwegt mit einer Potenz, an die er sich kaum noch erinnern dürfte.

„Er ist so gutmütig …"

= Kann niemals nein sagen. Will es jedem recht machen. Mangel an Dynamik und Persönlichkeit. Keinerlei Faszination.

„Er liebt seine Mutter über alles …"

= Von der Mama dressiertes Muttersöhnchen. Seine Liebesaffairen mit Frauen (oder Männern) werden von ihr genauestens überwacht, die Mama führt Buch.

Wenn eine Frau sagt: *„Er ist nicht mein Traummann, hat aber eine guten Charakter …"*

= Blasses Temperament, in der Liebe phantasielos und wenig sensibel. Typ: braver Teddybär.

Wenn ein Mann sagt: *„Ich bin im Import/Export tätig" oder „Ich verwalte mein Vermögen …"*

= Hat keinen vernünftigen Beruf, dilettiert nur so rum, kann sich nirgendwo eine Existenz aufbauen und ist immer selbst am Telefon, hat also nicht mal eine Sekretärin. Vollkommen undurchsichtig.

Wenn ein Mann sagt: *„Im Staßenverkehr fahre ich sehr zügig …"*

= Aggressiver Fahrer und rigoroser Überholer. Jagt hinter den anderen her wie ein Hund hinter seiner Beute. Versucht, Gaspedal und Männlichkeit wie Waffen einzusetzen. Ist, kaum ausgestiegen, eine pflaumenmusweiche Type.

Küss' die Hand, gnä' Frau

Wie man Damen vornehm und korrekt begrüßt, ohne dabei ein Wort zu sagen

Ist der Handkuß eine Grußform wie jede andere oder ein Ausdruck besonderer Verehrung? Ist er zickig-nostalgisch oder Ausweis vornehmer Lebensart? Und wie, wo, wann und bei wem gibt man ihn?

Die Regeln in alten und neuen Anstandsbüchern sind einfach: Handkußberechtigt ist man nur bei verheirateten oder älteren Frauen. Er wird nur angedeutet (kein Lippen-Hand-Kontakt) und im Freien nie appliziert, wobei eine Gartenparty in Fachkreisen als geschlossener Raum gilt.

Das finde ich bemerkenswert. Warum sich nur über verwelkte Hände beugen und die hübschen, glatten auslassen? Was hat heutzutage eine Verheiratete einer Ledigen an Ehrbezeugungspotential voraus? Warum soll ich nicht auf der Staße eine liebe Freundin per Handkuß begrüßen, wenn andere es per Bussi-Bussi tun? Wenn überhaupt Handkuß, dann sollte man ihn

ganz locker handhaben. Die geborenen Händeküsser haben uns Normalgrüßern eins voraus: Schon als kleiner Junge zur Verbeugung über die Hände vieler Tanten gewöhnt, küssen sie als Erwachsene instinktiv. Ich dagegen möchte mit einem Handkuß auszeichnen, Sympathien setzen, Flagge zeigen. Deshalb handküsse ich so ungern auf offiziellen Veranstaltungen. Denn eine eiserne Grundregel gibt es: Küssen Sie einer Dame in einem Raum oder innerhalb einer Gruppe die Hand, müssen Sie es bei allen anderen auch tun.

Gehören Sie zu den notorischen Handküssern, geraten Sie in Gefahr, es auch am Nacktbadestrand oder in der Sauna tun zu müssen, und das finde ich recht komisch. Da ich beim Handkuß selektiere, küsse ich nicht unbedingt nur in die Luft. Ein Hauch von einem Lippenkontakt kann eine überaus herzliche Begrüßung sein. Sie müssen ja nicht gleich mit der Zungenspitze in die Handfläche tippen. Dagegen kann die Hand der zu Küssenden durchaus mit beiden Händen gehalten werden.

Persönliches Resümee: Ein Handkuß ist eine legitime Grußform mit leicht vertraulichem Charakter und doch gewisser Distanz. Man muß sich trauen (ran an die Buletten!) oder es ganz lassen (feuchter Händedruck).

Bitte nach Ihnen

Ein galanter Mann hat es nicht leicht, will er der Dame immer ein korrekter Begleiter sein. Die Regeln des Wer-geht-vor-Spiels

Wer geht wo vor? Muß man der Dame den Vortritt lassen oder ihr die Türe aufhalten? Wann hat der Mann eigentlich vor und wann hinter seiner Begleiterin zu sein? All diese Fragen sind nicht klar und führen oft zu ballettreifen Szenen auf Treppen und an Türen. Der Satz „Eine Dame hat immer den Vortritt" gilt nur sehr bedingt und trifft höchstens noch bei fremden Damen zu. An Türen, Verkehrsmitteln (das Einsteigen in Flugzeuge hat eigene Regeln entwickelt) oder am Lift wird man einer Unbekannten immer den Vortritt lassen. Man ist für sie ja nicht verantwortlich, und somit ist die Höflichkeit unkompliziert. Schwieriger wird es mit einer Begleiterin. Hier bestimmen Höflichkeit und Fürsorge unser Verhalten, das durch falsch verstandene Emanzipation manchmal erschwert wird, wenn sich die Dame einfach nicht helfen lassen will.

Im Gedränge auf der Straße geht er unmittelbar vor ihr und verhindert so unbeabsichtigte und beabsichtigte Belästigungen. Dabei läßt er sie nicht immer rechts gehen, sondern da, wo es am ungefährlichsten ist.

Die Treppe hinauf geht man links neben seiner Begleiterin; ist es eng, dicht hinter ihr. Beim Heruntergehen ist er so vor ihr, daß sie sich gegebenenfalls auf ihn stützen kann. Bei öffentlichen Verkehrsmitteln hat sie den Vortritt beim Einsteigen, er beim Aussteigen, um ihr eventuell seine Hand reichen zu können. Auch beim Auto oder Taxi hilft man, sofern es die Verkehrssituation zuläßt. Beim Restaurantbesuch öffnet der Herr der Dame die Tür, geht also bei einer Drehtür vorweg, eine normale Tür hält er auf, einen Vorhang ebenso. Innen übernimmt er sofort wieder die Führung. Geht der Ober voraus zum Tisch, bleibt man hinter der Dame, um ihr den Mantel abzunehmen und den Stuhl zurechtzuschieben.

Beim Verlassen des Lokals geht sie vorweg, da sie das Gelände inzwischen kennt. An der Tür wird er wieder aktiv werden, muß aber nicht als erster draußen sein. Gott bewahre uns vor Drehtüren!

Wer wem was schenkt

*Über das alljährlich
wiederkehrende
Problem, wem man zu
Weihnachten eine kleine
Freude macht*

Weihnachten ist das Fest der lieben Gaben und Geschenke; und Geschenke festigen bekanntlich Beziehungen. Kein Wort über Frau, Kinder, Eltern und Freunde, die ohnehin beschenkt werden. Außerdem gibt es ja noch einige andere Kandidaten auf der Liste. Dazu braucht man seinen Kopf, der die Wünsche kennt, und sein Herz, das die Sache auch für den Schenker lustvoll macht. Zum Schenken gehört eben außer Wissen noch etwas Phantasie. Zuviel Originalität kann jedoch den guten Zweck verfehlen. Der innere Kreis um uns muß (!) beschenkt werden. Dazu gehören Haushaltshilfe (so man hat) und Sekretärin. Ihnen

schenkt man keine Strümpfe, die Romantica heißen, sondern allenfalls bunte Skisocken oder anderes Unverfängliches. Der Kollege im Büro bekommt weder Pralinen noch geräucherte Gänsekeule, wenn er mit dem Gewicht zu kämpfen hat. Anmerkung: Geschenke sollen weder billig noch protzig sein, aber können durchaus unsere Wertschätzung ausdrücken. Auch bedenken muß (!) man seine Ge-

schäftsfreunde, sofern nicht ein gegenseitiges Nicht-Schenken-Abkommen getroffen wurde.

Beschenken kann (!) man den äußeren Kreis wie zum Beispiel seinen Friseur. Das Geschenk soll auch hier persönlich sein, und das herauszufinden sollte nach den vielen Unterhaltungen beim Haareschneiden nicht allzu schwer sein. Den Briefträger, wenn man ihn kennt, die Bedienung im Stammlokal, die Sprechstundenhilfen beim Arzt. Ihnen allen gibt man vielleicht einen kleinen Zuschuß zur Kaffeekasse. Beim äußeren Kreis ist überhaupt Geld, vielleicht freundlich und

BUCHHANDLUNG

Glücklich sind die Zeichner – sie können etwas in die Gästebücher malen. Alle anderen müssen sich Geistreiches dazu einfallen lassen.

Der richtige Eintrag ins Gästebuch ist die Quittung für einen gelungenen Abend. Gastgeber betrachten es als Trophäe, Gäste oft als lästigen Zwang. Wer nur seinen Namen und das Datum ins Gästebuch schreibt, enttäuscht die Gastgeber. Sie wollen es persönlicher, vielleicht gar gereimt oder zumindest geistreich. Das fällt den meisten schwer, vor allem wenn sie mit der Gästebuchattacke nicht gerechnet haben.

Erster Rat: Suchen Sie sich bereits zu Hause ein passendes Zitat heraus, damit sie bereits gewappnet sind. Beispiel: „In diesem Haus voller Bilder, Weine, guter Gespräche (Nichtzutreffendes streichen) habe ich mich wohl gefühlt." Oder wenn Ihnen das zu verbindlich ist, werden Sie klassisch. Frei nach Horaz: „Genug geredet, gegessen und getrunken, es ist nun Zeit, vom Gastmahl aufzustehen." Passend, wenn Sie sich früher als andere verabschieden.

Zweiter Rat: Sätze im Gästebuch sollen

immer positiv und ein bißchen schmeichelhaft sein. Auch wenn Sie sich zu Haus vorbereitet haben, nehmen Sie das Buch immer beiseite und bemühen Sie sich, nachdenklich zu erscheinen. Das wirkt viel wertvoller, als wenn Sie gleich und ohne Verinnerlichung Ihren Satz schreiben. Unmittelbar reagieren dürfen nur Zeichner und Karikaturisten. Ein Strichmännchen ist attraktiver als ein noch so geistreicher Satz. Auch wenn er von Carl Spitzweg stammt: „Gedanken, wenn ich jemals welche hab', sie brechen immer mir beim Bleistiftspitzen ab."

Dritter Rat: Seien Sie bescheiden. Geben Sie fremde Zitate nicht als eigene aus. Man könnte Ihnen draufkommen. Haben Sie sich überhaupt nicht vorbereitet, und Ihnen fällt auch nichts ein, fragen Sie, ob Sie das Buch mit nach Haus nehmen können. Entweder gibt es der Gastgeber nicht aus der Hand, oder Sie haben dann wirklich Zeit, etwas Passendes herauszusuchen. Unfair ist es übrigens, die Gäste in Hut und Mantel mit dem Buch zu konfrontieren. Dann ist ein Autogramm mehr, als man erwarten darf.

originell verpackt, eine gute Schenkidee.

Es gibt natürlich auch Berufsgruppen, denen schenkt man am besten überhaupt nichts. Es sind dies vor allem Leute, die in den Verdacht der Vorteilsannahme geraten könnten, die von Amts wegen keine Geschenke annehmen dürfen, oder die dadurch nur unnötige Schwierigkeiten bekommen. Schenken Sie bitte nichts dem Sachbearbeiter vom Finanzamt, Ihrem Land- oder Bundestagsabgeordneten, Mitarbeitern von städtischen Planungsstellen, einem Ihnen bekannten Stadtrat, schon gar nicht einem Richter oder Sachverständigen. Niemand hat aber etwas dagegen, wenn Sie den freundlichen Leuten von der Müllabfuhr ein

paar Plätzchen auf die Tonne legen. Besonders heikel wird es, wenn Sie gedenken, Ihren Vorgesetzten zu beschenken. Zumal, wenn er Ihnen nichts schenkt. Schwierig ist es ebenso, wenn Sie über den unmittelbaren Arbeitskreis hinaus Ihre Kollegen mit einem Geschenk beglücken wollen. Wenn dabei nicht gleiches Recht für alle gilt, verschafft Ihnen das Weihnachtsfest mehr Feinde als Freunde. Und besonders kompliziert wird es natürlich, wenn Sie eine Dame beschenken wollen, die nicht mit Ihnen, sondern anderweitig verheiratet ist. Beschaffen Sie sich vorher auf jeden Fall eine Unbedenklichkeitserklärung. Sonst könnte es sein, daß Sie Ihr Geschenk um die Ohren bekommen.

Durch die Blume(n)

Das Problem stellt sich vor jeder Einladung aufs neue: Man schenkt Blumen – aber wie und wann?

Den Strauß mit Knisterfolie in den Arm legen? Das Gebinde vor der Haustür aus dem Papier wickeln? Wohin mit dem Papier, wohin mit eventuellen Stecknadeln? Oder etwa vor den Augen der Gastgeberin auspacken? Alles sehr müßige Fragen, mit denen man sich vor jeder Einladung schon zigmal beschäftigt hat: Zur Party oder zum Rendezvous bringt ein Geltleman die Blumen nicht mit, er läßt sie vorher schicken. Und bitte so, daß

sie spätestens zwei, drei Stunden vor der Einladung ankommen. Dann können sie genügend gewürdigt werden, man hat sich als Gast standesgemäß angekündigt und wird dementsprechend empfangen werden. Jedoch nur, wenn der Gastgeber auch weiß, von wem die Blumen stammen. Also Visitenkarte beilegen, oder, besser noch, eine Karte mit handschriftlichem Gruß: „Als Dank für die Einladung".

Beim Rendezvous sollte es eine Zeile mehr sein. Noch immer schenkt man einer verheirateten Frau keine roten Rosen (es sei denn, es ist die eigene oder die offizielle Geliebte). Weiße Lilien gelten wie Astern als Totenblumen. Chrysanthemen sieht man meist an, daß sie von der Sekretärin bestellt und von der Steuer abgesetzt werden.

Geschmackvoll soll der Strauß sein, nicht langweilig und nicht protzig. Kakteen oder Bonsaiartiges sind ein riskantes Unterfangen. Sie zeugen zwar von Sinn für Ausgefallenes, kommen aber nicht überall gut an.

Mag man sich nicht mit Blumen ankündigen, kennt die Gastgeber gut oder hat die Charakterstärke, einen Abend lang für geizig gehalten zu werden, kann man sein buntes, blühendes Dankeschön auch hinterher schicken, so daß es erst am Tag darauf eintrifft – wenn die Blumen der anderen zu welken beginnen. Mit beiliegender Karte oder Briefchen bedankt man sich nun ganz gezielt für das gute Essen, den exzellenten Champagner, die schönen Stunden. Und der Strauß wird persönlicher, situationsbezogener und passender sein, als wenn man ihn vorher, sozusagen ins Unbekannte, schickt.

Die Kunst des Duzens

Oder warum ein Kind einen Liliputaner duzt,
aber vom Liliputaner gesiezt wird

Am 11. Januar 1991 fragte „Bild" auf Seite 2: „Wieso muß ich meinen Chef siezen, wenn ich zum lieben Gott du sagen darf?"

Eine gute Frage.

Besonders in einer Zeit, da die deutschen Schickimickistände zu einem gestelzten Halb-Du finden: „Wie geht es Ihnen, Helmut?"

Lieber Leser, was meinst Du?

Die Meinung des Münchner Wirtschaftspsychologen Professor Lutz von Rosenstiel ist eindeutig: „Das offizielle Sie wird langsam, aber sicher aus den deutschen Fabriken und Büros verschwinden und dem vertraulichen Du Platz machen."

So wie das bei den Genossen von der SPD, bei den Teenys, im auswärtigen Dienst der Republik Österreich längst der Brauch ist. „Du, Kurt", sagt der Botschafter in Seoul zu Präsident Waldheim – und nicht, weil sie sich besonders gut kennen, sondern weil auch der Kurt mal Diplomat war.

Anderes Beispiel: um jeden Preis progressive Firmen. Ikea und Esprit z. B. Da duzen die Lehrmädchen sogar den Boß. Tieferer Grund: Beide produzieren fürs Volk. Wie die SPD im Parteiprogramm. Klassisch ist das nicht.

„Non, merci! Un peu de cérémonie entretient l'amitié", sagte mal eine französische Gouvernante – nein, danke, ein bißchen Förmlichkeit erhält die Freundschaft. Das ist klassisch.

Die Gouvernante hätte bei Siemens arbeiten können. Dort bekommen sie (wie „Bild" schrieb) „sofort einen ganz schmalen Mund, wenn einer wagt, seinen Vorgesetzten lässig mit Vornamen und du anzulabern."

MERKE I: Nie wieder kann man jemanden so zur Schnecke machen, den man duzt, wie damals, als man ihn noch siezte (und kommen Sie jetzt nicht mit dem amerikanischen Beispiel – das „you" (Du) ist unecht. Jeder duzt sich auf englisch. Die haben gar kein „Sie").

Siemens-Sprecher Enzio von Kühlmann-Stumm zum Duzproblem: „Als 150jähriges Unternehmen können wir nicht von heute auf morgen so tun, als wären wir eine Firma von Gleichaltrigen."

MERKE II: Immer noch gilt der alte deutsche Brauch, daß der Ältere das Du anbietet, nicht der Jüngere sich das Recht einfach nimmt.

Aber selbst der gute Brauch kann schiefgehen. Denn als ein älterer süddeutscher Geschäftsfreund seinem jüngeren Hamburger Partner das Du anbot, erwiderte der Hanseat freundlich, aber kühl: „Bleiben wir doch beim vertrauten Sie!"

Eine gute Formulierung – das vertraute Sie.

Wir sterben ja nicht aus. Gestrandet auf einer Insel, sollte man sich zu gegebener Zeit duzen. Not macht vertraut. Aber das Generell-Du hat etwas peinlich Aufgesetztes: Wie Toupettragen oder der Sonnenstudiotan (ach Gott, wie sind wir wieder dynamisch!).

Aber mit diesem Problem plagen wir uns herum, seit die ersten Germanen im 9. Jahrhundert über die Alpen geklettert und in Italien eingedrungen waren. Die Germanen duzten sich alle, die Römer unterschieden als Kulturvolk fein zwischen Adel und Volk, Eltern und Kindern, Arm und Reich. Die Germanen importierten erst das doppelt höfliche „Ihr" (Anrede in der dritten Person – so wie heute noch üblich in höchsten Adelskreisen, Thurn & Taxis z. B.) – und später das gewöhnliche „Sie".

Das Familien-Sie wird aber nicht nur beim Adel gepflegt. Französische Kinder siezen ihre Eltern, in der Schweiz hat sich das „Ihr" erhalten und in Deutschland wird neben dem „Wie geht's Ihnen, Helmut?" eine zweite Mischform gepflegt: duzen am Biertisch, siezen im Büro.

Das ist Unsinn, wie das folgende Beispiel zeigt: Bei einem Golfturnier bot der deutsche Botschafter in einem afrikanischem Land einem deutschen Manager das sogenannte Tee-Du an. Als der Manager den Botschafter am nächsten Morgen in der Botschaft aufsuchte und duzte, bestand der Diplomat auf dem „Sie": „Wir wollen doch Golfplatz und Geschäft nicht verwechseln!"

MERKE III: Mit einem freundlichen „Sie" macht man in jedem Fall weniger

Fehler als mit einem vertraulichen „Du". Denn man sollte nie vergessen, daß Menschen, die andere Menschen demütigen wollen (Verhörschergen, Folterer, Kriminelle), diese duzen. Und die Gefühlslage ist wesentlich erotischer, wenn man statt „Ich liebe Dich" noch beim „Ich liebe Sie" ist.

Einer der Autoren wird seit frühester Jugend von einer Geschichte verfolgt, die ihm passierte, als er im zarten Alter von zehn Jahren auf dem Münchner Oktoberfest die damals noch existierende Liliputanerstadt besuchte.

Da saß der winzige König der Lili-

putaner auf einem Thron, war viel kleiner als der zehnjährige Gaffer, und der nahm sich nach einer Anlaufzeit von zehn Minuten ein Herz und fragte den Liliputaner: „Wie alt bist Du denn?"

Natürlich duzte das Kind den Liliputaner, denn der war ja noch ein kleineres Kind. Aber der König der Liliputaner sprang wütend hoch und fauchte den Zehnjährigen an: „Was fällt Ihnen eigentlich ein, mich zu duzen?" Und das Kind verstand lang nicht, warum der König es gesiezt hatte.

Wer darüber nachdenkt, begreift allmählich die Kunst des Duzens.

Dankbarkeit ist die Mutter aller anderen Tugenden und selbst die seltenste Tugend.

In einer Leipziger Straßenbahn bietet ein Herr einer Dame seinen Platz an. Sie dankt ihm mit dem Satz: „Sie sind aber ein Gentleman!" Worauf er ihr eine runterhaut. Zur Rede gestellt, entschuldigte er sich mit dem Satz: „Ich weiß zwar nich, wa e Dschendelmän is, aber das lass' ich mir nich bieten!"

Seltsam auch, wie einen selektive Amnäsie befällt, sobald man danke schön sagen soll. Aber so seltsam ist das gar nicht, wenn man realisiert, daß das menschliche Gehirn nur blitzschnell eine Schranke aufrichtet, um von keinem anderen Menschen abhängig zu sein.

Genau das ist der Grund, warum alte Leute lieber schenken als beschenkt werden. Zitat aus einem alten Sittenwerk: „Sag großzügig und ernst-

Thank you, Gracias, Merci!

Über die Kunst, danke schön zu sagen, ohne seinen Wohltäter zu hassen

haft danke schön. Nimm Dankbarkeit bescheiden und erfreut entgegen. Erwarte sie nur in seltenen Fällen, wenn überhaupt."

Geben ist seliger denn Nehmen. Es ist zumindest einfacher. Es gibt natürlich 1000 Arten, danke schön zu sagen, aber meist ist das Sagen nicht genug. Schreiben ist höflicher, eleganter und um vieles einfacher, als jemandem in die Augen zu sehen, der einen beschämt hat. Man schreibt ein Dankeschön

■ wenn man ein Geschenk erhalten hat. Der schriftliche Dank ist dann gleichzeitig eine Empfangsquittung.

■ nach einer Einladung bei jemanden, bei dem man normalerweise nicht eingeladen ist.

■ als Gruß am Montag, wenn man übers Wochenende eingeladen war.

■ zur Beruhigung. Das heißt: Wenn der Gefallen, den einem einer erwiesen hat, so groß war, daß sich ewig das Gewissen rühren würde, wenn man ihm nicht mit Würde gedankt hat.

Natürlich ist ein mündlicher Dank per Telefon bei einem Freund ausreichend. Aber auch dann sind ein paar Zeilen viel intimer, um vieles stilvoller. Dankeschöns sind wie Geburtstagswünsche – gesprochen nur halb soviel wert. Außerdem gibt ein schriftliches Dankeschön die Möglichkeit, ein bißchen den Literaten raushängen zu lassen (und: solche Wünsche lassen sich vorlesen, abheften, besser merken). Nur kurz müssen die Zeilen sein. Man dankt in höchstens zehn Zeilen.

Und dennoch detailliert. Beschreiben Sie das Geschenk. Schildern Sie seinen stärksten Vorzug. Loben Sie den Schenker, weil er sich daran erinnert hat, wie Sie mal von dem Wunsch nach gerade diesem Geschenk sprachen.

Wichtig: Das Dankeschön muß schnell kommen. Bringen Sie sich nie in die Lage, Ihr Schreiben mit dem Satz beginnen zu müssen: „Leider komme ich erst jetzt dazu ..."

Natürlich haben wir alle noch den Satz unserer Mütter in den Ohren, daß es nie zu spät sei für ein von Herzen kommendes Dankeschön. Aber unsere Mütter lebten in einer Zeit, in der eine Woche noch keine Ewigkeit war.

Damit sind wir beim Zeitlimit: Danken Sie nie später als eine Woche. Aus den USA kommt die Unsitte, Thankyou-Karten zu kaufen, nur noch auszufüllen wie einen Fragebogen und mit einer Unterschrift zu versehen. Das ist Teenagerbehaviour.

Männer schreiben auf ihrem Briefpapier oder ihrer Briefkarte. Oder, nicht unelegant, auf einer dekorativen Post-

karte von der nächsten Geschäftsreise (selbst auf die Gefahr hin, daß damit das Wochenlimit überschritten wird; die Überraschung ist's wert.).

Unendlich viel besser als ein geschriebenes Dankeschön ist ein Dankeschöngeschenk. Eine Kleinigkeit nur, sehr persönlich, mit einer Idee dahinter: ein Bildband aus der Heimatstadt, die Spezialität der Provinz, etwas, bei dem der andere schmunzelt. Aber Vorsicht: Gegengeschenke kosten Geld und werden automatisch bewertet.

Eleganter: Sie haben im Ferienhaus eines Freunds gewohnt und die Bar angegriffen. Danken Sie zweifach – mit einem kurzen Brief, und indem Sie die Bar besser auffüllen, als sie vorher war. Aber reden Sie nicht darüber, der Gastgeber soll's selber rausfinden.

Worauf er Ihnen wieder dankbar sein muß (Ihr nächster Aufenthalt im Ferienhaus ist gesichert). Aber das war ein häßlicher Gedanke. Richtiges Danken soll nie bestechen oder in Schuld bringen.

Vorsicht: Nie persönlich werden bei Gegengeschenken. Hemd – falsch. Zwei Eintrittskarten für die Komödie, über die Sie gesprochen haben – ideal.

Seinen Chef jedoch beschenkt man nie, um sich zu bedanken. Das sieht nach Anbiederung aus (ist es auch). Man dankt ihm schriftlich: nach Haus, wenn's eine Privatsache war, via Büro, wenn's um den Job ging.

Umgekehrt: Ein Chef dankt dem Angestellten mündlich oder mit einem Memo. Nie mit Geschenken. Es würde so aussehen, als wolle der Chef Schuld abtragen. Dankbarkeit kann auf diese Weise leicht undankbar wirken.

Eine der feinsten Methoden des Dankeschöns ist eine Restauranteinladung. Das gilt für Busineß und Privat. Die Skala der Restaurants ist heutzutage so groß, daß man genau wählen kann – je nach Größe der Dankbarkeit.

Merke: Nichts ist schlimmer, als sich für die Vermittlung eines 30-Prozent-Rabatts bei einer neuen Stehlampe mit einem Dinner in der „Aubergine" zu bedanken. Aber den, der Ihnen den neuen 100 000-Mark-Job bei Siemens vermittelt hat, sollten Sie zu Eckart Witzigmann einladen.

„Zufriedenheit ist die Dankbarkeit dafür, daß es uns doch eigentlich gut geht", pflegte die Mutter eines Freunds immer zu sagen. Und der österreichische Abenteurer Heinrich Harrer richtete seine Expeditionskameraden in Momenten tiefster Verzweiflung mit dem Satz auf: „Sind wir dankbar, daß es uns nie schlechter gehen möge als jetzt."

Das Fax ist ein akzeptabler Weg, danke schön zu sagen, aber lieblos. Wenn auch manchmal ziemlich nützlich: Fremde Augen sehen es, erahnen dadurch etwas von den Beziehungen zwischen Absender und Empfänger. Aber vornehm ist das natürlich nicht.

Früher schickte man besonders eilige Dankeschöns per Telegramm. Aber das ist so eine Sache mit der kurzen Form, und so passierte es einem dankbaren Patienten in England, der seinem gerade zum Leibarzt der Queen ernannten Hausarzt beglückwünschen wollte, daß sein Cable folgendermaßen ausfiel: „Gratuliere herzlichst. God safe the Queen."

Die hohe Kunst der Statussymbole

Die besten sind die, die man nicht kaufen kann. Oder doch?

An einem süddeutschen Golfplatz fuhr neulich ein Ferrari vor, der auf der Motorhaube beschriftet war. Da stand: „Owned by Johann Hinterhuber" (oder so ähnlich). Genau das ist es nicht. Das ist nur peinlich. Möchtegerns lassen die Fahne flattern, die wahren Echten verstecken diskret ihre Pferde- oder sonstigen Stärken.

Deshalb sind auch jene sündhaft teuren Seidenkrawatten so parvenühaft, bei denen der (französische) Hersteller sein Logo protzig auf die Vorderseite des schmalen Endes plaziert. Damit es ja bemerkt wird.

Wir loben uns jenen britischen Bürger, der einen Zug an jeder Stelle des Gleisnetzes aufhalten darf, um zuzusteigen – sein Urururgroßvater hat die Eisenbahn erfunden. Oder jener spanische Grande, der als einziger Bürger Spaniens das Recht hat, hoch zu Roß in eine Kirche zu reiten. Oder Herbert von Karajan, der als einziger zugestanden bekam, während der Salzburger Festspiele auf dem für Busse reservierten Straßenstreifen zu fahren (der Präsident der Republik besaß dieses Privileg nicht).

Das sind die besten Statussymbole: solche, die man nicht kaufen kann.

Denn auch bei uns gibt es ein paar Statussymbole, die ungeheuer schmükken und geradezu unverschämt unaufdringlich sind – und die ein ungeschultes Auge kaum je erkennen kann als das, was sie sind: Codes einer gesellschaftlichen Geheimsprache, Kastenzeichen der Stilvollen und Erfolgreichen.

Hier ein paar Erkennungshilfen:

1. AUTOMOBILCLUB VON ANDORRA: Das Feinste vom Feinen. Nur eine Handvoll erlesener Mitglieder. Hat längst den Königlich Bulgarischen Automobilclub abgelöst (Exkönig Boris ist in letzter Zeit ein bißchen großzügig mit den Mitgliedschaften umgegangen).

2. WENN HERR BEYER IHREN NAMEN KENNT: Herr Beyer ist der mächtige Chefportier des Hotels „Vier Jahreszeiten" in Hamburg. Kennt er Sie bei Namen, gehört Ihnen die Hansestadt (merke: Herr Beyer kennt viele beim Namen, erinnert sich aber nur an wenige).

3. EIN EIGENES EXLIBRIS: Diese spezielle Art, Bücher per eigens entworfener „Visitenkarte" als sein Eigentum zu deklarieren. Lohnt sich aber erst ab 2000 Bücher. Aber dann ist's ganz was Feines.

4. DAS MEGAPOLOHEMD: Nur noch antiquarisch zu bekommen. Bestes, wo gibt: das Cartier-Hemd, das für jenes Poloturnier geschneidert wurde, das 1987 auf dem Dach der Welt stattfand – in Ladakh (bei Cartier nachfragen zwecklos).

5. DER GOLDENE PUTTER: Den kann man nicht kaufen, nur gewinnen: Wenn man Erster wird beim großen

Amexco-Turnier (Pro/Am). Also doppelt exklusiv. Eine fast so gute Variante gibt's bei „Playboy": den goldenen Häschenputter. Kann man allerdings kaufen (circa 130 Mark).

6. DAS VIELSAGENDE KNÖPFCHEN: Eine Art Adelsprädikat in diesen ökologischen Götterdämmerungszeiten – der grüne Button, der Sie als Mitglied der tierschützenden East African Wild Life Society ausweist. Comembers: Prinz Philip, Prinz Bernhard.

7. DER SCHWIERIGSTE GOLF-KLUB: Hamburg Falkenstein, so fein wie der Überseeklub, nur teurer. Und Geld allein genügt nicht mal (das unterscheidet bekanntlich HH von M), es müssen auch zwei hochkarätige Bürgen her. Reeder erwünscht.

8. DAS KENNERGEPÄCK: Louis Vuitton, das nicht als Louis Vuitton erkennbar ist. Entworfen für die Segler um den America Cup. Aus dem gleichen Kunststoffmaterial, aber burgun-

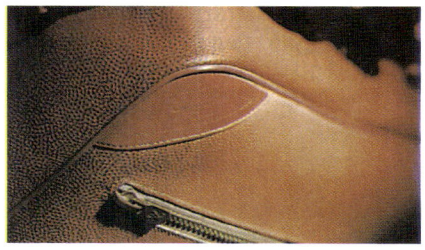

derrot. Das ultimative Baggage.

9. KEINEN FÜHRERSCHEIN: Snobismus hoch zehn. Wir reden allerdings nicht von Leuten, denen er entzogen wurde, sondern von Leuten, die freiwillig darauf verzichten. Lieber Taxi fahren oder mit Eigenchauffeur, Fahrrad oder öffentlich.

10. DIE BESTE ALLER DAUERKARTEN: Die der Salzburger Festspiele. Selbst nachdem der Meister nicht mehr unter uns weilt. Es ist der Schlüssel zu einer Nebenpforte zum Paradies. Mit keinem anderen Statussymbol kann man eleganter großzügig sein: „Keine Karte für ‚Lohengrin'? Na, dann nehmen Sie doch meine ..."

11. DAS ZEITZEICHEN: Eine Luftwaffenuhr aus den 40er Jahren. Zu exklusiv? Dann halten Sie Ausschau nach einer stählernen Diest-Watch der Royal Air Force (etwas leichter zu bekommen). Da kann kein Designerührchen mithalten, nicht mal die Mimo Paladino von Swatch.

12. WENN DENN'S KNALLEN MUSS: Dann nur aus einer Purdy. Einer? Es sind immer zwei. Eineiige tödliche

Zwillinge, von Hand und nach Maß gefertigt, und deshalb sowieso zu schade zum Schießen. Aber ein Statussymbol allererster Güte.

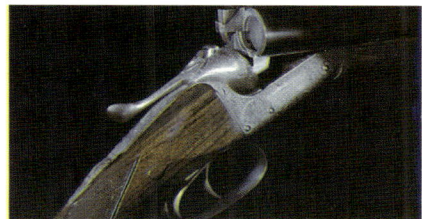

13. DER EXPLORERS CLUB: Bei „White's", dem exklusivsten Klub der Welt, kommen sie nicht rein. Versuchen Sie's deshalb bei jenem Verein in New York, in dem alle Abenteurer Mitglied sind: von Reinhold Messner bis zu den Astronauten. Man muß also etwas geleistet haben, bevor man das altbritische Klubhaus am Central Park betreten darf.

14. DER ANNUAL PASS: Fragen Sie mal eine Groundhosteß der Lufthansa, was das ist. Sie weiß es nicht. Natürlich kennt sie die winzigen Hon-Knöpfchen, vor denen sogar ihr Vorstandsvorsitzender einen artigen Bückling macht. Aber Hon ist heute bereits jeder bessere Reisebürobesitzer. Der Annual Pass dagegen ist ein Gratisjahresticket, das z. Z. nur 44 Menschen besitzen. So oft Sie wollen, wohin Sie wollen, First Class natürlich, und Ihre Frau fliegt auch noch für zehn Prozent mit. Das ultimative Statussymbol für Lüfte.

So erobern Sie jeden Raum:

1. Die Planung beginnt schon vor der Tür.

2. Erster Schritt: Begrüßung der Gastgeber.

3. Sicherheitszonen Bar und Büfett.

4. Peilen Sie andere Sologäste an!

5. Vorsicht Eckfalle!

6. Bleiben Sie nicht in einer Gruppe kleben!

7. Optimale Standplätze: Sie haben den Überblick, alle kommen vorbei, Ausruhen möglich.

Wozu gibt es denn das Wetter?

Wie man einen Raum voller fremder Menschen betritt, sich erfolgreich darin bewegt und mit den gewünschten Resultaten nach Haus geht

1. DAS VORSPIEL: Gehen wir systematisch vor: Bevor wir aufbrechen, basteln wir uns einen kleinen Generalstabsplan. Irrtümlicherweise überlegen sich die meisten nur, wie sie aussehen sollen, natürlich ein eminent wichtiges Problem. Aber mindestens genauso bedeutend sind die Fragen, wen treffe ich dort, mit wem will/muß ich mich unterhalten, was erwarte ich von der Sache, und worüber werde ich sprechen? Die Beantwortung dieser Fragen

kann natürlich lockerer betrachtet werden, falls man außer einem guten Eindruck gar nichts hinterlassen will.

2. PÜNKTLICH ZU SPÄT: Wenn ich mir meiner Sache nicht sehr sicher bin, komme ich, zumindest in Deutschland, pünktlich mit 15 Minuten Verspätung. Vor dem Betreten der Arena setze ich eine enthusiastische Miene auf. Falls Sie auf dem Weg dorthin jemanden treffen, zum Beispiel im Lift, der zu derselben Veranstaltung geht, trennen

Sie sich von dieser Person, auch wenn sie Ihnen attraktiv erscheint – Sie können ja später darauf zurückkommen.

3. OHNE EILE AN DIE BAR: Sie kommen allein, wenn Sie allein eingeladen sind, betreten den Raum und begrüßen zunächst den Gastgeber und bedanken sich artig. Falls dieser nicht greifbar ist, taxieren Sie die Räumlichkeiten, gehen langsam weiter und pirschen sich an eine andere alleinstehende Person heran. Objekte immer klar fixieren, anonymes Herumschauen vermeiden! Sie stellen sich grundsätzlich vor, Titel spielen keine Rolle. Falls kein Aufhänger vorhanden, ohne Eile auf die Bar, das Büfett oder sonstige Quellen zugehen und etwas besorgen, was Sie in der Hand halten können, notfalls Papiere.

4. ZUR SACHE: Jetzt müssen Sie langsam Anker auswerfen. Bestimmt wird ein anderer Gast, der in derselben Lage ist, genauso dumm herumstehen wie Sie. Ansonsten bleiben Sie in den strategisch wichtigen Zonen, nicht in die Ecken abdrängen oder von einer Gruppe umstellen lassen. Wenn Sie jemanden sehen, von dem Sie etwas wollen, seien Sie nicht scheu, gehen Sie hin, stellen Sie sich vor, sagen Sie was Sie wollen, ohne übereifrig zu wirken, machen Sie eine Runde Konversation, verabreden Sie sich für nächste Woche oder auf einen Anruf und gehen weiter. Spätestens alle zehn Minuten den Partner wechseln, bleiben Sie nicht kleben! Wenn Sie weitergehen, sagen Sie einfach „Entschuldigen Sie mich!" oder „Bis später!", unterlassen sie das Erfinden törichter Ausreden! „Move on" is the name of the game.

5. SMALL TALK = ZUHÖREN + LÄCHELN: Es gibt viele Menschen, die behaupten, Small talk läge ihnen nicht; da ist aber leider nichts zu machen, das muß man lernen! Es ist ganz einfach, Sie müssen nicht meinen, Sie sollten geistreich sein, seien Sie einfach nur freundlich! Dann können Sie auch etwas über das Wetter sagen, dazu ist es ja da, das Wetter! Viele Leute machen den Fehler, geistreiche Aperçus von sich geben zu wollen, und wenn ihnen dann nichts einfällt, schweigen sie. Small talk besteht nicht aus tiefen Sentenzen und gemeinsamem Grübeln. Denkvorgänge sollten sich auch niemals auf der Stirn abbilden, Bügelfalten gehören an die Hose und nicht ins Gesicht. Wenn Sie gut zuhören, denkt der andere, Sie seien ein glänzender Unterhalter.

Stellen Sie keine albernen oder intimen Fragen oder solche, die sich mit Nein oder Ja beantworten lassen. Familienangelegenheiten lassen Sie beim Busineß weg, sonst dürfen Sie ruhig nach den Kindern fragen, Ihr Gegenüber wird nicht mehr aufhören zu reden. Blicken Sie Ihrem Gesprächspartner nur dann voll ins Auge, wenn Sie von einer Sympathiewelle überflutet werden, ansonsten schauen Sie ihm unbestimmt ins Gesicht, zum Beispiel auf die Zähne – wenn diese nicht zu schlecht sind. Konzentrieren Sie sich darauf, etwas Angenehmes zu sagen, ohne schmeichlerisch zu werden. Wiederholen Sie sich nicht, langweilen Sie

nicht mit Details; die Leute wollen amüsiert werden, und nichts amüsiert sie mehr, als wenn man ihnen zuhört und sie lobt. Small talk besteht in Wirklichkeit aus Zuhören und Lächeln. Merken Sie sich: Die Leute interessieren sich nicht für Ihr Hobby, sondern für ihr eigenes; wenn das angepeilte Objekt unterwassertaucht oder gern Laubsägearbeiten macht, ist das das Thema. (Siehe auch Kapitel 1: „Wie klein hätten Sie den Small talk gern?")

6. SPIELEN SIE GASTGEBER: Vermeiden Sie Über- oder Unterlegenheit, seien Sie gleich herzlich zu allen, und lassen Sie nicht durchblicken, was Sie eigentlich denken – überhaupt, seien

Sie nicht zu offenherzig. Seien sie aufmerksam, spielen Sie selbst Gastgeber, auch wenn Sie nur Gast sind, stellen Sie die Gäste einander vor und reichen die Schale mit den Erdnüssen herum. Sie können dann wie der Gastgeber beweglich bleiben; Sie haben immer etwas zu tun und werden hie und da scheinbar gebraucht.

7. STRATEGIEWAHL – NETT ODER OFFENSIV: Was das Über- und Unterlegensein angeht, gibt es prinzipiell zwei mögliche Strategien. Entweder man versucht, es allen gemütlich zu machen nach dem Motto: „Wenn sich mein Gesprächspartner wohl fühlt, kann ich mich auch wohl fühlen." Die

---

DIE PERFEKTE GÄSTELISTE

oder: keine Ahnung, wie ich nach Haus gekommen bin ...

Tolle Parties – erinnern Sie sich noch? Sie unterscheiden sich von anderen gesellschaftlichen Ereignissen durch zwei Bemerkungen von hohem Wiedererkennungswert:

■ „Wir haben uns amüsiert wie Bolle auf dem Milchwagen." und

■ „Keine Ahnung, wie ich nach Haus gekommen bin ..."

Warum „Tolle Parties" so selten (geworden) sind, hat zwei Gründe:

1. Um Erfolg zu garantieren, dürfen sie erst nach Mitternacht beginnen (oder in Schwung kommen), und

2. keine Freundschaft, Lebensgemeinschaft oder Ehe sollte hinterher noch so sein wie vorher – im Guten wie im Bösen.

Sie können jedoch rosa Nilpferde tanzen lassen – Parties bestehen aus Leuten, und wenn alle besseren Veranstalter eine A-, B- und C-Liste einladungswürdiger VIPs führen, so müssen sie eine private A- bis G-Liste von Menschen anlegen, die Ihre Party zu einer tollen Party gestalten. Nach menschlichem Ermessen.

A: Richtig nette Leute (Freunde, Nachbarn,

Kollegen).

B: Laute Leute (Angeber, Paradiesvögel, Taktlose, Neureiche).

C: Leute, die schnell betrunken werden (die dann hemmungslose Scherze treiben, ausfallend werden, die anderen ebenfalls zum Trinken animieren, sich geistig oder körperlich verabschieden).

D: Ein paar VIPs (nichts Wichtiges, Größenordnung Fernsehansagerin, kleiner Sänger, Small-talk-Material).

E: Einen Ehrengast, u. U. mit Ehepartner (Thurn & Taxis wäre ideal oder eine Person, die gerade in den Schlagzeilen ist – Größenordnung Reinhold Messner; diese Person muß gar nicht mal kommen; wenn sie nur zugesagt hat, erwartet wird).

F: Unsichere Leute (die sich zum Narren machen, wenn Gloria erscheint – die ist das übrigens gewöhnt).

G: Einen Empörten (der zutiefst schockiert ist über das, was auf Ihrer Party vor sich geht. Dem die Gespräche zu seicht sind. Der sich intellektuell deplaziert vorkommt – und bereits auf die nächste Einladung wartet. Dringende Warnung: Mit dieser Person sollte man nicht verheiratet sein!)

offensive Gegenstrategie liegt darin, sich selbst gut zu plazieren und den anderen in eine ganz und gar ungute Position zu bringen. Es gibt Damen, die viel Wert darauf legen, daß die Lichtquelle hinter ihnen liegt und das Gegenüber blinzeln muß, wenn es einen anschaut. Erstens sieht er – oder sie? – dabei ungünstig aus, alle Falten und die Fetthaut sind voll ausgeleuchtet, und zweitens wird er noch verunsichert, weil er uns nur schemenhaft erkennt. Selbst ohne aggressive Absichten: Gegenlicht ist immer günstiger! Schon gar nicht setzen Sie sich in einen großen, tiefen, weichen Fauteuil, Sie sehen aus wie ein zusammengeklappter Müllsack! Die Beinstellung wird schwierig, Sie haben keinen Oberkörper mehr, sind völlig unbeweglich und geben eine denkbar schlechte Figur ab.

Sie können aber Ihr Gegenüber in einen solchen Sessel komplimentieren und ihm dann von oben auf die Glatze schauen; machen Sie das aber nicht, wenn Sie etwas von ihm wollen. Im allgemeinen versuchen Sie, weder höher noch tiefer als Ihr Partner zu stehen oder zu sitzen, natürliche Größenunterschiede sind schon schwierig genug.

8. DAS NACHSPIEL: Sie verlassen die Veranstaltung lächelnd, weder als erster noch als letzter, sortieren zu Hause die eingesammelten Visitenkarten, machen sich Notizen in Ihre Agenda, wen Sie anrufen wollen, fixieren eventuell schon getroffene Verabredungen und schreiben dem Gastgeber handschriftlich eine Bedanke-mich-Karte, damit er sich auch Ihren Namen merkt.

Da warf Cäsar eine Münze

Seltsame Sitten und Gebräuche und ihr noch seltsamerer Ursprung

„ALTE SCHUHE VERWIRFT MAN LEICHT, ALTE SITTEN SCHWER"

Deutsches Sprichwort

Als Kaiser Wilhelm II., der fast 1000 Uniformen im Kleiderschrank hängen hatte, den Ersten Weltkrieg erklärte, zog er die Uniform des Ersten Garderegiments zu Fuß am. Und erklärte: „Noch nie hat ein König von Preußen in einer anderen Uniform den Kriegszustand verkündet."

Seltsame Sitte, aber kein Einzelfall.

Die meisten Sitten (und Gebräuche) sind seltsamen Ursprungs. Oder wußten Sie, daß der erste, der eine Münze warf („Kopf oder Zahl?") Julius Cäsar war? 15 Sitten und Gebräuche und ihr ungewöhnlicher Ursprung (der gleichzeitig besagt, ob's einen Sinn macht oder nicht):

1. EINEN TOAST AUSBRINGEN: Machte ursprünglich sehr viel Sinn. Indem er als erster das Glas hob und dem Gast zuprostete, bewies ein Altgrieche so ums Jahr 600 v. Chr., daß der Wein nicht vergiftet war. Seitdem geriet Gift aus der Mode, der Toast machte Karriere.

2. JEMAND DIE KALTE SCHULTER ZEIGEN: Klarer Sinn, anderer Ursprung: Wenn im Mittelalter ein Gast länger als die üblichen drei Tage blieb, servierte ihm der Gastgeber eine gekochte Rinderschulter – kalt. Das war das Signal für die Abreise oder, wenn der Gast schwer von Kapee war, für einen verdorbenen Magen.

3. DER HANDSCHLAG: 2800 Jahre v. Chr., Ägypten. Die Hieroglyphe für

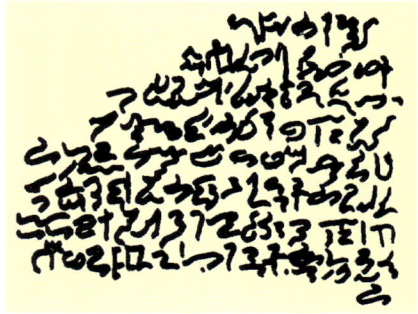

Aus „Die Anweisungen des Ptahhotep", circa 2500 v. Chr., dem ersten Verhaltenskodex der Geschichte. Um einem Höherstehenden zu gefallen, empfiehlt der Autor: „Lache, wenn er lacht!"

„Geben" ist eine ausgestreckte Hand. Der Ursprung ist göttlich: Per Handschlag holte sich der Pharao (glaubte man) seine Macht von Amun, dem Gottvater. Eine spätere Version stammt aus dem Mittelalter: Fremde reichten die rechte (die Waffen-)Hand, um zu beweisen, daß sie keinen Meucheldolch hielt.

4. ESSEN MIT GABEL: Das Messer ist 1,5 Millionen Jahre alt, der Löffel immerhin 20 000 Jahre, aber die Gabel kennt man erst seit dem 11. Jahrhundert. Ursprungsland: Toskana. Damals war sie

noch zweizinkig und wurde sofort von der Kirche verdammt – weil nur Gottes Gliedmaßen, die Finger, berechtigt waren, Gottes Gaben (das Essen) vom Teller zu nehmen. Nach einer schwierigen Anlaufzeit von 100 Jahren setzte sich die Gabel jedoch durch. Sie war zu praktisch.

5. AUF HOLZ KLOPFEN: Ursprung unklar. Es heißt, daß die nordamerikanischen Indianer 2000 v. Chr. damit begannen, den Stamm der Eiche zur Tabuzone zu erklären. Berührte ihn ein Verbrecher, war er sicher. Der weiße Mann leitete davon das dreimalige Klopfen auf Holz ab – auf Eiche, wenn's wirklich helfen soll.

6. IM SPARSCHWEIN SPAREN: Ein Irrtum, der aus dem 18. Jahrhundert stammt. Ursprungsland: England. Da für den armen Mann damals jedes Metall edel war, benützte er fast ausschließlich Haushaltsgegenstände aus gebranntem Ton. Besonders beliebt: die orangenfabene Earthware mit Namen Pygg. Natürlich sparte der arme Mann auch wie Hausfrauen heute noch in einem alten Küchentopf (einem Pygg-Topf, der aber überhaupt nicht so aussah wie ein Pig, ein Schwein). Der Name blieb jedoch – man sparte in einem Pygg, daraus wurde Pig – und unser Sparschwein.

7. KERZEN AM CHRISTBAUM: Kaum zu glauben – die Schuld von Martin Luther (1483–1546). Er kam auf die Idee, als er eines Abends durch den Wald wanderte und plötzlich voller Bewunderung für die Sterne am Himmel, die durch die Bäume schimmerten, stehenblieb. Um den Anblick für seine Familie zu wiederholen, stellte er eine Fichte in die Stube und setzte brennende Kerzen auf die Zweige. Es war wohl gerade Weihnachten. (Die beste Geschichte über den Ursprung der Christbaumkerzen, solange es keine bessere gibt.)

8. „GESUNDHEIT!": Fast jede Kultur kennt eine freundschaftliche Antwort auf einen Nieser. Alle guten Wünsche haben denselben Ursprung: Jahrhundertelang glaubte man, daß die Seele im Kopf zu Haus ist und fürchtete, sie könnte ihn durch die Erschütterung des Niesens verlassen. Also wünschte man jemandem, dem das passierte, alles Gute – und die Seele im Kopf.

9. DESIGNERLABELS: ... sind keineswegs eine Erfindung unserer Tage, sondern über 200 Jahre alt. Es war eine Pariser Näherin namens Rose Bertin, die in den frühen 1770ern damit begann, ihren Namen in ihre Kreationen zu schreiben – und, vor allem, einen Wettlauf der Damen von Adel um ihre Kleider auslöste. Rose Bertin war die erste Modeschöpferin, die berühmter war als die meisten ihrer Kundinnen (Marie Antoinette ausgenommen).

10. EINE MÜNZE WERFEN: Cäsars Schuld. Er ließ Münzen prägen, die sein Antlitz zierte, und führte die Sitte ein, daß derjenige, der Kopf gewählt hatte, siegte. Tieferer Sinn: Wer Kopf bekam, sollte glauben, der Kopf (Cäsar) sei auf seiten der Sieger ...

11. APRILSCHERZE: Eine französische Erfindung aus dem Jahr 1564. Die feierten im 16. Jahrhundert Neujahr eine ganze Woche lang – vom 25. März (Frühlingsanfang) bis 1. April. Bis König Karl IX. 1564 den Jahresbeginn wieder auf den 1. Januar zurückverlegte. Um nun die, die sich noch an den Jahreswechsel am 1. April erinnerten, auf den Arm zu nehmen, führten französische Spaßvögel die Aprilscherze ein. Sie haben sich bis heute gehalten, den Ursprung kannte (bis zu diesen Zeilen) kaum einer.

12. DIE HAND VOR DEN MUND HALTEN: Vor allem beim Gähnen. Ein Irrtum aus dem Mittelalter. Damals lag die Kindersterblichkeit über 50 Prozent, unerklärlich damals – aber immer wieder beobachtete man, daß neugeborene Babys den Mund aufrissen und herzhaft gähnten. Trugschluß: Dadurch verläßt das Leben den Körper (ähnlicher Trugschluß wie das „Gesundheit!"-Rufen beim Niesen, siehe oben). Also hielten die besorgten Eltern dem gähnenden Baby eine Hand vor den Mund – und übernahmen die Schutzmaßnahme für sich selbst. Und uns.

13. DER OSTERHASE: Sehr einfach: Die Anglosachsen verehrten eine Göttin namens Eastre und das Tier, das ihr heilig war, war der Hase. Sie gab dem Fest ihren Namen.

14. FLITTERWOCHEN: Eine Erfindung der Vorfahren von Hägar dem Schrecklichen (vor rund 1000 Jahren). Damals war es gang und gäbe, sich seine Braut aus dem Nachbardorf zu rauben, was bedingte, daß der Bräutigam erstmal untertauchen mußte, solange ihn seine Schwiegereltern wider Willen suchten. Erst nachdem die Jagd abgeblasen worden war, konnten er und die inzwischen liebende Gattin wieder auftauchen (und mit den Schwiegereltern über einen anständigen Preis verhandeln). Diese eigenartigen Flitterwochen nannte man auf altnorwegisch Hjunottsmanassr – verballhornt Honeymoon.

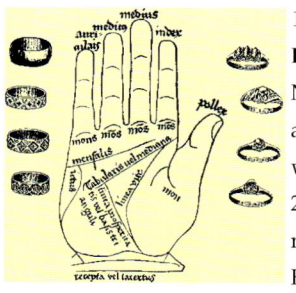

15. EINEN EHERING TRAGEN: Noch einmal die alten Ägypter, wieder das Jahr 2800 v. Chr. Damals kamen der Fingerring in Mode und der Ring, der eine Ehe kittet – weil er weder Anfang noch Ende hat, also ein Symbol der Ewigkeit ist.

Der Mann, der nur mal Zigaretten holen ging

Die Welt ist so unendlich klein geworden. Nur Lord Lucan, der Adelia-Mörder, schaffte es, spurlos zu verschwinden. Verstecke für Männer, die untertauchen möchten

Täglich verschwinden Menschen. Freiwillig. Packen ein Köfferchen, ziehen die Tür hinter sich zu und sind weg. Oder packen nicht einmal, gehen Zigaretten holen. Und beginnen anderswo ein neues Leben.

Die Polizei? Sobald sich herausstellt, daß kein Verbrechen geschehen ist, kann/will sie nichts tun. Warum auch?

Aber wehe, wenn ein Abgetauchter die Mafia im Stich gelassen hat (und die einen Contract ausgesetzt hat). Oder so einer auf der Wet-Job-Liste des KGB steht. Oder sich die Ayatollahs zu Feinden gemacht hat wie der indische Schriftsteller Salman Rushdie („Satanische Verse").

Und von der IRA weiß man, daß sie Verräter bis ans Ende der Welt verfolgen. Wie jenen jungen Überläufer, dem Scotland Yard eine neue Identität verschaffte. Er sollte/wollte ein neues Leben in Australien beginnen. Die Killer erwischten ihn auf dem Schiff, das ihn nach Sydney bringen sollte.

Die Welt ist klein geworden. Ein Mann kann nicht mehr so einfach verschwinden.

Eine Frau auch nicht. Man denke nur an die deutsche RAF-Terroristin Astrid Pröll. Die war nach London geflüchtet, und weil ihre wahre Identität noch nicht einmal zehn Leuten bekannt war, schaffte sie vier Jahre im Untergrund, bis sie einen emotionalen Fehler beging: Sie schrieb ihrem Freund und Komplizen Willi Stoll eine Postkarte.

Pech – der wurde von der Polizei erschossen, seine konspirative Wohnung durchsucht. Es dauerte keine zehn Tage, dann war Astrid Pröll hinter Gittern.

Regel Nr. 1 (es gibt keine wichtigere): immer in der eigenen „Klasse" bleiben. Denn alles kann verändert werden (Name, Gesicht, Beruf usw.), aber nie die Wurzeln und die Körpersprache.

Ein Exautomechaniker, der so tut, als sei er Grafiker, wird auffallen. Ein untertauchender Automechaniker hat nur eine Chance, wenn er in ein Arbeiterviertel flieht.

Deshalb war es für den KGB so leicht, Überläufer zu finden: Sie wußten nicht, wohin sie gehen sollten. Sie fielen immer auf. Sie vermochten ihre Wurzeln und Körpersprache nicht zu verbergen oder gar zu verändern.

Genau das ist der Grund, warum ein weißer Mann keine Chance mehr hat in den ehemaligen Kolonien. Dort sind Weiße entweder Einzelerscheinungen (also auffällig) oder unerwünscht. Wo sonst kann man hin verschwinden?

Zu Diktatoren. Mit denen man sich arrangiert. Wie der IOS-Boß, der in Panama abtauchte (Noriega). Sicher ist aber auch das nicht, denn Diktatoren sind launisch, habgierig und selbst gefährdet.

Hand aufs Herz: Wer bringt es fertig, nie seiner Mutter eine Weihnachtskarte zu schreiben? Keinen anzurufen, den man von früher liebte? Alles aufzugeben, was man jahrzehntelang als sein Leben betrachtet hat? Inklusive Deutsch.

Der Idealfall ist, wenn alle glauben, man sei tot. Das ist die tot-ale Freiheit.

Der sowjetische Überläufer Oleg Gordievski schaffte das mit einem Trick. Er kam 1985 nach London, bekam eine neue Identität, lebte in einem Safe House und ward nicht mehr gesehen. Der KGB setzte einen Contract auf seinen Kopf aus.

Worauf Gordievski einem Journalisten, dem er vertraute, ein Interview gab – und seitdem nicht mehr gesehen ward.

Ermordet vom KGB, der aus dem gefilmten Gespräch genügend Informationen holen konnte, um den Aufenthaltsort und das neue Aussehen des Verräters herauszubekommen. So geht die Legende.

Natürlich lebt Gordievski noch. Die Nachricht über seinen Tod war falsch – aber so plausibel. Der KGB weiß im Moment selbst nicht, ob die Meldung stimmt. Immerhin könnte ja ein wohlmeinender Freiwilliger Gordievski ermordet haben.

Der hat längst eine dritte Identität und einen ganz neuen Aufenthaltsort. Die Spur ist so kalt, daß die Hunde sie nicht aufnehmen können. Zumindest nicht im Moment. Es sei denn, Gordievski schreibt seiner Mutter einen Geburtstagsglückwunsch.

Stadtluft macht frei, hieß es früher. Das stimmt immer noch. New York ist die freieste Stadt der Welt. Hier unterzutauchen ist keine Kunst – ganz ohne Geld sowieso (die Straßen sind voll

Oleg Gordievski, Ex-KGB-Offizier. Flüchtete in den Westen, gab ein Interview – und ward nicht mehr gesehen. Trotz neuer Identität von seinen alten Kumpels verschleppt und ermordet

von Abgetauchten, für die sich keiner interessiert) und mit Geld auch, allerdings nicht ganz so einfach.

Warum Städte? Weil totale Einsamkeit totale Sicherheit bedeutet. Da ist New York wie die Sahara – menschenleer. Stirb, und keiner sieht dich. Egal ob du weiß, schwarz, gelb oder rot bist.

Aber es gibt nur wenige Menschen, die totale Einsamkeit durchstehen.

„The greatest disappearing act of the century" (so die Londoner Frauenzeitschrift „Women's Own") gelang einem britischen Adeligen – Richard John Bingham, 7. Earl of Lucan. Niemand weiß, wo er ist, und ob er überhaupt noch lebt.

So wie's steht, hat er wohl am 7. November 1974 das Kindermädchen seiner Frau ermordet, als sie ihn dabei störte, seine Frau umzubringen.

Seit diesem Tag hat ihn niemand gesehen. Falsch: Juli '75 – Australien. April '76 – Kapstadt. Januar '78 – Barbados. Oktober '78 – Australien. Juli '81 – Moçambique. November '81 – Südafrika (zum zweiten Mal). Januar '82 – Sahara. November '84 – Maputo (Moçambique, zum zweiten Mal). Dezember '86 – Südafrika (zum dritten Mal).

Dann keine weiteren Spuren mehr.

Aber war er's wirklich? Keine Frage, Lord Lucan besaß genügend Geld, genügend einflußreiche Freunde, genügend Connections ins Ausland, um spurlos zu verschwinden. Aber fast 20 Jahre lang?

Alle wurden gefunden. Sogar die Nutznießer des Odessa-Trail. Klaus Barbie, Adolf Eichmann – und Dr. Mengele sogar im Grab.

Die Welt ist einfach zu klein geworden. Wenn eimal in Bangladesh einer hustet, kaufen sich die Deutschen am nächsten Tag Grippemittel. Gut, die RAF-Terroristen in der DDR hätten noch lange Jahre unbehelligt gelebt. Aber unter was für Bedingungen? Als Geiseln des Stasi. Jederzeit erpreßbar.

Das ist ja nun wirklich auch kein Leben, so sein Dasein zu fristen.

Peng, geschah das Undenkbare – die Wiedervereinigung. Nichts ist mehr undenkbar.

Aber Terroristen sind keine „normalen" Menschen. Terroristen sind längst eingeflochten in ein internationales Terrornetz. Die Internationale des Schreckens. Solche Verbindungen hat einer, der seine Familie in Bottrop loswerden will, nicht.

Warum flieht so einer?

Weil ... – zitieren wir das Beste, was je darüber geschrieben wurde. Von Dashiell Hammett im „Malteser Falken" – die Geschichte des Immobilienmaklers Flitcraft aus Tacoma, der eines Tags zum Lunch ging und nie wiederkehrte ...

Folgendes war mit ihm geschehen: Als er an jenem Tag zum Lunch ging, kam er an einem Geschäftshaus vorbei, das sich gerade im Bau befand – erst die Wände standen. Ein Balken oder so was fiel vom achten oder zehnten Stock herunter und knallte neben ihm auf den Bürgersteig; er strich ganz dicht an ihm vorbei, berührte ihn jedoch nicht, schlug dafür aber ein Stück Stein vom Bürgersteig ab, das hochflog und ihn an der Wange traf. Es riß ihm nur ein Stück Haut ab, aber als ich ihm begegnete, hatte er noch die Narbe. Er rieb mit dem Finger – na ja, sozusagen liebevoll – darüber, während er mir davon erzählte. Er bekam natürlich einen fürchterlichen Schrecken, wie er sagte, aber es war mehr der Schock als eigentliche Angst. Ihm war, als hätte jemand den Deckel vom Leben abgehoben und ließe ihn einen Blick ins Ge-

triebe tun. Flitcraft war ein guter Bürger und Ehemann und Vater gewesen, nicht aus äußerem Zwang, sondern weil er einfach ein Mann war, der sich in Einklang mit seiner Umwelt am wohlsten fühlte. In diesem Sinn war er erzogen worden, und so waren auch die Leute aus seinem Bekanntenkreis. Das Leben, das er kannte, war eine saubere, ordentliche, vernünftige, verantwortungsvolle Angelegenheit. Und

Astrid Proll war erfolgreich abgetaucht. Trotz Topposition auf dem RAF-Fahndungsplakat. Schrieb eine Postkarte – und holte sich die Polizei auf den Hals

jetzt hatte ein herabstürzender Balken ihm gezeigt, daß das Leben im Grunde nichts von alledem war. Er, der gute Bürger, Ehemann und Vater, konnte rein zufällig so zwischen Büro und Restaurant von einem herabstürzenden Balken ausgelöscht werden! Da ging ihm auf, daß Menschen durch Zufälle wie diesen starben und nur lebten, solange der blinde Zufall sie verschonte. Es war nicht in erster Linie die Ungerechtigkeit daran, die ihn so aufregte: das nahm er nach dem ersten Schock

hin. Was ihn dagegen aufregte, war die Entdeckung, daß er in der vernunftgemäßen Ordnung seiner Angelegenheit die Harmonie mit dem Leben nicht erreicht, sondern verlassen hatte! Er sagte, ehe er sechs Schritte von dem herabgestürzten Balken gegangen war, hätte er gewußt, daß er nie wieder Frieden finden würde, solange er sich nicht auf diesen neuen Aspekt des Lebens eingestellt hätte. Während er seinen Lunch verzehrte, legte er sich zurecht, wie er diese Einstellung vornehmen würde. Der blinde Zufall konnte sein Leben durch einen herabstürzenden Balken beenden: Genauso zufällig und aufs Geratewohl wollte er sein Leben ändern, indem er einfach davonging. Wie er sagte, liebte er seine Familie genauso sehr wie jeder normale Mensch, aber er wußte, daß er sie ordentlich versorgt zurückließ, und seine Liebe zu ihnen war nicht so, daß er sie schmerzlich vermissen würde. Er fuhr also an jenem Nachmittag nach Seattle und von dort mit dem Schiff nach San Francisco. Zwei Jahre lang wanderte er herum, zog dann in den Nordwesten zurück, ließ sich in Spokane nieder und heiratete erneut. Seine zweite Frau sah der ersten nicht ähnlich, aber in der Art waren beide einander viel ähnlicher als voneinander verschieden. Jene Art von Frauen, wissen Sie, die ganz gut Golf und Bridge spielen können und sich für neue Salatrezepte interessieren. Er bedauerte nicht, was er getan hatte; es schien ihm ganz vernünftig zu sein. Ihm kam überhaupt nicht zum Bewußtsein, daß er wie selbstverständlich in dasselbe alte Geleise geraten war, das er in Tacoma so fluchtartig verlassen hatte. Doch erst stellte er sich auf herabstürzende Balken ein, dann stürzten keine mehr herab, und prompt stellte er sich wieder darauf ein.

Natürlich schulden wir Ihnen jetzt den Tip, wo man denn nun wirklich untertauchen kann. Wir bleiben dabei: New York, auch wenn's scheußlich ist für einen Flüchtenden, oder die Insel Gough im Südatlantik (Informationen

im folgenden Kapitel „Robinsons Söhne").

Unerträgliches Klima? Nun, über eine Brücke müssen Sie gehen, wenn Sie den River of no Return queren wollen. Und so schlimm ist's nun wieder auch nicht – Gough liegt fast auf der Höhe von Buenos Aires, etwas südlicher als Kapstadt und genau auf der Höhe von Tasmanien und dem südlichen Neuseeland.

zu können). Und drittens einen Ausstieg. Das heißt irgend jemanden, der nach drei Wochen oder Monaten mal vorbeischaut, ob sie immer noch bleiben wollen (oder noch in der Lage sind mitzufahren). Träumen wir los auf drei Ozeanen ...

PAZIFIK

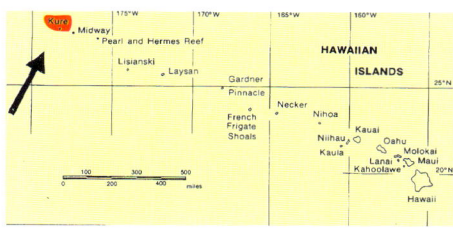

1. KURE: Nordwestlichste Hawaii-Insel (2100 Kilometer von Honolulu! Nur 80 Kilometer von Midway). Ein kreisrundes Atoll, rund sieben Meter über dem Pazifikspiegel, 24 Kilometer Umfang. Koordinaten: 28. nördliche Breite, 178. westliche Länge. Unbewohnt.

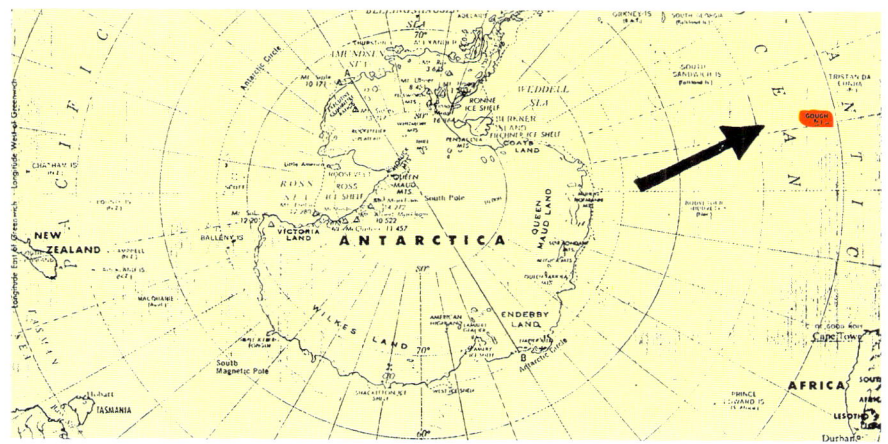

Die sicherste Insel der Welt: Gough im südlichen Atlantik

Robinsons Söhne

*Inseln, auf denen ein Mann sich verwirklichen kann.
Ohne oder mit Freitag (männlich/weiblich)*

Hier zeigen wir Ihnen ein paar Inseln, von denen selbst Robinson geträumt hätte. Und sollten Sie jemals auf die Idee kommen, die sogenannte zivilisierte Welt verlassen zu wollen – versuchen Sie, nach Saint-Paul, Olimarao oder Fatu Huku zu kommen.

Wie, das ist Ihre Sache. Wir versi-

chern Ihnen nur, daß es schon irgendwie geht.

Und denken Sie daran: Sie brauchen erstens Süßwasser – eine frische sprudelnde Quelle (alles andere ist dagegen unwichtig). Zweitens möglichst ein, zwei oder mehr Palmen (des Schattens wegen, und um was bauen

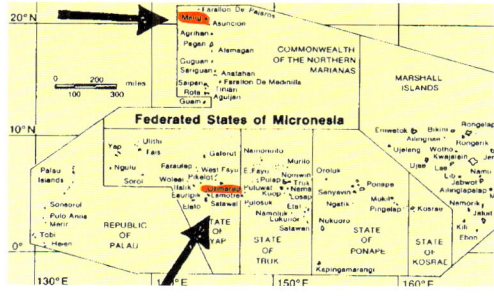

2. OLIMARAO: Zwei bewaldete Inselchen in der Nachbarschaft von Yap (Mikronesien). 3,7 × 2,4 Kilometer groß. Koordinaten: 8. nördliche Breite, 146. östliche Länge. Unbewohnt.

3. MAUG: Drei winzige Marianen-Inseln, die mit einem Riff miteinander verbunden sind und eine romantische Lagune bilden. Höchste Erhebung 250 Meter. Etwa zwei Quadratkilometer groß. Unbewohnt.

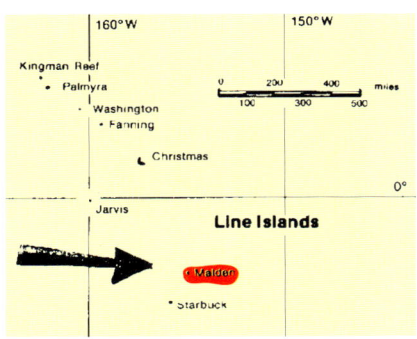

4. MALDEN: 690 Kilometer südöstlich von Christmas Island. Ein dreieckiges, flaches Korallenatoll mit Lagune. 8 × 6,5 Kilometer groß. Nur Büsche, aber geheimnisvolle Steinplattformen mit Gesichtern und prähistorische Gräber. Koordinaten: 4. südliche Breite, 155. westliche Länge. Unbewohnt.

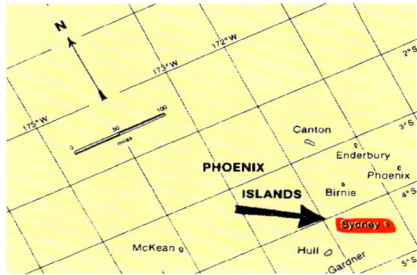

5. SYDNEY: Gehört zu den Phoenix-Inseln. 2,8 × 3,3 Kilometer rund um eine Lagune ohne Zugang zum Meer. Deshalb etwas salzig und von spärlicher Vegetation. Koordinaten: 4. südliche Breite, 171. westliche Länge. Unbewohnt.

6. CHESTERFIELD: Elf Koralleninselchen, 550 Kilometer nordwestlich von

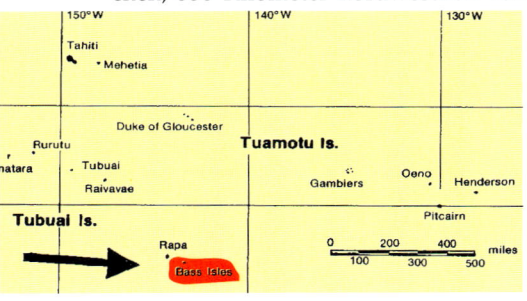

Neukaledonien. Jedes ist 800 Meter bis 2,4 Kilometer lang, sehr flach, aber gut bewaldet. Koordinaten: 20. südliche Breite, 158. östliche Länge. Unbewohnt.

7. BASS: Auch Marotiri genannt. Vier winzige Inseln südlich von Tahiti (in der Tubuai-Gruppe). Immerhin 115 Meter hoch. Koordinaten: 28. südliche Breite, 143. westliche Länge. Vorsicht: Es gibt keinen anständigen Ankerplatz! Unbewohnt (links unten).

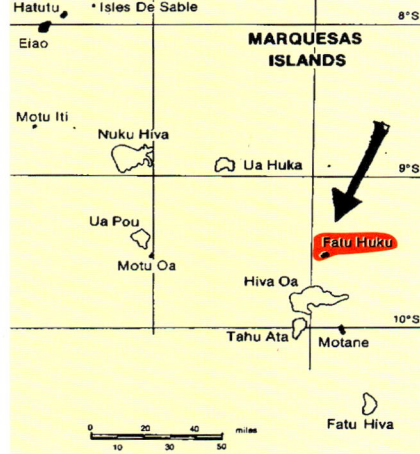

8. FATU HUKU: Auch Hood genannt, Marquesas-Inseln. Ein Stück Erde mit interessanten Höhlen (alte Begräbnisstätte!) und einem erloschenen Vulkan von immerhin 393 Meter Höhe. Koordinaten: 9. südliche Breite, 139. westliche Länge. Unbewohnt.

9. SAN FELIX: 950 Kilometer westlich von Chile (dem es gehört). 5 × 1,5 Kilometer groß, bis zu 200 Meter hoch und mit einer reichen Quelle gesegnet. Koordinaten: 26. südliche Breite, 80. westliche Länge. Unbewohnt.

ATLANTIK

10. GOUGH: 370 Kilometer südlich von Tristan da Cunha (zu dem es ge-

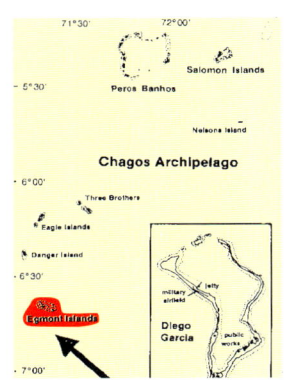

hört). Warm, feucht, tropisch bewachsen, bis zu 1000 Meter hoch und nur von Seehunden, Pinguinen, Vögeln und einer Handvoll südafrikanischer Wetterfrösche bewohnt. Koordinaten: 49. südliche Breite, 10. westliche Länge.

INDISCHER OZEAN

11. EGMONT: Eine Inselgruppe des Chagos-Archipels südlich der Malediven (und damit außer Reichweite der Taifune). Sie besteht aus sechs Inselchen, die rund um eine 8 × 2,4 Kilometer große Lagune liegen, und ist gut bewachsen mit Kokospalmen. Weitere Vorteile: Pro Jahr fallen bis zu 3,7 Meter Regen, ein konstanter Wind macht die hohen Temperaturen erträglich. Koordinaten: 7. südliche Breite, 71. östliche Länge. Unbewohnt (rechts oben).

12. SAINT-PAUL: Gehört zu den Kerguelen-Inseln (französisch), liegt aber fast 1800 Kilometer weiter nördlich. Etwa fünf Quadratkilometer groß, 288 Meter hoch und mit einem natürlichen Hafen gesegnet. Ausreichende Vegetation, Quellen und – die besten Lobster der Welt! Weiterer Vorteil: Zweimal pro Jahr kommt ein Schiff aus Réunion, um die Lobster zu ernten. Koordinaten: 39. südliche Breite, 78. östliche Länge. Seit 1931 unbewohnt.

„Brauche dringend Geld!"

Das Schreiben gekonnter Bittbriefe gehört zu den schwierigsten Unterfangen eines gesellschaftlich bewußten Manns. Schauen wir doch mal, wie fünf der größten Geister der Geschichte das gemacht haben …

CLAUDE MONET an Frederic Bazille

Paris, den 29. Juni 1868

Mein lieber Bazille,

in Eile schreibe ich Ihnen einige Zeilen, um Sie um Unterstützung zu bitten, sehr rasch, wenn Ihnen das möglich ist. Ich bin vor die Tür des Gasthauses, in dem ich mich aufhielt, gesetzt worden, und zwar splitternackt, Camille und meinen armen kleinen Jean habe ich für einige Tage auf dem Lande untergebracht. Was mich betrifft, so bin ich heute morgen hier eingetroffen und breche heute abend, jetzt gleich, nach Le Havre auf, um zu sehen, was ich bei meinem Bewunderer erreichen kann. Schreiben Sie mir gleich nach Erhalt dieses Briefes, ob Sie etwas für mich tun können, säumen Sie nicht; auf jeden Fall erwarte ich eine Antwort von Ihnen. Schreiben Sie mir nach Le Havre, postlagernd, denn meine Familie will nichts mehr für mich tun, so daß ich noch nicht weiß, wo ich morgen schlafen werde.

Ihr gequälter aufrichtiger Freund

Gestern war ich so niedergeschlagen, daß ich die Schnapsidee hatte, mich ins Wasser zu stürzen; glücklicherweise ist nichts Schlimmes passiert.

C. M.

JAMES JOYCE an Mrs. John Stanislaus Joyce

Grand Hôtel Cornelle, Paris
21. Februar 1903

Liebe Mama,

Deine Anweisung von 3 Shilling 4 Pence vom letzten Dienstag war hochwillkommen, weil ich seit zweiundvierzig (42) Stunden nichts gegessen hatte. Heute habe ich seit neun Stunden nichts im Magen. Diese Fastenperioden sind mir vertraut geworden, und wenn ich Geld habe, habe ich einen solchen Heißhunger, daß ich im Nu ein Vermögen (1 Shilling) aufesse. Hoffentlich schadet diese neue Lebensweise meiner Verdauung nicht. Nichts Neues vom „Speaker" oder vom „Express". Wenn ich Geld hätte, könnte ich mir einen kleinen Petroleumkocher kaufen (ich besitze eine Lampe) und mir Makkaroni kochen, um sie mit Brot zu essen, wenn ich pleite bin. Ich hoffe, daß der Teppich, der verkauft wurde, nicht zu den Neuanschaffungen gehört, die Du zu Geld machst, um mich zu ernähren. Wenn dies der Fall ist, verkaufe nichts mehr, oder ich werde Dir das Geld zurückschicken. Ich tue, glaube ich, alles, was ich meinerseits tun kann, aber meistens nage ich am Hungertuch. Zweifelsohne wird man mir von einem Tag auf den anderen meine Rechnung präsentieren, dann wäre mein Glück vollkommen. Meine Lage ist so beängstigend, daß ich nachts oft nicht vor vier Uhr einschlafe, und wenn ich aufwache, sehe ich sofort unter der Tür nach, ob ein Brief von meinen Verlegern angekommen ist, und glaube mir, wenn ich Tag um Tag nur den nackten Fußboden sehe, lege ich mich wieder schlafen, um meinen Hunger zu vergessen. Wenn ich sie maximal strecke, reicht Deine Anweisung bis Montagmittag, dann beginne ich ohne Zweifel wieder zu fasten. Das bedaure ich sehr, denn Montag und Dienstag sind die Tage des Karnevals, und bestimmt bin ich der einzige, der in Paris hungrig sein wird.

Upa-Upa

Dieses Lied steht auf der Rückseite von Joyces Brief.

PAUL GAUGUIN an seinen Freund Daniel de Monfreid

10. September 1897

Mein lieber Daniel – Ich antworte Ihnen, ich weiß nicht wie, der Kopf so leer wie der Magen, ohne etwas Lichtes vor mir und – ohne weitere Hoffnung. Also ohne Käufer, ohne jemanden, der mir das jährliche Futter beschafft; ich weiß nicht, was werden soll.

Ich sehe nichts außer dem Tod, der von allem erlöst …

Von Herzen ganz der Ihre

CHARLES BAUDELAIRE
an seine Mutter, Madame Aupick

Nur wenn ich auf dem letzten Loch pfeife, das heißt, wenn ich sehr hungrig bin, komme ich zu Ihnen, so sehr widert mich das an. Um das Unglück voll zu machen, will Herr Ancelle Ihre Genehmigung; ich bin also trotz der späten Stunde, der Müdigkeit, gekommen, um Sie um die Erlaubnis zu bitten, in Neuilly etwas aufzunehmen, wovon ich einige Tage leben kann. Das Allernotwendigste. Ich komme nicht zu Ihnen hinauf, weil ich weiß, mit welchen Beschimpfungen, welchen Beleidigungen und welchen Erniedrigungen ich bezahlen werde, was ich brauche. Ich kehre umgehend nach Neuilly zurück, um Ihre Genehmigung vorzulegen. Ich warte unten im Wagen auf Antwort.

Vernichten Sie diesen Brief, denn es wäre beschämend für Sie, wenn man ihn fände.

DOSTOJEWSKI an A. A. P. Suslowa

Wiesbaden, Dienstag, den 24. August 1865

Ich bombardiere Dich weiter mit meinen Briefen (immer noch unfrankiert). Heute ist schon Dienstag, zwei Uhr nachmittags, und immer noch nichts von Herzen, obwohl es Zeit wäre. Ich werde jedenfalls bis übermorgen früh warten, danach habe ich dann nicht die geringste Hoffnung mehr … Inzwischen hat sich meine Lage bis zur Unwahrscheinlichkeit verschlechtert. Kaum warst du gegangen, wurde mir im Hotel am Morgen des folgenden Tages erklärt, man werde mir weder Essen noch Tee noch Kaffee mehr geben. Ich suchte eine Erklärung, und der dicke deutsche Wirt erklärte mir, ich hätte die Mahlzeiten nicht „verdient", und er werde mir nur Tee kommen lassen. Seit gestern habe ich also nicht gegessen und mich nur von Tee ernährt. Der Tee ist übrigens abscheulich, man serviert ihn ohne Maschine; meine Kleider und Schuhe werden nicht mehr gebürstet, niemand kommt, wenn ich läute, und alle Dienstboten behandeln mich mit unsäglicher Verachtung, der deutschesten, die es gibt. Für einen Deutschen gibt es kein größeres Verbrechen, als ohne Geld zu sein und nicht pünktlich zu zahlen. Das allein könnte komisch sein, ist aber doch ziemlich unangenehm. Wenn Herzen also nichts schickt, erwarte ich große Unannehmlichkeiten; man kann meine Sachen beschlagnahmen und mich hinauswerfen oder noch Schlimmeres. Gemeinheit! Auf Wiedersehen. Liebling, ich kann nicht glauben, daß ich Dich vor Deiner Abreise nicht wiedersehen soll. Was mich betrifft, so weigere ich mich, auch nur daran zu denken; ich sitze und liege ohne Unterbrechung, damit keine Bewegung meinen Appetit anregt.

Ich schließe Dich ganz fest in meine Arme.

Zeige meinen Brief um Gottes willen niemandem und erzähle nichts.

Schäbig.

Ganz der Deine.

MODE & ACCESSOIRES

Krawatten

Anzug

Hemd

Pullover

Hose

Blazer

Strümpfe

Schuhe

Abendgarderobe

Mäntel

Kopfbedeckung

Unterwäsche

Accessoires

D er Gedanke allein läßt erwachsene Männer in Tränen ausbrechen.

Tagaus, tagein sitzt es ihnen am Hals – das nutzloseste aller Kleidungsstücke, das keinerlei praktische Funktion hat: die Krawatte. Dabei war der Binder noch nie so populär wie heute – sei es ein Foulard, ein Vierspänner, eine Fliege oder ein Selbstbinder. Und wozu soll das alles gut sein? Jedes andere altmodische Kleidungsstück kommt mit der Zeit aus der Mode und wird ausrangiert. Nur mit diesem nutzlosen Stück buntem Tuch unter dem Kinn verschwenden Männer auf allen Kontinenten jeden Morgen wertvolle Minuten bei dem wirklich krampfhaften Versuch, sich einen perfekten Knoten an den Hals zu binden.

Warum macht man eigentlich soviel Lärm um einen so unbeständigen Modeartikel, werden Sie fragen, dessen Form und Größe sich ständig verändern. In purer Notwehr hat ein ameri-

Des Mannes bestes Statusstück

Wenn sich Männer heute schmale Stoffstreifen um den Hals binden, hat das meist nur zwei Gründe: Entweder sie werben für ihre finanzielle oder ihre sexuelle Potenz. Meistens für beides

kanischer Krawattendesigner einen 2000-Dollar-Schlips aus Samt und Seide kreiert, mit Diamanten besetzt, der seiner Meinung nach langlebiger sein wird: „Wenn der Kunde sich eines Tags nichts mehr aus der Krawatte macht, kann er seiner Frau aus den Diamanten immerhin noch eine Brosche anfertigen lassen."

Eine Krawatte wird oft mit Sex in Verbindung gebracht. Wie manche Psychologen behaupten, ist dieses lebenswichtige Stückchen Stoff eine Indikation männlicher Potenz. Der deutsche Psychiater Hemner Ertel erklärte, der Schlips eines Manns gäbe den Frauen deutliche Hinweise bezüglich seiner Manneskraft. Andere Psychologen sind der Meinung, daß ein Mann, der in Gegenwart einer Frau seine Krawatte zurechtrückt, eine sexuelle Geste macht. Eine Umfrage unter Männern zwischen achtzehn und fünfundzwanzig Jahren ergab, daß praktisch alle von ihnen Farbe und Muster ihrer Krawatten als Sexsymbol betrachten.

Unumstritten ist, daß die Krawatte

Aufschluß gibt über Geschmack und Persönlichkeit des Trägers. Eine der beliebtesten amerikanischen Krawatten zu zehn Dollar das Stück sagt alles. Auf ihr ist ein Eber abgebildet und die Buchstaben MCP, was den Träger als Male Chauvinist Pig (männliches Chauvinistenschwein) ausweist.

Das Bedürfnis, eine persönliche Aussage zu machen, hat zu einem Boom bei den Herstellern handgefertigter Binder geführt. Dazu Mary Robson, Designerin von Krawatten: „Was die Männer bedrückt, ist das Gefühl, überall nur eine Nummer zu sein. Finanzleute und Jungmanager in ihrer uniformen Berufskleidung brauchen eine persönliche Note. Der, der eine stilvolle, handgefertigte Krawatte trägt, sagt sich: ‚Diese Krawatte – das bin ich.‘"

> « Eine gut gebundene Krawatte ist der erste Schritt ins wirkliche Leben »
> *Oscar Wilde*

DIE GESCHICHTE DES KNOTENTUCHS

Um 1400 v. Chr. verfügte ein assyrischer Monarch, daß forthin alle Männer Halsbinden zu tragen hätten, um damit ihre gesellschaftliche Stellung kundzutun.

Aber den Ausschlag gaben wahrscheinlich die Franzosen. Im Jahr 1692 schufen französische Kavallerieoffiziere ganz unabsichtlich eine neue Mode – ein Halstuch, dessen Enden lässig ins Knopfloch gesteckt wurden, wenn man in aller Eile den Uniformrock überziehen und in den Kampf reiten mußte. In den Jahren danach übten französische Schöngeister stundenlang vor dem Spiegel das Binden von Halstüchern, um den gleichen lässigen Effekt zu erzielen.

Der Krawattenwahn in Europa erreichte seinen absoluten Höhepunkt um 1800, als die jungen Männer der damaligen Schickeria gleich zwei Halsbinden trugen: ein weißes Tuch, um den Hals herum flockig aufgebauscht, und darüber eine schwarze Krawatte. Diese riesengroßen Halstücher hatten den hauptsächlichen Zweck, das meist ungewaschene Hemd zu verdecken. In späteren Jahren, mit Beau Brummel als Vorbild, wurden die Hemden sauberer und die Krawatten schmäler.

Um die Jahrhundertwende entstanden in Britannien die Old School Ties – gestreifte Krawatten, deren Farben anzeigten, welche Schule der Träger besucht hatte. Heutzutage kann sie jeder Tourist in London kaufen.

> « Die Krawatte ist eine Enthüllung der Persönlichkeit, die sehr beredt sein kann »
> *Umberto Eco*

GLEICHES MUSTER VERBINDET

Aber auch andere Vereinigungen symbolisieren Einigkeit auf ihrem Schlips: Das Drogendezernat der britischen Polizei hat eine Krawatte mit einem herabstoßenden Adler, der sich auf eine Heroinspritze stürzt. Auf dem Schlips der Fluglotsen ist eine helle Startbahn abgebildet. Die Ritter des Männervereins Schlaraffia erkennen sich weltweit am gestickten Uhu auf blauem Grund.

Die Bedeutsamkeit von Krawatten ist auch der Geschäftswelt nicht ent-

DIE KRAWATTE DES PRÄSIDENTEN

„Eine interessante Krawatte tragen Sie da", lobte Michail Gorbatschow den US-Präsidenten George Bush zu Beginn des Gipfeltreffens in Malta. Der Präsident nickte. Dabei besaß er die Krawatte erst seit einer Stunde: dunkelblaues Tuch mit eingestickten Hammern und Sicheln und Stars and Stripes.

Das Ding war eine Art modischer Wanderpokal: Tummy Bestard, amerikanischer Konsul auf Mallorca, hatte die Krawatte bei einem London-Trip gesehen und gekauft. Dann traf die 6. US-Flotte zu einem Besuch in Palma de Mallorca ein, Bestard machte die Honneurs mit dieser Krawatte, und der Kommandierende (ein Admiral) war von ihr so begeistert, daß der Konsul sie ihm schenkte. Der Admiral nun trug die Krawatte, als er George Bush während des Gipfeltreffens auf seinem Flaggschiff begrüßte. Der Präsident hielt sie für das geeignete Accessoire zu diesem Anlaß. Worauf der Admiral sie dem Präsidenten schenkte – das heißt: Sie tauschten ihre Schlipse, und so kam es, daß Bush den Sowjets mit Entspannungskrawatte gegenübertrat.

PS: Obwohl Gorbatschow die Krawatte lobte und begehrlich anstarrte, blieb Bush eisern. Dritter Hals – Endstation.

gangen, die darauf bedacht ist, die Verbundenheit zur Firma hervorzuheben. McDonalds, Lockheed und selbst Segurit Farben schämen sich nicht, ihre Angestellten uniform zu beschlipsen.

> « Eine
> Krawatte ist
> nichts anderes
> als ein bemalter
> Penis »
>
> *Marshall Blonsky, Psychologin*

Nach dem Motto: Einigkeit macht stark.

Doch wir alle werden wohl auch weiterhin das morgendliche Ritual des Krawattenbindens vollziehen. Wie es auch bei Neil Cream der Fall war, der seinerzeit als „Jack the Ripper" zum Tode verurteilt wurde. Am Morgen seiner Hinrichtung begann er seine Krawatte zu binden, worauf James Billington, der Henker, trocken bemerkte: „Das dürfte wohl heute überflüssig sein, Sir."

KHAKIKONVERSATION

Anzüge in Khaki-, Safari- oder Sommerfarben und dazu passende Krawatten – ein diffiziles Thema, bei dem nur wenige firm sind. Müssen/sollen/dürfen die Krawatten nun dunkler sein als der Anzug oder heller? Als heiterer Leitfaden mag eine (der Originalität wegen Englisch belassene) Konversation aus John Le Carrés Thriller „The perfect Spy" dienen. Der Spieß zu einem Offizier namens Pym:
„Do you know what a shit is?"
„Yes, Sir."
„No, you don't. A shit, Pym, is an officer whose tie is of a lighter Khaki than his shirt!"
Fazit: Die Krawatte muß dunkler sein als der Anzug, das Jackenhemd oder das Sakko.

SCHLIPS UND STERNE

STEINBOCK: Unter diesem Sternzeichen geborene Männer neigen zu gestreiftem Regimentsblau und bevorzugen gedämpfte Farbtöne.

WASSERMANN: Diese Träger sind ziemlich unberechenbar. Sie haben gern eine Fliege um den Hals und auch sonst alles, was ungewöhnlich ist.

FISCHE: Diese Männer bevorzugen Klubkrawatten oder – falls sie keinem angehören – Krawatten mit scharf gezeichnetem und ungewöhnlichem Muster.

WIDDER: Sie bevorzugen interessante Streifen, strenge geometrische Muster oder freundliche Muster in kräftigen Farben.

STIER: Diese Menschen achten auf Dessins in Himmelblau, Grün oder Braun. Auch mit Abbildungen sportlicher Veranstaltungen.

ZWILLING: Die im Mai und Juni geborenen Männer sieht man oft mit doppelten Dessins. Zum Beispiel: gewirktes Muster mit zusätzlichen Streifen.

KREBS: Vornehmlich konservative Ausführungen in Blau und Grün.

LÖWE: Man erkennt sie an ihrer Vorliebe für leuchtendes Gelb und Gold.

JUNGFRAU: Diese Männer haben am liebsten flächendeckende Klubmuster, punktierte Binder und gedämpfte Farben. Besonders Jadegrün und Marineblau.

WAAGE: Sieht man meist mit dezenten Streifen und diskreten Pastelltönen.

SKORPION: Krawatten der Skorpionmänner fallen meist durch konservative Drucke oder geometrische Muster in grellen Farben auf.

SCHÜTZE: Diese Männer bevorzugen meist neuartige Schnitte und achten mehr auf den korrekten Sitz der Krawatte als auf deren Farbe und Muster.

Krawattenregeln

Der größte Fehler: Die Kurzkrawatte à la Oliver Hardy. Der peinlichste Schlips: Leder zum Polohemd

LÄNGE: Die exakt gebundene Krawatte reicht genau bis zum Knopf des Hosenbunds, d. h. der Knopf wird überdeckt bzw. der Gürtel zur Hälfte. Die Standardlänge einer Krawatte beträgt zwischen 132 und 142 cm. Zur Verkürzung des hinteren Endes kann man die Krawatte beim Four-in-Hand-Knoten zwei- statt einmal umwickeln oder einen Windsor-Knoten binden. Notfalls

läßt sich das hintere Ende auch zwischen dem ersten und zweiten Knopf ins Hemd stecken. Niemals aber in den Hosenbund.

BREITE: Obwohl die Moden schon variierten zwischen schmalen Lederbändern (circa 2 cm) bis zu überbreiten Tuchkrawatten à la Jason King (circa 15 cm) beträgt das zeitlose Idealmaß einer Krawatte 9,5–

10 cm.

KNOTEN: Je nach Kragenform empfiehlt sich ein anderer Krawattenknoten. Zum weit auseinanderstehenden Cutaway-Kragen paßt am besten der breite Half-Windsor-Knoten; zum engen Turn-down- bzw. zum Button-down-Kragen der Four-in-Hand-Knoten, der leicht asymmetrisch und mit einer Falte gebunden wird. Immer sollte der Knoten circa 4 cm lang sein.

MATERIAL: Verpönt ist alles, was nicht reine Seide ist, sowie Chemiefasern. Ausnahme: Strickkrawatten zu groben Flanellhemden.

FARBEN UND MUSTER: Das Must-

> **« Sage einem Mann, daß Dir seine Krawatte gefällt, und sein Charakter wird sich entfalten wie eine Blume »**
> *Prinzessin Mara*

muster in jeder Krawattensammlung ist der klassische englische Regiments- oder Collegestreifen. Die diagonalen (circa 1,5 cm breiten) Streifen müssen aber unbedingt von der linken Schulter zur rechten Hüfte zeigen, ansonsten handelt es sich um das verpönte amerikanische Muster. Streifenkrawatten passen genauso zum Busineßanzug wie zum Tweedsakko oder zum Blazer. Feiner, edler und eleganter ist das (meist rote) indische Paisley-Muster. Ideal zum Flanellanzug. Einfarbige Krawatten trägt man besten in Kontrastfarben zu gestreiften oder karierten Hemden. Krawatten mit Karomuster nur zu Flanellhemden

und Tweedsakkos. Prinzipiell gilt: Die Krawatte muß immer dunkler sein als das Hemd.

ACCESSOIRES: Eine Perle (im oberen Drittel) ist nur bei schwarzen Krawatten statthaft. Eine Krawattenklammer (möglichst schlicht) sollte eine Handbreit über dem Hosenbund sitzen. Verpönt sind Kettchen und Klammern mit Motiven.

DIE SCHLIMMSTEN FEHLER: Krawatten zu Polohemden. Krawattenende im Hosenbund. Krawatten zu Stehkragenhemden. Krawatten ins Hemd gesteckt. Krawatte beim Essen über die Schulter gelegt. Der offene Kragenknopf und die

> **« Die Krawatte macht den Mann »**
> *Honoré de Balzac*

Die Fliege

Der gordische Knoten der Kreativen

O scar Wilde, Winston Churchill, Heinz Riesenhuber, Johnny Klein, Leo Lukoschik – 100 Jahre Fliegenträger. Die kleine Schwester der Krawatte erhielt erst Mitte des 19. Jahrhunderts ihre Eigenständigkeit, rangiert jedoch bis heute weit hinter ihrer Langversion. Und das, obwohl sie dem gemeinsamen römischen Ur-

sprungsmodell aus dem zweiten Jahrhundert nach Christus wesentlich ähnlicher sieht.

Der wahre Liebhaber der Fliege verabscheut das bereits fertig gebundene Produkt mit Häkchen im Nacken. Fliegenträger werden, da sie einer Minderheit angehören, einer besonderen Weltanschauung verdächtigt. Angeblich seien diese Menschen künstlerischer, kreativer, individueller. Oft sind sie es aber einfach nur leid, daß ihnen die Krawatte

ständig in die Suppe hängt. Wie auch immer – wer Fliege trägt, bindet sie auch selbst. Am einfachsten lernt man das, indem man sie um den Oberschenkel legt und wie einen Schnürsenkel knotet. Anschließend muß man

nur noch die spiegelverkehrte Version einüben. Fliegen kommen am besten zur Geltung, wenn man sie zu einer geschlossenen Jacke oder Weste trägt. Einziger Anzug mit Fliegenzwang sind der Smoking und der Frack. Zum Smoking unbedingt die schwarze, zum Frack die weiße. Sonst werden sie mit dem Oberkellner verwechselt.

Die klassische Knotenlehre

*Neben den drei Klassikern des Krawattenknotens
gibt es nun zwei „neue". Der eine kommt aus den USA,
der andere existiert bereits seit 100 Jahren*

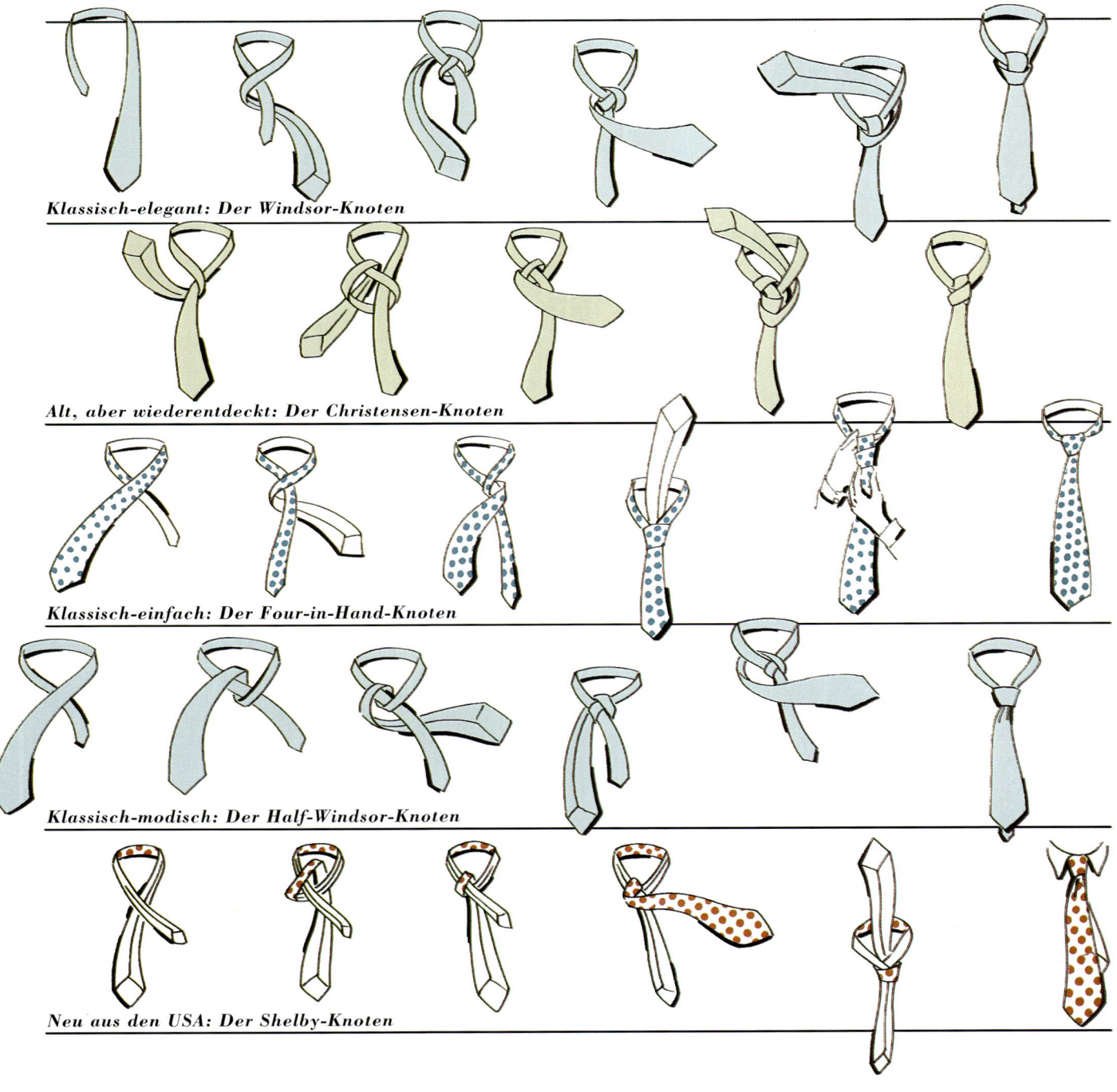

Klassisch-elegant: Der Windsor-Knoten

Alt, aber wiederentdeckt: Der Christensen-Knoten

Klassisch-einfach: Der Four-in-Hand-Knoten

Klassisch-modisch: Der Half-Windsor-Knoten

Neu aus den USA: Der Shelby-Knoten

SCHLARAFFIA

Sitz: Prag
Mitglieder: 12 000
Aufnahme: zwei Bürgen;
ein Jahr Probezeit
Kosten: Spende

Weltweit verzweigter Män-
nerklub mit „Burgen" in
fast jedem „Reich" (Groß-
stadt). Die „Ritter" treffen
sich wöchentlich zur „Sip-
pung" (Sitzung) oder „At-
zung" (Essen). Zweck: Pfle-
ge deutscher Sprache und
des Humors.

THE UNION LEAGUE

Sitz: Philadelphia
Mitglieder: 3000
Aufnahme: ein Bürge
Kosten: geheim

Wenn Sie einen sehen mit
dieser Krawatte, schauen
Sie schnell nach oben, ob
es nicht ein Kennedy ist.
„The Union League" ist
der politische Klub des
Clans, hemmungslos demo-
kratisch und sehr rechts.
Keine deutschen Mitglieder.

FERRARI OWNERS CLUB

Sitz: Düsseldorf
Mitglieder: circa 100
Kosten: 176 000 Mark +
500 Mark Aufnahme + 300
Mark Jahresbeitrag

Man muß einen Sport-
wagen aus Maranello be-
sitzen (ab 176 000 Mark =
Ferrari Mondial), um
Mitglied werden zu kön-
nen. Wer sein Auto ver-
kauft, wird außerordent-
liches Mitglied.

BAYERN

Sitz: München
Mitglieder: circa 500
Kosten: keine

Die Krawatte wurde
früher von Franz Josef
Strauß, heute von Nach-
folger Max Streibl an
Gäste und Freunde der
Staatskanzlei verschenkt.
Wer sie trägt, hatte
zumindest schon mal
Zugang zum weiß-blauen
Gral.

Powerkrawatten

Wenn Sie Männer mit diesen Schlipsen sehen,
haben Sie einen Zipfel der Macht vor sich

EXPLORER'S CLUB

Sitz: New York
Mitglieder: 700
Aufnahme: mit zwei guten
Bürgen und Nachweis geo-
graphischer Leistung sofort
Kosten: 100 Dollar im Jahr

Seit 1905 der Verein der
Topabenteurer, Welten-
bummler und Forscher. Von
Mondbegeher Armstrong
über Meeresvagant Heyer-
dahl bis zur Bergziege
Messner. Nur 15 deutsche
Mitglieder.

STARCK DESIGN

Sitz: Paris
Mitglieder: circa 120
Kosten: circa 100 000
Mark

Die Krawatte des weltbe-
rühmtesten Inneneinrich-
ters bekamen 1987 nur die
Chefs der Firmen, die Phil-
ippe Starck beschäftigten.
Für eine Offerte unter
100 000 Mark steigt der
kauzige Designer übrigens
nicht einmal auf seine ge-
liebte Harley Davidson.

PORTMARNOCK
GOLF CLUB

Sitz: Dublin
Mitglieder: 1100
Aufnahme: Einzelne Kandi-
daten werden von Zeit zu
Zeit gewählt!
Kosten: 3750 Mark Auf-
nahmegebühr, 1875 Mark
Jahresbeitrag

Das Feinste, was Irland zu
bieten hat (seit 1894), und
das benimmt sich traditio-
nell feiner als alles
Englische.

THE NEW DELHI
GYMKHANA

Sitz: New Delhi, Indien
Mitglieder: 3000 Herren
Aufnahme: 55 Jahre
Wartezeit, zwei Bürgen
Kosten: 4000 Mark
im Jahr

Exklusiver Sport- und
Gesellschaftsverein. Nur
zehn deutsche Mitglieder,
und auch die nur – wie
alle Ausländer – befristet
auf sechs oder zwölf
Monate.

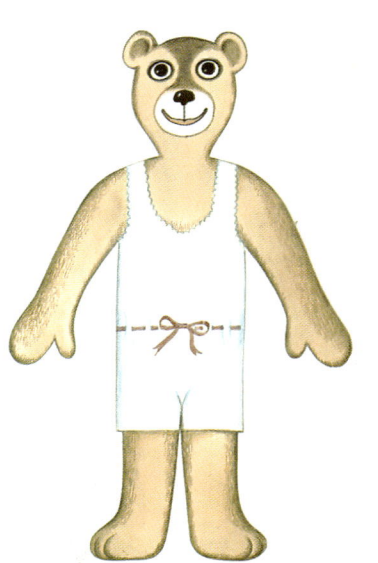

Der Anstandsanzug

Der Lehrling eines vornehmen Schneiders in der Londoner Savile Row fragte einmal seinen Meister, wie ein perfekter Anzug auszusehen habe. Der alte Mann überlegte kurz und sagte: „Wenn Du Deinen Anzug anbehalten kannst und sich alle anderen einen neuen bestellen, dann hast Du den perfekten Anzug."

Der klassische Anzug heute erinnert in vielem dem anno 1860. Damals schnitt man einfach vom Frack die hinteren Rockschöße ab und schneiderte das so entstandene kurze Jackett aus demselben Material und in derselben Farbe wie Weste und Hose. So entstand der Anzug – ein Fachbegriff, der im Grunde nur dann verwendet werden darf, wenn Jacke und Hose in Farbe, Stoff und Musterung völlig übereinstimmen. Die obligatorische Weste ist seit dem Zweiten Weltkrieg nicht

mehr in allen Ländern unbedingt erforderlich. Während der vergangenen 130 Jahre trug man aber auch viele Anzüge, die aus unterschiedlichen Einzelteilen bestanden. Soche Varianten bezeichnet man als „Kombinationen".

Die Frage, ob Ein- oder **ZWEIREIHER**, wird immer eine Glaubensfrage bleiben. Der Zweireiher, dessen zwei Knopfreihen und übereinandergeschlagenen Vorderteile immer so wirken, als könnte man sich auch rechts knöpfen, zwingt seinen Träger, die Jacke im Ge-

hen und Stehen zu schließen. Auch trägt man selten Westen zu solchen Jacken. Die Revers der Zweireiher können ziemlich hochgeschlossen sein, was dem Anzug zur Zeit eine höchst modische Note gibt. Außerdem ist der Zweireiher der beste „Bauchverdek-

DIE FARBE GRAU

Ist es nicht manchmal farbiger, eine Nichtfarbe zu tragen? Sich kräftige Werte und fesselnde Kontraste zu versagen?
Der deutsche Kulturphilosoph Friedrich Theodor (von) Vischer (1807–1887) ist da ganz anderer Meinung. Für ihn zeigt die graue Farbe der männlichen Kleidung „die ganze Blasiertheit der Männerwelt, ihre Abgeschirmtheit und Willensschwäche ..." Eine soziologisch orientierte Deutung könnte den grauen Anzug folgendermaßen deuten: als „Uniform des Kapitalismus", als Konvention, die zur zweiten Natur geworden ist – und zu einer der wenigen festen Gegebenheiten der Männermode.

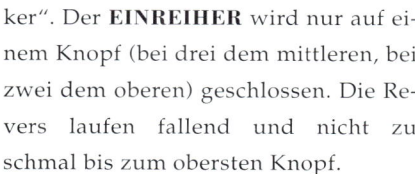

Die Farbe Weiß

*Da sagte Norman Mailer
über Tom Wolfe, als Tom Wolfe
über Norman Mailer sagte,
worauf Norman Mailer
über Tom Wolfe sagte …*

ker". Der **EINREIHER** wird nur auf einem Knopf (bei drei dem mittleren, bei zwei dem oberen) geschlossen. Die Revers laufen fallend und nicht zu schmal bis zum obersten Knopf.

Der **KLASSISCHE ANZUG** im eigentlichen Sinne ist in den 60er und 70er Jahren in Ungnade gefallen, als er zuerst sehr schmale und dann übergroße Revers angeheftet bekam. Auch in Sachen Schnitt tendierte die Mode von stark tailliert bis zu oversized. Erst der Rückkehr zum New-Edwardian-Stil der Jahrhundertwende verdankt der Anzug seine klassische Form. Eben so, wie ihn die Schneider der Londoner Savile Row schon seit hundert Jahren machen: in Grau, Dunkelblau oder Braun, sehr vorsichtig gestreift, mit schmalem, langem Jackett. Die Schultern zwar gepolstert, aber flach, die Revers fallend, aber nie breiter als die Hälfte der halben Brustpartie. Die Hose mit weiten Beinen, einer scharf gebügelten Falte und Aufschlägen.

W eiß ist nicht nur die Farbe der Unschuld, der Bademeister, Bräute und Tennisspieler, sondern auch die Daueranzugfarbe des amerikanischen Schriftstellers Tom Wolfe („Fegefeuer der Eitelkeiten").

Das ärgert seinen Kollegen Norman Mailer so sehr, daß dieser in einem Interview mit dem US-Magazin „Smart" über Wolfe sagte: „Meiner Meinung nach ist einer nicht ganz dicht, der ständig in einem weißen Anzug herumläuft, besonders in New York."

Das las Tom Wolfe, rief „Smart" an und gab folgendes zu Protokoll: „Mai-

lers Bemerkung erinnert mich an einen alten Spruch aus den Südstaaten: „Es ist immer der Leithund, der von den anderen Hunden in den Arsch gebissen wird."

Kaum war das erschienen, meldete sich Mailer bei „Smart" und diktierte folgende Erwiderung: „Es ist wahr, daß immer der Leithund gebissen wird. Aber wenn einer mit blutendem Arsch rumläuft, bedeutet das noch lang nicht, daß er der Leithund ist."

Ein amerikanisches Literatenduell unserer Tage. Alles nur wegen der Farbe Weiß, die doch so unschuldig ist.

Das Überhemd

*Als der Große Gatsby seinen Kleiderschrank öffnete, lagen die Hemden darin zu
Dutzenden, gestapelt wie Ziegelsteine. Alle natürlich aus England: Hemden aus
leichtem Leinen, aus fester Seide und aus feinem Flanell; Hemden einfarbig, mit
Streifen und Paisley-Muster in Korallrot, Apfelgrün, Lavendel und Orange, mit
hellblauen Monogrammen. Daisy entfuhr ein Schrei des Entzückens, weil sie
„noch nie so wunderhübsche Hemden gesehen" hatte*

schwer den Weg in die herrschaftlichen Kleiderschränke. 1870, als sie erfunden wurden, nannte man sie Regatta Shirts und trug sie nur in der Freizeit. Das Buch der Etikette notierte 1876: „Streifen und Muster zeugen zwar nicht von Unreinheit, dennoch sollte sie kein geziemender Mann begehren." Der Weg zur Anerkennung führte über weiße Kragen und Manschetten – ein Stil, der sich bis heute erhalten hat.

VERARBEITUNG UND SCHNITT: Die ersten Hemden wurden noch über den Kopf gezogen. Erst 1871 präsentierte

manschette. Bei einem gemustertem Hemd erkennt man zudem die Güte an den Stoßstellen des Musters. Paßt auch da der Streifen oder die Farbe, trägt man ein gutes Stück. Und: Ein klassisches Hemd hat keine Brusttaschen. Selbst wenn sie vorhanden ist, wird man keinen Gentleman sehen, der sie benutzt.

Früher konnte man die unteren Enden eines Hemds noch im Schritt zusammenknöpfen, was sich mit der Zeit jedoch als wenig komfortabel erwies. Trotzdem, ein Hemd hat dann die richtige Länge, wenn sich die beiden Enden „treffen" können.

KRAGEN: Mrs. Orlando Montague of Troy aus New York erfand 1827 den

Trotzdem, zur Jahrhundertwende erlaubten die Modekritiker gerade noch einen gestreiften Kragen. Farbige Hemden galten höchst abwertend als „very much US".

STREIFEN UND MUSTER: Das weiße Hemd ist von jeher das Erkennungszeichen eines Gentleman. So leicht zu beschmutzen, war es das Symbol für Männer, die – wenn überhaupt – nur am Schreibtisch arbeiteten und sich eine teure Reinigung leisten konnten. Selbst gestreifte Hemden fanden nur

die englische Firma Brown, Davis & Co. ein Hemd im Mantelstil, das vorn völlig zu öffnen war. Ein gutes Hemd ist heute in Einzelnadelstichen gefaßt, d. h. daß der Saum zuerst auf einer Seite, dann auf der anderen mit nur einer Nadel genäht wird. Zwei andere Erkennungsmerkmale für Qualität sind einmal die Falten zwischen Ärmel und Manschette: je mehr Falten, desto aufwendiger und eleganter der Schnitt. Und der Knopf am Armschlitz: früher zum Hochrollen der Ärmel, heute elegante Zierde an der Doppel-

abnehmbaren Kragen. Sie bemerkte, daß an den Hemden ihres Gatten viel öfter die Kragen als der Rest des Hemds verschmutzte. Also schnitt sie den Kragen ab, wusch ihn und nähte ihn anschließend wieder an. Später knöpfte man ihn ab und an und ging so vor, wie Schriftsteller H. G. Wells es beschrieb: „Du wäscht die Dinger abends mit der Zahnbürste, hängst sie über die Stuhllehne zum Trocknen und am nächsten Morgen hast Du wieder ein jungfräuliches Hemd an." Das Ende der abnehmbaren Kragen brachte der Zweite Weltkrieg mit seinen weichen, bequemen Hemden mit sich. Heute unterscheiden wir folgende Kragenformen:

1. TURN-DOWN – der eleganteste Kragen, mit handgesäumten Spitzen, die nach unten zeigen, und kleinen Innentaschen für Kragenstäbchen aus Rasierklingenstahl.

2. CUTAWAY – läßt Platz für den großen Windsor-Knoten. Die Spitzen zeigen nach außen.

3. TAB – eckige Kragenende werden durch eine Lasche zusammengehalten. Zum ersten Mal trug ihn der Herzog von Windsor während eines USA-Besuchs. Seitdem gilt der Tab als sehr amerikanisch. Als Version mit runden Enden heißt er Club, werden die Spitzen mit einer Spange gehalten, ist es ein Pin.

4. BUTTONDOWN – im Jahr 1900 besuchte der Amerikaner John Brooks ein Polospiel in England und stellte fest, daß die Spieler die Kragenenden an ihren Hemden festgeknöpft hatten, damit sie nicht im Wind flatterten. Der Mann nahm die Idee mit nach Haus, und bei Brooks Brothers wird sie noch heute erfolgreich verkauft.

5. VATERMÖRDER – Stehkragen mit nach unten geklappten Kragenspitzen. Die scharfen Kanten schnitten Vater fast die Kehle durch. Paßt zu Smoking, Frack und Cut.

MATERIAL: Die besten Hemden werden heute aus sogenannter Sea-Island-Baumwolle gefertigt. Leicht wie Seide und höchst atmungsaktiv. Die Knöpfe sind im besten Fall aus Macassa-Perlmutt (aus dem Gehäuse der Trochacea-Tiefseeschnecke) und weisen drei Löcher auf.

Der Tick mit dem Knick

Das perfekte Oberhemd ist die Visitenkarte eines jeden Mannes – deshalb bügelt er es auch selbst

Teure Hemden in die Wäscherei? Plattgepreßt und viel zu heiß in Form gebracht? Nein – der Mann, der auf sich und sein Oberhemd achtet, weiß am besten, wo der Knick liegen muß. Er bügelt selbst, und zwar folgendermaßen:

Nach dem Waschen das Hemd nur kurz schleudern, sonst knittert es zu sehr. Feucht aufhängen, zurechtziehen und antrocknen lassen. 1. Den Kragen mit der Vorderseite auf dem Bügelbrett flachstreichen. Von der Ecke zur Mitte hin die Unterseite bügeln; dabei die Naht glattziehen. 2. Die Vorderseite ebenso, jedoch mehr mit der Eisenspitze. 3. Als nächstes die Schultern; zuerst innen, dann außen. 4. Die Manschetten werden wie der Kragen gebügelt. 5. Den Ärmel so auf das Brett legen (dabei an der Manschette halten), daß sich eine gerade Linie zur Schulter ergibt. Von der Mitte zur Schulter hinauf- und zurückbügeln. Die Eisenspitze immer in Richtung der Falten an der Manschette. Den Ärmel umdrehen und in gleicher Art vorgehen. 6. Den Brustteil mit Knopflöchern auf das

Als britische Polospieler um die Jahrhundertwende noch Stehkragenhemden trugen, knöpften sie zum Wettkampf die Kragenenden am Hemd fest, damit sie nicht im Wind flatterten.

Das sah im Jahr 1900 der New Yorker John Brooks, Präsident der Textilfirma Brooks Brothers, und „klaute" diese Idee für seine Hemdenproduktion. Von den USA aus traten sie als Button-down-Hemden einen beachtlichen Siegeszug in der internationalen Busineßwelt an und gelten heute noch als Markenzeichen für den Geschäftsmann.

Das klassische Brooks-Button-down-Hemd hat sich in den fast neunzig Jahren seines Bestehens nicht wesentlich verändert. Im Lauf der Zeit wurde der weiße Oxford, ein festgewebter, aber luftdurchlässiger Baumwollstoff, jedoch farbig. Im Jahr 1940 war der modehistorische Augenblick gekommen: Das erste Herrenhemd in Pink erschien auf dem Markt — und führende Modemagazine feierten dieses Ereignis gleich mit Titelbildern.

Das Herrenhemd legte weiter an Farbe zu, der Schnitt wurde legerer. In den sechziger Jahren kam eine Brusttasche hinzu. Geblieben dagegen ist der weiche, ungefütterte Kragen. Und die Kragenecken sind lang genug, um sie, leicht angeschoppt, festzuknöpfen.

Brett legen. Von innen bügeln und dabei immer die Leiste glattziehen. Dasselbe von außen und die Seite mit den Knöpfen in gleicher Weise behandeln. 7. Das Hemd bei den Schultern nehmen, mit dem Rücken auf das Bügelbrett legen und mit den beiden Frontseiten aneinander die beiden Säume bis zu den Armen hinaufbügeln. Mit einer Hand das Hemd von innen leicht anheben und mit dem Eisen vorsichtig eventuelle Falten glätten. 8. Das obere Drittel des Hemds bügeln. Genau dort, wo die Schultern und die Hemdenfront zusammenkommen. 9. Mit der Hand das Hemd ganz glattstreichen und nochmal leicht überbügeln.

Die Geschichte des T-Shirts ist ungeschrieben. Sein Ursprung liegt deshalb im dunkeln der Modegeschichte.

THEORIE 1: Kaiser Hadrian zog immer, wenn er ein Todesurteil verkünden mußte, ein T-förmiges Hemd in Schwarz über seine Tunika.

THEORIE 2: Der amerikanische Baumwollpflanzer Hanes entwarf für seine in der Hitze schuftenden Pflücker ein T-förmiges Hemd, dessen schlichten Grundriß er auf braunes Packpapier zeichnete.

10. Die Frontpartie vorsichtig aufklappen und den Rücken von innen bügeln.

Hängen Sie das Hemd auf einen Bügel, schließen Sie sämtliche Knöpfe. Kommt es in die Schublade, niemals mehrere Stücke mit dem Kragen übereinanderlegen, sondern immer seitenverkehrt. Am besten stützt man den Kragen noch mit einem Stück Pappkarton.

Ein Hemd wie ein T

Warum ein Unterhemd zum populärsten Hemd der Welt wurde

Das Design wurde derart erfolgreich, daß Hanes seine Plantage verkaufte und nur noch T-Shirts produzierte (die Firma Hanes ist heute noch der größte Hemdchenproduzent der Welt).

THEORIE 3: Die US-Navy verteilte – der Hitze wegen – weiße Unterhemden in T-Form (von Hanes) als kleinsten Dienstanzug an ihre Pazifik-Geschwader. Die Matrosen nahmen die Shirts nach dem Zweiten Weltkrieg ins Zivilleben mit, und Marlon Brando trug so ein Ding als Kowalski in der Uraufführung von „Endstation Sehnsucht" am Broadway.

Das bedeutete den weltweiten Durchbruch dieses Popeye-Hemds aus reiner Baumwolle.

Heute werden alljährlich über 200 Millionen T-Shirts produziert. Vor allem in Touristengebieten, wo die Hemden Urlaubskleidung („It's better in the Bahamas") und Souvenir Nr. 1 zugleich sind.

Aber das T-Shirt ist mehr: Sommerkleidung erfolgreicher Poeten, die durchs Tragen einen letzten Rest von Solidarität mit dem Volk zeigen wollen („Eat the Rich"). In Dritte-Welt-Staaten benützen es Politiker als Wahlplakat und -geschenk („Noriega's the Man"). Es markiert – wie ein Sonderstempel der Post – historische Anlässe („Me Lukim Pop"). Es ist das Bühnenkostüm rockiger Popsänger („Rolling Stones Tour 1989") und längst hat sich das größte Museum der Welt (Smithonian Institution, Washington) eine Shirtsammlung angelegt.

Dennoch: Das T-Shirt ist und bleibt das Hemd der Armen (weshalb es die linken Reichen so sehr lieben), ein Unter-, Freizeit-, Urlaubsstück, und erst seit die Grafik sich der Brust- und Rückenplakatfläche bemächtigte, wurde aus einem schlichten Kleidungsstück eine Aussage jenseits aller modischen Diktate.

Sozusagen das Transparent des Bürgers, der zu friedlich ist, um lautstark den Mund aufzumachen oder sich gar Protestmärschen anzuschließen („Down with Saddam"). Es ist deshalb sinnlos, einen Kleidungskodex aufstellen zu wollen. Wer ein T-Shirt trägt, will uns etwas sagen. Redefreiheit.

PS: Wer nicht zuhören will, soll wegsehen. Aber wir kennen eine Menge sehr eleganter Herren, die nicht ein einziges T-Shirt besitzen.

Kaum ein gestricktes Bestandteil der Mode hat einen so arbeitsintensiven Ursprung wie der traditionelle Pullover der Seeleute. Der englische Gansey-Pullover wurde während der Viktorianischen Zeit von den Frauen der Fischer in den britischen Seehäfen gestrickt. Mit großen Holznadeln mußten sie die talgige Wolle verarbeiten; nicht selten bedurfte es zwei Arbeiterinnen, jede mit einer Nadel. Die Pullover waren immer blau, und das na-

Pullover drüber

Zu Zeiten von Klimanlagen und Zentralheizungen sind Pullover schon fast vom Aussterben bedroht. Vielleicht lieben sie Männer deshalb so

türliche Fett der Schafwolle machte sie wasserfest und warm. Am kreativsten waren die Schottinnen, die traditionelle Muster wie Anker, Burgen und Flaggen einstrickten und damit auch die Herkunft des Trägers festschrieben. Und weil die Seeleute immer schwere Lasten auf ihren Schultern tragen mußten, waren diese Pullover oben doppelt stark gestrickt. Man sagte damals, man könne die Herkunft eines betrunkenen Seemanns immer an seinem Pullover ablesen und ihn dann nach Haus bringen.

Queen Elizabeth I. schätzte die Qualität der einheimischen Strickwaren so sehr, daß sie auf der Kanalinsel Guernsey Strickfabriken bauen ließ, von wo aus das gesamte europäische Festland mit dicken Pullovern, mit „Guernsey, versorgt wurde.

Die ersten von Gentlemen getragenen Pullover bekamen in England den Namen Sweater, weil sie eben dafür im Sport getragen wurden. „Das öffnet die Poren!" lautete zu Zeiten Queen Viktorias die Werbung. 1868 bekam die Weste aus Wolle (mit und ohne Ärmel) den Namen seines begeistertsten Trägers, des Earl of Cardigan. Die Strickweste wurde erst recht populär durch den Premierminister Harold Macmillan als Teil seines ungezwungen saloppen Stils. Dichter Noël Coward beschreibt dagegen in seinen Memoiren, daß er sich wegen seiner ständigen

Halsschmerzen einmal einen Pullover mit Halsbund habe machen lassen: „Aus der Zeitung erfuhr ich dann, daß ich den Rollkragenpullover erfunden habe."

Heute paßt der dünne gestrickte Rollkragenpullover (Kaschmir oder Seide) am besten zum Blazer oder unter ein sportliches Tweedsakko. Ein na-turweißer Pullover mit V-Ausschnitt wird mit Hemd und Krawatte unter knielangen Jacken getragen. Zum klas-sischen Anzug ist allenfalls eine ärmel-lose Strickweste erlaubt (lange Arme tragen zu sehr auf). Den klassischen Cardigan (Strickweste) im Blazer-schnitt trägt der Herr zu Haus anstatt des Jacketts.

Die Kaschmirziege der Inneren Mongolei liefert die beste Wolle. Für einen Mantel braucht man die Wolle von 20 Tieren

Kaschmirbrevier

Sechs (Fragen und Antworten) zu dem Stoff, der teurer ist als Geld

Was ist Kaschmir?

Die sehr feine, weiche Unterwolle der Kaschmirziege. Die Qualität hängt von den Klimabedingen ab, in denen die Ziege aufwächst – je kälter, desto bes-ser. Beste Wolle liefern die Ziegen aus der Inneren Mongolei, die in 1000 bis 4000 Meter Höhe leben.

Warum ist Kaschmir so teuer?

Unter dem harten Langhaarfell wach-sen nur 100 Gramm der weichen Un-terwolle pro Tier und Jahr. Die Wolle von drei Ziegen reicht für einen schlichten Pullover, für einen Mantel braucht man die Wolle von rund 20 Tieren.

Was ist das Besondere an Kaschmir?

Er ist weicher, hautfreundlicher als Schafwolle und gleicht Körper- und Außentemperatur besser aus. Und er ist leichter als Wolle.

Wie erkennt man gute Qualität?

Auf das Etikett achten. 100 Prozent Kaschmir, Pure Cashmere oder Reiner Kaschmir garantieren (per Gesetz), daß keine Fremdfasern enthalten sind.

Auf den Preis achten. Ein guter Pull-over ist nicht unter 500 DM zu haben. Ein Sakko nicht unter 2000 DM. Ist das Stück billiger, ist es kurzfädiger Abfall.

Auf das Herkunftsland achten. Schottischer Kaschmir gilt als besser als italienischer. Die Schotten färben in der Regel den Faden, die Italiener das fertige Tuch.

Auf die Farbe achten. Heller Kasch-mir ist weniger gefärbt, also weniger beansprucht.

Einfädig, zweifädig …?

Es gibt bis zu fünffädigen Kaschmir. Das zeigt, wie viele Fäden miteinander verwebt sind. Je weniger Fäden, desto dünner das Material.

Pflege?

Viel handwarmes Wasser, wenig Fein-waschmittel, nur leicht drücken, nicht rubbeln, nicht wringen. Zum Trocknen zwischen zwei Handtücher legen und ebenso bügeln.

Den Frauen Symbol für erotische Männlichkeit: Der richtige Hintern in der richtigen Hose

Die Hose

Kaum zu glauben, daß Männer bis zur Französischen Revolution ausschließlich Kniebundhosen trugen und lange Hosen ausschließlich für die Arbeitskleidung von Matrosen hielten

Nicht einmal der Herzog von Wellington wurde mit Hosen in den damals feinsten Londoner Spielklub „Almack's" eingelassen – heute würde er mit jedem anderen Beinkleid davorstehen.

DER SCHNITT: Es gibt zwei klassische Hosenschnitte: den geraden und den spitz zulaufenden. Obwohl die ersten Hosen extrem eng geschnitten waren und die Mode seitdem alle Variationen durchprobiert hat, gibt es immer noch ein gutes Argument für die spitz zulaufenden Hosen. Sie entsprechen der Anatomie von den Hüften bis zum Knöchel. Nichts geändert hat sich an der klassischen Weite des Saums: Er sollte ¾ des Schuhs bedecken.

Die Front kann entweder gerade oder mit Bundfalten geschnitten sein.

Die Bundfalte wurde erfunden, um einen weiteren Schnitt zu ermöglichen und mehr Stoff im Bund unterzubringen. Klassische Hosen sollten aber höchstens zwei Falten aufweisen. Eine, die in die Bügelfalte übergeht und eine genau zwischen Bügelfalte und Tasche. Der gerade Schnitt ist zwar eleganter, muß aber auch genauer angemessen werden. Grundsatz: je enger die Hose, desto weniger Bundfalten.

BUND: Entscheidend für den Schnitt des Hosenbunds ist die Frage, ob die

WARUM HABEN HOSEN BÜGELFALTEN?

Beginnen wir mit einer Warnung: Bügelfalten in Jeans sind Sünde – es sind die einzigen Hosen, die man unbedingt „ohne" tragen sollte.

Ursprünglich hatte nämlich keine Hose Bügelfalten; und daß dies seit der Jahrhundertwende anders ist, verdanken wir König Edward VII. von England. Im Jahr 1896 kam er zu den scharfen Kanten eher durch Zufall. Als er noch Prince of Wales war, ließ er einmal sein nasses Beinkleid unter einem Brett trocknen. Das Ergebnis waren die ersten Bügelfalten – allerdings standen sie seitlich.

Sein Sohn, König George V., übernahm den Trick, verrückte die Bügelfalten aber um neunzig Grad auf die Vorderseite seiner Hosen.

Diese Falten gerieten schnell zur Mode und wurden nach dem Ersten Weltkrieg ein gepflegtes Symbol der jungen Generation. Als man in den zwanziger Jahren begann, weite Hosenbeine zu tragen – der Mann sollte wie körperlos wirken – unterstützten die Bügelfalten den einwandfreien Sitz der Hose.

Hosen haben korrekte Länge, wenn die Bügelfalte mit leichtem Knick auf den Schuhen steht.

TAG DER OFFENEN TÜR

„Your fly is open!" sagte der eine (britische) Komiker zum anderen.

Der gab die klassische Varietéantwort: „Doesn't matter. Dead canaries don't drop from their cages."

Komisch – offene Hosenschlitze scheinen vor allem ein englisches Problem zu sein, denn da gibt es eine zweite Geschichte: Gentleman steht, mit Westenanzug, Bowler und Schirm, an der Bushaltestelle. His fly is open. Dezent macht ihn jemand darauf aufmerksam. Worauf der Gentleman das Versäumnis abstellt mit den erstaunten Worten: „Oh, she's gone!"

Ein offenes Hosentürl hat jedoch Geschichte gemacht, Sportgeschichte allerdings nur, aber immerhin ...

Bei den Olympischen Winterspielen 1984 in Sarajewo startete beim Skispringen von der kleinen Schanze Holger Freitag aus der DDR als Nr. 9. Ein mittlerer Favorit, besonders als man entdeckte, daß er mit besagtem offenen Hosenladen über die Schanze fuhr, damit der Wind in sein Beinkleid fahren und es ballonartig aufblähen konnte, auf daß der Flug länger wurde.

Freitag mußte den Schlitz schließen und landete nicht in Medaillenrängen.

Hose mit Gürtel oder mit Hosenträger getragen wird. Bei einem klassischen Anzug sollte diese Frage nicht auftauchen, da der immer mit Hosenträger getragen wird. Ohne Gürtelschlaufen sollte der Bund circa drei Zentimeter weiter sein, um einen lockeren Sitz zu garantieren. Früher waren die Knöpfe für die Hosenträger außen angebracht, heute ist es wesentlich eleganter, die Hosenträger innen im Bund zu befestigen. Nur niemals mit Clips und nie zusammen mit einem Gürtel.

BÜGELFALTE: Die einzige Hose ohne Bügelfalte ist die Jeans (immer ohne). Erfunden wurde die Falte von König Edward VII., allerdings an der Seite – so wie man die Hose zusammenlegte. Sein Sohn George beförderte die Falte nach vorn und machte sie gesellschaftsfähig. Nach dem Ersten Weltkrieg war es das Symbol der jungen Generation und mit den weiten Hosen der 20er Jahre das einzig formale Relikt. Die Bügelfalte ist korrekt, wenn sie sich exakt in der Mitte zwischen den Nähten befindet.

AUFSCHLÄGE: Zuerst hatten sich die Männer nach Erfindung der Hose die

Beine noch hochgeschlagen, um sie bei schlechtem Wetter nicht zu beschmutzen. Ab 1890 akzeptierte man die Aufschläge dann schon als Ausdruck der Sportlichkeit. Als jedoch der Viscount Lewisham das erste Mal 1893 im Parlament mit Aufschlägen erschien, gab es eine einstündige Unterbrechung der

Sitzung. Heute sind Aufschläge für alle Hosen mit Bundfalte statthaft, verbessern durch ihr Gewicht gar noch den Sitz einer weiten Hose.

REISSVERSCHLUSS: Obwohl Earl Moutbatten 1934 einer der ersten war, die einen Reißverschluß an der Hose hatten, war dieses Patent noch jahrelang verpönt. Hauptsächlich auf Grund der Gefahr, daß er sich selbstständig öffnen könnte. Bei klassischen Hosen ist ein Nylonreißverschluß heute obligatorisch; bei Freizeithosen setzt sich der Verschluß mit Knöpfen wieder durch. Vorbild: die 501-Jeans von Levi's. Im Jeansgeschäft findet man inzwischen kaum noch eine mit Zipp. Ein Tip noch: Wenn der Metallreißverschluß hakt, einfach mit einem Bleistift rauf und runter fahren, und schon funktioniert er wieder.

JEANS – (IMMER) PRAKTISCH, (SELTEN) WERTVOLL

Die praktische Seite der blauen Arbeitshosen von Levi Strauss ist unbestritten. Was deren Sammlerwert angeht, sind sie eher unbekannt. Am besten schauen Sie gleich in ihrem Kleiderschrank nach – vielleicht hängt da eine Hose für 10 000 Mark. Unter Sammlern werden Jeans mit folgenden Merkmalen teuer gehandelt:

Markantestes Merkmal der Jeanssammlerstücke ist das Tab (das kleine rote Fähnchen an der Gesäßtasche). Auf Levi's, die vor 1971 hergestellt wurden, ist der Schriftzug mit einem großen E geschrieben. Bis 1970 wurden alle Levi's-Jeans noch mit echtem Indigo gefärbt. Wer dies bei seiner Hose feststellen kann, hat im Wert mindestens zehn Hosen im Schrank.

Bis 1960 trugen die Jeans auch an den Gesäßtaschen zwei Nieten als Verstärkung. Danach gab es nur noch doppelte Nähte.

Bis zum Jahr 1950 wurde das Levi's-Abzeichen am Bund hinten aus echtem Leder gefertigt. Danach war es nur noch Imitat.

Ab 1950 wurden sämtliche Hosen mit einem orange Faden genäht. Die mit gelbem Faden gehören ins Museum oder zum nächsten finanzstarken Sammler.

Bis zum Jahr 1940 wies der Hosenschlitz nur vier Metallknöpfe auf. Alle späteren Hosen haben fünf.

Sollten Sie gar eine 501 besitzen, die keine Gürtelschnallen aufweist, dann haben Sie ein Stück von vor 1922 an und können es getrost mit Gold aufwiegen.

Er gehört zur Quintessenz jedes männlichen Kleiderschranks wie Nadelstreifen, Tweed, Flanell und ist doch viel, viel wichtiger als alle Basics zusammen. Ein Blazer mit grauer Hose ist die Paradeuniform für Polo, Regatta, Derby; ein Blazer mit weißer Hose und Halstuch ist perfekter Standard für Gartenparties, zwanglose Stehempfänge und jede Art von Sonntagnachmittagsbesuchen; ein Blazer mit Jeans ist das Signal aller Salonkreativen aus Kunst, Werbung und Journaille.

Seine Herkunft wird nach wie vor heftig diskutiert. Einige Modehistoriker behaupten, er sei das evolutionäre Endprodukt der derben Matrosenkittel; andere schreiben ihn den Collegestudenten des späten 19. Jahrhunderts zu, deren abgewetzte Mäntel speckig schimmerten (englisch = ablaze); am wahrscheinlichsten jedoch ist die Geschichte des Kapitäns der HMS Blazer im Jahr 1837. Als ein Besuch der Königin Viktoria angekündigt wurde, ließ er seine Mannschaft zum Kleiderappell antreten. Schockiert von dem Ergebnis, beauftragte er den Schiffsschneider, für jedes Crewmitglied weiße Hosen und eine blaue Jacke anzufertigen. Um den Uniformcharkter zu wahren, wurden Knöpfe mit der Zeichen der Royal Navy angenäht. Begeistert von dem Ergebnis ließ die Queen sofort ihre ganze Flotte dermaßen einkleiden.

Soweit die Geschichte. Wie aber hat ein korrekter Blazer auszusehen? Entgegen der landläufigen Meinung war der Urblazer ein Einreiher. Zweireihig gilt er heute als moderner, aber nicht weniger klassisch. Das Wich-

Blazer über alles

Universell tragbar, immer und überall, zeitlos elegant, bequem und unendlich variabel

tigste: Ein Blazer muß blau sein! Er hat einen gefütterten Kragen, „rollende" Revers, keine wattierten Schultern, Taschenklappen und zwei seitliche Schlitze hinten. Das Material kann Wolle, Wolle-Baumwolle oder (am besten) Kaschmir sein.

Das offenkundigste Erkennungs-

zeichen eines Blazers sind seine Knöpfe. Ein Einreiher hat zwei als Verschluß und drei (maximal vier) an den Ärmeln. Zweireiher werden mit sechs Stück an der Frontseite getragen. Sie sind entweder silber oder gold, müssen flach und poliert sein, wenn sie nicht verziert sind. Knöpfe mit Moti-

Strümpfe statt Socken

Nach der Konterrevolution der weißen Socken ziehen Männer mit Strümpfen wieder nach

Die Blazerknöpfe der Reederei Laeisz, der Hamburg-Süd und des Norddeutschen Regattavereins

ven oder Abzeichen müssen halbrund sein, in Gold und keinesfalls glänzend. In Ausnahmefällen sind auch Hornknöpfe zulässig.

Was die Wappen auf den Knöpfen und als gesticktes Emblem an der Brusttasche angeht, so würde man sich damit in England grundsätzlich blamieren. Nahezu jedes erhältliche Motiv wird in Großbritannien einem Regiment, einem Klub oder einer Adelsfamilie zugeordnet und ist also nur deren Mitgliedern erlaubt zu tragen. Am unverfänglichsten ist da noch das einfache Motiv eines Ankers. Wer ganz sicher ohne fremde Federn gehen will, nimmt glatte Knöpfe und verwendet als Emblem sein eigenes Familienwappen oder das seines Klubs. Bei Militariahändlern findet man auch einen Satz Knöpfe nicht mehr existierender Regimenter. Wo kein Kläger mehr, da kein Richter. Wer an seinem Blazer überhaupt nichts falsch machen will, läßt in seine Knöpfe die eigenen Initialen eingravieren.

Dashiell Hammet's Held George Raft bringt das Männerproblem in „Der gläserne Schlüssel" auf den Punkt. „Er schaute auf die ausgestreckten Beine des blonden Manns und sagte: ‚Sie sollten keine Seidenstrümpfe zum Tweedanzug tragen!' Madvig hob ein Bein an und besah seine Knöchel. ‚Nein? Aber ich mag das Gefühl von Seide auf der Haut.' ‚Dann ziehen Sie eben ihren Anzug aus.'"

Die Frage ist fast so alt wie die Modegeschichte: Wann ziehen Männer welche Strümpfe an und wozu? Die erste dokumentierte Auseinanderset-

WAS HABEN KNÖPFE AM JACKETTÄRMEL ZU SUCHEN?

Kein Geringerer als Napoleon I. trägt die Verantwortung – er ließ die Knöpfe an die Uniformärmel seiner Soldaten nähen, um sie daran zu hindern, ihre Nasen an den Ärmeln abzuwischen.

An Jacketts wurden Knöpfe angebracht, um zu ermöglichen, die Ärmel während der Arbeit hochzukrempeln. Die Anzüge „von der Stange" hingegen hatten im Zeichen der Konfektionierung keine Knöpfe, jedenfalls keine aufknöpfbaren. Weil das Jackett so nicht hätte gekürzt werden können,

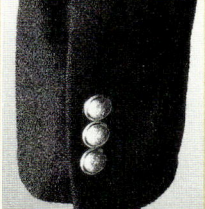

ohne den Ärmel aufzutrennen. Knöpfe, die sich öffnen lassen, waren ein Zeichen für maßgeschneiderte Anzüge. Manche Gentlemen ließen deshalb mindestens den ersten Ärmelknopf offen, um zu dokumentieren, daß sie „Herren" sind. Nachdem die Konfektion nun auch „echte" Ärmelknöpfe anbietet, verlangt es schon ein geschultes Auge, um festzustellen, ob ein Anzug „von der Stange" ist oder nicht. Übrigens: Die aufknöpfbaren Ärmel schaffen auch Platz für die oft etwas sperrigen Manschetten.

Bis heute hat sich in der Männerwelt noch nicht herumgesprochen, daß weiße Socken kein Zeichen des Wohlstands mehr sind

zung diesbezüglich trugen die römischen Soldaten aus, die 397 v. Chr. die Alpen erklommen. Weil es so kalt war in den Sandalen, zogen sie sich Stoff über die Füße und fanden's auch noch chic. So sehr, daß wenig später ein Gesetz erlassen wurde, das es dem gemeinen Volk verbot, Strümpfe zu tragen. Im 7. Jahrhundert gibt es bereits rundgestrickte Strümpfe in Knöchel- und Knielänge; im Mittelalter banden sich die Männer ihre Beinlinge an der Hüfte fest. Knallbunt — passend zu den bauschigen Hosen — schmückten Landsknechte ihre Beine; an den Höfen absolutistischer Herrscher werden Seidenstrümpfe höchste Zier.

Dank Pfarrer William Lee von Nottinghamshire, der 1589 eine Strumpfstrickmaschine erfand, war es das er-

ste industriell gefertigte Kleidungsstück. Nach und nach wurden die Strümpfe wieder kürzer, hießen Socken und waren uni und aus Seide der Stolz des Mannes der Jahrhundertwende. Das Dandytum der zwanziger Jahre brachte Farbe ans Bein: Grün, Himmelblau und sogar Lila waren en vogue. Die Wirtschaftkrise und der Zweite Weltkrieg färbten alles wieder grau. Die Ära Nyltest und Trevira machte schließlich auch nicht vor den Füßen halt und bescherte uns Schweißfüße, chemiebestrickt. Und dann die große Zeit des neuen Wohlstands. Markenzeichen: weiße Socken. Bis heute hat sich nicht herumgesprochen, daß die Männerkleidung von oben nach unten immer dunkler werden sollte. Der helle Lichtblick zwischen Schuh und Hose sticht nach wie vor gemein ins Auge. Hier die kleine Fußbekleidungslehre:

■ Socken sind besser, wenn sie Strümpfe heißen und bis zum Knie gehen. So sieht man auch bei übergeschlagenen Beinen keine „Stachelbeeren".

■ Dünne Baumwoll- oder Seidenstrümpfe gehören zum Anzug zu jeder Jahreszeit.

■ Die Farbe der Strümpfe richtet sich nach dem dunkelsten Punkt zwischen Schuh und Hose. Z. B. dunkelblaue Hose, braune Schuhe = dunkelblaue Strümpfe.

■ Gestopfte Strümpfe sind fast so peinlich wie das Loch am großen Zeh.

■ Dicke Strümpfe nur zu derben Materialien wie Cord und Tweed.

■ Weiße Socken nur zu Jeans und Freizeitschuhen. Ausnahme: blauer Blazer, weiße Hose, weiße Schuhe.

■ Gemusterte Strümpfe nur Ton in Ton wählen.

DIE ARGYLESOCKE: Eine Ausnahmestellung zwischen klassischen und sportlichen Strümpfen nimmt die Argyle-(sprich:Agail)Socke ein. Ursprünglich aus dem Tartan geschnitten, das Familienmuster schottischer Adelsfamilien, führte sie der Herzog von Windsor (wie so vieles) in die Mode ein. Er trug sie zur Jagd und zum Golfen, niemals aber zum Anzug. Das gilt auch heute noch. Allenfalls zu Cord- oder Tweedhosen und festen Schuhen.

Übrigens: Die häufig zitierte Verbindung der Argyle-Socke zur schottischen Argyll-Familie ist völlig falsch. Es war weder deren Muster noch deren Familienfarben und stimmt auch nicht in der Aussprache.

Zum Anzug niemals handgestrickte, geringelte oder gemusterte Strümpfe. Und bitte schön auch keine gestopften

Der Diamond-Loafer in Schwarz: Zum dunklen Anzug, aber auch zur Jeans

Erstens: Schuhe

Wäre dieses Buch ein Berg, so stünden Sie jetzt am Gipfelkreuz. Alles, was vor und hinter Ihnen liegt, ist nur halb so bedeutsam (inhaltlich) wie dieses Kapitel über Schuhe – der Quintessenz gepflegter Männlichkeit

Der Oxford in Schwarz: Ideal zum dunklen Anzug auch am Abend

„An seinen Schuhen erkennst Du den Mann", sagte kein Geringerer als der Herzog von Windsor, Guru und Vordenker der Männermode im 20. Jahrhundert. Und in der Tat: Alle Menschen, die darauf angewiesen sind, Männer auf den ersten Blick hin taxieren zu müssen (Portiers, Banker, Personalchefs), schauen Ihnen auf die Schuhe. An den Füßen offenbaren sich Stil und Weltanschauung, Persönlichkeit und Charakter, Klasse oder

Masse. Der Schuh ist das essentiellste Kleidungsstück eines Manns.

Wer nun den simplen Denkschritt verfolgt: Trage ich teure, neue Schuhe, genieße ich Ansehen (und vice versa), irrt gewaltig. Gerade ein gut gepflegtes Paar, das vielleicht schon der Vater trug, erzählt dem Eingeweihten mehr Gutes als ein handgeschriebener Lebenslauf.

Wieviel Paar Schuhe braucht ein Mann? Peter Eduard Meier, Inhaber des ältesten und besten deutschen Schuhhauses, sagt ganz klar: „Sieben Paar!" John Hunter Lobb, Ururenkel des weltberühmtesten Schuhmachers John Lobb in London, meint: „Sechs Paar!"

Dabei sind sich die beiden Schuhexperten nicht über die ersten sechs Paar uneinig, das siebte ist lediglich eine sportlichere Variante von Nr. 6. Aber dazu später.

1. braucht ein Mann einen klassisch schwarzen Oxford. Dieser schlichte

Der Schnürer in Bordeaux: Zu allen dickeren Stoffen

Schnürschuh mit lediglich einer Ziernaht über der Kappe ist das ideale Laufwerk zu jedem dunklen Anzug, auch am Abend.

2. gehört in den Schuhschrank ein brauner Brogue. Dieser eher rustikale Schuh mit dem typischen Löchern in den Flügelkappen (= Wing Tips) paßt zu allen groberen Stoffen wie Tweed und Cord und signalisiert die gepflegte Freizeitkleidung.

3. muß Mann einen Pump haben. Ohne den Slipper-ähnlichen Lackschuh mit der Rips-Schleife könnte er eigentlich nicht in Frack oder Smoking gehen.

4. fehlt noch ein Derby. Schwarz, glatt, geschnürt – das Alltagsschuhwerk paßt zu allem.

Diamond-Loafer in un: Zu Freizeitkleig und Jeans

5. sieht man Männer zu Jeans und informellen Hosen mit einem Loafer an den Füßen. Diesen lässigen Freizeitschuh (altdeutsch auch Collegeschuh genannt) gibt es entweder als Diamond-Loafer mit einer ausgestanzten Raute in dem Lederriegel über dem Rist; als Penny-Loafer mit einem Schlitz darin; als Beef-Roll mit kleinen genähten Lederwülsten an der Seite; als Kiltie mit Fransen auf der Lasche oder als Tassel-Loafer mit zwei Quasten daran. Lobb empfiehlt den Loafer in schwarzem Glattleder auch zum modischen Anzug. Meier würde zusätzlich

Der Brogue in Braun: Zu Tweed und Cord

SCHUSTERLEISTEN VOM FEINSTEN

Es bedarf entweder einer gehörigen Portion Geld, Zeit oder Qualitätsbewußtsein, um sich seine Schuhe bei John Lobb, dem feinsten Schuhmacher der Welt fertigen zu lassen. Wer in London die St. James Street ansteuert, sollte außer einer dicken Brieftasche auch über reichlich Geduld verfügen. Der Kauf von einem Paar maßgefertigter Lobb-Schuhe beginnt beim Fitter, der Ihren Fuß vermißt. Sie stellen sich auf ein Blatt Papier, und Ihr Grundriß wird gezeichnet. Anschließend befühlt der Fachmann das Objekt und zeichnet jede Besonderheit in seine Skizze ein. Obwohl diese Prozedur nur eine halbe Stunde dauert, die Schuhe können Sie frühestens in sechs Monaten erwarten. Drückt der Schuh, wird er vom Last Maker überarbeitet; paßt er, dauert es nur noch zwei Tage, bis er fertig poliert ist. Kostenpunkt: rund 2500 Mark. Alle weiteren Paar Schuhe von John Lobb können Sie übrigens per Post bestellen.

Der Pump in Schwarz: Zu Smoking und Frack

einen in braunem Velourleder als idealen Freizeitschuh nehmen.

6. gehört zum Standardprogramm noch ein richtiger Draußenschuh. Am besten ein schlichter Schnürer in Bordeaux mit Krepp- oder Profilsohle.

Soweit die Grundausstattung, mit der jeder Mann für Parkett, Teppich und Asphalt gerüstet ist. Wer noch weiter geht, sollte folgendes unter sich tragen:

■ einen „Gucci-Mokassin: In Form und Farbe wie ein Loafer, nur mit einem goldenen Zierkarabiner über dem Rist. Ideal zum Blazer mit weißer Hose.

■ einen Monk Stripe: klassische schlichte Schuhe in Braun oder Schwarz mit einer Schließe über dem Rist. Passen zu Anzügen.

■ einen Topsider als äußerst legeren Freizeitschuh zu Bermudas und Jeans: am besten bekannt von der Firma Timberland mit Lederschnürsenkeln, die sich durch Ösen am Schaftrand nach hinten durchziehen.

Der Derby in Schwarz: Zu jedem Anzug und zum Cut

■ einen Boater: Segelschuhe aus Leinen mit hochgezogener Gummisohle.

■ einen Wellington: grüne Gummistiefel mit Verstellriegeln an den Waden und warmem Wollfutter.

■ einen Shukka-Boot: knöchelhohe Stiefel aus ölgetränktem Rindsleder mit Goretexfutter und Profilsohle als Land-Rover unter den Schuhen.

Auf edlen Sohlen

Kein Kleidungsstück ist so wichtig wie das richtige Paar Schuhe, sagen die Schuhmacher. Das ist übertrieben? Mag sein. Nur, mit Sicherheit wissen die wenigsten von uns, warum ein Schuh teuer und gut, ein anderer billig und schlecht ist. Peter Eduard Meier (Foto), Besitzer des ältesten deutschen Schuhhauses in München, erklärt, wie etwa ein zwiegenähter Rahmenschuh in seiner Werkstatt entsteht. Meier sagt, woran der Käufer schon auf einen Blick die Qualität eines Schuhs erkennen kann, und worauf bei näherem Hinsehen zu achten ist

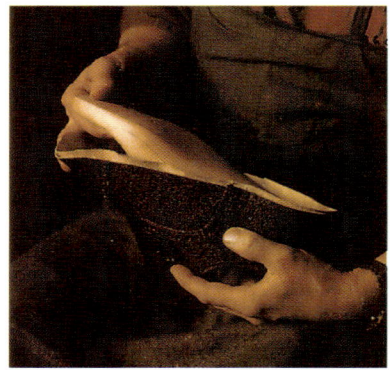

Die Schuhfertigung beginnt mit dem Schaft (dem bereits genähten Oberleder) und dem Leisten (ein Holzmodell des Fußes). Auf die Unterseite des Leistens wird die Brandsohle geheftet, eine Ledersohle, die dann mit dem Schaft vernäht wird

Später werden dann zwischen das Oberleder und das Futter aus Kalbsleder, das innen in den Schuh eingenäht wurde, Lederkappen eingeklebt, die die Schuhspitze, die Seiten und auch die Schuhferse verstärken und haltbarer machen sollen

Beim Zwicken zieht der Schuhmacher das Oberleder mit einer speziellen Zange über den Leisten und die darüber befestigte Brandsohle. Das Leder wird mit Nägeln auf dem Leisten fixiert. Beim Rangieren wird anschließend in die Brandsohle ringsherum eine Nut eingeschnitten, die die spätere Naht aufnimmt

Der Handwerker legt ein Lederband (den Rahmen) rings um den Schuh. Mit einer dünnen Stahlborste und einem gepechtem Hanffaden vernäht er den Rahmen, Oberleder und Brandsohle. Sämtliche Stiche werden mit einer Ahle vorbereitet. Bei diesem sogenannten Einstechen ist vom Schuhmacher höchster Kraftaufwand gefordert

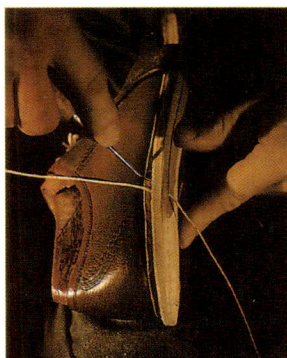

Danach wird der Rahmen seitlich weggeklopft. Die Naht liegt nun in die Brandsohle eingebettet. Mit einem scharfen Messer schneidet der Schuhmacher dann die noch überstehenden Teile des Schafts und des Futters ab

Im Bereich vor dem Absatz wird auf die Brandsohle eine Stahlfeder geklebt, die dem Schuh zusätzliche Stabilität zwischen Ferse und Ballen verleiht. Zwischenräume werden mit Korkmasse für das spätere Fußbett aufgefüllt und geglättet

Als Doppeln bezeichnet man das Aufnähen der Zwischensohle aus Leder. Dabei werden Sohle und Rahmen miteinander verbunden. Dieses zweite Nähen macht den zwiegenähten Rahmenschuh aus. Die Laufsohle schließlich wird aufgeklebt

Auf der fertigen Laufsohle wird der erste Absatzfleck mit Holznägeln befestigt. Der zweite Fleck (sie sind alle aus Leder) wird aufgeklebt; der dritte mit Drahtnägeln befestigt. Der Absatzfleck (der aus Gummi oder Leder besteht) wird wiederum geklebt. Sohlen- und Absatzkanten werden danach geschliffen, eingefärbt und poliert

SCHUH IT YOURSELF

... weil man den feinen Mann nicht nur an den Schuhen erkennt, sondern auch daran, daß er sie selber putzt

An meine Schuhe lasse ich niemanden ran: Ich putze sie selber – nach einem jahrelang ständig verfeinerten Ritual, das meinen Schuhen langes Leben und jenen Glanz gibt, den man nicht kaufen kann. Mein Handwerkszeug sind: feuchte Pasten wie die von John Lobb oder Eduard Meier und Hartwachspasten von Kiwi. Eine harte Bürste für die Sohle und Sohlenkante; eine sehr weiche Naturborstenbürste zum Überpolieren; zwei häufig gewaschene, ausrangierte Unterhemden aus bester Baumwolle; ein Waschlappen und ein Ball aus zwei Nylonstrümpfen für den absoluten Glanz.

Die wichtigste Regel: den fußwarmen Schuh auf einen hölzernen Spanner schnallen. Er hält den Schuh in Form, absorbiert Feuchtigkeit und läßt das Leder atmen. Stark verschmutzte Schuhsohlen mit Wasser und der groben Bürste säubern. Den ganzen Schuh mit einem nassen Waschlappen

abwischen. Eins der Unterhemden über Zeige- und Mittelfinger wickeln und mit beiden Fingern den auf dem Spanner steckenden Schuh gründlich eincremen. Nicht zuviel Paste auf einmal nehmen, dafür aber sorgfältig und mit Druck Quadratzentimeter für Quadratzentimeter bearbeiten, bis das Leder leicht zu glänzen beginnt. Das ist die kontemplative Phase des Schuheputzens. Die eingecremten Schuhe läßt man stehen, etwa eine halbe Stunde (ich mach's auch über Nacht).

Dann poliere ich mit dem zum Ball geformten Unterhemd Nummer zwei, bis der Schuh keine Farbe mehr abgibt. Dann lasse ich die weiche Bürste schwungvoll über das Leder gleiten, bis der Glanz kommt. Das ist dann die sinnliche Phase.

Will ich mich in den Kappen spiegeln, nehme ich den Nylonball und poliere, bis die Schuhe warm werden. Diese tägliche Arbeit hinterläßt ein Zeichen: Der Mittelfinger eines ordentlichen Schuhpflegers ist von der Creme immer leicht dunkel verfärbt.

Zum Schluß wird der Schnitt ausgebrannt. Dafür bügelt der Schuhmacher mit einem heißen Eisen Wachs in die Sohlenkante, um den Schuh zu imprägnieren. Für einen solchen handgemachten Schuh benötigt der Handwerker rund eine Woche

Smoking, Frack und Cut

Es ist sicher nicht die weltbewegendste aller Fragen, jedoch kaum einer kann sie korrekt beantworten: Wann zieht man den Smoking, den Frack oder Cutaway an?

In England hilft man Männern in den Anzug mit dem passenden Vermerk auf der Einladung: White Tie, Black Tie oder Morning Dress. In Deutschland steht schlicht Abendgarderobe oder Schwarzweiß auf der Tagesordnung und kein Mensch weiß, was gemeint ist. Der Smoking (Dinnerjacket, Tuxedo) war eigentlich das Kleidungsstück, das sich die Herrschaften nach festlichen Abendessen im Rauchsalon (Smoking!) anlegten. 1. Damit die Diener in der Zwischenzeit die Fräcke reinigen konnten, 2. damit die Damen später nicht durch den anhaftenden Rauchgeruch belästigt wurden. Der Smoking war also eine bessere Rauchjacke für zu Haus, und wer es ganz streng nahm, verließ damit auch nie seine eigenen vier Wände. Erstmals war es 1896 der stadtbekannte New Yorker Dandy Griswold Lorillard, der es wagte, mit einem Smoking auf einem öffentlichen Fest im Country Club von Tuxedo Park/New York zu erscheinen. Nicht genug, daß der Ort des Geschehens dem amerikanischen Smoking seinen Namen lieh, von da an war er auch gesellschaftsfähig. Natürlich darf bei einer solchen Moderevolution auch Edward VII. nicht fehlen, der das Dinnerjacket erstmals öffentlich anläßlich einer Party an Bord seiner Yacht trug. Trotzdem, nimmt man es ganz genau, so ist ein Smoking nur statthaft zu "leichteren Festivitäten" nach Einbruch der Dunkelheit. In England: Black Tie z. B. Abendessen mit weniger als sechs Personen, Varietés und amüsante Theaterstücke (im Parkett und auf hinteren Logenplätzen), Tanzveranstaltungen ohne offiziellen Charakter, kleinere Stehempfänge. Realistisch ist, daß man sich mit seinem Abendanzug den allgemeinen Gepflogenheiten anpaßt.

Details: Ein Smoking kann mit Schal- und mit Reverskragen getragen werden. In der Regel ist er nicht schwarz, sondern mitternachtsblau

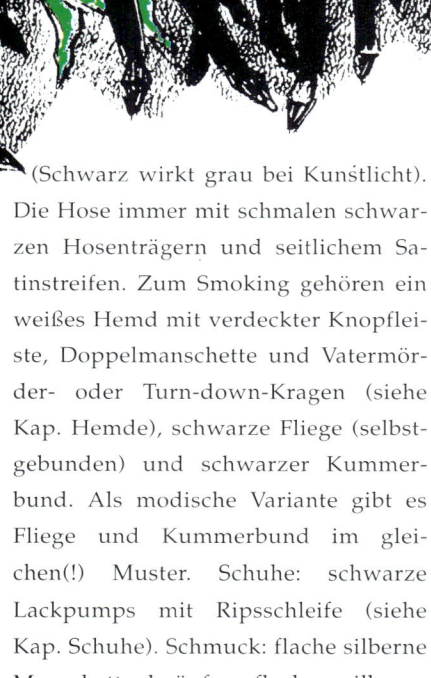

(Schwarz wirkt grau bei Kunstlicht). Die Hose immer mit schmalen schwarzen Hosenträgern und seitlichem Satinstreifen. Zum Smoking gehören ein weißes Hemd mit verdeckter Knopfleiste, Doppelmanschette und Vatermörder- oder Turn-down-Kragen (siehe Kap. Hemde), schwarze Fliege (selbstgebunden) und schwarzer Kummerbund. Als modische Variante gibt es Fliege und Kummerbund im gleichen(!) Muster. Schuhe: schwarze Lackpumps mit Ripsschleife (siehe Kap. Schuhe). Schmuck: flache silberne Manschettenknöpfe; flache silberne Uhr mit schwarzem Lederarmband.

Die weiße Variante als Dinnerjacket kann man bei uns in allen Monaten ohne R, vor allem bei Gartenparties und Kreuzfahrten tragen.

DER FRACK: Lesen Sie in England White Tie auf der Einladung, so heißt das gnadenlos: Frack. Auch in Deutschland ist der Frack der eigentlich klassische Abendanzug für alle festlichen Anlässe wie Premieren, Festaufführungen und Schwarzweißbälle. Faustregel: Wenn die Dame ihr Abendkleid anzieht, ist beim Mann Frack gefragt. Und: Kein Frack darf das Tageslicht sehen. Die zweireihige Jacke wird nie geschlossen getragen, und man darf sich auch nie auf die Schwalbenschwänze setzen.

Details: Zum Frack gehören obligatorisch ein weißes Hemd mit gestärktem Brustteil und eingesetzten Zierknöpfen, Doppelmanschette, Vatermörder-Kragen und die weiße Schleife. Die Weste, die meist kein richtiges Rückenteil hat, zeigt einen tiefen Reversausschnitt und besteht aus steifem Pikee (unterster Knopf zu!). Dazu trägt man ein weißes Einstecktuch, keine Armbanduhr, sondern eine goldene Taschenuhr auf der linken Seite und schwarze Lackpumps mit Ripsschleife.

DER CUT (Cutaway oder Morning Dress)**:** Was der Frack für den Abend, ist der Cut für den Vormittag: der eleganteste, aufwendigste und repräsentativste Anzug. Im 19. Jahrhundert noch ein Reitmantel, dessen Rockschöße schräg nach hinten abgeschnitten wurden, mauserte sich der Cut zum festlichen Tagesanzug. Man trägt ihn zu Hochzeiten, Geschäftseröffnungen, hochrangigen Sportveranstaltungen. Bis zum Jahr 1935 war der Cut noch traditionell schwarz, seitdem jedoch Edward VIII. von England zum Pferderennen in Ascot einmal in Grau erschien, war dies die offizielle Farbe.

Details: Zum Cut gehört ein weißes, ungestärktes Hemd, mit Vatermörder-Kragen und silbergrauem Plastron, oder mit Turn-down-Kragen und silber-schwarzer Krawatte. Weiter eine zweireihige hellgraue Weste mit Schalkragen, grau-schwarz gestreifte Hosen und schwarze Derbyschuhe. Als Accessoires eine Perle im Tuch oder Krawatte, graue Handschuhe und grauer Zylinder. Am linken Revers eine weiße oder rote Nelke.

Mantel, Jacke usw.

Peter Tilly, Chefdesigner des englischen
Luxusausstatters Dunhill, stellt zum Thema
Mantel zunächst fest:

Genau bis zur Mitte der Wade muß er reichen. „Das hat seinen guten Grund darin, daß ein länger geschnittener Mantel der Figur einfach besser schmeichelt als ein kurzer. Beim Regenmantel sollte diese Faustregel schon aus praktischen Gründen unbedingt befolgt werden und beim Morgenmantel darum, weil alles andere irgendwie lächerlich aussieht. Zum Mantel in richtiger Länge gehört auch, daß der Kragen hochgeschlagen wird. Wozu ist er denn sonst da? Generell trägt der Mantel dazu bei, der gesamten Bekleidung jenes Quentchen Eleganz hinzuzufügen, daß durch schlichte Zweckmäßigkeit allein noch nicht zu haben ist.

„Ich achte nun auch ihn", ließ Victor Hugo eine seiner Figuren sagen, „weil er mich warm hält." Aber auch diese Wärmedecke mit Ärmeln hat ihre klassischen Erscheinungsformen:

Der eleganteste Mantel ist der Chesterfield. Erfunden im 19. Jahrhundert von dem gleichnamigen Earl of ..., der sich den Schnitt seines Gehrocks aus fester Wolle, im Fischgrätmuster und ohne Taillierung fertigen ließ. Weitere Merkmale: einreihig mit verdeckter Knopfleiste, Reverskragen aus schwarzem Samt (der ist übrigens ein Relikt aus der Französischen Revolution, als die Herren anderer Länder dadurch ihre Trauer bekundeten mit der reichlich hingerichteten Bourgeoisie).

Der auffälligste Mantel ist der Astrakhan. Benannt nach der russischen Provinz, die einst das Lammfell dafür lieferte. Winston Churchills Lieblingsmantel ist generell schwarz, hat einen kurzen breiten Schalkragen aus besagtem Lammfell und wird (mit Lederschlaufen) asymmetrisch geknöpft.

Der schlichteste Mantel ist der Crombie. Benannt nach der festen lodenähnlichen Crombie-Wolle. Zurückhaltend vornehm wie sein Träger, sieht man diesen Citymantel fast nur in dunklem Blau, mit kurzem Reverskragen, drei Knöpfen und seitlich geschlitzten Taschen.

Last, not least gab es da noch den Baron Raglan, den Helden des Krimkriegs. Der verpaßte seinen Truppen einen Mantel aus doppeltem Kartoffelsackleinen mit rund geschnittenen Schultern und weitem Armausschnitt. Vorteil: mehr Bewegungsfreiheit zum Kämpfen. Und schließlich noch einmal Victor Hugo, der schrieb: „Alte Mäntel sind wie alte Freunde – sie wärmen auch das Herz ..."

Der Trenchcoat

Als Captain Alcock als erster über den Atlantik flog,
tat er dies in einem Burberry-Trenchcoat. In sein
Tagebuch notierte er: „Trotz Nebel, Regen und Schnee
fühlte ich mich immer warm und gemütlich."

Thomas Burberry aus Hampshire ließ sich einst von seinem Doktor sagen, daß der beste Mantel einer sei, der zwar Wind und Wasser widerstehen könne, andererseits es aber auch dem Körper erlaube zu atmen. Inspiriert durch die gewebten Leinenmäntel der örtlichen Schäfer, schuf er einen Stoff, bei dem sowohl das Garn als auch der Stoff imprägniert waren. Er nannte das Material Gabardine, aber König Edward verlangte von seinem Diener immer den Burberry.

Während des Burenkriegs erlebte

der Burberry seinen ersten Einsatz im Schützengraben (Trench) und war von da an der offizielle Militärmantel. Seitdem gehören dazu auch die obligatorischen Erkennungsmerkmale an den hellbraunen Trenchcoat: eine Sturmklappe über der rechten Schulter, Schulterklappen, Schlaufen an den Ärmeln, Gürtel mit Metallösen, Seitentaschen zum Zuknöpfen.

Auch Polarforscher Amundsen nahm ein Zelt aus Gabardinestoff mit ins ewige Eis. Das Zelt überlebte unbeschadet.

WARUM HAT DER BURBERRY SO GROSSE INNENTASCHEN? Bereits Mitte des vorigen Jahrhunderts entwickelte der Engländer Thomas Burberry einen wetterfesten, aber luftdurchlässigen Mantel, den die Soldaten im feuchten Schützengraben (Trench) dringend nötig hatten.

Und weil es ein reiner Armeemantel war, flickte der findige Engländer den Militärs jede Menge nützliche Teile ans Rüstzeug: den breiten Kragen gegen Wind und Wetter, Schulterklappen für Rangabzeichen, Ösen für Feldflaschen und Spaten und natürlich die großen Innentaschen. Diese dienten den englischen Offizieren im Burenkrieg, denn darin konnten sie sämtliche Landkarten und Generalstabspläne verstauen.

Dort hatten aber auch jede Menge Munition, ein Revolver und die Marschverpflegung Platz. So war alles nässegeschützt und verlustsicher aufgehoben. Wer sich heute einen solchen Mantel zulegt, findet in den nach wie vor großen Taschen genügend Platz für Brieftasche, Schlüssel und Tageszeitung.

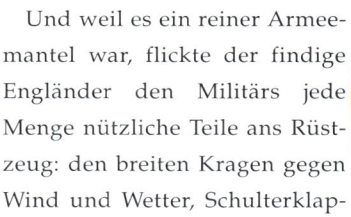

Der Dufflecoat

Wer das Bild des kantigen Weltkriegs-Feldmarschalls Montgomery vor Augen hat, sieht ihn auch in seinem geliebten Dufflecoat

Obwohl der Mantel auch als Monty-Coat bekannt wurde – Historiker fanden bereits 1677 den Namen Duffield in den Auftragsbüchern britischer Tuchhändler. Sicher ist immerhin, daß der Name von der belgischen Stadt Duffel stammt.

Anfang der dreißiger Jahre suchte die Marine nach einem relativ preiwerten, wind- und wasserfesten Kleidungsstück. Der britische Hersteller Gloverall lieferte daraufhin einen Kurzmantel aus gebürstetem Wollschnittvelours mit dicken Schultern, aufgesetzten Taschen, Kapuze und als Verschluß schlichte Holzknebel.

DIE BARBOUR-JACKE

Mittlerweile wissen außer der gesamten englischen Königsfamilie auch Klaus Maria Brandauer, Brigitte Bardot und Richard von Weizsäcker die Qualität dieser grünen Regenjacke zu schätzen: Sie ist leicht, großzügig geschnitten, warm, wasserdicht und mit jeder Menge Platz für Mitnahmeartikel ausgestattet. Kurz – der Range Rover unter den Wetterfesten.

1890 wurde sie erfunden, und zwar von einem gewissen John Barbour in South Shields bei Newcastle. Der Hersteller von Ölzeug nahm leichte ägyptische Baumwolle, imprägnierte sie mit Wachs und versah sie mit allen Details, die seine Seeleute schon immer von ihm gefordert hatten:

- Innenbündchen im Ärmel gegen Spritzwasser,
- Sturmriegel am warmen Cordkragen – Unterarmbelüftung,
- Druckknöpfe am Kragen für die Kapuze,
- Zwei-Wege-Reißverschluß mit verdeckter Leiste,
- große Innen- und Außentaschen, wasserdicht,
- von außen erreichbare Dokumententasche,
- gefütterte Brusttasche zum Händewärmen,
- einknöpfbares Baumwollfutter,
- hergestellt aus insgesamt 40 Teilen, zusammengehalten mit 15 000 Stichen.

Nach dem Krieg stürzten sich zuerst die Studenten auf die Marinebestände; heute gibt es fast keinen Designer, der den guten alten Duffle nicht in einer Variation im Programm hat. Klassisch ist er marineblau, unter Puristen geht er aber auch in Kamelhaar oder Dunkelgrün durch.

Von B-owler bis Z-ylinder

Sie müssen nur einen Gentleman beobachten, wenn er ein Haus betritt, um zu wissen, ob es sich auch wirklich um einen Gentleman handelt

Wenn er seinen Hut vorher abnimmt, könnte er einer sein. Wenn er ihn nicht abnimmt, tut er nur so, als sei er einer. Und wenn er gar keinen auf hat, kann er auch kein Gentleman sein." So einfach macht es sich das Gebetbuch der englischen Männermode, „A Gentleman's Wardrobe", mit dem Hutproblem von heute.

Seitdem wir Cw-wertige Autos fahren, Kleiderhaken statt Hutständer haben, lange Haare und Fönfrisuren tragen, können wir auch keine Hüte mehr gebrauchen – nicht zum Ziehen, zum Nehmen oder gar als Kopfschmuck (wohlgemerkt, wir sprechen hier nicht von dem Jodlerfilz à la Oktoberfest,

en in Ohnmacht fielen und sich ein kleiner Junge einen Arm brach. Mr. Hetherington wurde zu einer Geldstrafe von 500 Pfund verurteilt. Gut hundert Jahre war der Zylinder das Non-

BÜHNENSHOW

„Der Hut", schreibt der amerikanische Schriftsteller Oliver Wendell Holmes (1809–1894) in seinem Buch „The Autocrat at the Breakfast Table", „ist das ultimum moriens der Respektabilität." Und laut seinem deutschen Kollegen Curt Goetz „nimmt man ihn ab, wenn man eine Bühne betritt". Den Begriff Bühne darf man getrost großzügig auslegen.

dem Taxifahrer mit Cordkrempe oder dem teutonischen Sonnendach mit Reißverschluß). Wer heute einen richtigen Hut trägt, beweist Mut und Stilbewußtsein.

1. DER ZYLINDER: Den ersten Zylinder trug nachweislich der Hutmacher John Hetherington am 15. Januar 1797 in London. Das Datum ist deshalb so genau bekannt, weil unter den empörten Passanten vier Frau-

plusultra männlichen Chics. Und seit 1823 gibt es den Hochhut aus Seide, Satin oder Filz auch zum Klappen, als Chapeau claque. Wer es heute ganz genau nimmt, trägt den blanken schwarzen Zylinder zum Cut und zum Reiten im schwarzen Rock. Ein grauer Zylinder paßt zu Kutschenfahrten und Sportveranstaltungen. Ein schwarzer matter Zylinder zu allen Abendveranstaltungen im Frack.

2. DER BOWLER: Anfang dieses Jahrhunderts kam ein Buchmacher namens William Coke zum noblen Londoner Hutmacher Lock's mit der Bitte um einen einfacheren, flacheren Hut für seine Angestellten. Zwar machte die Firma Bowler diesen Hut aus Kaninchenpelz und Schellack nach dem Ersten Weltkrieg berühmt, unter Eingeweihten heißt er jedoch nach wie vor Coke. Ein Coke wird prinzipiell nur tagsüber an Werktagen zum klassischen Geschäftsanzug mit Crombie-Mantel (vgl. Kap. Mantel) getragen.

3. DER BOATER: Der Strohhut aus England blickt auf eine 600jährige Geschichte zurück, als er von Schlachtern erfunden wurde, um sich gegen spritzendes Blut zu schützen. Später entdeckten die College Boys in Winchester den leichten festen Hut und machten ihn zum Teil ihrer Schuluniform. Und schließlich nahm ihn auch die breite Gesellschaft an, wenn sie die Henley-Ruderregatta besuchte. Daher der Name. Heute trägt man den Boater allenfalls noch zum Blazer und bei Veranstaltungen, die am Wasser oder im Garten stattfinden.

4. DER TRILBY: Der Name dieses weichen Filzhuts stammt aus dem gleichnamigen Buch des Schriftstellers Georges du Maurier aus dem Jahr 1894. Wie die meisten Hutklassiker hat er ein Ripsband, dazu einen Knick auf der Hutoberseite und zwei Dellen auf der Seite.

5. DER FEDORA: Ähnlich in der Form dem Trilby (nur etwas höher), wurde dieser Hut nach Prinzessin Fedora Romanoff benannt, einer Figur aus einem Melodram von Sarah Bernhardt. Zu neuem Ruhm gelangte der Fedora durch den Film „Dick Tracy", in dem Warren Beatty ihn zum hellbeigen Trenchcoat trug.

6. DER PANAMA: Den leichten weichen Strohhut trugen zuerst die Bauern in den Bergen von Ecuador, doch die Seeleute auf dem Weg zum kalifornischen Goldrausch gaben ihm seinen Namen. Damals galt der beste Test für einen Panama, daß er zusammengefaltet durch einen Ehering passen mußte. Heute trägt man ihn zum sommerlichen Khaki- oder Leinenanzug

7. DER HOMBURG: Das deutsche Bad lieh diesem schwarzen oder dunkelblauen Hut den Namen, aber popularisiert hat ihn wieder einmal der englische König Edward VII., der ihn dort das erste Mal sah. Der steife Homburg mit der umgebogenen Regenrinnen-Krempe wird allenfalls noch zu hochoffiziellen Empfängen zusammen mit dem Cutaway getragen.

Wie kam die Falte in den Hut?

Bis zum Ersten Weltkrieg waren weiche Kopfbedeckungen nur bei sportlichen Gelegenheiten erlaubt. Für offizielle Anlässe wie Hochzeit, Derby und Beerdigung trug man Zylinder, im Geschäftsleben Bowler (Glocke) oder Homburg. Nach dem Krieg „erweichten" die Sitten im Zuge der Reformmode: Locker fließende Kleidung wurde bevorzugt – weg mit allem Steifen, angefangen beim Korsett bis hin zur Kopfbedeckung.

Amerika antwortete auf diesen Trend mit einem Hutmodell aus papierdünnem Filz. Das verarbeitete Material war weich genug, um den Hut zusammenzufalten und in die Tasche stecken zu können, und die Triangelfalte war den Kopfbedeckungen der Cowboys abgeguckt; die drückten eine Delle in den Hut, um ihn einhändig aufsetzen zu können –

weil die andere Hand am Zügel oder am Colt lag.

Gesellschaftsfähig wurde dieser amerikanische Softie dank eines blaublütigen Vorreiters, dem Herzog von Windsor, damals der Prince of Wales.

Der Filzhut mit der Falte kann viele Namen tragen: zum Beispiel Borsalino nach dem berühmten italienischen Hutmacher, Trilby nach Georges du Mauriers Novellenheld und Fedora nach der Heldin eines viktorianischen Melodrams.

Die Rückkehr des Panama

Der Panama war tot. Weil er ein Anachronismus ist wie Dampfschiffe und ein Getränk namens Planter's Punch

Außerdem stammt der Panama gar nicht aus Panama, sondern aus Ecuador. Dort, in entlegenen Bergdörfern, werden die Fasern eines palmähnlichen Gewächses namens Jipijapa (ausgesprochen Dschipidschapa) zu jener weißen Kopfbedeckung gewoben, die wir als Panama kennen.

Aber warum glauben wir, der Panama käme aus Panama? Weil 1906 der US-Präsident Teddy Roosevelt die Arbeiten am Panama-Kanal besichtigte (dabei als erster US-Präsident überhaupt das Ausland besuchte) und mit einem Jipijapa-Hut zurückkehrte.*

Der Panama-Hut, so old fashioned er auch sein mag, ist immer noch der praktischste aller Tropenhüte. Seiner permanenten Kühle wegen. Und genau das ist der Grund, warum der Panama wiederkehren mußte. Via Miami. Dort liegt er wieder in den Läden, neuerdings in allen Formen und mit bunten Bändern, aber immer noch eierschalenfarben und so dicht gewoben, daß er wie aus Plastik wirkt. Und wenn er wirklich gut ist, läßt er sich durch einen Ehering ziehen ... Preis: So um die 60 Dollar.

* Erinnern Sie sich noch an den Film „Arsen und Spitzenhäubchen"? Da denkt der verrückte Bruder Teddy, er sei Roosevelt, trägt Panama und gräbt im Keller einen Kanal, in dem seine Tanten ihre Leichen verstecken.

DER TRICK MIT DEM TURBAN

Natürlich passiert es nicht oft, daß man sich in unseren Breiten einen Turban binden muß. Höchstens im Karneval. Dabei ist ein Turban eine vorzügliche Kopfbedeckung in Breiten mit Hitze und Wind. Aber, sagt der fanatische Krawattenträger, wer weiß, wie man eine Fliege bindet, sollte auch den Trick mit dem Turban kennen. Er stammt aus Mauretanien, wo die elegantesten Kopftücher getragen werden (in Schwarz oder Hellblau) und geht so:

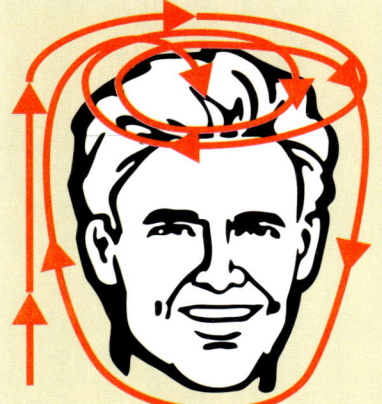

Übrigens: Ein anständiges Turbantuch hat 270 × 90 Zentimeter zu messen. Wer weniger benützt, unterschätzt seinen Kopf.

Drunter und drüber

„Unterwäsche", sagt das englische Handbuch „Men's Wear" aus dem Jahr 1935, „sollte die Grazie von Apollo, die Romantik von Lord Byron, die Zurückhaltung von Lord Chesterfield und die Leichtigkeit von Mahatma Gandhi aufweisen."

Der Glaubenskampf geht weiter. Ein Ende ist nicht abzusehen. Was ziehn Männer drüber, wenn sie sich drunter wohl fühlen wollen? Eng oder weit? Kurz oder lang? Lose oder straff? Boxershort oder Slip? Aber bitte, hören Sie selbst. Wir haben das Gespräch zweier Fachleute aufgezeichnet:

HERR S.: Also Herr B., wenn ich 'mal kurz etwas geschichtlich ausholen darf, dann hat unsere Partei ja wohl die eindeutig älteren Rechte. Ich verweise nur auf die Studien von Dr. Gustav Jaeger, Professor für Zoologie an der Universität Stuttgart. Professor Jaeger stellte bereits 1880 fest, was wir aus der Tierwelt lernen können: „Der Körperschutz muß möglichst eng anliegen, um bestens zu wärmen und den Menschen vor eigenen schädlichen Dämpfen zu schützen."

HERR B.: Ihr Geschichtsbewußtsein in allen Ehren. Unsere Forschung

stützt sich auf die Versuchsreihe von Professor John MacLeo, 1989 an der Universität Oklahoma. In der großangelegten Studie unter allen Insassen des Staatsgefängnisses von Oklahoma fand er heraus, daß die engen Verpackungen zu dauerhafter Unfruchtbarkeit führen.

HERR S.: Wollen Sie etwa unterstellen, daß so geschichtlich relevante Persönlichkeiten wie Oscar Wilde oder George Bernhard Shaw irrten?

HERR B.: Keineswegs, werter Kollege, die Herrschaften wußten es eben nicht besser. Nach jahrhundertelanger Mittellosigkeit beziehungsweise Zweckentfremdung der Hemden und Strümpfe waren sie wohl froh über jede Neuerung. Und wenn Sie schon mit ihren Würdenträgern prahlen, kann ich nur sagen: Sir Winston Churchill liebte es nachweislich weit, rosa und aus Seide.

HERR S.: Da sehen Sie. Die Mitglieder Ihrer Partei leiden an Überalterung, Übergewicht, Überempfindlichkeit ...

HERR B.: ... während Ihre wohl eher unterentwickelt sind und dies im Unterbewußtsein auch noch unterdrücken.

HERR S.: Die weiblichen Anhänger unserer Fraktion sehen das ganz anders. Sie sagen, wir seien die letzten ehrlichen Männer auf dieser Welt. Männer, die nichts beschönigen, bemänteln oder gar kaschieren. Männlichkeit in bester Ausprägung eben.

HERR B.: Das müssen dann die Frauen sein, die ihren Männer diese Weltanschauung erst beigebracht haben. Im praktischen Fünferpack vom Kaufhauswühltisch sozusagen. Dinge, die uns nahekommen, und die so persönlich sind, lassen wir uns nicht von einer selbstsüchtigen Frauenliga vorschreiben.

HERR S.: Natürlich, ich vergaß, daß Ihre Mitglieder die typischen Einzelgänger sind, die sich mit ihrer Weltanschauung selbst vor dem eigenen Spiegelbild schämen. Wir haben keine Berührungsängste, schon gar nicht, was unsere weiblichen Fans angeht.

HERR B.: Das sieht dann sicher so aus wie Schimanski in Unterhosen und Cowboystiefeln. Viel Masse, wenig Klasse.

HERR S.: Wir haben es jedenfalls nicht nötig, mit rodelnden Weihnachtsmännern, Mickymäusen und phantasievollen Parolen von den nackten Tatsachen abzulenken.

HERR B.: Nein, Sie schmücken sich ja mit den Etiketten wildgewordener Pseudoavantgardisten, mit denen Sie verzweifelt Ihre kleinbürgerliche Herkunft zu verkleiden suchen.

HERR S.: Nun werden Sie aber unsachlich. Sie werden ja wohl nicht vergessen haben, daß sich die billigen amerikanischen Boxer Jim Corbett und Bob Fitzsimmons Anfang des 20. Jahrhunderts erstmals in Ihrer Standesuniform öffentlich zeigten. Ihr eigener Name beweist es ja.

HERR B.: Ein männlicher Name immerhin, im Gegensatz zu Ihrer schlüpfrigen Herkunft.

HERR S.: Dafür hat mich noch kein englischer Maßschneider gefragt, ob ich das Dressing to the left or right haben möchte.

HERR B.: Nachdem sich die Männer unserer Partei endlich aus der brutalen Umklammerung der Konventionen befreit haben.

HERR S.: Aufgeräumt, mein Herr, aufgeräumt, ordentlich und gefaltet.

HERR B.: Ja, Sie mit ihrer Nesthockepartei. Sie meinen wohl: verkniffen und scheu wie eine Schnecke in ihrem Häuschen.

HERR S.: Ich protestiere auf das schärfste. Sie Nestflüchter, Sie Freigeist. Ihre Herrschaften sollten lieber auf etwas mehr Ästhetik beim Sport achten mit ihren Fernrohren. Da sieht man durch und sieht alles.

HERR B.: Lächerlich diese Anschuldigung. Ihre Mitglieder sind nichts als Wurstfabrikanten über der Gürtellinie. Unsere Würdenträger können noch mit etlichen Jahresringen eine gute Figur machen ...

HERR S.: ... und sich an den wichtigen Nahtstellen gegenseitig aufreiben.

HERR B.: Damit beweisen Sie mal wieder Ihre Rückständigkeit. Unsere neuesten Programme fügen sich nahtlos ineinander und sind aus einem Stück gefertigt. Und vor allem: Darauf haben wir jederzeit Zugriff. Dafür zeichnet sich bei Ihnen ja deutlich ab, was Sie so gern verbergen möchten.

HERR S.: Lieber Profil als Prüderie.

HERR B.: Lieber Gentleman als Mannsbild.

Pyjama mit nach England, aber erst 50 Jahre später ersetzte er das traditionelle Nachthemd endgültig. Notiert wird dabei das Jahr 1934, als Clark Gable in dem Film „Es geschah eines Nachts" einen seidenen Pyjama mit schwarzen Revers trug. Seitdem tobt der Glaubenskrieg. „Ein Pyjama schnürt einem den Bauch ein", behaupten die Männer im Nachthemd. „Dafür rutscht das in der Nacht bis unters Kinn und schafft zusätzliche Verwirrung", kontern die Pyjamisten.

ordnung der Nacht ist jedoch der Morgenmantel. Jener leichte wadenlange Mantel mit Schalkragen, aufgesetzten Taschen und Gürtelkordel, in dem schon Nöel Coward sein halbes Leben zugebracht, und den uns Playboy-Gründer Hugh Hefner so geschmackvoll garniert vorgeführt hat. Morgenmantel ist Must. Sei es als formvollendeter Übergang vom Abend- zum Nachtanzug oder als geeignetes Kleidungsstück zwischen Weckruf und Tagesgeschäft.

Pyjama oder Nacht-hemd oder gar nichts?

Die Nachtwäsche des Mannes ist ebenso aus der Mode gekommen wie die Prüderie des vergangen Jahrhunderts und wie Diener zum Ankleiden

Als erstes Nachtrequisit fiel dieser Mode die Schlafmütze zum Opfer. Richtig modisch war dieses Teil im 17. Jahrhundert, als die Perücken erfunden wurden. Oft hatten die Männer ihren Kopf darunter kahl geschoren und bedurften nun dringend einer Kopfbedeckung, die sie auch vor ihren Dienern niemals nackt erscheinen ließ. Das Wort Pyjama stammt von dem neuindischen „pae jamah" und bedeutet soviel wie „Fußkleidungsstück", eine locker getragene Hose mit Hüftgürtel. 1880 brachten die Soldaten den

Was bleibt, ist die Gewißheit, daß der Mensch zu nachtschlafender Zeit rund zwei Liter Wasser verliert, und daß diese Verdunstungsflüssigkeit durch einen Schlafanzug wirksam aufgefangen wird. Außerdem ist eine Schlafzimmertemperatur von 17–18 Grad empfehlenswert, und die erduldet nicht jeder Mann ohne Bettkleidung. Die Revolution der Nacktschläfer fand erst in den 60er Jahren statt, als jeder Schlafanzug ein Erkennungszeichen der Bürgerlichen war.

So oder so, sollte jeder Nachtanzug auf jeden Fall aus reiner Seide sein (im Winter angerauht) und niemals eng am Körper anliegen. Nur dann ist gewährleistet, daß der Körper ausreichend atmen und transpirieren kann. Ohne jede Diskussion wollen wir uns von engen Frotteepyjamas verabschieden.

Nicht zu vergessen in der Kleider-

Accessoires

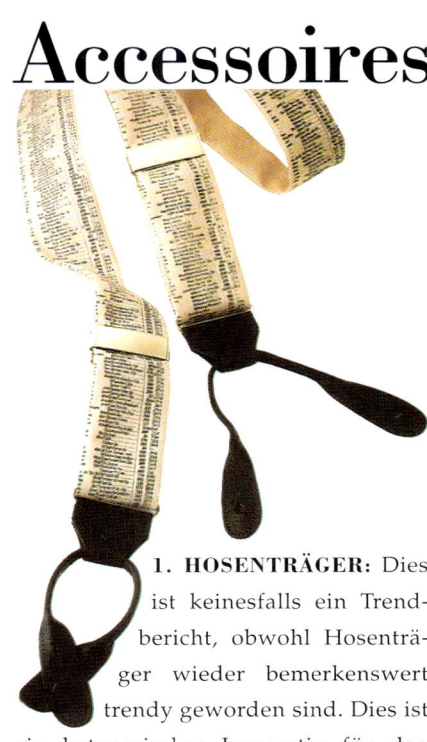

1. HOSENTRÄGER: Dies ist keinesfalls ein Trendbericht, obwohl Hosenträger wieder bemerkenswert trendy geworden sind. Dies ist ein kategorischer Imperativ für den perfekten Sitz der Hose.

Ihr Bund soll nicht eng auf der Hüfte, sondern locker in der Taille liegen. Sie soll lose und lässig fallen und auf dem Schuh leicht geknickt aufsitzen. Das Geheimnis dieser Hoseneleganz von Fred Astaire bis Gianni Agnelli ist ganz einfach: Hosenträger.

Mit ihnen fixiert man das Beinkleid in Taillenhöhe, es gibt keine Falten vom Zusammenzurren mit dem Gürtel. Als der Bürger noch Weste trug und das Jackett zuknöpfte, gerieten die hübschen Accessoires des Biedermeier nur noch nützlich und praktisch – und damit häßlich. Hosenträger wurden tabuisiert: tragen – na ja, zeigen – nie. Heute ist die Smokinghose die einzige ohne Gürtelschlaufen. Zu ihr gehören die Hosenträger. Dezent, schmal, in Weiß oder Schwarz und mit Clips. Wer an den übrigen, smokinglosen Tagen des Jahres Hosenträger tragen wollte, mußte sich bislang mit den unsäglichen Spießerstrapsen in Weinrot oder Babyblau begnügen oder bei den feinen Herrenausstattern in London einkaufen. Denn die modisch perfekten Hosenträger haben Laschen zum Anknöpfen, wobei diese am besten breit und aus Wildleder sind und nicht rund und hart genäht. Die Träger sind circa zwei Finger breit, wahlweise aus Stretch oder Leinen und vereinen sich am Rücken zu einer Bahn. Eine maßgefertigte Hosenträgerhose hat hinten einen hochgezogenen Bund und extra Stofflaschen zur Befestigung. Das bedeutet Knöpfe an der Innenseite der Hose, die am besten gleich vom Schneider angebracht werden.

2. MÄNNERSCHMUCK: Auch Männer wollen sich schmücken. Hier einige unabdingbare Regeln zum richtigen Gebrauch von Gold und Edelstein: 1. Der Schmuck muß echt sein, das heißt aus Silber, Gold oder Platin. Wer sich Qualität nicht leisten kann, sollte auf Schmuck verzichten. 2. Der Schmuck muß der Situation angepaßt sein. Das heißt, zum Geschäftsanzug ist er diskreter als zum Partydreß oder zum Freizeitlook. Halsketten gehören auf die Haut und nicht übers Hemd. 3. Schmuck darf nicht protzig oder übertrieben sein: niemals Armband plus Armbanduhr. Nie mehr als einen Ring pro Hand. Ein schwerer Ring am kleinen Finger wirkt läppisch. Ein Brillant von mehr als einem Karat ist vulgär. Genausowenig trägt man eine Armbanduhr, deren Lünette mit Brillanten besetzt ist. 4. Der Schmuck darf teuer sein, die anderen sollten es aber nicht auf den ersten Blick sehen. Beispiel: das unter Leder versteckte schwergoldene Uhrenarmband. Gentleman wird man nicht durch das, was man zeigt, sondern was man ist. 5. Bevor Sie sich Löcher in die Ohrläppchen für Ohrringe (durchaus männlich) stechen lassen, denken Sie an ihr Alter, und ob Sie dann noch mit ihnen leben wollen. Selbstverstümmelung und Körperdekoration (Tätowierung) sind das Kennzeichen für den primitiven Mann. 6. Luxus können Sie mit Manschettenknöpfen treiben, da man sie nie gehäuft tragen kann, sondern immer nur ein Paar. Mit einem Dutzend antiker und moderner Manschettenhalter können Sie Individualität zeigen. Jedoch nie Manschettenknöpfe mit Clips tragen, sondern nur die klassische Viererkombination. 7. In Ihrem Schmuckkasten sollten sein: eine goldene Uhr (wenn Taschenuhr, dann mit Goldkette), Manschettenknöpfe, Krawattennadel oder Tie Clip, Kragennadel oder Collar Pie, ein Ring oder zwei. Vielleicht, wenn Sie der Typ sind, eine schlichte Halskette und/oder ein ebenso schlichtes Armband. Dezent ausgewählt — so kann der feine Mann geschmückt durchs Leben gehen.

3. TASCHENTUCH: „Was, er schneuzt sich nicht durch die Finger?" schrie einer in „Dantons Tod". „Er hat ein Taschentuch – er muß ein Aristokrat sein. Hängt ihn auf!"

Nun muß der Gebrauch eines Taschentuchs nicht zwangsläufig über Leben und Tod entscheiden, aber schon Erasmus von Rotterdam schrieb im 16. Jahrhundert: „Sich die Nase am Ärmel abzuwischen ist unstatthaft."

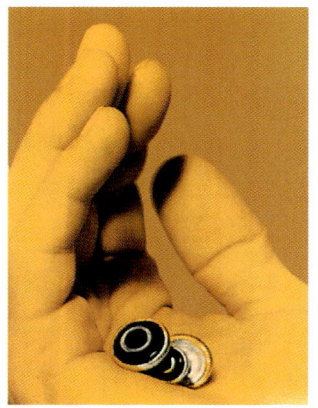

Manschetten-knöpfe gehören zu den wenigen Schmuckstücken des Mannes, die eine gewisse Verspieltheit zulassen

Und es hat sich wenig geändert am Gebrauch eines Taschentuchs, es sei denn die Tatsache, daß man es heute häufig in die Brusttasche steckt und Einstecktuch dazu sagt.

Und dazu auch gleich die Grundregel: Einstecktuch und Krawatte dürfen auf keinen Fall aus dem gleichen Stoff getragen werden. Das langweilt erstens das Auge, das zeugt von Nullindividualität, und das riecht nach günstigem Zweierpackkauf (inklusive Oberhemd).

Nach Möglichkeit sollten sich die Muster ergänzen. D. h. Paisely zu Streifen, Uni zu Kariert und Rot zu Grün. Wer es auf die Spitze treiben will, unterscheidet sich zudem noch im Material.

Also: Leinen zu Seide, Baumwolle zu Strick. In jedem Fall aber darf das Einstecktuch kein Ausrufezeichen des männlichen Anzugs sein, höchstens eine Pointe. Perfekt – sei es als Taschen- oder als Einstecktuch – ist nach wie vor das weiße Tuch aus feinem Leinen mit handrollierten Ecken. In der Hosentasche trägt man es auf Zigarettenschachtelgröße gefaltet; in der Brusttasche in einer der vier klassischen Faltarten. Je dezenter es aus dem Anzug hervorlugt, desto weniger wird man den Träger für unseriös halten.

Und noch eins: Auch wenn in Hollywood-Filmen die Geste mit dem Einstecktuch als Tränenfänger unvergleichlich blieb, heute hat der Mann zwei dabei: eins für die Tränen, eins für die Galerie.

4. REGENSCHIRM: Der Mann namens Jonas Hanway machte sich regelrecht zum Gespött der Leute, als er bei strömenden Regen im London des Jahrs 1720 erstmals einen Schirm entfaltete, um sich so vor der Nässe zu schützen. Man war es damals doch eher gewohnt, daß ein Mann einen Degen in der Hand trug als einen Stock mit einem Stück Stoff darüber. Immerhin: Bereits 1730 schaffte die Universität Cambridge einen (einzigen) Regenschirm für ihre Studentenschaft an.

Heute in der Zeit der Tiefgaragen und Shoppingarkaden wird der Schirm zwar schon wieder weniger wichtig, nichtsdestoweniger aber bleibt er ein Stück Männlichkeit. Wohlgemerkt, wir sprechen hier nicht von Golfschirmen mit drei Quadratmeter Werbefläche, nicht von halb- und vollautomatischen Kleinstschirmen und nicht von den Gummiknüppel-artigen Dingern am Plastikband. Ein Schirm ist ein Schirm, und der ist aus imprägnierter Seide gemacht, mit Holzgriff und einer aufgespannten Form wie ein Pilz. Deshalb muß man ja nicht gleich so weit gehen wie die feinen englischen Gentlemen, die man morgens um 10 Uhr aus dem Schirmgeschäft von Swaine, Adeney, Brigg & Sons am Londoner Picadilly Square kommen sieht. Die haben nämlich gerade ihr gutes Stück vom Waschen, Bügeln und Rollen abgeholt.

5. BRIEFTASCHEN: Jeder kennt den Anblick und müßte sich dabei fragen, warum? Warum tragen immer noch so viele Männer ihren prall gefüllten Geldbeutel in der ohnehin ausgebeulten Gesäßtasche? Das zerstört nicht nur den Schnitt jeder noch so gut gearbeiteten Hose, das stört beim Sitzen, und das ist letztlich auch für Taschendiebe die beste Einladung. Geldbeutel sollten endgültig umbenannt werden in Brieftaschen. Flach, länglich, aus dünnem dunklen Leder. Allein die anschwellende Flut von Plastikkarten verlangt schon nach mehr Raum; Scheine bleiben Scheine und sind keine japanischen Faltarbeiten mehr; Platz bleibt für Visitenkarten, Taxiquittungen und Briefmarken. Eine Brieftasche trägt nicht nur weniger auf, ist sicherer verstaut und erscheint im Zugriff wesentlich eleganter als der Machozug von hinten. Auf die unvermeidbare Frage nach dem Stauraum für das Kleingeld gleich ein Gegenvorschlag: Warum nicht alles Kleingeld gleich ins Sparschwein? Außerdem hat jeder vernünftige Anzug im Innenfutter der Tasche ein Minifach für Silberlinge.

Der perfekte Gentleman trägt stets zwei Taschentücher mit sich: Das klassisch weiße aus Leinen für die Tränen der Damen und

das sauber gefaltete in der Brusttasche

IMAGE & AUSSEHEN

Kleiderordnung

Neben aller Modefreiheit
gibt es immer noch Regeln
des Stils, die vor allem
Männer beachten sollten,
deren Karriere dem Motto
unterliegt: Kleider
machen Leute

RICHTIG

Diese Krawatte
ist in der
korrekten Länge
gebunden. Die
Spitze überdeckt
genau den Knopf
des Hosenbunds
oder den Dorn
des Gürtels

FALSCH

Krawatte auf
Halbmast oder in
die Hose
gestopft – soll
damit Disziplin
oder Lässigkeit
demonstriert
werden? Wem
der Schlips zu
sehr an die
Gurgel geht,
sollte auf ihn
verzichten

RICHTIG

Daran erkennt
man den
perfekten Sitz des
Anzugs: Im
Idealfall läßt der
Ärmel gerade
einen Zentimeter
der Manschette
sichtbar werden

FALSCH

Sind Ihnen die
Hemdsärmel zu
lang, helfen sich
viele, indem sie
die Manschette
umschlagen.
Eleganter ist ein
Hemd nach Maß
oder Ärmelhalter
für die variable
Länge

RICHTIG

Das Design der Krawatte und des Einstecktuchs sollte in jedem Fall unterschiedlich sein. Zum Beispiel uni mit Muster kombinieren oder Streifen mit Punkten

FALSCH

Das auffällig winkende Kavalierstuch macht unseriös. Entweder klassisch gefaltet, leicht gebauscht oder tiefer in die Brusttasche, aber auf keinen Fall überhängend

RICHTIG

Die traditionelle Weste wird nach einem Brauch aus der Zeit König Edwards VII. getragen: Ihr unterster Knopf bleibt immer ungeknöpft

FALSCH

Eine zu enge Weste betont jeden Bauchansatz noch mehr. Der überflüssige Krawattenzipfel darf hinter der Weste durchaus im Hosenbund oder Hemd verschwinden

RICHTIG

Eine Hose mit Sitz stößt grundsätzlich vorn auf dem Schuh ein wenig auf, so daß sie leicht einknickt. Hinten reicht der Saum bis kurz über die Schuhsohle

FALSCH

Zum Anzug trägt man keine weißen und zu kurzen Socken. So was gehört nur zur Sportkleidung. Merke: Der feine Mann wird von oben nach unten immer dunkler

Mode als Mode mag ich nicht. Mode interessiert mich nur als Ausdrucksmittel: Sie ist dazu da, meine Persönlichkeit zur Geltung zu bringen, meiner Laune einen Rahmen zu schaffen oder gar der Spiegel einer ganzen Epoche zu sein.

Das war vor zwanzig, dreißig Jahren ganz anders. Damals drehte sich alles um Farben, Formen, Stoffe und Rocklängen. Christian Diors berühmter New Look von 1947 war noch absolutes Modediktat. Wer damals kurz trug, mußte sich schämen.

Das ist heute anders. Rocklängen, Silhouetten, Muster und Materialien sind längst kein Thema mehr. Heute

Kitsch hat doch Klasse

*Was mir an der Mode gefällt und was nicht.
Und über verständliche Verrücktheiten
Von Christian Lacroix*

geht es um Individualität und Lebensqualität. Eine Frau wählt die Mode, die ihr entspricht. Ob sie sich nun bei Gaultier einkleidet oder Saint Laurent oder sogar im Kaufhaus per Katalog – sie ist immer modisch. Vorausgesetzt, ihre Wahl paßt zu ihrer Persönlichkeit.

Hier bei Lacroix haben wir viele Kundinnen, die in die Mode verliebt sind. Sie kommen nicht, um sich ein unauffälliges kleines Schwarzes zu kaufen, das sie von morgens bis abends tragen können. Wer zu mir kommt, sucht das Ungewöhnliche, das Auffallende – dekadent muß es sein und ein kleines bißchen pervers.

Manche werfen mir Kitsch vor. Ich

liebe Kitsch! Er hat Klasse. Er paßt in unsere Zeit, er paßt zum Fin de siècle. Ich teile mit vielen Frauen die Vorliebe für Nostalgie, verbunden mit Neugier auf die Zukunft. Ich mixe hemmungslos: Folklore mit verschiedenen Zeitepochen, setze bekannte Farben und Proportionen neu zusammen. Ich finde, das verkörpert unsere Zeit –

alles ist offen, nichts ist mehr festgeschrieben, aber wir greifen zurück auf Vergangenes. Wir sind nicht mehr so

"Wenn der Mann die Freiheit in der Mode hat, hat er auch die Verantwortung, daß nichts zusammenpaßt"
Helmut Lang

optimistisch wie vor zwanzig Jahren. In den Sechzigern war alles möglich, da gab es eine Aufbruchstimmung, eine glückliche Zeit. Jetzt gibt es so viele Fragen: Krieg, Gewalt, Terrorismus, Umweltzerstörung – lauter schwerwiegende Probleme. Es ist nicht gerade eine anregende und amüsante Zeit. Wir fühlen uns wie verlorene Kinder, die verschreckt unter den Rock der Mutter kriechen wollen. Wir suchen nach Wärme und Sicherheit. Und weil wir etwas suchen, was uns vertraut ist, schauen wir lieber zurück als vorwärts.

Meine Mode zeigt das. Immer wenn die Zeiten schwierig waren, war die Mode total verrückt. Dann gibt es Extravaganz und Übertreibung. Und Luxus. Luxus schenkt uns ein bißchen Wärme in einer kalten Zeit.

Es ist unsere Zeit, die mir meine Verrücktheiten diktiert. Es geht nicht darum, daß ich unbedingt auffallen will. Ich kann mir schon auch vorstellen, das schlichte kleine Schwarze in einer ganz besonderen Weise zu entwerfen. Das ist sogar genau mein Ziel für die Prêt-à-porter-Kollektionen, die ja kleidsam, tragbar und verkäuflich sein müssen. Ich bin kein Narr. Aber ganz abgesehen von geschäftlichen Überlegungen, gefällt mir eine ganz schlichte Grundgarderobe auch gut.

Mein Ziel ist es, so einfach wie möglich zu sein. Aber das sage ich immer – und dann finden mich doch alle wieder extravagant. Weil ich mit ungewöhnlichen Accessoires arbeite, mit klotzigem Modeschmuck, verrückten Hüten, barocken Schuhen. Aber ich finde, daß eine berufstätige Frau auf diese Art und Weise auch dem schlichtesten Kostüm ihre ganz persönliche Note geben kann.

Diese männlichen Hosenanzüge für die Karrierefrau waren ja vielleicht mal ganz angebracht, als man noch um die Gleichberechtigung kämpfen mußte. Heute geht es darum, sich wieder bewußt abzuheben. Und sei es nur dadurch, daß man eine ganz bestimmte Farbe für sich reklamiert: „Das ist mein Blau ..." Und daß man auch bereit ist, dafür zu bezahlen, daß es dieses Blau nur in einer bestimmten Stoffqualität und nur in einem bestimmten Couturehaus gibt ...

Ein vergleichsweise unauffälliger Luxus, gewiß. Einige werden ohnehin enttäuscht sein, wieviel Vernunft ich beim Prêt-à-porter zeige. Von mir erwartet man die große Schau, das Feuerwerk, das eigentlich Untragbare. Das alles liebe ich auch, speziell wenn es um Abendkleidung geht. Es kommt eben immer auf die Gelegenheit an. Und auf die Person.

Wer glaubt, daß ich alles Auffallende liebe, irrt sich gewaltig. Ich finde es zum Beispiel schrecklich, wie aufgetakelt viele Frauen zu den Schauen im Louvre gehen – diese gefärbten Haare und das wilde Make-up, diese unzähligen Schnallen, Taschen und sonstigen Effekte. Wer mich nur als Spezialist fürs Schrille sieht, tut mir unrecht.

Mir gefällt sogar BCBG („bon chic, bon genre": Pariser Schlagwort für die wohlgekleidete Bürgerin). Es kommt doch nur auf die Stimmigkeit an. Ich kenne einige Damen aus alten Adelsfamilien, streng katholisch, ohne Make-up, das Gesicht mit Seife gewaschen, die Haare ganz natürlich, in Faltenrock, Kaschmirpulli mit Seidentuch und Perlenketten, die mir sehr gut gefallen – weil sie so aussehen, wie sie sind, und wie sie leben. Eine adrette Grace Kelly und eine perfekte Audrey Hepburn sind etwas Wunderbares, vorausgesetzt, sie sind echt. Schlimm ist nur die Kopie. Kopien hasse ich! Falsches Chanel und falsche Japaner, wie sie hier in Paris im Bastille-Viertel hergestellt werden, sind mir ein Greuel. Weil damit etwas vorgetäuscht werden soll, was nicht ist.

Gegen billige Mode dagegen habe ich gar nichts. Die Straßenmode in London zum Beispiel finde ich sehr anregend. Mir gefällt es, wenn alte Damen mit lila Haaren und pastellfarbenen Hüten herumlaufen. Auf der anderen Seite faszinieren mich dann auch wieder ganz einfache Dinge.

Eine Frau ganz ohne Make-up, das Haar schlicht und ordentlich zurückgenommen, in einem einfachen Kleid oder Mantel – das ist wunderbar. In London findet man beides: das Barocke und das Minimale. In Italien gibt es viel guten Geschmack – manchmal zuviel. Mir fällt auf, daß die Frauen einer

> **„Die Kleidung der Männer ist schlichter geworden, entfaltet eine Sensibilität, die sich von traditioneller Eleganz unterscheidet"**
> *Yohji Yamamoto*

bestimmten Gesellschaftsschicht sich dort viel zu ähnlich sehen: der gleiche Schmuck, der gleiche Zobel, die gleichen blondgefärbten Haare, der gleiche gebräunte Teint. Einzeln genommen sind die Italienerinnen ein Vorbild an Eleganz – in der Gruppe können sie erschlagend wirken.

In Deutschland ist es ähnlich wie in Frankreich: Die meisten Frauen wagen viel zuwenig. In Paris sind es nur die jungen Mädchen, die ein Gefühl für die Mode haben: Sie können die verschiedensten Stilrichtungen miteinander mixen, stellen Sachen vom Flohmarkt mit Plastikschmuck aus dem Hallenviertel und einem edlen Stück ihrer Mutter aus den Sechzigern zusammen. Das mag ich.

Thema Modesünden. Wenn man Schuhe und Handtasche aufeinander abstimmt – sagte ich einmal in einem Interview. Genau eine Saison später zeigte ich in meiner Kollektion lauter Schuhe und Handtaschen, die exakt aus dem gleichen Material waren!

Seither hüte ich mich, von schlechtem Geschmack zu sprechen. Es gibt nur eine Sache, die schlimm ist: gar keinen Geschmack zu haben. Wer es wagt, ordinär zu sein, den bewundere ich – dagegen verachte ich alle, die guten Geschmack zu kopieren versuchen.

Ich suche ständig verzweifelt nach Stoffen für meine Männerkollektion.

Die Männer sehen alle so farblos aus. Ich liebe auch das Konservative, aber starke Farben wie Rot und Grün müssen dabei sein. Ich selbst werde den Männern mehr Farbe verordnen, ohne allerdings den konventionellen Rahmen zu sprengen. Es genügt ja, wenn man in der Mischung mutiger ist. Es gibt zum Beispiel Arbeitskleidung, die unheimlich praktisch und gleichzeitig schick ist. Seit vielen Jahren verbringe ich jeden Sommer in einer speziellen Jacke, die von Zugführern in

> **„Während der 80er Jahre haben die Männer entdeckt, daß Kleidung Spaß macht, wenn man sie nicht zu ernst nimmt"**
> *Ralph Lauren*

den USA getragen wird: marineblau mit weißen Streifen, vielen Taschen, weit, bequem. Und solche Jacken kombiniere ich am Abend sogar mit Smokinghosen. Genausogut kann ich mir vorstellen, ein modernes Material wie Stretch mit Folklore zu mischen, zum Beispiel einen Skijumpsuit mit einer Torerojacke.

Immer wieder auf die Wurzeln zurückzukommen ist enorm wichtig. Es gibt nichts Individuelleres und Exklusiveres als Handgemachtes. Selbstgestrickt – das kann doch kein Schimpfwort sein, das ist das Höchste! Ich jedenfalls werde immer auf Altbewährtes zurückgreifen.

Ich entwickle meinen Stil ständig weiter, ich verbessere die Proportionen, vergrößere die Farbpalette, aber ich verändere nie radikal. Mode ist Evolution – nicht Revolution!

Große Momente der Mode (seit 1945)

Der Tod des Huts

Es gibt für Deutschland keine Zahlen, aber die US-Statistik beweist das Sterben mit erschütternden Zahlen: 1939 kauften amerikanische Männer 27 Millionen Hüte, 1945 nur noch 5 Millionen. Der Grund für die unbedeckten Scheitel: Männer mußten jahrelang ungeliebte (Kriegs-)Hüte tragen. Endlich wieder zu Haus, hatten sie keine Lust, ihr Haupt noch einmal zu bedecken. Seitdem werden Hüte nur noch aus klimatischen Gründen getragen, nicht mehr aus modischen. Zeuge: Joseph Beuys.

Das T-Shirt taucht auf

Damals war es das Unterhemd des GI, aber als Elia Kazan „Endstation Sehnsucht" am Broadway inszenierte und einem rebellischen 23jährigen die Hauptrolle des Stanley Kowalski gab (auch die Rolle ist die eines Außenseiters), da erschien ihm das immer leicht schmuddelig aussehende Ding als korrekte Bühnengarderobe. Die Premiere am 3. Dezember 1947 war die Geburtsstunde des T-Shirts.

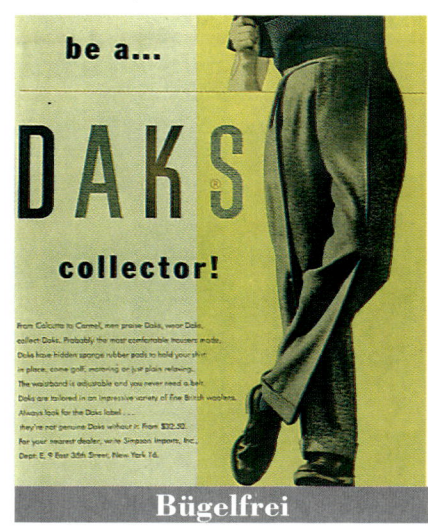

Bügelfrei

Niemand erinnerst sich mehr an jenen Morgen im Jahre 1955, als ein gewisser Joseph Haspel in Anzug, Hemd und Krawatte in den Atlantik sprang, herauskletterte, in der Sonne trocknete – und siehe da: Anzug, Hemd und Krawatte waren binnen Minuten trocken, hatten keinerlei Falten bekommen und sogar die Bügelfalten der Hose stimmten noch. Es war ein PR-Stunt – für synthetische Fasern (Orlon, Dacron, Polyester, oder wie auch immer sie heißen mögen). Die Geburtsstunde von Begriffen wie bügelfrei und drip-dry.

Das Nehru-Jackett

Anstandskleidung indischer Parlamentsabgeordneter. Es war ihm jedoch nur ein kurzes, unglückliches Leben beschieden, im Westen: als Partykluft (und als solche sieht man es heute noch ab und zu). Aber nie schaffte es den Sprung auf die Straße oder ins Büro. Es blieb, ein knappes Jahr lang, der Smoking der Exzentriker.

Die Bilderbuchkrawatte

Zum Hinschauen, Lesen, Brust bedekken. Anfang der 60er Jahre waren Krawatten auf 2,5 Zentimeter Breite geschrumpft. Aber dann brach die Flower-power-Phase über die Menschheit herein, und Ralph Lauren war der erste, der ihre Möglichkeiten für die seriöse Männermode erkannte. In diesem Jahr brachte er zehn Zentimeter breite Ties auf den Markt, Material: feinste Seide, und der Trick war, daß seine Muster klassisch anmuteten, die breiten Dinger klassisch aussahen und deshalb akzeptabel für viele Männer waren. PS: Die Bilderbuchkrawatten hielten sich bis 1973, verschwanden dann und kehrten erst so ums Jahr 1988 wieder.

Die Rückkehr des Dandys

Das Zauberwort hieß Carnaby Street (jene sogar von den Beatles verherrlichte Londoner Hippiegasse). Ein anderes: psychodelisch. So sah dann auch die Mode aus: breiteste Revers, Hosen wie Röcke, Hemden in Blumenmuster, hochhackige Schuhe, Schlipse in wilden Mustern, die bewußt nicht zum Hemd paßten. Es war eine Renaissance der frühen Jahre des 19. Jahrhunderts, als man Männerkleidung auch nicht als Anzüge bezeichnete, sondern als Kostüme.

Der No-Tie-Look

Die Tyrannei der Krawatte erlitt einen Rückschlag. Manager, Filmstars, Schriftsteller begannen, zu feierlichen Anlässen mit offenem Hemdkragen zu erscheinen – und sahen dennoch nicht eigentlich schlampig aus. Man ging halsfrei zu Symphoniekonzerten (wie zu Fußballspielen) und selbst aus Fünf-Sterne-Restaurants flog keiner mehr raus, nur weil ihm der Schlips fehlte. Better no tie than bad tie.

Der Freizeitanzug

Der Trick: das Safarijackett mit Urban Needs zu kreuzen. Herauskam ein billig herzustellender Anzug aus unseriösem Material, dem die Industrie den griffigen Titel Freizeitanzug verpaßte. Er verkaufte sich (um Hemingway zu zitieren) „wie Frozen Daiquiri in Hell". Er hielt sich bis 1983.

Die Designerjeans

Eine französische Erfindung. Weil Tout Paris Denim-Hosen hauteng tragen wollte (die Amerikaner diese aber nicht liefern konnten), ließen die Franzosen sie enger scheidern. Als erste begriffen drei Brüder aus Israel – Joe, Ralph und Avi Nakash – die Marktlükke, buchten Werbezeit im Fernsehen und boten Designerjeans der Marke Jordache an: noch ehe sie eine einzige der neuen Jeans geschneidert hatten! Sie konnten sich vor Bestellungen kaum retten. Sasson, Sergio Valente, Calvin Klein zogen nach, und heute gibt es die gute alte Working Jeans kaum noch – denn Levi's gelang der Marketingtrick, die ordinärste seiner Jeans, die 501, selbst zum Design zu erklären.

Der Jogginganzug

Die Kluft der Weekender, Fernreisenden, Körperbewußten. Stretch-Message: Ich fühl' mich wohl oder: Ich fühl' mich nicht wohl, wenn ich mich nicht wohl fühle. Es ist die Uniform jener Männer, die auch im Westenanzug aussehen, als seien sie ohne Regenschirm in ein tropisches Gewitter geraten. Merke: Der Jogginganzug gehört dem Sport und nicht der Mode.

Flagge zeigen

Über die weitverbreitete Unsitte, mit Markenzeichen auf der Kleidung Werbeträger zu sein — und dafür noch zu bezahlen
Von Ulrich Klever

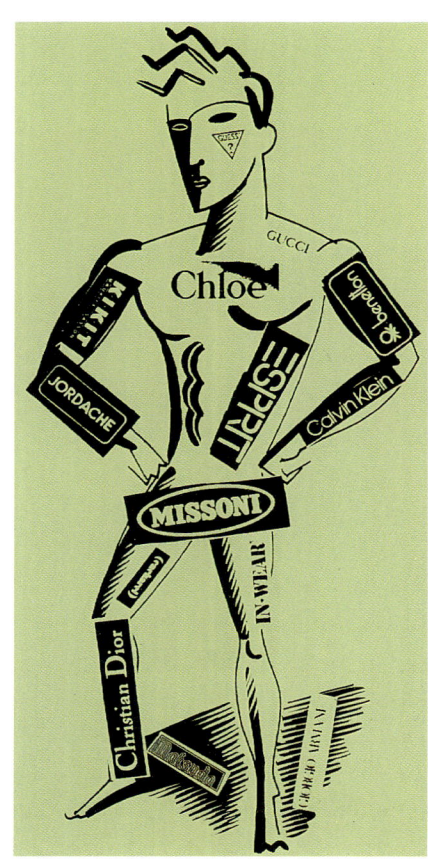

Vor fast hundert Jahren bedruckte der ehemalige Kofferpacker Ihrer Majestät Kaiserin Eugénie, Louis Vuitton, zum ersten Mal seine Gepäckstücke mit den Initialen LV, um sich vor Kopien zu schützen.

Diese eher hilflose Selbsthilfe eines Handwerkers wurde zu einer Art Seuche unserer Zeit und macht die Edelprodukteträger zu unbezahlten, aber teuer zu bezahlenden Werbeträgern.

Das Krokodil auf der behemdeten Brust oder der gestickte Polospieler an gleicher Stelle sind noch relativ harmlos, da symbolisch und mit Schmuckcharakter. Aber Firmennamen auf der Hemdenmanschette, Designerabzeichen auf dem Jackenärmel (es soll Leute geben, die sie noch dort belassen) oder fremde Initialen auf der Krawatte sind für mich eine Zumutung.

„Ein Herr, der über die Kosten seiner Kleidung spricht, ist kein Herr", sagt Baron von Eelking im „Lexikon der Herrenmode". Sind aber nicht die Designer- oder Herstellernamen Preisschilder für Mehrscheiner?

Da denke ich an meinen Bekannten, der seine edel bedruckte Briefmappe

nur in einer Plastiktüte trägt. Etwas übertriebene Zurückhaltung vielleicht. Aber um definitive Stellungnahme gebeten, meine ich: Ein Aktenköfferchen mit Endlosinitialen und Lorbeerkränzen auf senfgelbem Grund würde auch gut in eine Plastiktasche passen. Ganz kraß: Den Mantel mit Abzeichen sehe ich höchstens auf dem Fußballplatz oder im Eisstadion. Das Piqué-Hemd mit Emblem nie zum offiziellen Anzug.

Allenfalls in der Freizeit oder zur Lederjacke. Das schöne Hemd mit beschrifteter Brusttasche sollte unterm Pullover sein; der markenbestickte Überzieher am besten im Schrank.

Beim Sport oder Spaziergang hat sicher niemand etwas gegen Qualitätsware mit dem entsprechenden Logo. Selbst wenn es die Amerikaner schlecht vormachen: Zum Anzug niemals Sportschuhe, auch keine solchen, die farblich abgestimmt sind. Und dann womöglich noch die passenden Tennissocken dazu.

Reisegepäck ist, wenn es aus edlem Haus kommt, ohne Initialdruck doppelt so schön. Nicht umsonst hat man die Kofferetiketten der Hotels als zu aufdringlich abgeschafft.

Generell also kleidet man sich gut nach der Devise: Der feine Mann trägt den Pelz nach innen und nicht die fremde Marke nach außen.

MODEFRAGEN (und Antworten)

ANTIFALTENMITTEL

Wie verhindert man auf Reisen Falten im Anzug und bekommt sie wieder glatt? Beim Kofferpacken darauf achten, daß der Anzug gut gepolstert liegt. Zwischen die Hosenbeine Handtücher und T-Shirts legen, das Sakko damit ausstopfen. Am besten den Anzug in der Plastikhülle der Reinigung belassen. Die eingeschlossene Luft schützt vor Falten. Einen verknitterten Anzug während des Duschens ins Bad hängen. Die Luftfeuchtigkeit glättet.

MÄNNERMINI

Bermudas für Männer: Bermudahosen passen – wenn sie weit und mit Umschlag geschnitten und fast knielang sind – im Sommer zu Leinensakkos, Blousons und Polohemden. Dazu Mokassins oder Segelschuhe und keine Strümpfe. Zur Gartenparty am Nachmittag oder in der Freizeit. Nie im Büro, nie abends.

Shoppingpsychologie – oder was paßt zu wem?

Sind Sie 1,90 Meter groß, wiegen 80 Kilogramm und tragen im Geschäft am liebsten Nadelstreifenanzüge mit schmalen Revers und engen Hosen? Ihre Karriere können Sie vergessen. Sie sind völlig falsch angezogen. Frei nach dem Motto „Mach mehr aus Deiner Figur!" sollten Sie vor dem nächsten Shopping-bummel nachlesen, was Sie am besten kleidet

DER LEPTOSOME TYP

Groß, schlank, mit schmalem Körper-bau

■ Zweireiher sind besser als Einreiher. Sie wirken breiter, vor allem wenn die Revers nicht zu schmal sind und das Muster nicht längsgestreift ist. Darauf achten, daß das Sakko nicht zu eng sitzt.

DIE FARBE ROT

Der amerikanische Architekt Frank Lloyd Wright (1869–1959), für viele der größ-te dieses Jahrhunderts, ist ein fanati-scher Anhänger der Farbe Rot gewesen. Er hat dies so begründet: „Rot ist un-schlagbar. Es ist nicht nur die Farbe des Bluts, sondern der Schöpfung. Es ist die einzige Farbe in der Natur, die allem, was entsteht, Wärme einhaucht."

■ Das Schlimmste bei großen Männern sind zu kurze Hosenbeine. Der Saum sollte vorn auf dem Schuh leicht auf-stehen, hinten einen Zentimeter über dem Absatz enden. Weite Hosen mit Aufschlägen verkürzen die langen Bei-ne. Einfarbige Anzüge lassen einen größer erscheinen als in der zweifarbi-gen Kombination.

■ Zu kurze Mäntel wirken bei Großen wie ein Mäntelchen. Mindestens knie-lang sollten sie sein, am besten mit breiter Schulterpolsterung.

■ Schuhe mit dicken Sohlen verleihen Ihnen „mehr Gewicht". Ein Wing-Tip-

Schuh erscheint breiter als ein Tassel-Loafer oder ein Oxford (vergleiche Ka-pitel Schuhe)

DER PYKNISCHE TYP

Kleiner, eher rundlich, mit kurzem Hals und Neigung zum Übergewicht

■ Ein Sakko (bestens: Einreiher) sollte lange, schmale Revers haben, nicht zu eng sitzen und eher dunkler sein. Noch breiter werden Sie mit Karo- oder groß-em Muster. Bes-ser sind horizon-tale Linien und weiche, fließen-de Stoffe. Das Schlimmste: eine zu kurz gebun-dene Krawatte – die Ideallänge geht genau bis zum Gürtel.

■ Jeder Quer-Kontrast ver-kürzt, das heißt keine auffallenden Gürtel, keine ver-schiedenfarbigen Kombinationen, kei-ne Querstreifen.

■ Am besten nicht zu weite Hosen ohne Aufschläge. Aber: Querfalten im Bundbereich zeigen an, daß die Hose zu eng ist.

■ Mäntel sollten maximal eine Hand-breit unter dem Knie enden, keine Gürtel haben und möglichst schlicht geschnitten sein (kein Trenchcoat!).

■ Je unauffälliger die Schuhe sind, de-sto weniger wird man an Ihnen herun-terschauen und Sie damit messen. Re-gel: die Schuhe dunkler als der Anzug.

DER ATHLETISCHE TYP

Groß, breit, muskulös, mit kräftigem Knochenbau

■ Wenn der Oberkörper besonders muskulös ist, empfiehlt sich die Farbbetonung eher auf den Hosen. Also: Sakkos (Ein- oder Zweireiher) ohne Schulterpolster in dunklen Farben. Weite hüftbetone Hosen aus kräftigerem Stoff mit Muster.

■ Hosen mit Aufschlag und farbigem Gürtel schaffen einen proportionalen Ausgleich zum dominierenden Oberkörper.

■ Mäntel jeder Länge, allerdings ohne zusätzliche Schulterbetonung. Besser Schal- als Reverskragen.

■ Bordeauxfarbene Schuhe zum grauen Anzug sind ideal. Am besten Brogues oder Tassel-Loafer.

Der erste Besuch beim Maßschneider

Kaum eins der Probleme, die den gutgekleideten Herrn konfrontieren, ist so gravierend, wie die Frage, auf welcher Seite er „ihn" trägt

Unter den zahlreichen kleinen Demütigungen, die das Leben mit sich bringt, ist der erste Besuch bei einem Maßschneider wohl eine der kostspieligsten und entwürdigendsten – besonders, wenn man zu einem jener Londoner Schneider geht, deren Altvordern bereits Breeches für Lord Nelson oder gemusterte Fuchsjagdunterwäsche für den Prinzregenten anfertigten. Da stehen sie nun, die Aristokraten des Schneiderhandwerks in ihren wie angegossen sitzenden Kammgarnanzügen, umgeben von Mahagonitäfelung mit den eingerahmten Rechnungen für die Gehröcke von Oscar Wilde (die vermutlich noch immer nicht bezahlt sind), und warten auf nichtsahnende Kunden wie unsereiner, die das Bedürfnis nach einem handgenähten Maßanzug verspüren.

Mit höflicher Geringschätzung mustern sie unseren besten Anzug, den wir bisher für den Gipfel eleganter Herrenkleidung gehalten und speziell für diesen Anlaß angezogen hatten. „Na ja", lautet das Urteil, „etwas Besseres als *das* können Sie bei uns schon erwarten."

Nachdem sie unser bestes Stück auf diese Weise verrissen haben, machen sie sich nunmehr ernsthaft an die Arbeit, unsere körperlichen Eigenheiten zu notieren. Das ist eine gut eingeübte Doppelnummer: Der eine nimmt Maß, Unverständliches murmelnd, während der andere unsere physischen Defekte in einem dicken Folianten verzeichnet. Nicht direkt ehrenrührig, aber man kommt sich vor wie ein lebloses, unnatürlich geformtes Objekt, das es so diskret und taktvoll wie möglich zu verhüllen gilt.

Viele der ausgetauschten Bemerkungen sind uns unverständlich. Besonders schmeichelhaft klingen sie nicht. Wir tun unser Bestes, gelassen zu bleiben, und erfahren Dinge über unseren Körperbau, von denen wir bisher keine Ahnung hatten: eine abfallende linke Schulter, ein verrutschter Brustkorb, eine leichte Rückgratverkrümmung, eine Spur von Buckel, ungleiche Beinlänge – „Stehen Sie eigentlich immer so, Sir?" – und andere Enthüllungen, die so entsetzlich sind, daß wir sie lieber nicht zu Papier bringen möchten.

Man hat nur noch den dringenden Wunsch, so schnell wie möglich einen Arzt aufzusuchen, doch hat man zunächst andere Verpflichtungen: Wir müssen den Stoff auswählen und andere wichtige Entscheidungen treffen in bezug auf Knöpfe, Taschenklappen, Seitenschlitze, Rockaufschläge und

Nähte – all jene herrlich geheimnisvollen Einzelheiten, durch die sich ein Maßanzug von Konfektionskleidung unterscheidet. Das Ganze sollte ein genußvolles Erlebnis sein, das ein oder zwei Stunden in Anspruch nimmt und einem Appetit auf ein Glas Champagner macht.

Bei einem wahrlich guten Herrenschneider ist das keine steife Atmosphäre, kein Kopf-bis-Fuß-Mustern. Man sollte sich fühlen wie im Wohnzimmer eines Freunds. Entspannt, ausgeglichen, Gespräche im Plauderton. Nach meiner Erfahrung spielt sich das dann etwa so ab:

Ihr erster Besuch dauert ungefähr eine Stunde. Den größten Teil dieser Zeit verbringen Sie im Gespräch mit dem Schneider. Wenn der dann schließlich das Maßband zur Hand nimmt, hat er schon eine ungefähre Vorstellung von dem gewünschten Schnitt und Stoff.

Wer nicht gerade ganz ausgefallene Sonderwünsche hat – und bei den meisten Kunden ist das nicht der Fall –, der sollte am besten auf die Vorschläge des Schneiders eingehen. Irgend jemand muß ja die Entscheidungen treffen, und er kann das besser als Sie.

Nun führt man Sie ins Hinterzimmer zum Maßnehmen. Diese Prozedur erfolgt unter so geringem Trauma wie etwas, das Ein-Maß-um-die-Hüfte-Nehmen erfordert, nur sein kann, denn man unterhält sich dabei über die Vor- und Nachteile von Woll- und Flanellstoffen, aufgesetzten Nähten, Seitenschlitzen, verdeckten Uhrtaschen, sowie das intimste aller Themen – ob Sie Ihre Genitalien lieber östlich oder

VORNEHM GEKNÖPFT

Wer nicht in der Royal Air Force ist, sollte ihre piekfeinen Blazerknöpfe nicht tragen. Aber was dann? Schon mal was vom Kaiserlichen Yachtclub Kiel gehört? Blazerknöpfe sind ein Problem der Seriosität, und nur Hochstapler tragen Embleme von Regimentern, denen sie nicht angehör(t)en. Es gibt jedoch ein paar akzeptable Ausnahmen, nur sollte man sich hüten, sie „vor Ort" zu tragen. Die Spitze des Snobismus sind die Buttons des Kaiserlichen Yachtclubs Kiel, gefolgt vom Norddeutschen Regattaverein Hamburg (NRV) und den Reedereien Laeisz und Hamburg-Süd. Einziger nichthanseatischer (oder -britischer) Knopf mit Stil: der des Eagle Club im schweizerischen Gstaad.

Wer es schlichter mag, trägt mattiertes Gold oder Silber, wen der Uniformcharakter stört, läßt sich die durchaus akzeptablen Hornknöpfe annähen. Das deutsche Fachgeschäft für Blazerknöpfe ist Ernst Brendler in Hamburg (Große Johannisstraße 15). Ein NRV-Knopf kostet hier zum Beispiel 3,50 Mark.

Drei deutsche Knöpfe mit Stil und Tradition: die Hamburg-Süd mit ihrer Buchstabenkombination HSDG, der goldene Anker und das FL der Reederei Laeisz und der Adler unter dem NRV des Norddeutschen Regattavereins.

westlich des Hosenlatzes unterbringen möchten. In der Fachsprache nennt man das Dressing nach links oder rechts. Man bringt an dem gewünschten Hosenbein eine entsprechende Ausbuchtung an.

Wie Sie sich vorstellen können, ist man bei dieser Prozedur viel zu beschäftigt, um sich um die diskreten Anweisungen zu kümmern, die ein Assistent ins Buch einträgt. Die Feuerprobe des Maßnehmens verläuft völlig schmerzlos.

Die Maße sind nun verzeichnet, der Stoff ausgewählt, der Schnitt vereinbart, und alles andere bleibt dem Meister überlassen, der das Muster vorzeichnet und den Stoff zuschneidet. Seine Gehilfen heften alles zusammen und nähen.

Nach etwa einem Monat kommen Sie zur ersten Anprobe. Wer nicht weiß, was ihn erwartet, erlebt eine Überraschung. Kaum haben Sie den ersten bewundernden Blick in den Spiegel geworfen, springt der Fachmann auf Sie zu, den Mund voller Stecknadeln, und reißt Ihnen die Ärmel ab. Es folgen hektische Minuten des An- und Umsteckens, ein Kritzeln von Hieroglyphen mit Kreidestift an verschiedenen Stellen des Anzugs. Danach tritt er ein paar Schritte zurück wie ein Bildhauer, der eine vielversprechende, aber noch nicht vollendete Marmorskulptur kritisch betrachtet. Noch ein Kreidestrich hier und dort, und Sie müssen sich bis zur nächsten Anprobe von Ihrem Anzug trennen. Der wird jetzt vollständig auseinandergenommen, die Nähte werden ausgebügelt, die durch Kreidezeichen markierten Änderungen vorgenommen, und alles wird wieder vernäht, diesmal mit den feinen, aber unvergleichlichen Nähten, die einen Maßanzug auszeichnen. Bei einer zweiten Anprobe werden dann noch ein paar Unebenheiten und Fältchen beseitigt.

Jetzt gehört der Anzug Ihnen allein. Sie brauchen nicht mal in den Spiegel zu schauen. Er fühlt sich genau richtig an. Er ist bequem. Nur NEU fühlt er sich nicht an. Die Schultern sind nur ganz leicht wattiert, und der Anzug hat nichts von der steifen unbequemen Polsterung um die Brust herum, die so vielen Londoner Börsenmaklern das Aussehen eines ausgestopften, gestreiften Fischs verleiht. Das heißt allerdings nicht, daß Ihr Anzug nicht modisch gestaltet ist. Der Rockaufschlag hat einen anmutigen, fast sinnlichen Schwung. Er sitzt glatt über den Schultern. Er paßt sich genau dem Nacken an, da wo schlechtgeschnittene Anzüge immer Falten werfen. Die Knöpfe an den Ärmeln können auf- und zugemacht werden, wie es sich für Knöpfe gehört. Unter dem linken Revers befindet sich eine kleine Öse, in der Sie den Stiel der Nelke in Ihrem Knopfloch befestigen können. Mit anderen Worten – ein sorgfältig konstruierter Anzug. Aber bequem.

Er macht Sie auch ein wenig schlanker und ein paar Zentimeter größer als ein weniger gutsitzender Anzug. Sie werden diesen Anzug über die nächsten fünfzehn oder zwanzig Jahre mit zunehmendem Vergnügen tragen. Er wird nie unmodern.

Auf ewig chic

Vier Herren, die gerühmt werden für ihre Eleganz, schildern die Prinzipien ihrer Garderobe: Prinz Bernhard der Niederlande, Altbundespräsident Walter Scheel, der Exdiplomat und Journalist Rüdiger von Wechmar und der Maler Reinhold W. Timm. Vier Beispiele, aus denen wir alle Nutzen ziehen können, ohne hinter dem Trend herhecheln zu müssen

Wahrscheinlich der bestangezogene Mann Berlins: Der Maler und Gesellschaftsliebling Reinhold W. Timm

REINHOLD W. TIMM

1. Seit dreißig Jahren müssen meine Hemden einen 4,5 bis 5,5 Zentimeter hohen Kragen besitzen, der mit einer Kragennadel verschlossen wird. Sie sind maßgeschneidert.

2. Ein wichtiger Grundsatz von mir: immer Manschettenknöpfe tragen. Die meinigen sind aus einem Mondsteinring meiner verstorbenen Mutter, an der ich sehr hing. Ich ließ einen zweiten dazu anfertigen. Übrigens eine persönliche Note, die mir Curd Jürgens und der Juwelier Stern aus Rio de Janeiro später nachgemacht haben.

3. Kragennadeln (wenn's geht von Cartier) und Manschettenknöpfe sind der einzige Schmuck, den ich mir leiste. Mehr wäre zuviel.

4. Meine Jacketts, die durchaus auch von der Stange sein können, haben stets zwei Schlitze.

5. Im Revers trage ich immer Rosen, vor 17 Uhr eine gelbe, danach eine rote. Nelken deshalb nicht, weil es hierzulande die englischen mit den dunkelroten Spitzen nicht mehr gibt. Mit den hiesigen wird man zu leicht dem anderen Lager zugerechnet.

6. Meine Krawatten haben alle die gleiche klassische Breite – also nicht jene Breite, die sie zu Schals macht –, und ich binde sie zum Windsor-Knoten.

7. Hüte trage ich auch, aber nur mit persönlicher Note: etwa einen schmalkrempigen Stetson. Aber alle müssen, ehe sie richtig sind, erst mal mit mir baden gehen.

PRINZ BERNHARD

Auf höfliche Anfrage schickte uns seine Sekretärin, Madame Gilles, folgendes königliche Rezept:

1. Seine Königliche Hoheit trägt stets eine weiße Nelke im Knopfloch seines linken Jackenrevers.

2. Die Krawatten – nicht zuletzt wegen seines Engagements im WWF meist mit Tiermotiven – bindet er sich immer zu einem Prince-Edward-Knoten.

3. Seine Hemdkragen sind niedrig.

4. In der Wahl seiner Anzüge ist er ziemlich konservativ; das heißt, wenn er einen Anzug abgetragen hat, bestellt er lieber einen in der gleichen Art noch einmal als einen anderen.

5. Er achtet streng darauf, daß die Farben seiner Krawatten, Socken und Einstecktücher harmonisch auf Anzug oder Jackett abgestimmt sind.

6. Was die Schuhe angeht, so müssen sie sehr sorgfältig geputzt sein. Was verständlich ist, wenn man weiß, daß einige aus dem Jahre 1931 stammen, also über ein halbes Jahrhundert alt sind.

WALTER SCHEEL

„Stil ist die Einführung der Vernunft ins tägliche Leben und eine Frage von Herzenstakt. Stil bedeutet zu wagen, nur dem eigenen Geschmack zu folgen. Stil ist eine Verteidigung desselben, ist ein Teil der Persönlichkeit, ist Selbstverteidigung. Trendsettern nachzueifern führt zur Verflachung. Es

kann doch nicht von Vorteil sein, für einen Designer Reklame zu laufen und dafür auch noch Geld zu bezahlen! Urteilsvermögen, Geschmack und Stil liegen dicht beieinander. Menschen mit gleichem Geschmack und Stilempfinden erkennen sich sofort untereinander. Wer eine teure Modemarke auf Brust, Bauch oder Gepäck wie eine Standarte herumträgt, gerät in den Verdacht, sein eigenes Urteilsvermögen durch besonders exklusive Preise ergänzen zu müssen. Und welch Erschrecken, wenn man plötzlich entdecken muß, daß das exklusive Produkt in einem ostasiatischen Land hergestellt wurde! Und dann liegt ja der groteske Gedanke nicht mehr fern, daß es asiatischen Herstellern nicht nur gelingen könnte, nach Anweisung alles perfekt zu produzieren, sondern daß sie möglicherweise dem Designer nur die zweite Wahl liefern und das Original als Kopie lieber selber verkaufen! Welch wunderbare Ironie. Nun will ich, weiß Gott, nicht dem Abkupfern das Wort reden, aber es ist natürlich ein Unterschied, ein hochwertiges Produkt zu imitieren, in dem jahre- und jahrzehntelange wissenschaftliche Vorarbeit oder geniale technische Konstuktionsideen und eine Menge Entwicklungskosten stecken – oder einen heute ja schon fast monatlich wechselnden Modetrend zu kopieren. Ich bin immer er-

Altbundespräsident Walter Scheel: Ein Mann, der es sich nie an Gutem und Teurem mangeln ließ

staunt, wenn man mir sagt, daß ich gut angezogen bin. Ich habe doch immer nur versucht, ordentlich und richtig angezogen zu sein."

Einreihiger Anzug, fast schwarz mit hellgrauen und roten Nadelstreifen und relativ breitem Revers, durchaus nicht unauffällig und dennoch elegant.

„Ist schon über zwanzig Jahre alt", sagt Scheel.

Dazu trägt er ein hellblaues Hemd, fein gestreift und mit genau abgestimmtem Einstecktuch. „Ich habe die Mode, Einstecktücher passend zur Krawatte zu tragen, nie mitgemacht", sagt er. „Ich stecke sie wie zufällig in die Brusttasche."

Seine Hemden, seit dreißig Jahren vom gleichen Schneider, sind immer vom selben Schnitt, besitzen Tapkragen (die mit dem kleinen Steg) und Klappmanschetten für Manschettenknöpfe. Scheel entschied sich für diese Form, weil sie einen stets gutsitzenden Kragen und einen korrekt gebundenen Krawattenknoten garantieren.

Scheel: „Lässig aufgezogene Krawatten sind allenfalls als modisches Accessoire für Damen gestattet, für Herren aber schrecklich."

Auf die farbliche Abstimmung seiner Kleidungsteile legt Scheel größten Wert, und so paßt die seidene Paisley-Krawatte zum Rest „wie gemalt". Als persönliche „Extravaganzen" versteht er nur zwei Dinge: die bereits erwähnten Einstecktücher, deren Spitzen keinesfalls aus der Tasche wedeln dürfen, und der Schnitt seiner einreihigen Jacketts – sie besitzen an der vorderen Mitte nicht die üblichen abgerundeten Ecken, sondern sind rechtwinklig. Dadurch ergibt sich ein andersartiger, sehr individueller Fall. Auch für den Altbundespräsidenten kommen seine Schuhe (Größe 47, besonders beliebt: schwarze Schnürschuhe mit feinem Lochmuster) an erster Stelle der Accessoires: „Sie sind ziemlich alt, aber ich pflege sie eben, putze selbst, und bevor ich sie anziehe, bekommen sie noch einmal einen letzten Schliff, eine letzte Politur. Ich besitze noch alle meine Schuhe aus der Nachkriegszeit, und einige sind inzwischen zum dritten Mal besohlt. Wegen meiner ungewöhnlichen Schuhgröße sind die meisten nach Maß, ich bekomme inzwischen

aber auch sehr gute Schuhe „von der Stange".

Thema Strümpfe: „Ich trage ausschließlich lange Strümpfe, die auch bei übergeschlagenem Bein keinen Blick auf nackte Haut freigeben dürfen."

Scheels Schlußwort: „Ich bin sparsam – nein, so kann man das nicht sagen. Ich kann es mir einfach nicht leisten, Billiges zu kaufen, um es dann alsbald wieder wegwerfen zu müssen. Der Mode bin ich nur sehr, sehr zögernd gefolgt. Ich war immer nur ordentlich angezogen, eher konservativ, eben ein bißchen altfränkisch."

RÜDIGER VON WECHMAR

1. Meine Hemden, immer im gleichen Stil mit hohem Kragen, Kragennadel und Klappmanschette, lasse ich mir seit drei Jahrzehnten in New York machen. Ich trage nur vier Dessins: blau, weiß, blau-weiß gestreift und grau-weiß gestreift.

2. Mir gefällt der konservative Stil, mit ihm fühle ich mich wohl. Da ich meine Kleidung nicht jedes Jahr neu kaufe, um irgendeinem Trend zu folgen, halte ich mich an Qualität. Das mag teuer sein, hält dafür aber länger.

3. Deshalb stammen einige meiner Anzüge, ausschließlich Zweireiher übrigens, aus den siebziger Jahren.

4. Meine Blazer trage ich mit schlichten Goldknöpfen, das heißt ohne irgendein Zeichen darauf.

5. Bei meinen Krawatten, die grundsätzlich meine Frau kauft, habe ich Krawatten mit Tieren, etwa Pferde, Vögel oder Füchse, besonders gern.

6. Meine Strümpfe sind stets knielang und meistens schwarz.

7. Ich trage meine immer frischgeputzten Schuhe ebenso wie Anzüge niemals zwei Tage hintereinander.

Schmuck: Kragennadel, Manschettenknöpfe und Armbanduhr, eine Rolex mit Metallarmband, aber weißem Zifferblatt. Zum Frack eine Taschenuhr, und sollte die Rolex gerade mal nicht verfügbar sein, benutzt von Wechmar eine britische Armeeuhr: „Ich fand sie während des Feldzugs in Nordafrika in einem verlassenen englischen Panzer."

Hüte? Wechmar: „Nur, wenn ich muß."

GESUNDHEIT & FITNESS

Kosmetik
Düfte
Gymnastik
Laster
Stress
Tips & Tricks
Diät
Mittel

**ÖLIGE HAUT IM
BEREICH DER T-ZONE**

**FALTEN IN
DEN AUGENWINKELN**

**TROCKNE HAUT
IM GANZEN GESICHT**

**PROBLEME VOR
UND NACH DER RASUR**

Wahren Sie Ihr Gesicht!

Auch im Gesicht jedes Mannes gibt es vier kosmetische Problemzonen. Wo sie sind, wie sie entstehen, und was man dagegen tut

ÖLIGE HAUT IN DER T-ZONE:

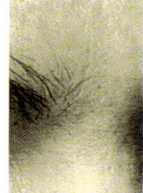

Ungefähr bis zum vierzigsten Lebensjahr ist bei Männern die Talgproduktion oft sehr stark ausgeprägt. Dabei müssen die Seitenpartien des Gesichts vom Fettüberschuß nicht unbedingt mitbetroffen sein, meist konzentrieren sich die öligen Absonderungen in der sogenannten T-Zone, das heißt um Stirn, Nase und Kinn. Je fettiger der Hauttyp, desto wichtiger wird die gründliche Tiefenreinigung morgens und abends, vorbeugend gegen verstopfte Poren, Mitesser und Pickel. Gereinigt wird mit einer pH-neutralen Waschemulsion oder einer speziellen Gesichtsseife. (Die Serie Skin Suplies for Men von Linique beispielsweise hat verschieden stark entfettende Seifen im Programm.) Empfehlenswert ist die anschließende Behandlung öliger Partien mit einem Gesichtswasser, das fettabsorbierende Partikel enthalten sollte – wie Skin Clearing Solution von Aramis Lab Series, Skin Clarifying Lotion von Jil Sander for Men. Es bewahrt die Haut mehrere Stunden lang vor dem Glänzen und wirkt zudem desinfizierend. Sie verschönern jeden Hauttyp, sind aber bei zu starker Talgproduktion eigentlich unumgänglich: regelmäßige Peelings mit einer erfrischenden Rubbelcreme, die abgestorbene Hornschüppchen entfernt (zum Beispiel Granular Face Cleanser von Etienne Aigner, Désincrustant Visage von Biotherm Homme). Normaler Haut und den trockeneren Gesichtszonen sollte man ein- bis zweimal wöchentlich solch eine kosmetische Abreibung gönnen; sehr ölige, großporige und schlecht durchblutete Hautbezirke werden am besten gleich jeden zweiten oder dritten Tag derartig aufpoliert. Entzündlichen Unreinheiten kommt man mit einem heilenden Stift zum Tupfen bei. Mehrfach täglich auftragen (Skin Corrector von Aramis 900, Touch Stick von Linique for Men). Nach der Reinigung beziehungsweise Rasur geht's dann an den Cremetopf. Bei normaler wie öliger Haut sind dabei Produkte mit stark feuchtigkeitsspendender Wirkung angebracht. Sinnvoll: Moisture Concentrate von Marbert Gentleman, Basic Homme von Vichy.

FALTEN IN DEN AUGENWINKELN:

Rund um die Augen ist die Hautstruktur am feinsten, zudem wird dieser Bereich durch lebhafte Mimik besonders stark beansprucht. Klar, daß es daher an diesen Stellen zuerst zu Alterserscheinungen kommt. Zwar machen kleine Blinzelfältchen durchaus sympathisch, tiefen Krähenfüßen jedoch ist wenig Positives abzugewinnen. Wer ein sogenanntes Anti-Aging-Gesichtspräparat benutzt – zum Beispiel Anti-Aging-Supplement von Aramis Lab Series – sollte also immer auch ein kleines Portiönchen davon leicht im äußeren Augenwinkel verklopfen. Bislang sind in Deutschland noch keine speziellen Augencremes für Männer auf dem Markt. Besonders wer zu morgendlichen Schwellungen der Augenlider oder zu Tränensäcken neigt, sollte nicht nur versuchen, zu einer gesünderen Lebensweise zu finden (zuwenig Schlaf und zuviel Alkohol begünstigen dieses unschöne Phänomen), sondern sich vielleicht ausnahmsweise mal in der Ladyecke der Parfümerie bedienen: Für die holde Weiblichkeit gibt es sie nämlich schon, abschwellende Augencremes mit intensiv straffender und festigender Wirkung – zum Beispiel Irilys von Jeanne Piaubert, Capture Contour de l'œil von Dior, Bio-Contour-Lift von Stendhal. Sollte derart gestautes Gewebe aber eher zu den Ausnahmeerscheinungen einer durchzechten Nacht gehören, kann man den übelsten Auswüchsen auch mit wesentlich natürlicheren und nicht minder wirksamen Kuren beikommen: Kompressen aus aufgebrühten, erkalteten Pfefferminzteebeuteln glätten. Eine kreisförmig ausgeführte Massage und Eiswürfel sorgen in solchen Fällen ebenfalls schnell für besseren Durchblick. Apropos: Augentropfen mit weißmachendem Effekt sollten, auch wenn sie bei gestreßten Managern sehr beliebt sind, nicht zum Dauereinsatz kommen. Neuere Untersuchungen haben eindeutig beweisen, daß diese Mittel das Auge langfristig schädigen können.

TROCKENE HAUT IM GESICHT: Bei 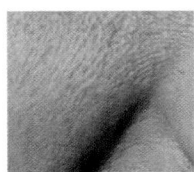 Männern in jüngeren Jahren ist sie eher selten vertreten, mit zunehmendem Alter tritt sie jedoch immer häufiger auf: trockene, empfindliche, manchmal sogar schuppende Haut. Neben ausreichender Fett- und Feuchtigkeitszufuhr muß hier alles vermieden werden, was die Epidermis noch mehr strapazieren und austrocknen könnte: Elektrorasur, beißende After-shaves und stark entfettende Seifen sind tabu. Gereinigt wird am besten mit milden, rückfettenden Präparaten – zum Beispiel Dual Action Face Soap von Aramis Lab Series, Nettoyant Visage Non-Desséchant von Biotherm Homme. Das Hautbild verfeinernde Peelings dürfen und sollten im wöchentlichen Turnus verwendet werden.

Auf hochwertige Pflegeprodukte mit regenerierender Wirkung reagiert dieser Hauttyp besonders dankbar. Leichte Feuchtigkeitsemulsionen sind hier weniger geeignet als reichhaltigere, „kompakte" Cremes wie Double Action Cream von Azzaro, Actif R von Biotherm Homme, Tactics Face Cream von Shiseido. In dicker Schicht aufgetragen, kann man solche Produkte zwischendurch auch mal als Gesichtsmaske verwenden. Weil gerade die trocke-

ne Haut am schnellsten zu Fältchenbildung neigt, ist hier auch die Anwendung eines speziellen Anti-Aging-Mittels ernsthaft in Erwägung zu ziehen: Ob zur Vorbeugung oder zur Milderung bereits bestehender Linien, die Produktrange an vitalisierenden, straffenden Schönmachern für abgespannte Männermienen steht dem für Frauen gedachten Angebot kosmetischer Faltenkiller bald in nichts mehr nach – zum Beispiel Cell Power von Bogner Man II (Foto), Activating Over Night Line Smoother von Marbert Gentleman, Kouros Regenerating Intensive Formula von Yves Saint Laurent. Aber Geduld: Mindestens drei Wochen sollte das Produkt regelmäßig verwendet werden, bis sich die ersten Erfolge einstellen.

PROBLEME BEI DER RASUR: Daß 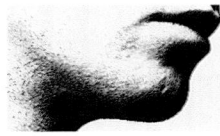 die tägliche Rasur von vielen Männern immer noch als lästige, zeitraubende Prozedur gesehen wird, daran ist wohl wenig zu ändern. Dabei gibt sich die Schönheitsindustrie alle Mühe, diese Pflichtübung durch entsprechende Produkte zu einem Akt der Entspannung zu machen. Nach wie vor gilt: Die elektrische Klinge arbeitet zwar schneller, ist aber weniger nachhaltig und strapaziöser für die Haut als eine Naßrasur. Mit Hilfe eines Preshaves (mittlerweile in vielen Duftserien erhältlich) kann man die Elektrorasur jedoch etwas effektiver gestalten: Solche Wässer ziehen die Poren zusammen und richten die Barthaare auf. Allemal sorgsamer geht mit seiner Haut um, wer den Stoppeln manuell

zu Leibe rückt. Nach wie vor empfehlenswert ist der mit Rasierseife und -pinsel aufgetragene Schaum. Die Haut wird dadurch weich und geschmeidig, die Barthaare werden aufgerichtet. Rasierschaum aus der Dose ist mit vielen hautberuhigenden Inhaltsstoffen angereichert.

Praktisch, aber momentan nur im kompletten Reisepflegeset zu haben: eine Minidose Rasierschaum mit integrierter Doppelklinge – rund zehnmal kann man sich damit unterwegs gründlich an den Bart gehen (von Adidas Cosmetics).

Im Zuge des zunehmenden Pflegebewußtseins erlebt auch die gute alte Rasiercreme wieder ein Comeback: Unter Experten gilt sie als optimales Gleitmittel – zum Beispiel Basic Homme von Vichy, Fahrenheit von Dior, Drakkar Noir von Guy Laroche.

An Punkten verliert dagegen das traditionelle After-shave. Jeder, der nach der Rasur vor allem am Haaransatz mit leichten Rötungen oder Entzündungen zu kämpfen hat, kann dies vielleicht darauf zurückführen. Seitdem es milden After-shave-Balm oder -Soother gibt, tauschen immer mehr Männer das Gefühl ätzenden Brennens gern gegen ein beruhigendes Prickeln ein. Bei junger, noch anspruchsloser Haut ersetzt ein pflegender Balsam oft die Nachbehandlung mit Feuchtigkeitscreme – zum Beispiel Post Shave Healer von Linique for Men, After Shave Soother von Montana Parfum d'Homme, Kouros Regenerating After Shave Gel von Yves Saint Laurent, After Shave Moisturizer Eau Sauvage von Dior.

Möge es Ihnen nie passieren:
Eine Saitenrasur in Marokko, Tunesien oder der Türkei

Das Rasierpinselbrevier

Er ist das quintessentielle Arbeitsgerät für alle Männer, die bei ihrer Rasur dem Problem noch richtig auf den Grund gehen wollen

Ein guter Rasierpinsel ist mehr als ein Schaumschläger auf dem männlichen Stoppelfeld – ein guter Rasierpinsel macht den Unterschied zwischen einer guten und einer perfekten Rasur. Und so erkennt man ihn:

- Dachshaar ist besser als (Schweine-)Borste, weil weicher, biegsamer und saugfähiger.
- Bestes Dachshaar kommt von den Hochgebirgsdachsen, die in den Pyrenäen leben (über 1500 Meter). Das Haar von Flachlanddachsen ist nicht so gut. Die beste Partie ist das Rückenhaar.
- Dachshaarpinsel müssen unten richtig dunkel sein, sich nach oben aufhellen und eine weiße Spitze haben. Haar einheitlicher Farbe ist weniger wertvoll.
- Die Kuppel muß schön rund sein, eine flache Kuppel drückt man breit – man kann sich nicht gezielt einschäumen, sondern hat das ganze Gesicht voll.
- Die einzelnen Haare müssen natürlich enden, die Haarspitzen dürfen nicht geschnitten sein (wird manchmal gemacht, um die Kuppelform hinzukriegen).
- Fassen Sie mit dem Daumen ins Haar – es muß beim Loslassen federnd zurückkommen. Je elastischer die Haare sind, um so hochwertiger ist der Rasierpinsel.
- Beim Reingreifen darf man nicht auf den Haarboden (direkt überhalb des Griffs) kommen. Sonst ist er nicht dicht genug „gesteckt".
- Der Haarboden darf nicht mit Holzstückchen versehen sein (das täuscht Fülle vor, in nassem Zustand wird der Pinsel ganz dünn und unbrauchbar).
- Je länger und dicker der Pinsel ist, um so besser und wertvoller ist der Rasierpinsel (und elastischer und saugfähiger obendrein).
- Ein guter Dachshaarpinsel kostet ab 100 Mark; für einen ganz guten muß man aber 250 bis 500 Mark ausgeben. Toni Münnix hat mal einen mit Goldgriff verkauft für 94 000 Mark.
- Der Griff ist Geschmackssache. Gut sind Messinggriffe oder verchromte. Wer's edel mag, nimmt einen Rasierpinsel mit Horngriff oder einen vergoldeten.
- Wichtig: Pinsel immer gut auswaschen, die Rasierseife kann das Dachshaar zersetzen, es bricht dann ab. Immer hängend aufbewahren, damit das Wasser sich nicht im Griff sammelt.

Der Duft der großen weiten Männerwelt

Das Spiel ist alt, das Spielfeld neu: Laß mich an Dir riechen, und ich sage Dir, welcher Mensch Du bist. Der Freiburger Diplomsoziologe Joachim Mensing hat die Männer in neue Schachteln verteilt – je nach ihrem Parfum und Rasierwasser

Armanis Pour Homme verrät den „spontanen Flipper". Er sucht die ewige Jugend, die ständig der Tristesse des Alltags entfliehen will. Guerlains Vetiver dagegen markiert den „kultivierten Gentleman", der gegenüber dem Geschmack der Masse auf Distanz geht.

Was sich liest wie ein neues Gesellschaftsspiel, sind lediglich zwei Bei-

spiele aus der Studie des Freiburger Forschers, die es Ihnen z. B. erlauben, auf der nächsten Party nur noch Ihrer Nase zu folgen. Nur: In Mensings Parfum- und Personenanalyse steckt mehr als reine Partyschnupperei. Seine Forscherfrage lautete, ob und nach welchen Kriterien sich Männer parfümieren. Ergebnis: Des Mannes Duftwahl wird von seinem Erlebniswunsch be-

stimmt. Männer versuchen, sich mittels Duft ihrem Idealbild näherzubringen. Ganz im Gegensatz zu Frauen übrigens, deren Duftwahl eher auf einen Realtyp ausgerichtet ist. Sie wählt ihr Parfum nach der momentanen Stimmung, nach Anlaß und Tageszeit.

Die neue Klassengesellschaft der duftenden Männer teilt sich in sechs Typologien:

DER KULTIVIERTE GENTLEMAN: Er ist introvertiert und konventionell. Die entsprechende Duftrichtung: warme, in sich abgerundete, natürliche Holz- und Fougère-Noten. Die Harmonie des Dufts entspricht seinem Bedürfnis nach innerer Ruhe und Ausgeglichenheit. Der „kultivierte Gentleman" möchte gegenüber der Masse und ihrem Geschmack auf Distanz gehen. Das zeigt sich beispielsweise in seiner Ablehnung von Produkten ohne Exklusivimage. Modischen Trends steht er prinzipiell skeptisch gegenüber. Sein Ideal ist der stilvolle, intellektuelle Genuß, die zeitlose Eleganz. Duftbeispiele: Vetiver von Guerlain, Xereyus von Givenchy, Tiffany for Men und Fendi Uomo.

DER DEZENT GEPFLEGTE: Traditionell/konventionelles Persönlichkeitsprofil. Das bedeutet fürs Eau de Toilette: dezente, trockene, herb-natürliche Noten à la Tabak und Leder. Des „dezent Gepflegten" Ideal ist die natürliche, unauffällig elegante, an traditionellen Werten orientierte Männlichkeit. Er möchte auf keinen Fall als weich, künstlich, unmännlich, aufdringlich oder gelackt gelten. Seine Duftwahl ist daher weniger emotional als rational geleitet. Entsprechend der angestrebte Lebensstil: erfolgs- und leistungsorientiert. Sein Hang zu Prestigemarken unterstützt das leistungsorientierte Way of Life. Beispiele: Globe von Rochas, Davidoff Classic, Tristano by Onofri und Boss Spirit.

DER AKTIVE DYNAMIKER: Extrovertiert-konventioneller Baumausreiß-Typ. Der Duft: frisch-citrisch, würzig bis krautig. Sein Ideal: praktisch, unkompliziert, risikofreudig, optimistisch, unternehmungslustig, impulsiv. Duft muß für ihn eine frische, belebende aktive Ausstrahlung haben. Dieser Männertyp genießt quasi sein dynamisch-aktives Ideal selbst in seinem Duft. Der angestrebte Lebensstil: Abwechslung und Bewegung. Und das besonders in der Freizeit: Sport steht bei ihm an erster Stelle. Die passenden Eau de Toilettes: Cool Water von Davidoff, Drakkar Noir, Acteur von Azzaro, Pasha von Cartier.

DER SPONTANE FLIPPER: Unkonventionell-extrovertiert ist das Merkmal dieses Hansdampf in allen Gassen. Für den Duft heißt das: coole mentolige Noten mit belebend-stimulierender Fruchtigkeit bis hin zu Düften mit kulinarischen Effekten. Sein Ideal: die ewige Jugend. Alles muß belebend, interessant, neu und stimulierend sein. Der „spontane Flipper" ist sehr modisch, in seiner Selbstdarstellung außenorientiert, und er legt recht großen Wert auf materielle Dinge. Bei vielen anderen Männern gilt er deswegen oft als oberflächlicher Effekthascher. Mit dem klassischen Männerideal kann er sich überhaupt nicht identifizieren. Er ist immer auf dem Absprung und bereit, neue Wege auszuprobieren, in der Erwartung, daß seine „sieben Sinne" immer wieder aufs neue stimuliert werden. Duftbeispiele: Sport Fragrance von Aigner, Armani Pour Homme, Monsieur de Givenchy, New West von Aramis.

DER UNDRESSIERTE MANN: Liebhaber von Schwarzweißmalerei sind avantgardistisch-unkonventionell.

Ledrig-coole Noten mit balsamischem Fond gehören in sein Parfumsortiment.

Der „undressierte Mann" würde gern ein freies, ungebundenes, klarliniges, bürgerlich nicht etabliertes Leben leben. Für ihn muß Duft Ausdruck ungebrochener, reiner Männlichkeit sein. Gleichzeitig soll der Duft aber auch seiner Sensibilität gerecht werden, die nach außen durch coole Verhaltensweisen überdeckt wird. Zu diesem Männertyp passen Jil Sander Man Pure, Montana Homme, Bogner Man 2 und Chanel Egoiste.

DER SENSITIVE INDIVIDUALIST: Er ist introvertiert-konventionell. Duftvorlieben: warme, würzige, orientalische Noten mit erogenem Charakter. Sein Ideal ist das des tiefgründigen Einzelgängers; er ist im Vergleich zu anderen weniger von der Stimulation der Außenwelt abhängig. Er erlebt sich selbst als feinfühlig und sensibel, gibt sich aber reflektiert und kritisch. Ebenso prüfend kauft er Kleidung und Kosmetik: Er läßt nicht alles an seine Haut, nur das, was diese auch wirklich verträgt. Duftmäßig passen Obsession von Calvin Klein, Jil Sander Feeling Man, Versace L'Homme.

Herren von Welt sind Bluthunde

Sie folgen ihren Nasen. Deshalb, um es den Damen leichter zu machen, hier eine Liste von Dingen, die Männer dufte finden – und bei denen sie stinkig werden

Selbst erfahrene Liebhaber sind sich dessen nicht bewußt, daß Menschen, unbekleidet in der Dunkelheit, anders riechen als angezogen im prallen Licht. Um das auf internationalen Level zu bringen: Skandinavier riechen gut, US-Bürger zuwenig. Alle anderen ... Lassen wir das.

Jedenfalls wählen Männer ihre Lieblingskneipe ganz unbewußt auch danach aus, ob sie einen angenehmen Wiedererkennungswert haben. Nasenmäßig.

Männer lieben aber auch stinkigen Männerduft (z. B. in Umkleidekabinen deutscher Golfklubs), hassen aber stin-

DER VERBOTENE ERREGER

Von allen Essenzen des Orients erschien der Duft des Jasmin den Arabern am gefährlichsten. Als der britische Forschungsreisende und Übersetzer von „Tausendundeine Nacht", Richard Burton (1841–1890), auf die Insel Sansibar kam, hatte der dort herrschende Sultan die Einfuhr von Parfum mit Jasminaroma ganz verboten.

„Weil dieser Duft die männliche Begierde einschläfert und die der Frauen erregt."

kige Frauen (z. B. Marathonläuferinnen im Ziel).

Du bist, was du einatmest. Deshalb zieht es Männer derart aufs Land. Zumindest an Wochenenden. Der Nase wegen. Das Feinste für Männer sind Düfte, die unduftig sind. Schnee zum Beispiel. Oder die Non-scented-Seife von Pears. Oder knackig gebräunte Frauenhaut. Oder die Wüstenszenen in „Lawrence of Arabia". Das Schlimmste ist Angstschweiß.

WAS MÄNNERNASEN LIEBEN:

- Cognac
- Reitstiefel
- Meer
- Ein taufrischer Misthaufen
- Boote
- Pulverdampf
- Alte Häuser (besser: Scheunen)
- Kerosin
- Möbelwachs
- Eben gewindelte Babys

- Ehrlich verdienter Schweiß
- Farbverdünner
- Bleistifte
- Alte Schubfächer
- Gemähter Rasen
- Brennende Scheite
- Polierte Kastanien
- Neue Züricher Zeitung
- Bohnenkraut
- Heu
- Dunkles Brot
- Wolle
- Umgegrabene Erde
- Äpfel
- Wald nach Regen
- Sandelholzorgasmen

WAS MÄNNER NICHT RIECHEN MÖGEN:

- Schlechter Atem
- Mottenkugeln

- Verwesung
- Schuppen (jawohl, die riechen!)
- Kunststoff
- Nylonstrümpfe
- Frischluftsprays
- Babyfläschchen
- Altes Vasenwasser
- Flugzeugklos
- Recyclingpapier
- Feuchte Pudel
- Duftkugel in Pissoirs
- Neureiche
- Lufthansa-Bordkarten (grün)
- Turnhallen
- Primeur
- Alte Reifen
- Kugelschreiber
- Ämter
- Hamburger (auch wenn sie gut schmecken!)
- Präservative

MÄNNER A LA GRÖNEMEYER

Männer nehmen in den Arm –
Männer geben Geborgenheit
Männer weinen heimlich –
Männer brauchen viel Zärtlichkeit
Männer sind so verletzlich –
Männer sind auf dieser Welt einfach unersetzlich
Männer kaufen Frauen –
Männer steh'n ständig unter Strom
Männer baggern wie blöde – Männer lügen am Telefon
Männer sind allzeit bereit –
Männer bestechen durch ihr Geld und ihre Lässigkeit
Männer haben's schwer, nehmen's leicht – außen hart und innen ganz weich – werden als Kind schon auf Mann geeicht
Männer haben Muskeln – Männer sind furchtbar stark
Männer können alles – Männer kriegen 'nen Herzinfarkt
Männer sind einsame Streiter – müssen durch jede Wand, müssen immer weiter
Männer führen Kriege – Männer sind schon als Baby blau
Männer rauchen Pfeife – Männer sind furchtbar schlau
Männer bauen Raketen – Männer machen alles ganz genau
Männer kriegen keine Kinder – Männer kriegen dünnes Haar
Männer sind auch Menschen – Männer sind etwas sonderbar
Männer sind so verletzlich – Männer sind auf dieser Welt einfach unersetzlich

Fit – ganz nebenbei

Wer hat schon Lust und Muße, jeden Tag auf die Matte zu gehen, und das noch am Morgen! Modellathlet Siggi Wentz hat sich deshalb sechs raffinierte Übungen ausgedacht, mit denen Sie sich ganz nebenbei in Form bringen können – im Badezimmer beim Abtrocknen und Zähneputzen, während des Anziehens und beim ersten Telefonat

1 Man kann es einen Eiertanz in der Badehose nennen – oder einen Schuhplattler ohne Lederhose. In jedem Fall ist es eine nützliche Übung, um die Rücken- und Bauchpartie zu entkrampfen: beim Telefonieren, während einsamer Warteminuten oder bei Pausen zwischen zwei Terminen. Die Knie weich halten, also nicht steif durchdrücken (das wäre dann noch eine Steigerung, die man später versuchen kann). Abwechselnd mit der rechten Hand die linke Fußsohle und mit der linken Hand die rechte Fußsohle berühren. Und zwar mehrmals in Folge – einmal vor und einmal hinter dem Standbein. Man kann jetzt noch einen Schwierigkeitsgrad zulegen, indem man den Oberkörper beim Berühren der Sohlen erst gebückt hält und dann streckt, ohne die Hände von den Sohlen zu nehmen.

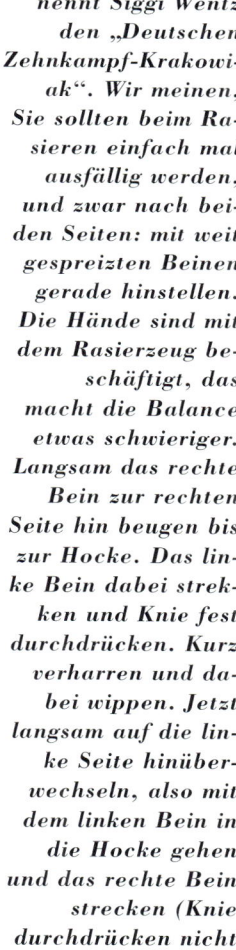

2 *Diese Übung nennt Siggi Wentz den „Deutschen Zehnkampf-Krakowiak". Wir meinen, Sie sollten beim Rasieren einfach mal ausfällig werden, und zwar nach beiden Seiten: mit weit gespreizten Beinen gerade hinstellen. Die Hände sind mit dem Rasierzeug beschäftigt, das macht die Balance etwas schwieriger. Langsam das rechte Bein zur rechten Seite hin beugen bis zur Hocke. Das linke Bein dabei strecken und Knie fest durchdrücken. Kurz verharren und dabei wippen. Jetzt langsam auf die linke Seite hinüberwechseln, also mit dem linken Bein in die Hocke gehen und das rechte Bein strecken (Knie durchdrücken nicht vergessen!).*

3 Zugegeben – kein Mensch trocknet sich im Hemd ab. Aber Siggi Wentz vergaß ganz einfach, sich für diese Übung auszuziehen: Erst mit der rechten Hand und dem Handtuch über die rechte Schulter greifen. Mit der linken Hand an der linken Hüfte vorbei nach dem anderen Ende des Handtuchs fassen. Kräftig hin- und herziehen und dabei versuchen, all jene Punkte zu erreichen, die man sonst selbst mit den Fingerspitzen nur selten berührt. Anschließend Handhaltung wechseln und Übung über die linke Schulter wiederholen. Eine Variante: Versuchen Sie das gleiche doch einmal mit einem Stück Seife!

4 Auf unserer Fotofolge von drei Bildern turnt Siggi Wentz diese Übung (nennen wir sie den Tanz um die goldene Socke) auf Strümpfen. Sie können sie jedoch auch beim Binden der Schnürsenkel nachmachen – was länger dauert und deshalb schwieriger ist: Füße parallel halten. Die Sohlen flach auf den Boden stellen. Jetzt die Knie lockern und das linke Bein bis zur Brust hochziehen. Socke überstreifen. Achtung: Der Oberschenkel sollte dabei flach gegen die Rippen gepreßt werden! Beim ersten Mal werden Sie Schwierigkeiten mit Ihrem Gleichgewicht haben. Scheuen Sie sich deshalb nicht, die Übung mehrfach von neuem zu beginnen – hüpfen, um das Gleichgewicht zu erhalten, ist in jedem Fall erlaubt. Nach dem linken Bein wiederholen Sie die Übung mit dem rechten Bein auf die gleiche Weise

5 Wer energisch nein sagt, ist am Morgen schneller fit! Deshalb putzen Sie sich die Zähne einmal auf diese etwas ungewöhnliche Weise: Nicht die Bürste bewegt sich, sondern Ihr Kopf. Dabei lockern Sie jene Nackenpartie, die das lästige Knirschen nach dem Aufstehen bewirkt.

6 Die Schnürsenkelrolle – oder wie man sogar im Liegen fit wird: In die tiefe Hocke gehen und sich beim Zubinden der Schuhe so klein wie möglich machen. Erst über dem rechten Knie und anschließend weich auf den Rücken fal-len lassen, locker wip-pen. Zwei-ter Teil der Übung: Den linken Schuh schließen, dabei wie-der in nie-riger Hok-ke kauern diesmal über dem linken Knie. Und zum zwei-ten Mal nach hin-ten abrol-

len, bis sich der gnaze Körper ent-spannt hat. Kleiner Tip von Zehn-kampfstar Siggi Wentz: Machen Sie die Schuhe wieder auf und in extre-mer Rückenlage erneut zu.

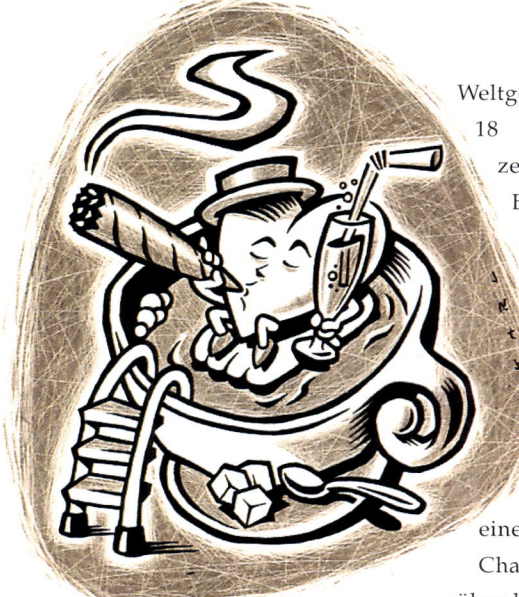

Das Gute am Schlechten

Nicht alles, was schädlich ist,
ist nur schädlich.
Oh, nein …

Es vergeht kaum eine Woche, in der uns nicht irgendein Wissenschaftler die Lebenslust vermiesen möchte – vom gekochten Ei am Morgen über den Schokoriegel zwischendurch bis zum Schluck Wein am Abend.

Was sie uns dabei bewußt verheimlichen: Selbst die schlimmsten Sünden haben ihre nützlichen Seiten.

So verringert z. B. **EIN GLÄSCHEN WEIN** pro Tag das Herzinfarkt- und Gehirnschlagrisiko um bis zu zwei Drittel. Dies ergab eine Untersuchung bei mehr als 87 000 Normaltrinkern.

Besonders empfehlenswert: **CHAMPAGNER UND SEKT**. Eine von der Weltgesundheitsorganisation WHO in 18 Ländern durchgeführte Studie zeigt, daß dieses Getränk fast die Bezeichnung Universalarznei verdient. Denn Schampus beugt gegen Arteriosklerose vor, normalisiert zu niedrigen Blutdruck, senkt Fieber und erweitert die Blutgefäße.

Im Laborversuch tötete Schampus binnen zehn Minuten Koli- und Typhusbakterien: eine noble Kur gegen Durchfall.

Champagner und Sekt regen darüber hinaus den Kreislauf an, erhöhen dadurch den Energiegrundumsatz des Körpers (somit den Kalorienverbrauch) und unterstützen dadurch jede Schlankheitskur. Daß die anregende Wirkung auch die erotische Lust steigert, ist längst bekannt. Kaum herumgesprochen hat sich, daß Alkohol ganz allgemein sogar zur Heilung äußerer Wunden beitragen kann. Das geht so:

ALKOHOL erhöht den sogenannten HDL-Spiegel im Blut. Das HDL (High Density Lipoprotein) ist jenes Cholesterin, dem die Ärzte Absolution erteilt haben, weil es die Einlagerung von Fett in den Arterienwänden verhindert und überschüssiges Cholesterin aus Blut und Gewebe in die Leber schafft. Dadurch wird dem Herzinfarkt und den Gefäßerkrankungen vorgebeugt.

Fazit: Mäßige Alkoholkonsumenten leben gesünder als strikte Abstinenzler. Das böse Cholesterin ist das LDL (Low Density Lipoprotein). Es wird im Körper aus gesättigten Fettsäuren gebildet, die hauptsächlich in tierischen Fetten stecken.

Doch obwohl die meisten heute wesentlich fettärmer essen als ihre Väter, ist die Zahl der Infarkte nicht wesentlich gesunken. Liegt's daran, daß wir zu gesund leben?

Aus Angst vor zuviel Cholesterin meiden viele **SCHOKOLADE**. Dabei sorgen gerade deren Kakaoanteile dafür, daß sich im Körper gerade jenes böse LDL nicht ansammelt. Die Forscher Andrea Bonanome und Scott Grundy vom Southwestern Medical Center in Dallas: „Die Stearinsäure des Kakaos hilft, das Blut von Cholesterin zu reinigen."

Ganz nebenbei wurde von den texanischen Wissenschaftlern noch ein weiteres Vorurteil gegen Schokolade widerlegt: daß sie einer der schlimmsten Kariesverursacher sei. Im Gegenteil: Kakao begrenzt die Schäden, weil er die Enzyme blockiert, die den Zucker aufspalten und so den Nährboden für Bakterien bereiten.

Nächster Punkt: **ZWISCHENMAHLZEITEN**. Wer immer noch glaubt, sie sich aus Gründen der schlanken Linie nicht leisten zu können, wird vielleicht schöner, aber nicht klüger.

Der amerikanische Psychologe Robin Kanareck belegt, daß nichts die geistige Leistungsfähigkeit so gut erhöht wie ein Imbiß zwischen den großen Mahlzeiten.

Die Cholesterinpanik hat auch dazu geführt, daß viele Menschen schweren Herzens sogar auf ihre geliebtes **FRÜHSTÜCKSEI** verzichten. Falsch. Denn der Dotter enthält neben Cholesterin auch viel Lecithin, und dieses besitzt einen Wirkstoff, der nachweislich der Senilität vorbeugt.

Selbst das **RAUCHEN**, zu Recht gescholten als gesundheitsgefährdender Luxus, hat noch einige positive Effekte. Immerhin schützt Nikotin durch günstige Beeinflussung der Motorik vor der Parkinsonschen Krankheit (wohl so ziemlich der einzigen typischen Nichtraucherkrankheit!).

Auch unter Dickdarmgeschwüren haben Raucher weniger häufig zu leiden. Vermutlich, weil die berühmte Morgenzigarette die Verdauung anregt. Apropos Rauchen: Ein guter **MARIHUANAJOINT** hilft, wie wissenschaftlich belegt ist, gegen den grünen Star (interessanter Nebenaspekt: Cannabis befreit vom Brechreiz, unter dem Krebspatienten während der Chemotherapie leiden). Nicht letztendlich bewiesen, aber dringend wahrscheinlich ist, daß **BHT** (Butyliertes Hydroxytoluol), ein beliebtes **KONSERVIERUNGSMITTEL** für Lebensmittel, Krebs verhindert. Mehr noch: Bei Mäusen verlangsamt BHT sogar den Alterungsprozeß (bei Menschen steht das Forschungsergebnis noch aus).

Auch für (Ex-)Liebhaber von **KAFFEE** gibt es frohe Kunde: Das Koffein entspannt die Bronchialmuskulatur bei Asthma und lindert darüber hinaus Sinusitis und Migräne, weil es die betroffenen Blutgefäße günstig beeinflußt. Bei Frauen kann starker Kaffee sogar fast wie ein Verhütungsmittel wirken – gut und schlecht in einem. Denn laut National Institute of Health der USA verringert Kaffee die Fruchtbarkeit.

PS: Wem jetzt die **TRÄNEN** kommen, weil er dies alles nicht früher gewußt hat, tut seinem Körper etwas besonders Positives an. Das Dry Eye and Tear Research Center in Minneapolis hat herausgefunden, daß mit Tränen Stoffe vergossen werden, die sich bei Streß im Körper ansammeln. Werden sie ausgeschwemmt, wirkt das beruhigend auf die Psyche. Man erträgt sein Schicksal gelassener.

Das wahre Alter

Ein kleiner Test, um die biologischen von den statistischen Lebensjahren unterscheiden zu können.

1. HAUT: Pressen Sie mit Ihrem linken Daumen fünf Sekunden lang eine Delle in die Haut Ihres rechten Handrükkens. Stoppen Sie, wie lange die Verfärbung braucht, um zu verschwinden:

Weniger als 5 Sekunden:
biologisch jünger als 50 Jahre.
10 bis 15 Sekunden: um die 60.
35 bis 55 Sekunden: um die 70.

2. REFLEXE: Ein flaches, etwa 50 Zentimeter langes Lineal. Lassen Sie es von jemandem senkrecht zwischen Ihren acht Zentimeter geöffneten rechten Daumen und Zeigefinger halten. Halten Sie die Fingerspitzen am unteren Ende des Lineals und versuchen Sie, es zu schnappen, wenn der andere losläßt. Wichtig ist, wie viele Zentimeter des Lineals Ihnen durchgerutscht sind, ehe Sie es zu fassen bekommen:
Weniger als 20 cm:
biologisch jünger als 20 Jahre.
Mehr als 35 cm: biologisch über 60.

3. GLEICHGEWICHT: Stellen Sie sich mit geschlossenen Füßen auf eine ebene Fläche. Machen Sie die Augen zu, und heben Sie ein Bein etwa 15 Zentimeter hoch. Verharren Sie so lange wie möglich in dieser Position, ohne das Gleichgewicht zu verlieren, ohne die Augen zu öffnen (Achtung: Rechtshänder heben das linke, Linkshänder das rechte Bein):

Sie stehen 30 Sekunden und mehr:
Sie sind biologisch 20 Jahre alt.
15 Sekunden: 40 Jahre.
5 Sekunden: 70 Jahre.

Dies verfluchte Singen im Ohr!

Es ist eine Zivilisationskrankheit. Männlich. Ein Streßprodukt. Und furchtbar störend. Aber man kann etwas tun gegen dieses winzig kleine, ständig läutende *Telefon ganz hinten im Ohr, dem die Mediziner den niedlichen Namen Tinnitus gegeben haben*

Man schätzt, daß knapp drei Millionen deutsche Männer an Tinnitus leiden (dem guten alten Ohrensausen), unter ihnen die halbe Führungsschicht in Politik und Wirtschaft. Am anfälligsten: Männer über 40.

Faustregel: Jeder Zehnte hat Hörprobleme, 85 Prozent davon durch Tinnitus. Ursachen: Nervosität durch Überarbeitung, Hörverlust durch Alterung oder permanenter Lärm.

Für den Laien: Wie eine mikroskopische Steppe aus wogendem Gras liegt ein feiner Teppich von Härchen im inneren Ohr. Er bewegt sich synchron zu den Schallwellen und übermittelt sie so an das Gehirn.

Bei Tinnitus sind die Härchen niedergedrückt oder geknickt. Sie funktionieren nicht mehr als wogende Einheit, sondern asynchron zu den Geräuschen und produzieren so das Klingeln, Klicken und Rauschen.

Die Betroffenen dürfen es noch als Glück betrachten, wenn's im Ohr (oder in beiden Ohren oder im ganzen Kopf) nur sanft klingelt. Denn Tinnitus kann auch klicken (so wie man ein Pferd anspornt); oder zischen (wie übergelaufene Milch auf heißer Herdplatte); oder rauschen (wie ein Wasserfall quer durch den Kopf).

Das alles tritt bei einigen nur manchmal auf, in besonderen Streßsituationen; bei anderen hat es sich längst chronisch eingenistet. Inschallah.

Leider ist Tinnitus nicht mit absoluter Sicherheit zu kurieren. Und grundsätzlich gilt: Tritt das Geräusch nur in einem Ohr auf, dürfte wirklich was kaputt sein. Dann hilft nur ein Spezialist. Ist dem jedoch nicht so, gibt es ein paar Tricks, mit deren Hilfe man Tinnitus „abschalten" oder wenigstens dämpfen kann. Der kaputte Haarteppich allerdings ist irreparabel.

Übertönen: Spielen Sie bei akuten Anfällen sanfte Hintergrundmusik. Trick: Auch leichte statische Geräusche, wie sie im Radio zwischen den Stationen auftreten, können helfen.

Abschalten: Es ist keine Spielerei, wenn die Flugzeugeinwinker Ohrenschützer tragen – sie schützen sich vor Tinnitus. Das sollten Sie auch tun, wann immer Lärm droht.

Diät: Rauchen fördert Tinnitus. Kaffee ebenfalls. Leider auch Tee. Man muß da einen Mittelweg finden zwischen Askese und Lebensfreude.

Medizin: Es gibt kein Heilmittel gegen Tinnitus. Antidepressiva und Muskelrelaxiva bringen jedoch oft Erleichterung.

EWIGES RÄTSEL:

Alle bisherigen Formeln sagen: 1,90 Meter große Männer dürfen 105 Kilo wiegen – und 1,60 Meter große 53 Kilo. Heilpraktiker Manfred Köhnlechner glaubt, die einzig richtige Formel gefunden zu haben:
Körpergröße × mittlerer Brustumfang (jeweils in Zentimeter) : durch 240 (Köhnlechners Geheimzahl).
Aus den USA kommt Widerspruch. Dort hat Dr. James Rippe von Exercise Physiology Laboratory der University of Massachusetts (Medical School) eine andere, aber wesentlich kompliziertere Formel entwickelt:
Nehmen Sie die Zentimeter, die Sie größer sind als 1,52 Meter und teilen Sie sie durch 2,54. Multiplizieren Sie das Ergebnis mit 6. Dann addieren Sie Dr. Rippes Geheimzahl, 106.
Beispiel: Sie sind 1,80 Meter groß. Macht 28 : 2,54 = 11,11 × 6 = 66,66 + 106 = 172 Pfund (US-Pfunde = 453 Gramm). 172 US-Pfund sind also in unseren Maßen 156 Pfund.

Dr. Geesings zehn Gebote

Der Arzt (Schwarzwald-Sanatorium Obertal) und Bestsellerautor („Enzyme") Hermann Geesing hat einen Zehn-Punkte-Plan entwickelt, mit dessen Hilfe Sie jeweils sechs Wochen lang „lebenswichtige Punkte für Ihr Immunsystem machen können" (Geesing). Wenn Sie am Ende der Kur jeden roten Punkt ankreuzen konnten – als Ihr ganz persönlicher Immuntrainer, werden Sie staunen über Wohlbefinden und Leistungskraft. Wir haben den Plan Geesings Kultbuch „Immun-Training" (Herbig-Verlag) entnommen

HERZHAFT GELACHT – ETWAS KÖSTLICHES GEGÖNNT?

Haben Sie heute wenigstens einmal von Herzen gelacht und waren Sie bei einem schönen Erlebnis richtig glücklich?

	1. WOCHE	2. WOCHE	3. WOCHE	4. WOCHE	5. WOCHE	6. WOCHE
MO	●	●	●	●	●	●
DI	●	●	●	●	●	●
MI	●	●	●	●	●	●
DO	●	●	●	●	●	●
FR	●	●	●	●	●	●
SA	●	●	●	●	●	●
SO	●	●	●	●	●	●

DEN KREISLAUF RICHTIG IN SCHWUNG GEBRACHT?

Haben Sie sich morgens für eine Wechseldusche und für Gymnastik am offenen Fenster Zeit genommen? Waren Sie tagsüber zusätzlich radfahren, schwimmen oder wenigstens spazieren?

	1. WOCHE	2. WOCHE	3. WOCHE	4. WOCHE	5. WOCHE	6. WOCHE
MO	●	●	●	●	●	●
DI	●	●	●	●	●	●
MI	●	●	●	●	●	●
DO	●	●	●	●	●	●
FR	●	●	●	●	●	●
SA	●	●	●	●	●	●
SO	●	●	●	●	●	●

ABGESCHALTET – INNERLICH RUHIG GEWORDEN?

Haben Sie sich während der Arbeit wenigstens einmal zurückgelehnt, ausgiebig gestreckt, die Augen geschlossen – und an etwas Schönes gedacht?

	1. WOCHE	2. WOCHE	3. WOCHE	4. WOCHE	5. WOCHE	6. WOCHE
MO	●	●	●	●	●	●
DI	●	●	●	●	●	●
MI	●	●	●	●	●	●
DO	●	●	●	●	●	●
FR	●	●	●	●	●	●
SA	●	●	●	●	●	●
SO	●	●	●	●	●	●

RISIKOFAKTOREN AUSGESCHALTET?

Haben Sie es geschafft, heute ohne Alkohol und Rauchen auszukommen? Und konnten Sie Kaffee, Tee und andere Aufputschmittel etwa auf die Hälfte reduzieren?

	1. WOCHE	2. WOCHE	3. WOCHE	4. WOCHE	5. WOCHE	6. WOCHE
MO	●	●	●	●	●	●
DI	●	●	●	●	●	●
MI	●	●	●	●	●	●
DO	●	●	●	●	●	●
FR	●	●	●	●	●	●
SA	●	●	●	●	●	●
SO	●	●	●	●	●	●

AUS DER PUSTE GEKOMMEN, STRESS ABGEBAUT?

Haben Sie einen Bogen um Rolltreppe und Fahrstuhl gemacht? Haben Sie Ärger und Frust „verarbeitet“, indem Sie beispielsweise schwungvoll die Treppe hochstürmten?

	1. WOCHE	2. WOCHE	3. WOCHE	4. WOCHE	5. WOCHE	6. WOCHE
MO	●	●	●	●	●	●
DI	●	●	●	●	●	●
MI	●	●	●	●	●	●
DO	●	●	●	●	●	●
FR	●	●	●	●	●	●
SA	●	●	●	●	●	●
SO	●	●	●	●	●	●

„LEBENDIGE“ NAHRUNG ZU SICH GENOMMEN?

Haben Sie wenigstens bei einer Mahlzeit frisches Obst zu sich genommen?

	1. WOCHE	2. WOCHE	3. WOCHE	4. WOCHE	5. WOCHE	6. WOCHE
MO	●	●	●	●	●	●
DI	●	●	●	●	●	●
MI	●	●	●	●	●	●
DO	●	●	●	●	●	●
FR	●	●	●	●	●	●
SA	●	●	●	●	●	●
SO	●	●	●	●	●	●

IN RUHE GESPEIST – VERNÜNFTIG GEKAUT?

Haben Sie sich bei wenigstens einer Mahlzeit mehr als eine halbe Stunde eingeräumt? Haben Sie es geschafft, zwischendurch einmal Messer und Gabel zur Seite zu legen – und in Ruhe zu kauen?

	1. WOCHE	2. WOCHE	3. WOCHE	4. WOCHE	5. WOCHE	6. WOCHE
MO	●	●	●	●	●	●
DI	●	●	●	●	●	●
MI	●	●	●	●	●	●
DO	●	●	●	●	●	●
FR	●	●	●	●	●	●
SA	●	●	●	●	●	●
SO	●	●	●	●	●	●

REIZÜBERFLUTUNG ABGEBAUT?

Haben Sie zeitweise die Musikberieselung ausgeschaltet, unnötigen Lärm und zu starke Lichtreize vermieden? Haben Sie auch im Fernsehen nur das angeschaut, was Sie wirklich interessiert hat?

	1. WOCHE	2. WOCHE	3. WOCHE	4. WOCHE	5. WOCHE	6. WOCHE
MO	●	●	●	●	●	●
DI	●	●	●	●	●	●
MI	●	●	●	●	●	●
DO	●	●	●	●	●	●
FR	●	●	●	●	●	●
SA	●	●	●	●	●	●
SO	●	●	●	●	●	●

ERKÄLTUNGEN VORGEBEUGT?

Haben Sie sich tagsüber so gekleidet, daß Ihnen weder zu warm noch zu kalt war? Haben Sie außerdem wenigstens ein Glas Zitrussaft getrunken oder einen frischen Apfel gegessen?

	1. WOCHE	2. WOCHE	3. WOCHE	4. WOCHE	5. WOCHE	6. WOCHE
MO	●	●	●	●	●	●
DI	●	●	●	●	●	●
MI	●	●	●	●	●	●
DO	●	●	●	●	●	●
FR	●	●	●	●	●	●
SA	●	●	●	●	●	●
SO	●	●	●	●	●	●

GUT GESTIMMT ZUM EINSCHLAFEN?

Können Sie sich jetzt wenigstens sieben Stunden Schlaf gönnen? Gelingt es Ihnen, Sorgen und Ängste zu verscheuchen, so daß Sie gelöst und heiter einschlafen können?

	1. WOCHE	2. WOCHE	3. WOCHE	4. WOCHE	5. WOCHE	6. WOCHE
MO	●	●	●	●	●	●
DI	●	●	●	●	●	●
MI	●	●	●	●	●	●
DO	●	●	●	●	●	●
FR	●	●	●	●	●	●
SA	●	●	●	●	●	●
SO	●	●	●	●	●	●

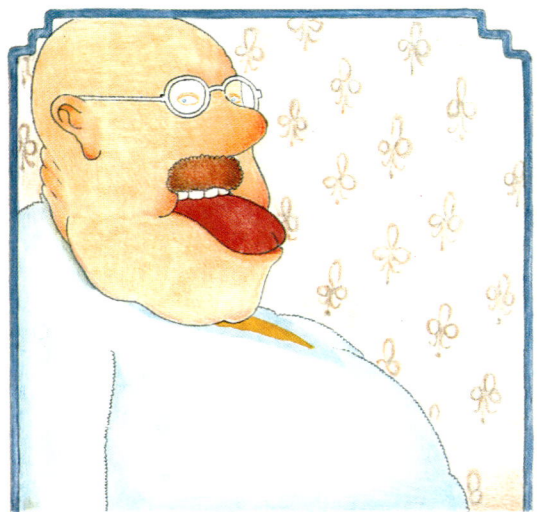

2 Kleinere Portionen. Trick: Essen Sie möglichst viel allein. Geselligkeit schafft Appetit, Höflichkeit gebärt Fresser.

3 Wann immer Sie aus der Konserve essen oder Tiefgefrorenes sich auftauen, schnell noch mal in den Kühlschrank und schockgefrieren. Dann sammelt sich nämlich das Fett, steigt nach oben, und man kann es bequem abschöpfen.

Ohne Schweiß

Wie man ab- bzw. nicht zunimmt, ohne turnen und hungern zu müssen. 14 praktische Tips

Jeder turnt mal gern. Aber keiner will müssen. Schon gar nicht, um abzunehmen oder sein Gewicht zu halten. Zumal jeder, der sich in Falten legt, schmerzlich auf dieselben gestoßen wird. Warum auch turnen? Es gibt die Möglichkeit, statt des Körpers die Intelligenz einzusetzen – und ganz nebenbei, mit 18 Tricks, ansehnlich zu bleiben. Merke: *Der* Körper ist weiblich, *die* Intelligenz männlich.

Hier die Tricks:

1 Wenn Sie schon Butter, Margarine oder andere Gleitmittel zu sich nehmen müssen, dann wärmen Sie sie doch wenigstens vor. Minimum: Zimmertemperatur. Denn je weicher die Butter ist, desto weniger streichen Sie auf (bis zu viermal weniger als bei steinharter Butter).

4 Gemüse – roh! So enthält es mehr Nähr- und Ballaststoffe. Gekochtes Gemüse enthält u. a. nur etwa die Hälfte jener Substanzen, die Tumorbildungen verhindern. Besonders empfehlenswert, aus medizinischer Sicht:

Broccoli, Blumenkohl und einfacher Kohl.

5. Belasten Sie sich vor dem Essen. Mit Essen. Jede Pasta, die Sie sich als Vorspeise gönnen (jeder Toast, jede Bohnen- oder Nudelsuppe), verhindert **einen** deftigen Hauptgang oder ein **fettes** Dessert. Besonders raffinierter **Trick:** Trinken Sie vor dem Essen ein Glas lau warmes Wasser!

6. Je farbenfroher eine Frucht oder ein **Gemüse** ist, desto mehr Nährwert hat **es. Beispiel:** Rosa Grapefruit enthält **30mal** mehr Vitamin A als weißes Grapefruitfleisch.

7 Langsam essen. Stillt Heißhunger schon **beim Kauen.** Fanatiker schlagen bis **zu 45mal** kauen vor – wie langweilig. **20mal** sind auch gut.

8 Spezialisieren Sie sich auf reines Olivenöl und Weinessig (vergessen Sie **Mayonnaise** und alle Industrieöle).

ERST ESSEN, DANN LESEN

Bevor Sie das nächste Mal noch ein Dessert bestellen oder die Finger an der Konfektdose haben, lesen Sie diese Kalorienverbrauchstabelle. Auch wenn Sie dann plötzlich Ihre Sportschuhe suchen.

So viele Kalorien verbraucht man in 30 Minuten. (Bei einer sitzenden Bürotätigkeit beträgt der durchschnittliche Kalorienbedarf eines Manns etwa 2200–2300 Kalorien pro Tag.)

Wandern im Gebirge........440	Tennis.............................225	Geschirr spülen 76
Bodybuilding 410	Gymnastik...............180–270	Büroarbeit 70
Skifahren 360	Schwimmen............175–370	Schuhe putzen 63
Radfahren 350	Golf................................160	Autofahren 60–125
Squash..............................330	Walzer tanzen 171	Lernen 40–50
Surfen 330	Spazierengehen...............150	Fernsehen 40
Treppensteigen, aufwärts 288	Rasen mähen....................145	Klavier spielen 40
Joggen 285–500	Segeln 110–350	Sauna 40
Rudern 250–300	Hausarbeit 110	Sonnenbaden.....................35
Aerobic 250	Sex 105–150	Schlafen 30

Ein Tip: Lassen Sie sich die Baked Potatoes einfach mal mit einem kräftigen Schuß Olivenöl servieren statt mit Butter oder Crème fraîche.

9 Wenn der kleine Hunger zwickt: Toasten Sie sich ein französisches Weißbrot, belegt mit Parmesan (oder Ricotta), gewürzt mit Pfeffer oder anderen Kräutern.

10 Lesen Sie die Gourmetsprache richtig – und verhalten Sie sich entsprechend. „Sauté" heißt „Butter zufügen", „Tempura" bedeutet „in Butter gebraten", „Au gratin" signalisiert „Vorsicht, Käsesoße".

11. Fisch ist gut. Weil er sogar weit weniger Fett enthält als Rind und Huhn. Flunder z. B. ist nur halb so fett wie Huhn. Vorsicht vor Fischstäbchen (oder anderem Fisch im Schlafrock) – sie bestehen zu 65 Prozent aus Fett.

12 Schokolade. Je heller, desto besser. Milchschokolade liefert rund 30 Prozent seiner Kalorien über das Fett, Bitter- dagegen 45 Prozent.

13 Hilfe, Croutons! Sie sind meist in purem Öl entstanden. Nehmen Sie stattdessen Toast (wenn's denn unbedingt Croutons sein müssen). Zwei Scheiben Toast bedeuten im Salat etwa 35 zusätzliche Kalorien.

14 Es lebe das Frühstück zu Haus. Denn es enthält in der Regel 27,6 Prozent Fettkalorien, aushäusiges Frühstück dagegen 35 Prozent – und weit weniger Vitamine und Mineralien.

Es gibt ein paar Dinge zwischen Himmel und Erde, bei denen weder Ärzte noch Ingenieure, weder Psychologen noch Erfinder helfen können. Nur Oma Klawuttke und ihre alten Hausrezepte

Oma Klawuttkes Ratgeber für alle Lebenslagen

AUFSTOSSEN: Die Ursache kann zu starkes Luftschlucken sein. Der Betroffene muß sehr langsam essen und die Speisen gut kauen. Nebenbei gibt man einen Tee, den man aus Enzianwurzeln zubereitet.

BANDSCHEIBEN: Muskatnüsse sind keine Erbsen, aber ein paar Tage lang soll man sie dennoch in der Gesäßtasche tragen, wenn der Rücken schmerzt.

BLÄHUNGEN: Daran leiden meist Menschen, die viel sitzen und wenig Bewegung haben. Man trinke Fencheltee mit etwas Kümmel.

DARMTRÄGHEIT: Bei allgemeiner Natur beseitigt man dieses Übel mit Rohkost. Ein Tee aus Wacholderzweigen hat sich schon oft als wirksames Mittel erwiesen.

FIEBER: „Fieber ist die gesündeste Krankheit", da es zeigt, daß der Körper des Menschen den Kampf gegen eine Krankheit beginnt. Darum ist Fieber nur gefährlich, wenn es zu hoch ist (ab 39 Grad Celsius) und zu lang andauert. Der Betroffene muß sofort ins Bett. Aconit, das man in der Apotheke erhalten kann, ist sehr zu empfehlen. Als Getränk gegen den ständigen Durst reicht man Himbeersaft.

GRIPPE: Bei der Grippe sind Fieber, Niedergeschlagenheit, Müdigkeit und Schüttelfrost äußere Anzeichen. Zur Vorbeugung ist Knoblauch bestens zu empfehlen, den man kleingehackt auf ein Butterbrot streut. Ist jemand bereits erkrankt, gebe man einen Tee aus Birkenblättern und Lindenblüten.

HAARAUSFALL: Es ist nachgewiesen, daß Menschen, die viel geistig arbeiten, in höherem Prozentsatz mit Haarausfall zu tun haben als manuelle Arbeiter. Man soll den Kopf öfters mit einem Absud von Klettenwurzeln, Salbei-, Betonien- und Rosmarinblättern waschen. Der vom Haarausfall Geplagte soll viel grüne Pflanzen essen, vor allem Spargel und Karotten.

HALSSCHMERZEN: Man spürt Trockenheit und Hitze im Hals und hat Beschwerden beim Schlucken. Erwachsene gurgeln mit Salzwasser oder Kalmusgeist.

HERPES: Kräftig mit Zahnpasta eincremen (Achtung – puckert und tut weh!).

HÜHNERAUGEN: Sie entstehen durch Schuhdruck. Man schneide eine Zwiebel in dünne Scheiben und lege sie zehn Tage in Essig ein. Nun tauche man Watte in dieses Gemisch. Den getränkten Wattebausch lege man auf das Hühnerauge und klebe ihn mit Pflaster fest. Das wiederhole man, bis sich das Hühnerauge herausschälen läßt.

HUSTEN: Vor dem Schlafengehen nehme man ein sehr heißes Fußbad. Währenddessen sollen Zwiebeln in Schweinefett geröstet werden, die sich der Kranke über Nacht auf die Brust legt und einen Lappen darübergibt.

INSEKTENSTICH: Wenn man sofort nach dem Stich oder sehr bald darauf die Stelle mit Arnika- oder Farnwurzelgeist betupft, so kommt es zu keiner weiteren Entzündung.

KOPFWEH: Zur Abhilfe reibe man den Kopf äußerlich mit Farngeist ein.

LEIBSCHMERZEN: Sind die Leibschmerzen harmloser Natur, so trachte man vor allem, daß der Stuhlgang in Ordnung ist. Feucht warme Umschläge sind zu empfehlen.

MANNESSCHWÄCHE: Man trinke je-

den Morgen ein Teegemisch aus Pfefferminze, Thymian, Melisse und Kalmus und am Nachmittag reinen Kalmustee. Da bei solchen Menschen zumeist auch die Nerven nicht in Ordnung sind, möge man auch tägliche Spaziergänge an frischer Luft und kalte Abreibungen nicht vergessen.

MUNDGERUCH: Im allgemeinen genügt es, am Abend ein Stück Schwarzbrot mit zehn Tropfen Wacholderöl zu essen. Auch ein Tee aus Heidelbeerblättern ist zu empfehlen.

NASENRÖTE: In vielen Fällen ist sie Aushängeschild für Trinker und schon die Nase kann verraten, welchen Alkohol der Rotnasige liebt. Dunkelviolette Nasen lassen den Schnapstrinker erkennen, blaurote den Biertrinker und hellrote den Weinbeißer. Dem Alkoholliebhaber muß man empfehlen, anstatt Alkohol einen Tee aus Ehrenpreis, Mistel und Rosmarin zu trinken.

OHRENSCHMERZEN: Etwas Zwiebelsaft ins Ohr träufeln oder Zwiebeln in ungesalzener Butter leicht anbräunen, den Saft auf einen Wattebausch gießen und diesen ins Ohr stecken.

PICKEL: Morgens und abends wasche man sich in einem Absud der Melisse, dem man etwas Käsepappel beimische. Oder: über Nacht mit Kartoffelmehl bestäuben. (Alternativen: Tomatenscheiben auflegen oder über Nacht kleine Seifenklümpchen applizieren.)

RAUHE HAUT: Dagegen mache man einen Absud aus Rosmarin und Lavendel, mit dem man sich wäscht. Nach dem Abtrocknen reibe man sich mit einem guten Öl ein.

RHEUMA (ein Tip, der nur mit äußerster Vorsicht zu genießen ist): Kasta-

nien in der Hosentasche mitführen.

SCHLUCKAUF: Essig auf ein Zuckerstück träufeln und genußvoll essen.

SCHNUPFEN: Man trinkt gern mit Erfolg einen Teeabsud aus Frauenmantel und Augentrost. Ferner soll man mit Salzwasser die Nase spülen und um die Stirn ein Tuch binden, das man auch in der Nacht oben läßt.

SCHWEISSFÜSSE: Bei übermäßigem Fußschweiß trinke man als Tee einen Absud vom Katzenschwanz. Äußerlich können Bäder in Eichenrindenabsud empfohlen werden. Anschließend streiche man die Füße mit verdünnter Jodlösung ein.

SEXUELLE ÜBERREIZUNG: Sie wird meist verebt und tritt gewöhnlich nur bei gesunden Menschen auf. Solche Menschen sollen fleißig Sport treiben und ihren Körper häufig kalt waschen.

TRÄNENSÄCKE: Sorry, es sind die Gurkenscheiben aus dem deutschen Filmklamauk! Und zwar zwei Wochen lang jeden Tag 15 Minuten, scheibchenweise unter die Augen (Alternative: getrocknete Rosenblätter, leicht angefeuchtet). Dazu: Man schränke sich im Genuß von Salz und Gewürzen ein und soll zwei bis drei Wochen nur salzlose Kost genießen.

VERDAUUNGSSCHWÄCHE: Man trinke morgens nüchtern eine halbe Tasse Sauerkrautwasser und esse im Lauf des Tags eine Gabel rohes Sauerkraut.

WARZEN: Dagegen kann man dieselbe Kräuterbehandlung raten, wie sie unter „Hühneraugen" angegeben ist.

ZAHNSCHMERZEN: Eines der besten Mittel ist Farngeist. Wange und Zahnfleisch damit einreiben. Viele legen auch geriebenen Kren auf die Wange.

REISE & ERHOLUNG

Packen fürs Weekend

Gestern: Schrankkoffer. Heute: Handgepäck. Wer übers Wochenende verreist, sollte nicht die Hälfte davon am Gepäckförderband verbringen. Also nur das Nötigste mitnehmen. Aber was?

SPORTWEEKEND

Die eigene Sportausrüstung ist obligatorisch. Leihschuhe, -geräte oder -anzüge mögen zwar hier und dort von ordentlicher Qualität sein, trotzdem: Wir wollen es dann doch nicht aufs schlechte Material schieben. Für den Weg in die Arena: Jeans, Sweat-

DIE BESTE ADRESSE

Wir reden hier nicht von Fabrikaten. Wir reden von Service. Und wer wirklich mal erleben möchte, was der Begriff „Gepäck" bedeuten könnte, sollte sich zur Londoner Adresse: 3 Shepherd Street begeben. Hier residiert die Firma Mayfair Trunks (gegründet 1912, seit 1979 By Appointment of Her Majesty, the Queen). Die beraten, verkaufen, verleihen (alte Krokokoffer z. B.) und reparieren. Montags bis freitags von 9 bis 17 und samstags von 9 bis 13 Uhr. The Empire strikes back.

shirt, Blouson, Allroundturnschuhe. Danach: einen leichten Baumwollbademantel, doppelt soviel Wäsche und Strümpfe wie sonst. Sonstiges: einen Blazer mit Baumwollhose, zwei Hemden, zwei Krawatten, ein Paar schwarze Schuhe. Kulturbeutel drauf, basta.

SHOPPINGWEEKEND

Überlegen Sie sich vorher, ob Sie es auf die Rue Faubourg St. Honoré oder auf den Marché aux puces abgesehen haben. Je nach Shoppingkategorie sollten Sie sich auch kleiden (Merke: Nichts treibt die Preise auf

dem Flohmarkt höher, als ein Kaschmirsakko). Für die Reise: das, was bequem und zeitlos elegant ist. Z. B. braunes Wollsakko mit Cordhose und braune Brogues (vergleiche Kapitel Schuhe). Sonstiges: Trenchcoat, Abendanzug, zwei Hemden, genügend Krawatten und Foulards zum Variieren. Unbedingt die Lieblingsschuhe mitnehmen, und: die häßlich praktische Falt-, Reisetasche (Werbegeschenk). Für alle Fälle: eine Badehose (vielleicht gibt es ja doch einen Pool).

RELAXINGWEEKEND

Erholungssuchende reisen allein und erholen sich schon beim Autofahren. Deshalb: Jeans, Jeanshemd, Lederjacke, Top Sider (vergleiche Kapitel Schuhe). Vor Ort: nur den Lieblingspullover, die Lieblingshose, das Lieblingshemd. Motto: no Style, but Freestyle! Dazu: feste Stiefel, dicken Pullover, Regenjacke, Hut (es kennt Sie ja keiner). Und: Jogginganzug, Turnschuhe, Badehose. Kulturbeutel en miniature, lieber zwei Bücher mehr.

KUSCHELWEEKEND

Merke: Die Dame sieht sie in allen Lebenslagen. Also die gute Unterwäsche einpacken, einen Seidenpyjama als Anstandsteil und einen Morgenmantel (à la feiner Herr). Als Basiskleidung einen unifarbenen Anzug ohne steife Krawatte. Beim Abendessen die Hose kombiniert mit einem Kaschmirrolli; ins Theater das Sakko kombiniert mit Flanellhose; zum Spaziergehen die

GEPÄCKWEISHEIT

Es gibt Dutzende von weisen Sprüchen über Gepäck, aber nur eine finale Weisheit (sie stammt aus dem alten England): „The strong travel light" – die Starken reisen mit leichtem Gepäck.

Hose mit einem Blazer und Foulard. Überhaupt: nichts, was protzig oder steif wirken könnte. Ein Paar elegante schwarze, ein Paar legere braune Schuhe. Auf keinen Fall einen Jogginganzug. Dafür den Kulturbeutel mit Vollsortiment. Frauen mögen gepflegte Männer.

Dies ist ein Antihartschalenplädoyer für den besten aller Reisebehälter: Leicht, ordentlich, praktisch, elegant – die beste Erfindung seit der Zeit des Schrankkoffers

Der Kleidersack – das Reiseding

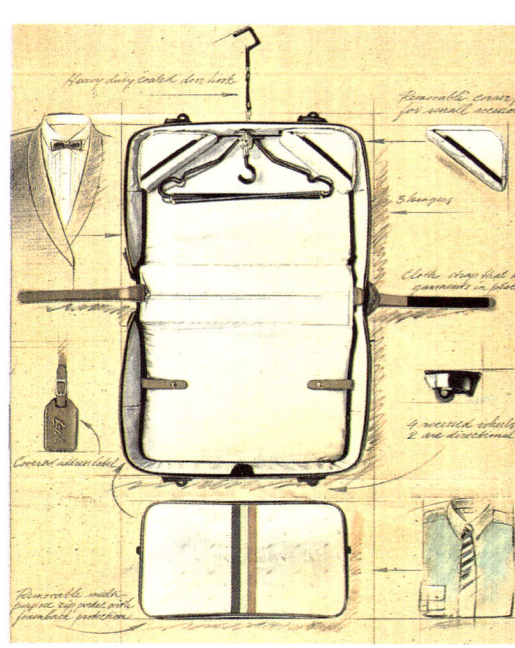

1. ARGUMENT: Die IATA-Vorschriften. Sie besagen, daß jeder Flugzeugpassagier nur ein Handgepäckstück mit in die Kabine nehmen darf. Maximalmaße: 55 × 40 × 20 cm. Die Lufthansa zum Beispiel macht bei Kleidersäcken eine Ausnahme und läßt sie zusätzlich (!) in der Maschine. Ein unschätzbarer Vorteil für alle, deren Gepäckstück grundsätzlich als letztes auf dem Förderband anrollt.

2. ARGUMENT: Der schnellste Koffer. Ich muß es Ihnen ja nicht sagen, wie oft es auf Flughäfen um kostbare Sekunden geht. Meinen Kleidersack trage ich auch prall gefüllt am Schulterriemen und habe somit a) Hände, b) Füße frei für den Schalternahkampf und den entscheidenen Gatespurt. Ihr armen Samsonites mit Klapphenkeln, Plastikschlaufen und Schmalspurrollen. Keine Wendigkeit, keine Kurvenstabilität.

3. ARGUMENT: Das Leichtgewicht. Meiner ist aus schwarzem Leinen mit Lederverstärkungen. Circa ein Pfund schwer. Alle überflüssigen Pfunde muß ich nicht ständig mit mir herumtragen. Geht nur zu Lasten der Freigepäckgrenze.

4. ARGUMENT: Der Busineßlook. Hinter Alukistenträgern vermute ich

immer abgerissene Traveller; die mit dem Sicherungsband drumherum schauen immer so aus wie auf dem Flüchtlingstreck; die LV-, MCM- und sonstigen Initialer sind sowieso windig; und die mit dem Kofferschonerpariser das extreme Gegenteil – piefig. Auch wenn nur Socken drin sind – mit meinem Kleidersack trage ich immer das Schild Busineß am Arm und werde dementsprechend gewürdigt.

5. ARGUMENT: Das Antifaltenmittel. Stellen Sie sich vor, Sie kommen ins Hotel, hängen den Kleidersack an den Haken, zippen den Zipp auf, und schon ist alles griffbereit und unverbeult. Bekanntlich befinden sich gewünschte Kleidungsstücke in Koffern grundsätzlich unten. Ich greife nur einmal rein und – schwupp – hängt alles im Schrank. Ach ja, und dann habe ich noch meine separaten Taschen für Hemden, Krawatten, Unterhosen, Sokken, Pullover etc. Die Schuhe stehen im Mittelteil, darüber der Kulturbeutel – perfekt einfach. Genauso leicht geht's beim Packen. Übrigens ist der Kleidersack noch das einzige Argument für Drahtkleiderbügel aus der Wäscherei.

6. ARGUMENT: Fünf Argumente. Sie können mir jetzt viel erzählen von aufgeschlitzten Stoffen, abgerissenen Riemen, zerbrochenen Schnapsflaschen und fehlenden Kleiderhaken im Hotelzimmer. Einen Kleidersack zu bedienen muß man lange Jahre erlernen, sich geradezu verdienen. Reisende mit Kleidersack befinden sich auf der Erkenntnisstufe, daß als nächstes nur wieder der Schrankkoffer samt Diener kommt.

... Axel Thorer

GUTE ALTE ZARGESBOX. Ich habe mir damals, als ich sie kaufte, Nippel auf den Deckel machen lassen, um mehrere Boxen verklinkt aufeinanderstapeln zu können. Aber ich bin über die eine Blechkiste (die auf dem Foto rechts hochkant) nie hinausgekommen. Ich habe nie mehr benötigt, sie reicht. Vom Wochenendtrip bis zur Weltreise.

Meine Box ist 14 Jahre alt, hat alle sechs Kontinente gesehen (inkl. Antarktis) und fünf Expeditionen mit Heinrich Harrer (Afrika, Asien) überstanden, ist einmal untergegangen (im Tanganjikasee), hat einen Streifschuß abgekommen, der vielleicht mich erwischt hätte (in Uganda), ich habe sie zum Wiener Opernball mitgenommen – und dennoch wirkt sie immer noch wie neu.

Sie dient als Gepäckbehälter, Schreibtisch (im Schneidersitz davor), Kopfkissen (hinter einer Luftmatratze), Nachttisch (neben dem Feldbett), als Safe (weil die Verschlüsse praktische Löcher haben, durch die Vorhängeschlösser passen), Stuhl (auf der Schmalseite aufrecht stehend, genau Pohöhe), und einmal, bei 50 Grad im Schatten in der Wüste Mauretaniens, haben wir an einem Oasenbrunnen Wasser gefaßt mit meiner Box und schnell ins Camp transportiert (denn wasserdicht ist sie auf Dauer nicht).

Alles geht hinein: Klamotten, Hartbrot, Souvenirs aller Art (auch Versteinerungen), Dokumente, Obst (in Plastiktüten), Schreibmaschine, Bücher, Flaschen (voll).

In jeder beliebigen Menge. Sie werden es nicht glauben: Aluminium

dehnt sich, meine Box bekommt Bäuche an allen Seiten, wenn man sie überlädt – hält aber.

Eine Hose, exakt halbiert gefaltet, paßt genau hinein, ein Jackett quer halbiert, und den steinernen Buddha, den Sie in Burma erstanden haben, legen Sie dazwischen – nur in der Box ersparen Sie

ihm einen Schlagschaden. Natürlich hat die Box Nachteile. Zöllner auf der nördlichen Halbkugel befällt zwanghafte Neugier beim Anblick, Grenzer auf der südlichen Halbkugel vermuten kleine Foto- und Fernsehstudios hinter den Metallwänden. Snobistische Hotelpagen tragen die Box mit spitzen Bähbähfingern.

Und einmal geriet ich, fern der Heimat in der Gobi, in einen Sandsturm, der die feinsten Körnchen durch die verriegelte Box, in den reißverzurrten Kulturbeutel, in das verschlossene Etui des Trockenrasierers und durch das Schersieb in die Mechanik meines Philishaves trieb.

Aber das sollte man nicht zu ernst nehmen. In Sandstürmen gelten auch sonst andere Gesetze.

Fazit: Die Box mag zwar nicht „das

Der Mann mit der seltsamen Box

... denn sie ist nicht nur das nützlichste Gepäckstück, das ich kenne, sondern zugleich ein praktisches Reisemöbel, mit/auf/in dem man sich zu Hause fühlen kann

ultimative Gentleman-like Gepäckstück" sein (wie „Leo" vielleicht sagen würde), aber ich kann mir nicht mehr vorstellen, mit einem normalen Koffer oder etwa einem dieser grauenhaften Kleidersäcke zu reisen.

PS: Ewig haltende Boxen wie die meine gibt's ab 157 Mark.

Wie man Montezumas Rache entgeht

Jedem Urlauber, der schon einmal die Alpen in südlicher Richtung überquert hat, ist sie leidlich bekannt, die sogenannte Diarrhöe – schlicht: Durchfall, Übelkeit, Erbrechen

fette Speisen essen und keinen Alkohol in der Hitze.

Wenn das alles schon zu spät ist: viel Tee trinken. Oder: ½ Teelöffel Salz, ½ Teelöffel Natron und zwei Eßlöffel Zucker in einem Liter abgekochten Wassers oder Tee auflösen. Dazu Salzgebäck, Zwieback, Toast, Haferschleim oder Reis. Zum Ausgleich des Nährstoffverlusts viel frisches Obst oder Multivitamintabletten von zu Haus. Wenn's nach vier Tagen nicht vorbei ist – Auslandskrankenschein anwenden.

EIN PERSÖNLICHER TIP

Sollten Sie planen, in Zukunft öfter (und weiter) zu reisen, dann gönnen Sie sich zuerst den Film „Cars, Trains & Aeroplanes" – ein Travellehrstück. Denn darin erlebt der US-Komiker Steve Martin alles, was man unterwegs um jeden Preis vermeiden sollte. Und bietet Lösungen an – im Gegensatz zu Loriots auch nicht üblen Erlebnissen am Urlaubsort (Entschuldigen Sie, wo ist das Meer?), im Flugzeug (Essenfassen!) oder auf dem Airport (Banane!).

Statistisch gesehen, erwischt es jeden zweiten Urlauber in Afrika, Asien und Südamerika. Hier die Antistatistikhilfe:

Ausgelöst wird der ganze Schlamassel schlicht durch Kolibakterien, die wir über Lebensmittel und Getränke zu uns nehmen. Der Körper, geschwächt durch Klima und Zeitverschiebung, nimmt den Erreger leichter auf. Zur Vorbeugung ein Grundsatz: Alles nur heiß, abgekocht und geschält essen. Kein Leitungswasser trinken (auch nicht im Drink). Außerdem: vorher reichlich Vitamine und Mineralstoffpräperate zu sich nehmen. Wenig

In diesen schweren Zeiten

Über das Souvenir, das man nicht nach Haus bringen möchte

Nehmen wir einmal an, sie sind gestrandet. In Gizo auf den britischen Salomoneninseln. Ihnen ist ein Mißgeschick passiert – früher pflegte man dazu zu sagen: „Kosaken durch die Steppe reiten ..." Mit anderen Worten: Die Pfeife läuft. Was tun? Sich ein schmales Handbuch der Weltgesundheitsorganisation in Genf besorgen (Schulheftformat, 197 Seiten). Es trägt den schlichten Titel „World Directory of Veneral Disease Treatment Centres of Ports" und ist ein fabelhaftes Lexikon

weltweiter medizinischer Versorgung. Und darin erfährt man dann, daß das District Hospital in Gizo montags bis freitags von 7.30 bis 16 Uhr geöffnet ist – sofern der Medical Officer geruht, anwesend zu sein.

PFEIFENTRICK

Man kann natürlich gleich auf Nümmerchen Sicher gehen, 30 Sekunden danach. Vor allem dann, wenn man sich nicht im klaren ist, mit wem man sich eben eingelassen hat. Ein uralter Seemannstrick soll Wunder wirken: Nach dem Nümmerchen das Klo aufsuchen, die Vorhaut zuhalten und noch vor dem Waschen voll hineinpinkeln. Das tötet angeblich alles ab ...

WIR DA UNTEN, DIE DA OBEN...

Sollte es je passieren, daß Sie nur aus der Luft gerettet werden können, dann bedienen Sie sich jener Boden-Luft-Signale (aus Steinen, Ästen, Kleidungsstücken oder sonst sichtbarem Material zu bilden), die speziell zu diesem Zweck entwickelt wurden. Sie sehen international so aus:

▬	schwerverletzt, Arzt schicken	
═	brauchen Medikamente	
X	können nicht weiter	
F	brauchen Essen und Wasser	
V	brauchen Waffen und Munition	
☐	brauchen Karten und Kompaß	
▬ ▪	brauchen Lampen, Batterie, Funkgerät	
K	in welche Richtung sollen wir gehen	
→	gehen in diese Richtung	
▷	versuche zu starten	
⌐	Flugzeug schwer beschädigt	
△	wahrscheinlich sicher für Landung	
L	brauchen Treibstoff	
LL	alles in Ordnung	
N	Nein	
Y	Ja	
⌐L	haben nicht verstanden	
W	brauchen Mechaniker	

Hai-le Hai-le Segen ...

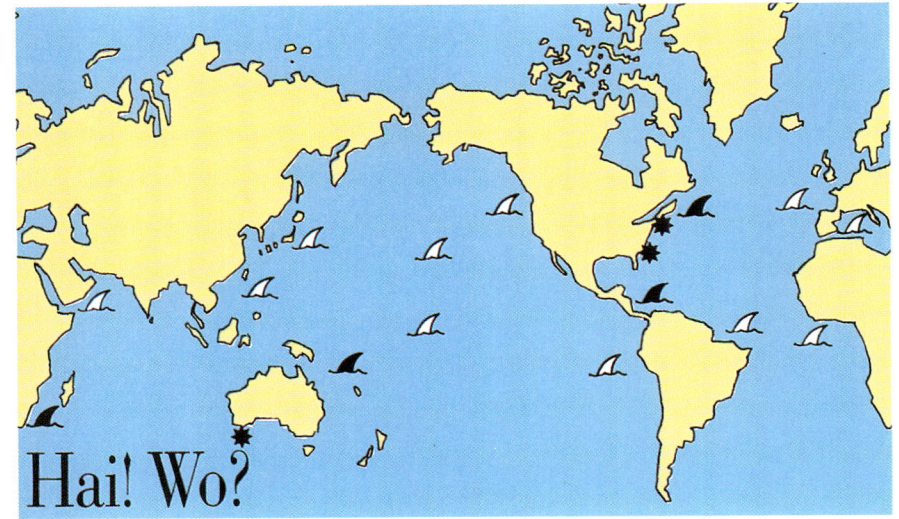

Hai! Wo?

Hier ein paar Informationen zum Umgang mit dem Grauen aus der Tiefe – jenseits vom „Weißen Hai"

US-Coast-Guard ereignen sich die meisten Angriffe von Haien auf Menschen in nur hüfthohem Wasser ...

Ein Urlaubstip für Überängstliche: Es gibt auf der südlichen Erdhalbkugel nur einen einzigen Badestrand, an dem es seit 1952 keinen einzigen „Vorfall" mit Haien gegeben hat: Durban in Südafrika. In jenem Jahr nämlich installierten die Stadtväter an ihren drei schönsten Buchten, weit draußen im Meer, Shark-proof-Netze, die fast täglich kontrolliert werden.

Die Behauptung, ein Strand sei haisicher, weil ein Riff ihn schütze, ist falsch.

Hier sehen Sie eine interessante Karte: Die weißen Flossen zeigen, wo die besten Jagdgründe für Haie sind. Die schwarzen Flossen zeigen, wo Haie sich leider gern in flache Küstengewässer verirren. Und die größten Exemplare kommen an den drei mit einem Sternchen gekennzeichneten Stellen vor.

Übrigens: Nach einer Statistik der

Jetlag – nein danke!

Wenn Sie die Zone zwischen dem 20. Grad westlicher Länge und 50. Grad östlicher Länge nicht verlassen, werden Sie nie unter der Zeitumstellung leiden. Wir sprechen von Großafrika und seinen Urlaubszielen

Jetlag. Das ist das Unwohlsein, das uns befällt, wenn Düsenflugzeuge schneller fliegen, als unser Biorhythmus sich umstellen kann.

Jetlag tritt immer dann auf, wenn wir weite Zeitzonen überfliegen: Frankfurt–Los Angeles z. B. = neun Stunden früher. Oder Frankfurt–Tokio = zehn Stunden später.

Das packt der Körper nicht ohne mindestens drei Tage Zeit, sich zu akklimatisieren – in jede Richtung. Die Folge ist zumindest ein schwer gestörter Schlafrhythmus.

Bunißleute packen das meist auf ihren Kurztrips von zwei bis drei Tagen. Erstens müssen sie derart konzentriert bei der Sache sein, daß sie einfach keine Zeit haben, auf die Wünsche ihres Körpers einzugehen; zweitens kapiert ihre innere Maschinerie erst auf der Heimreise so richtig, daß sie einen halben Tag verloren hat (der durch den Rückflug gerade wieder ausgeglichen wird).

Bei Urlaubern sieht das anders aus. Wer 14 Tage auf Bali Ferien macht, verliert vier Tage volle Kondition – zwei auf Bali und zwei zu Haus. Mindestens. Jeder kennt das: nachmittags todmüde, nachts um 3 senkrecht im Bett. Danach tagelang kaputt.

Das Gegenrezept: Reiseziele wählen, zumindest für einen Urlaub zwischen einer Woche und zehn Tagen, die nicht mehr als drei Stunden vor oder hinter uns liegen. Die verkraftet der Körper gerade noch. Egal, wie lang der Flug an sich dauert. Hauptsache, Sie müssen die Uhr nicht so weit umstellen.

Das heißt: Richtung Südsüdwest bis Südsüdost. Geographisch ausgedrückt: 20 Grad westlicher Länge bis 50 Grad östlicher Länge. Grob gesagt: zwischen den Kapverdischen Inseln vor der Westküste Afrikas, minus zwei Stunden, bis rüber nach Madagaskar,

plus drei Stunden (sorry: Mauritius und die Seychellen liegen dann außen vor).

Fünf Vorschläge jenseits von Mombasa, Senegal, Marokko, Tunesien, Malta, den Balearen und dem östlichen Mittelmeer (die natürlich auch alle in dieser günstigen Zeitzone liegen):

1. Wenn es bei uns 12 Uhr schlägt, ist es in Kapstadt 13 Uhr (+1 Stunde). Also Südafrika. Trotz der 18 Stunden Flug. Schon mal Badeurlaub im Hotel „Beacon Island" an der Plettenberg Bay gemacht? Fabelhaft.

2. Ägypten: ebenfalls +1 Stunde. Flugzeit 4½ Stunden. Alle Möglichkeiten: von den Pyramiden bis zum Badeurlaub am Roten Meer, Wüstensafaris und Nilkreuzfahrten aller Art.

3. Komoren: vier Inseln zwischen der Nordspitze Madagaskars und Ostafrika im Indischen Ozean. Zeitunterschied +2 Stunden, Flug 14 Stunden. Sonne, Sand, Strand – wie die Seychellen vor 20 Jahren.

4. Kapverdische Inseln: ein halbes Dutzend Inseln vor der Küste Senegals in Westafrika. Zeitunterschied: zwei Stunden, Flug 6½ Stunden. Das Paradies der Windsurfer, Taucher, Romantiksucher.

5. Zimbabwe, das Exrhodesien: Zeitunterschied +1 Stunde, Flug zwölf Stunden. Eine Art Kenia oder Indischer Ozean (aber mit dem riesigen Kariba-Stausee). Das bedeutet Safari total – im Geländewagencabrio, im Boot, zu Fuß, im Kleinflugzeug, Afrikas beste Elefantengegend.

1 *Beine leicht anziehen, Arme entspannt auf die Lehnen legen. Den Kopf abwechselnd nach links und nach rechts drehen. Dabei versuchen, die Schultern leicht mit dem Knie zu berühren.*

2 *Gerade-sitzen. Erst den linken Fuß auf Sitzhöhe anheben, dann den rechten. Dabei im Knöchel hin- und her-drehen. Wiederholen.*

3 *Aufrecht sitzen. Hände falten und Arme auf Brusthöhe strecken. Handflächen nach außen drehen und loslassen. Mehrmals wiederholen.*

4 *Leichtes Hohlkreuz. Kopf nach hinten und Gepäckfach anschauen. Mund weit öffnen, bis Nacken und Unterkiefer Spannung spüren.*

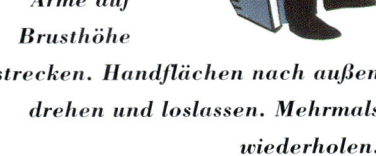

Kabinen-gymnastik gegen Jetlag

Hier ein paar Übungen, mit denen man sich in der Luft für die Landung frisch hält

Die Nachwehen sind es, die den Vielflieger behindern. Flug-mediziner nennen es „Störung des circadianen Rhythmus" – Jetlag im Bu-sineßjargon: Die innere Uhr stellt sich erst allmählich um. Die Folgen sind körperliche Verspannung und Schlaf-störungen.

Hier ein paar von Lufthansa, SAS, American und Japan Airlines entwik-kelte Übungen, die während des Flugs fit halten und den Jetlag erträglicher gestalten. Man braucht seinen Sessel nicht zu verlassen, der Kreislauf wird angeregt, die Mus-keln lockern sich, die Durchblutung klappt besser, und so nebenbei wird die Flugzeit verkürzt. Professor Host Renemann, Leiter des flugärztlichen Dienstes, Frankfurt: „Je älter der Pas-sagier, desto nützlicher sind die Übungen." Sie müssen in Ab-ständen jedoch wiederholt werden.

7 *Gera-desitzen. Beine mit überge-schlagenen Knöcheln ausstrecken. Füße anhe-ben, Knöchel leicht zusammen-drücken, nach fünf Sekunden loslassen. Beinschere ändern.*

6 *Gera-desitzen. Abwechselnd linke Lehne mit rechter, rechte Lehne mit linker Hand fassen. Dabei Brust und Kopf kräftig mitdrehen.*

5 *Vorbeugen. Füße fest auf den Boden. Beine gespreizt. Rechte Hand an die Innenseite des rechten Knies. Fünf Sekunden auseinanderdrücken.*

Wie mann bucht, so sitzt man – falsch

Es sei denn, Sie schauen sich diese Listen – und Ihr Bankkonto genau an. Gespart und gerädert oder Aufpreis und ausgeschlafen?

Sie zahlen 5000 Mark für den Erste-Klasse Flug von Frankfurt nach New York mit Lufthansa, weil bei Ihnen Geld keine Rolle spielt, Sie First-class-Essen mögen und vor allem bequem sitzen möchten. Wußten Sie, daß bei British Airways die Sitze in der Business class fast genauso breit sind wie in First? Der internationale Flugzeug-sitz-Breitenvergleich auf Langstrecken

JET-SET & CO.
Man spricht immer nur vom Jet-set, einem Superlativ. Gibt's nichts darunter? Doch, den Propeller-Set (eine Art reisender Komperativ) und den Rucksack-Set (die niedrigste Form internationaler Bewegung).

DIE SITZBREITEN DER FLUGGESELLSCHAFTEN (in cm)

	First class	Business class	Economy class
Air France	52	46,5	44,4
Swissair	55,1	47,8	44,3
Alitalia	53,3	48,2	43,1
Lufthansa	51	47,7	46
TWA	54	47	44
Quantas	49	46,3	43,8
Cathay	53	50,8 Marco Polo	43
British Airways	53	51	43
KLM	52	49	45

DIE BESTEN PLÄTZE IM CHARTERFLIEGER

Flugzeugtyp	Airline	Die besten Sitze
Airbus 310-300	Hapag-Lloyd	1, 2A + C + D + G + H + L, 3D + G, 14
Airbus 310-300	Condor	2, 15, 29
Airbus 310-200	Hapag-Lloyd	1, 3A + B + C + H + K + L, 15
Airbus 310-200	Condor	1, 2C + G, 14
Boeing 737-500	Hapag-Lloyd	1, 2A + B + C + F
Boeing 737-400	Hapag-Lloyd	1
Boeing 737-300	Condor	1, 12
Boeing 757	Condor	1A + B + C, 2D + E + F, 10
Boeing 757-200	LTU	1, 9, 10A + B + C, 27*
Boeing 767-300 ER	LTU	1, 12, 14A + B + F + G
TriStar L 1011-1	LTU	1, 2C bis F, 3H bis K, 7 D + G, 17, 19C bis H, 35*
TriStar L 1011-500	LTU	1, 2C bis H, 12, 24C bis H*
DC 10-30	Condor	1H + J + K, 2C + D, 3A bis G, 11, 14D + E + F + G, 26
DC 9-32	Aero-Lloyd	1, 16
MD-87	Aero-Lloyd	1, 19A + C + E + F
MD-83	Aero-Lloyd	1, 21A + C + F, Version Y 167:1, 23A + C + E + F

* Rauchersitze.

Vielleicht ist es nur der Blick aus einem Fenster, irgendwo zwischen Santa Margarita und Portofino; vielleicht der Hamburger, für den man am Strand von Sausalito in der Schlange steht …

78 Gründe, von zu Haus abzuhauen

EUROPA

1. Die Tramezzini im „Café Florian" in Venedig. Ganz Italien mit einem Biß.

2. Mittags im „Bratwurstglöckl" am Münchener Viktualienmarkt. Leberwurstgröstl mit Kraut bestellen.

3. Eine Nacht im Hotel „L'Hôtel" in Paris. Leben, wo Oscar Wilde gestorben ist.

4. Die Schokoladentrüffel mit Crème fraîche von Jacques Bernachon in Lyon. Frisch zergehen die in der Hand, aber zerschmelzen im Mund.

5. Eine Nachtfahrt durch Montpellier. Eine Reise vom Mittelalter in die Welt von Übermorgen.

6. Mit dem Fahrrad zwischen Volkach und Fahr (Unterfranken) im Spätherbst. Wein und Main, wie ein fränkischer Gott sie schuf.

7. Ein Rundgang im Musée d'Orsay in Paris. So schön können Bahnhöfe sein.

8. Der Hintersteiner See bei Scheffau in Österreich. Dort müssen alle Märchen geschrieben worden sein, in denen ein tiefer Bergsee vorkommt.

9. Eine Fahrt mit der rätischen Bahn aufs 4000 m hohe Jungfraujoch in der Schweiz. Durch die Eiger-Nordwand in Halbschuhen.

10. Einen Bellini (Pfirsichsaft mit Prosecco) im Garten des Hotel „Villa Cipriani" in Asolo/Italien. Frauen pflegen dabei willenlos zu werden.

11. Ein Gurkensandwich zum Tee im Salon des „Browns Hotel" in London. Style as style can be.

12. Der Anflug auf Helsinki (links sitzen). Ein Bild aus echtem Pastell.

13. Im Glashaus des „Wirtshaus am Schildhorn" in Berlin. Und Italien beginnt direkt am Havelkanal.

14. Der Mitteltisch im Restaurant „Le Coupe-Chou" in Saint Germain/Paris.

Genau die richtige Distanz zum knisternden Kaminfeuer.

15. Das Eis bei „Giolitti" an der Piazza Navona in Rom. Mit Fußbad im Brunnen.

16. Die beheizten Handtücher im „Graben Hotel" in Wien. Danach in das dickste Federbett der Welt.

17. Der Nachbar am Nebentisch im Restaurant „Cuneo" auf der Hamburger Reeperbahn. Was der Ihnen alles erzählen kann (könnte).

18. Ein Sonntagabend-Spaziergang, eine Passeggiata in Taormina/Sizilien. Wo „Cruising" geboren wurde.

19. Das Spanferkel im Restaurant „El Portal" in Deja/Mallorca. Schweizer Küche, spanisches Ambiente, internationales Publikum.

20. Der Martini-Cocktail in der Bar der „Kronenhalle" in Zürich. Dazu Salzmandeln und Oliven – sonst niemand.

Tip Europa Nr. 26: Zum Tee ins „Café Pierre Loti" in Eyüb bei Istanbul. Dieser Blick übers Goldene Horn – 1001 Nacht per Schiff erreicht

21. Zur Herbstmesse nach Basel. Dem größten und ältesten Jahrmarkt der Schweiz. Danach essen im Gasthof „Teufelhof".

22. Ein Dampflokf^ührer-Kurs in London bei Mr. Clive Groom. Kindheitsträume ab Paddington Station.

23. Im „Café Costes/Paris" auf die Toilette gehen und nach dem Wasserhahn suchen. Avantgarde à la toilette.

24. Der Kräuterlehrpfad rund um die Hochgebirgsstauseen am Kapruner Mooserboden. Mit Jause beim Fürthermoar-Toni.

25. Nach Cannes in die Vinothek „Le Suquet". Wein, Weib und Gesang von 0 bis 24 Uhr.

AMERIKA

1. Einmal essen im Restaurant „Bella Voce" in Fairmont Hotel/San Francisco. Arbeitslose Opernsänger helfen im Service aus und bedienen nicht nur.

2. Das Etablissement „Shotgun Willis" in Denver/Colorado. Programm: Playmates aller Kontintente vereinigt euch.

3. Ein Einkaufsbummel bei „Hammacher & Schlemmer" in Chicago. Ein Kreditkartenalptraum für alle erwachsenen Kinder.

4. Die Unterwäscheabteilung bei „Brooks Brothers" in New York. Stilvoll wie der Besuch beim Maßschneider.

5. Epcot Center in Florida nach Thanksgiving (22. Oktober). Future World live ohne Anstehen.

6. Eine Jumbo-Margherita beim Mexikaner in Aspen/Colorado. Ein Liter Après-Ski-Glückseligkeit mit Jumbosalzrand.

7. Der Sonnenaufgang im Hüttendorf „Canaima Lodge" im Dschungel von Venezuela. Die Perspektive von vorn nach hinten: weißer Sand, schwarzes Wasser, gelber Wasserfall, grauer Tafelberg, rote Sonne.

8. „La Haina", die Walfischfängerbar auf Maui/Hawaii. Ein Mai Tai für je-

SCHÖN IST'S, WO'S SCHÖN KLINGT

Karatschi klingt furchtbar, da kann's nur furchtbar sein. Bujumbura? Klingt herrlich – ist herrlich. Über die ganz andere Art, seinen Urlaub zu planen: phonetisch.

Wenn der Name des Ziels langsam auf der Zunge zergeht wie Mousse au chocolat, dann sollten Sie es schnell buchen. Denn längst haben die Travelprofis entdeckt: Schön ist's nur da, wo's schön klingt. Andersherum: Es ist schlichtweg unmöglich, in Saint Barthelemy (Karibik), Surabaya (wo Johnny Geburtstag hat, auf Java) oder Kiriwina (Südsee) enttäuscht zu werden.

Gegenbeweis: Karatschi in Pakistan („Gesundheit"), Perth in Australien („Sie mich auch") oder Dacca in Bangladesh („Wie meinten …?").

Sprechen Sie mal folgende Traumziele silbchenweise aus: Ki-san-ga-ni (im östlichen Zaire), Sa-mar-kand (südliche GUS), Car-ta-ge-na (Kolumbien, nicht Spanien!), Es-sa-ou-i-ra (Marokko), Bou-gain-ville (Pazifikinsel, gehört zu Papua-Neuguinea), O-ma-ru-ru (Nord-Namibia) …

des Stück Seemannsgarn, und der Tag ist gerettet.

9. Tony Packo's Hot dogs in Toledo. Auf Papierserviettenfühlung mit Tom

Tip Amerika Nr. 24: Einmal „O When the Saints …" hören in der „Preservation Hall" von New Orleans, nur einmal …

Selleck und Bruce Willis.

10. „Magnum", die schnellste und höchste Achterbahn der Welt in Cedar Point/Ohio.

11. Ein Autostopp bei „TCBY" (in ganz USA). Das weltbeste Jogurth wahlweise mit Müsli-, Schokoladen- oder Fruchtsoße.

12. Zur Happy Hour ins „Santa Monica Hilton"/Kalifornien. Zweistöckige Cocktails, zehnstöckiger Ausblick auf Venice Beach.

13. Schwarze Nudeln bei „Baldouccis" in New York. Gute Pasta, bessere Preise, noch bessere Tischnachbarn.

14. Der Ausblick auf nahtlos gebräunte Weiblichkeit am Strand von Costa Careyes/Mexiko. Diese Landschaft – einfach hinreisend.

15. Die erste Sekunde Ausblick auf den Grand Canyon nach stundenlanger Autofahrt durch Wüste und Gestrüpp.

16. Jamaikanisches Spanferkel bei „Pork Pit" in Montego Bay. Dazu grüne Soße und braunes Red-Stripe-Bier.

17. Der „Crazy Country Club" in Brooklyn/New York. Erzählen Sie Ihrer Frau bloß nichts von dem Bodengebläse à la Marilyn am Eingang.

18. Der größten Segelregatta Amerikas zuschauen am Leuchtturm von Marblehead/Massachusetts. Der Logenplatz für jede Tonne.

19. Der Ausblick von „The Cloisters"/New York auf den Hudson River. Toskanische Klosterstimmung zehn Minuten nördlich von Manhattan.

20. „Pismo Beach" nahe Carmel/Kalifornien. Das verrückteste Allradmekka

Tip Ozeanien Nr. 4: Das Lachen einer Papua-Frau hinter einer Lulle aus Zeitungspapier, das hier Smokpepa heißt

Tip Ozeanien Nr. 5 und 6: Im Hausboot über den Sepik-River (Neuguinea) und bei offenem Fenster in diesem Haus erwachen (Trobriand-Inseln)

Amerikas – ohne störende Sonnenschirme.

21. Sonnenuntergang auf dem Huayna Picchu/Peru. Und dann runter nach Machu Picchu, der Inka-Weltstadt von vorvorgestern.

22. Der Barbados Yacht Club. Nur um zu sehen, was vom British Empire an lebendem Inventar übriggeblieben ist.

23. Im August kurz vor zwölf Uhr nachts aufs Empire State Building/New York, und die ganze Stadt gehört Ihnen.

24. Irgendein Platz im Fenway Park Stadion von Boston. Baseball as baseball can be.

25. Ein Loch im Zaun von Malibu Beach/Kalifornien. Kino real: Robert Reford in Unterhosen, Meryl Streep mit Lockenwicklern.

OZEANIEN

1. Am „Brown's Bluff" in Tasmanien stehen und auf die Berge Wilhelm I. bis IV. schauen, staunend.

2. Mit der Gondelbahn über den Zoo von Sydney schweben – die Oper immer vor Augen, Elefanten unter sich, unglaublich.

3. Auf der Insel „Lord Howe" landen, Rückflugticket verloren, unendlich viel Zeit im Koffer, Kreditkarten noch lange gültig ...

4. Sich von einem Aborigine erklären

Asien: Jeder kennt diesen Blick, aber wer hat ihn schon einmal live erlebt? Die schneeige Pyramide des Fudschijama. Die Seele auf der Wäscheleine

Asien (oben): Das Lächeln einer Stewardeß auch in der Holzklasse. Afrika: Wenn die Sonne versinkt im Kariba-See (Zimbabwe)

Asien: Sich einen Tag absetzen lassen auf Satay-Island (Sarawak)

lassen, was „Sonlines" sind und dann Bruce Chatwin dazu lesen.

5. Morgens Ski fahren, nachmittags Golf spielen – in Neuseeland.

6. Einmal sehen, welch theatralische Schattenrisse die Riesenstatuen auf den Osterinseln in den Sonnenuntergang schneiden.

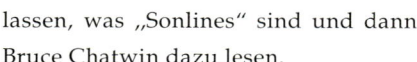
ASIEN

1. Die Zahnradbahn auf den Penang Hill/Malaysia. Drinnen: wie zum Skifahren; draußen: wie Dschungelbuch.

2. Morgens um zehn Uhr im Zoo von Singapur. Breakfast mit dem Affen – ehrlich.

3. Die Fähre von Kowloon nach Hong-

Asien: Auf dem Sigiriya-Felsen stehen, wenn es Abend wird (Sri Lanka)

kong Island. Ganz Hongkong für 25 Pfennig.

4. Der Besuch in einem „Ofru" (öffentliche Badeanstalt) in Tokio. Wenn Sie Brusthaar haben, haben Sie 50 Fans mehr auf dieser Welt.

5. Der Fußmarsch zu „Worlds End" auf Ceylon. Sie stehen da und glauben es.

6. Eine Stunde Tennis auf dem Centrecourt des Brisbane Tennis Club. Spielstärke: zwei Klassen besser.

7. Mit dem Schikara-Wassertaxi von Hausboot zu Hausboot auf dem nordindischen Dal-See. Luxus-Kategroien bis zu 14 Sterne.

8. Der Wanaka-See im südlichen Neuseeland. Nur um zu sehen, wie schön unsere Welt noch sein könnte.

9. Irgendwo in Indonesien ein Schälchen Sambal Oeklek. Das schärfste, salzigste, muntermachenste Gewürz der Welt.

10. Einmal rasieren und Haarewaschen bei irgendeinem Friseur zwischen Bangkok und Singapur.

11. Mit dem Boot von Europa nach Asien fahren. Kostet rund eine Mark; überquert den Bosporus in Istanbul.

12. Eine Shiatsu-Massage im „Health Club" von Philip Wain in Hongkong. Danach sind Sie süchtig, daß man auf Ihnen herumtrampelt.

13. Das neue Jahr begießen am 24. Oktober in einer der Lanai Cottages des Hotel „Oberoi", nördlich von Kuta. Sylvester, besser.

14. Auf die Insel Nias (Indischer Ozean) zum Bunamataluo-Stamm. Man glaubt es erst, wenn man gesehen hat,

Tip Afrika Nr. 5: Einmal glauben, daß Nashörner dieses Jahrtausend überleben. Im Nationalpark Pilanesberg (Bophutatswana)

wie die Häuptlinge über zwei Meter hohe Steine springen.

15. Zum Black-Jack-Spielen auf das alte chinesische Gambling-boat in Macao. Der sicherste Platz: mit dem Rücken zur Wand.

16. Einen Sling und Cashew-Nüsse in der Lobby des „Shangri La"-Hotels/Singapur. Peinlich aber unvergeßlich: Die Bedienung (weiblich) rutscht auf Knien an.

17. Eine Woche im Hayman Island Ressort vor der Ostaustralischen Küste. Nichts als Luxus zwischen Louis XVI. und Gauguin.

Tip Afrika Nr. 4: Die Chance haben, die schönste Stadt des Kontinents so herrlich aus der Luft zu sehen – Kapstadt, „die Mutter Südafrikas"

18. Das Publikum der Diskothek „Lexington Queen" in Tokio. Where Tatjana Patitz meets Mick Jagger.

19. Im Dezember zum Elefantenpolo nach Meghauli in den Royal Chitwan Nationalpark/Indien. Ohne Prince Charles, aber mit viel mehr Spaß.

AFRIKA

1. Nachts in der Shimba Lodge (Kenia) auf den Leoparden warten – bei einem Drink oben im Baumhaus.

2. Nur einfach sitzen, wenn der Tag geht, auf dem großen Platz in Marrakesch (Marokko).

3. Mit dem Auto durch die Schlucht Seveweekskloof in Südafrika. Da hat sich die Erde einen Spalt geöffnet für Sie, 20 Minuten Sensation.

Die Glühbirne im Handgepäck

19 ungewöhnliche Tips und Tricks für Reisende, die nie in Verlegenheit kommen möchten

ABREISE: Wer sein Hotelzimmer verläßt, sollte in kleinen Scheinen oder Münzen rund 50 Mark in Landeswährung dabeihaben. Das reicht für Trägertrinkgeld, Taxi, Airportsteuer und einen Abschiedsdrink.

BATTERIEN: Im Busch hat es sich längst rumgesprochen, daß man aus leeren Batterien noch einen letzten Rest an Kraft herausholen kann, wenn man sie kurz in Wasser aufkocht.

BRIEFMARKEN: Als günstig erweist sich stets, ausreichend Briefmarken für das Inlandsporto des Heimatlands dabeizuhaben, um zurückkehrenden Landsleuten Post mitgeben zu können, die diese bei der Ankunft nur einzuwerfen brauchen.

GEPÄCK: Für alle Eventualitäten: kleine zusammenfaltbare Tasche im Koffer mitnehmen. Dient als Tagestasche oder Übergepäck.

HOTELBRAND: Feuerwehrleitern reichen nur bis zur achten Etage ...

LANDKARTEN: Bestehen Sie auf Landkarten, auf denen die Breitengrade eingetragen sind. So können Sie jederzeit Entfernungen ablesen: Ein Breitengrad ist vom nächsten 110 Kilometer entfernt.

LEKTÜRE: Es empfiehlt sich, auf Reisen all jene Bücher mitzunehmen, vor denen man sich bisher gedrückt hat: Die Langeweile macht sie unterhaltsam, und man entdeckt ganz neue literarische Aspekte.

NACHTTISCHLAMPE: Erfahrene Reisende haben stets eine Glühbirne dabei (oder kaufen sie sofort nach der Einreise), um damit die Funzeln zu ersetzen, mit denen die Hotel-Nachttischlampen bestückt sind.

NETZSPANNUNG: 220-Volt-Geräte vertragen von 170 bis 250 Volt (110-Volt-Geräte bis zu 160 Volt).

SCHNARCHEN: Wer schnarcht und in Begleitung reist, führt stets ein paar frische Ohrenstöpsel mit, die er vor dem Zubettgehen höflich überreicht.

SICHTWEITEN: In ebenem Gelände, auf dem Wasser oder von oben kann ein Mensch schon bei zwei Meter Augenhöhe 5,4 Kilometer weit sehen. Hier 15 weitere Sichtweiten:

Augenhöhe (m)	Sichtweite (km)
2	5,4
5	8,6
10	12,1
15	15,0
20	17,0
50	27,0
100	38,3
200	55,0
400	77,0
600	94,0
800	114,8
1000	121,0
1500	148,2
2000	171,1
3000	209,6
4000	242,0

SONNENSCHUTZ: Sollten Sie im Urlaub einen Sonnenbrand erleiden und kein Gegenmittel zur Hand haben, versuchen Sie es mit einer frischen Papaya: die Haut leicht ritzen, den austretenden Saft auf die Brandstellen streichen.

STECKER: Welchen Allzweckstecker mitnehmen? Unser Tip: zwei für Glühbirnenfassungen – den Bajonett- und den Schraubstecker. Passen in jedem Land.

STEMPEL: Immer einen Gummistempel mit Namen und Adresse dabeihaben. Dient als Visitenkartenersatz und erleichtert den Absender auf Ansichtskarten.

SUGGESTIVFRAGEN: In der Absicht, dem Befragten zu helfen und selbst einen Beitrag zum Problem zu leisten, bitten die meisten so um Auskunft, daß sie eine falsche Information erhalten müssen. Beispiel: „Da geht es doch zum See, nicht?" Oder: „Ist das der Weg zum See?" Die Antwort wird, schon aus Höflichkeit, um dem Fragenden nicht zu widersprechen, positiv sein, auch wenn dies keineswegs der Weg zum See ist oder ein Riesenumweg. Besonders in entlegenen Gegenden der Erde muß die Frage stets direkt gestellt werden: „Wo ist der See?" Oder: „Wie kommt man zum See?" Kann der Befragte nicht sofort und eindeutig antworten, empfiehlt sich sofortige Weiterfahrt. Jede nur zögernd gegebene Antwort kann Umwege und Schwierigkeiten bedeuten.

VERSPRECHUNGEN: Reisende kommen des öfteren in die Lage, Versprechungen zu machen, z. B. daß sie Fotos schicken werden. Fast immer werden diese Versprechungen gebrochen. Dies ist falsch, denn unter Umständen kommt man doch einmal wieder in die betreffende Gegend, zum anderen erschwert man durch diesen Vertrauensbruch eventuell anderen Reisenden den Aufenthalt. Auf die manchmal hartnäckig wiederholte Bitte, seine Adresse zu hinterlassen, gibt es oft keinen anderen Ausweg, als die Adresse

zu nennen. Man sollte sich dann allerdings auch der Mühe unterziehen, die daraufhin eintreffende Post zu beantworten.

WÄHRUNG: Noch immer gilt der Dollar in einigen Weltgegenden viel, die D-Mark wenig. Man sollte also immer mindestens so viele Dollars wie D-Mark bei sich haben. Zum Beispiel in Australien, wo der Beamte der Westpac-Bank auf dem Flughafen von Sydney einem der Verfasser erklärte: „Mark tauschen wir nicht. Die gehört für uns nicht zu den großen fünf Währungen." Die sind australischer Meinung nach: US-Dollar, japanischer Yen,

Schweizer Franken, Singapur-Dollar und britisches Pfund.

WINDRICHTUNG: Wenn von Windrichtung die Rede ist, dann ist die Himmelsrichtung gemeint, aus der die Luftströmung kommt. Der Westwind weht also von West nach Ost.

WINTERSOMMER: Urlauber und Reisende haben die fünfte Jahreszeit entdeckt: den Sommer im Winter. Sie reisen der Sonne entgegen, wenn es zu Haus kalt geworden ist. Unsere Tabelle zeigt, wo auf der Welt zwischen Januar und März das Wasser am wärmsten wird und die Sonne am längsten scheint:

Weltgegend	Ort, Insel	Monat	Lufttemperatur max.°C	min.°C	Wassertemperatur °C	Sonnenscheindauer/tg.
Karibik	Bahamas	März	27	18	24	8,5
	Bermuda	März	21	17	19	6,5
	Guadalupe	März	29	19	26	8,5
	Jamaika	Februar	30	22	26	9
	Martinique	März	30	20	26	8
	Puerto Rico	März	28	21	26	8
	Triniad	Febr./März	32	21	26	8
Atlantik	Kanar. Inseln	März	22	15	18	7
	Madeira	März	19	14	17	7
Nordafrika/ Mittelmeer	Antalya	März	18	8	17	7
	Casablanca	März	20	10	16	7
	Zypern	März	20	8	17	7
	Djerba	März	21	11	17	9
	Hammamet	März	19	10	16	8
	Marrakesch	März	23	9	–	8
Westafrika	Abidjan	Febr./März	32	24	28	7,5
	Accra	März	32	23	29	7
	Dakar	März	26	17	21	9,5
	Douala	Februar	30	23	28	5
	Freetown	März	30	24	27	8
	Lomé	März	32	24	29	7
Fernost	Bali	Febr./März	31	23	29	7
	Bangkok	März	34	24	28	8
	Bombay	März	30	22	26	9
	Colombo	März	31	24	29	8
	Djakarta	März	30	23	28	6,5
	Hongkong	März	20	15	18	3
	Manila	März	33	22	27	7,5
	Neu-Delhi	März	29	14	–	8
	Singapur	März	31	23	28	6

Die 30 unbekannten Gesetze des Reisens

Vanuatu, Ötztal, Times Square? Es gibt ein paar Gesetze des Reisens (30, um genau zu sein), die gelten überall und immer. Sie zu kennen, spart Zeit, Geld, Nerven und Erlebnisfehlzündungen

1. DAS RHEIN-MAIN-PRINZIP: Die Anzahl von Gepäckwagen bei der Ankunft auf einem Flughafen ist negativ proportional zur Anzahl der Gepäckstücke, die die Passagiere befördern möchten.

2. KILROYS GESETZ: Wo immer man auch hinkommt – es war vor kurzem schon jemand da.

3. DAS FREUDSCHE BÜGELEISEN: Wenn Sie glauben, Sie hätten zu Haus das Bügeleisen nicht aus der Leitung gezogen, dann haben Sie es getan.

4. DAS ADLERSCHE BÜGELEISEN: Wenn Sie glauben, Sie hätten das Bügeleisen rausgezogen, haben Sie es nicht.

5. DAS SOUVENIRPRINZIP: Völlig gleichgültig, wie wenig Sie für eine Schnitzerei bezahlt haben – am nächsten Tag treffen Sie jemanden, der es für die Hälfte bekommen hat.

6. THE GETTYGAP: Man hat niemals genügend Geld dabei.

7. DIE MESSNER-REGEL: Alle schönen Aussichtspunkte liegen niemals im Tal, immer hoch oben.

8. DIE IRRGARTENTHESE: Wenn man sich verlaufen hat, muß man schneller gehen.

9. DAS AMEXCO-GESETZ: Einen Tag, nachdem Sie Ihre Travellerschecks gekauft haben, fällt der Kurs.

10. DAS LOUIS-VUITTON-PRINZIP: Der eigene Koffer erscheint immer als letzter auf dem Förderband.

11. DIE SAFARIERFAHRUNG: Alle Kleidungsstücke, die im Urlaub so gut aussahen, wirken zu Haus völlig bescheuert.

12. DIE VERLUSTFIBEL: Die Chancen, ein Gepäckstück zu verlieren, sind dann besonders groß, wenn man sich schweren Herzens entschlossen hat, Wertsachen in dieses Gepäckstück zu tun.

13. DER BURMABUMERANG: Je mehr Tempel man besichtigt hat, desto ähnlicher werden sie sich.

14. DIE FLIEGENDE FEHLPLANUNG: Niemals bekommt man einen attraktiven Sitznachbarn, bevor man verheiratet ist.

15. DAS BERLITZ-PRINZIP: Je lauter man einem Ausländer sagt, was man ihm zu verstehen geben will, desto eher wird er verstehen.

16. DIE SCHRANKKOFFERMETHODE: Es ist noch nie vorgekommen, daß ein Urlauber nicht zu viele Klamotten an den Urlaubsort mitgenommen hat.

17. DIE VERSPÄTUNGSVERORDNUNG: Ein Anschlußflug ist immer dann pünktlich, wenn Ihr Flug Verspätung hat.

18. DIE EREMITENERFAHRUNG: Je weiter Sie reisen, um endlich einmal gar niemanden zu treffen, desto größer ist die Chance, 100 Deutsche zu treffen, die den gleichen Gedanken hatten wie Sie.

19. DER TAXITARIF: Es ist Taxifahrern unmöglich, die kürzeste Verbindung zwischen zwei Punkten zu finden.

20. DAS WASSERGESETZ: Im Ausland muß man das Wasser waschen, ehe man es trinkt.

DIE SUCHE ENDET – HIER!

„Ohne Irrtümer keine Reiseliteratur", hat der amerikanische Reiseschriftsteller Paul Theroux geschrieben. Um weitere Irrtümer zu vermeiden: „Wanderlust Books" in Hongkong führt jedes Buch, das jemals über irgendeine Gegend der Welt verfaßt wurde. 5000 Titel sind ständig vorrätig, über 10 000 Titel weiß der Computer Bescheid (innerhalb von zehn Tagen lieferbar). Dazu liegen neueste Informationen von 250 Tourist Offices aus (von Afghanistan bis Zambia). Übrigens: „Wanderlust" besitzt auch einen netten kleinen Coffeeshop.

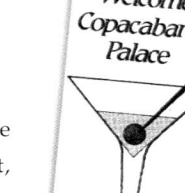

Welcome
Copacabana
Palace

A drink in
the
Lobby Bar

COPACABANA PALACE

Mr. Theier
GUEST
510
ROOM

21. DER TIPTARIF: Je lausiger der Service ist, desto heftiger wird Trinkgeld erwartet.

22. DAS PARADIESPRINZIP: Je mehr Sie von einem Paradies ins Schwärmen geraten, desto schwieriger wird es, dieses Paradies wiederzuerkennen.

23. DIE RAUMRICHTLINIE: Das, was Sie mitnehmen wollen, wird mehr oder weniger, je mehr oder je weniger Platz Sie in Ihrem Koffer haben.

24. DAS PASSBILDGESETZ: Ihr Paßbild entspricht genau dem Bild, das Ihre Mitreisenden von Ihnen haben.

25. DIE BASARBEHAUPTUNG: Je netter einer ist, desto weniger gelingt es, seinen Preis runterzuhandeln.

26. DAS BELIEBTHEITSPRINZIP: Je lohnenswerter eine Attraktion ist, desto mehr Leute gibt es, die Zeit haben, sie ebenfalls zu besichtigen.

27. DAS DURCHFALLDIKTUM: Durchfall bekommt man nie in einem Land mit ausgezeichneter sanitärer Versorgung.

28. DAS GAUGUINDILEMMA: Reisen Sie niemals den Bildern irgend eines Malers hinterher. Sie werden sie nicht finden ...

29. DIE GANDHI-SCHLANGE: Stellen Sie sich unter gar keinen Umständen in einer Schlange an, in der vor Ihnen Inder sind.

30. DIE MÜLLMAROTTE: Man benötigt immer das, was man kurz zuvor schweren Herzens weggeworfen hat.

Die Geschichte der Safarimode und die Kunst, sie zu kaufen (vom Tragen ganz zu schweigen)

"Safari" heißt auf Suaheli nichts weiter als „Reise". Ein „Safarianzug" ist deshalb eine schlichte Reisekluft: stark genug, um die oft zentimeterlangen Dornen der Savannenbüsche auszuhalten, leicht, um 45 Grad Hitze erträglich zu machen, taschenreich für alle Utensilien des Trägers und jederzeit waschbar mit eingebauter Soforttrocknung.

Da liegt Survival in der Luft, das macht die Kluft so chic. Überleben und seine Cousine, der Komfort. Der Safarianzug signalisiert Mobilität und Lässigkeit, Morgenfrost am Ruwenzori und Mittagshitze in der Masai Mara, Nachmittagsgewitter in Singapur und die Nachtgeräusche des Dschungels von Sumatra. Das ist eine Männerkleidung, die unverwüstlich auf zwei Bügeln hängt – auf dem einen steht „Der Rest des Empires", auf dem anderen „Hemingway & Co.". Und dann gab es da natürlich noch die Herren mit den breiten Schultern und den schmalen Taillen, die über die Leinwand unserer Erinnerung geistern: Gable, Peck, Wayne, Holden und Bogey.

Die Safarimode

DIE SAFARI-JACKE stammt von „Banana Republic". Clint Eastwood trug sie in Zimbabwe, als er Peter Viertels Roman „White Hunter, Black Heart" verfilmte

---

Model 486

ist ein internationales Unikum: Erfunden in den 20er Jahren von Großwildjägern, produziert zuerst vom legendären Ausstatter Abercrombie & Fitch (damals New York, heute Los Angeles) und zusammengewürfelt aus einer kuriosen Mixtur multinationaler Errungenschaften: französische Epauletten, die Taschen britisch, der Schnitt amerikanisch, das Material aus dem Nil-Delta.

Die Ahnherren der Safarimode waren, lang vor den 20er Jahren, der britische Soldat Lord Kitchener, 1850–1916 (der in einer Tuchjacke, sehr ähnlich unserer heutigen Safarimode, den Sudan eroberte), und der 26. US-Präsident Teddy Roosevelt, 1858–1919, dessen Anblick in einer Präsafarikluft das

letzte war, was Hunderte von Elefanten sahen – Roosevelt war Großwildjäger de Luxe. Aber ihnen fehlte das Material, und mit dem kam im Auftrag von Abercrombie & Fitch der amerikanische Expeditionsausstatter Willis & Geiger rüber: Model 486, mit 340 Baumwollfäden pro Inch (was dreimal dichter war als jeder herkömmliche Stoff). Der Typ wird heute noch produziert. Inzwischen gibt es jedoch zwölf weitere Modelle, darunter die 476, die Ernest Hemingway erst nur für sich und dann für ganze Generationen von Papa- und Afrikafans entwarf: Es besitzt eine zusätzliche Tasche auf dem linken Oberarm – für die Brille.

Das ist alles gut zu wissen, enthebt Sie aber nicht, sich für eine von vier „Schulen" zu entscheiden:

■ Sie kaufen – nostalgisch, aber teuer –immer noch bei Abercrombie & Fitch (Beverly Center, 8500 Beverly Boulevard, Beverly Hills).

■ Sie lassen sich Maß nehmen bei einem berühmten indischen Tailor, der seit den 30er Jahren alle bekannten Afrikareisenden beschneidet hat: Savji Damji & Co., Digo Road, Mombasa, Kenia.

■ Sie suchen in den USA einen gepflegten Secondhandladen, kaufen alte „Banana Republic"-Klamotten und schwelgen in einer preiswerten High-Tech-Renaissance des Kolonialen (denn die Original-„Banana"-Läden hat leider die Habgier geholt).

■ Sie gehen zu Ernst Brendler in Hamburg. Die haben schon die Deutsche Schutztruppe professionell eingekleidet und sitzen seit 1879 unverändert in der Großen Johannisstraße 15.

Bei Brendler kostet eine Safarijacke um die 160 Mark.

■ Oder Sie nehmen mit, was die Hotelboutique vor Ort bietet. Meist nichts Gutes, aber mehr als gar nichts.

PS für Survivalprofis: Auf einer Expedition durch den Busch-dichten Ituri Forest in Zaire erwies sich die gängige Safarimode als zu modisch. Ich zog daraus die Lehren, versah meine Taschen zusätzlich zu den Klappenknöpfen mit Reißverschlüssen und zwang Savji Damji & Co. (die Safariprofis hielten das anfangs für „Taka-Taka"-Unsinn), mir die Ecken der Taschenkappen mit Druckknöpfen zu befestigen. Ich hatte keine Probleme mehr mit Spinnen in Taschen, von Dornen aufgespießten Klappen, verschwundenen Utensilien und von Feuchtigkeit ruinierten Aufzeichnungen.

Wie man richtig faulenzt

Das Nichtstun ist eine hohe Kunst, die nur sehr clevere Leute beherrschen – ohne arbeiten zu müssen

Faulenzen, Nichtstun – das sind Reizworte für Spießbürger. Doch wer die Kunst der Konzentration beherrschen will, muß auch genußvoll faulenzen können. Samstags, die dicke Wochenendausgabe hält nicht still: „Lies mich! Du mußt Dich informieren. Du mußt Dich unterhalten. Du hast dafür bezahlt."

Doch Reinhard Schober schüttelt den Kopf: „Nichts muß ich", sagt er und wirft die Zeitung ungelesen in die Ecke. Dann sitzt er einfach so da, senkt die Lider und genießt die herrlich freie Zeit.

TOTALE ENTSPANNUNG

Der große Dirigent Herbert von Karajan († 1989) war ein Meister der totalen Entspannung. Jahrelang suchte er nach der besten Methode, in kurzer Zeit in tiefste Relaxation zu verfallen, um seinen Geist freizumachen – und stellte schließlich fest, daß es kein Tier auf Erden gibt, das diese Kunst besser beherrscht als eine Siamkatze. Karajan begann, seine eigene Katze zu kopieren, was manchmal komisch wirkte. Aber dem Maestro gelang nach einigem Üben die gewünschte totale Entspannung. Sie ist ein Geheimnis seines Erfolgs.

Der Münchner Psychologe ist Faulenztrainer, und in seinem Buch „Nichts ist unmöglich mit Konzentration" (Delphin-Verlag) enthüllt Schober ein Grundgeheimnis genußvollen Entspannens: „Faulenzen heißt nicht nur, alle viere von sich zu strecken."

Autor Schober: „Die meisten Menschen stehen ständig unter Strom und können nicht mehr abschalten. Action in der Freizeit. Action im Urlaub. Unruhige Nächte. Die Angst, etwas zu verpassen – plötzlich out zu sein. Da war doch noch was? Was Neues. Ach ja, in die esoterische Buchhandlung gehen. Action für die Seele kaufen. Wegen der besseren Konzentration."

Versuchen wir's mit Faulenzen, der natürlichsten, ältesten und einfachsten Form der Entspannung. Hört sich gut an. Aber wie geht das – Faulenzen?

LEKTION 1: Wo wird gefaulenzt? Schober schlägt nach im Tierlexikon, schließlich haben viele Säugetiere in ihrem Revier verschiedene Plätze reserviert für alle Fälle: Badestelle, Freßstelle, Vorratsplatz, Schlafplätze, Wachhügel, Komfortstellen. Dort darf gegähnt, gesuhlt, geräkelt werden. Der Scheuerbaum (wenn's hinten juckt) gehört zur Sonderausstattung.

Merke: Wo gefaulenzt wird, wird nicht geschlafen. Schobers eigener Lieblingsfaulenzerplatz: die Badewanne.

LEKTION 2: Die Formen des Faulenzens. Zum Einstieg schlägt Schober das „halbschläfrige Duseln" vor: wegtreten und doch da sein. Im Bus, auf dem Beifahrersitz, im Wartezimmer darf geträumt werden. Und wenn im Lokal die Bestellung auf sich warten läßt, nicht ärgern – duseln!

LEKTION 3: Stieren – Hirn entspannen, glasiger Blick, die Kopfhaltung nicht mehr verändern. Schober: „Fixieren Sie einen Punkt. Schalten Sie die

DAS SONNEN-ABC

Augen, Lippen, Nase, Schulterblätter und Waden sind die besonders gefährdeten Stellen des Körpers. Wer sich ungebräunt der Sonne aussetzt oder in extremen Zonen Urlaub macht, sollte den Lichtschutzfaktor 12 verwenden.

Beginnen Sie mit Faktor 6, wenn Sie entweder schon vorgebräunt sind oder sich nur im Mittelmeerraum bewegen.

Creme, ohne Öl und aus der Sprühdose: Sun-Oil-free-Spray von Marbert.

Die sogenannte Mallorca-Akne, allergische Pusteln und Pickel in der Sonne, bekämpft man mit Ladival (nur in Apotheken).

Ein bis zwei Tauchgänge halten wasserfeste Mittel aus. Von Ambre Solaire und Juvena. Vorsicht: Ein Meter unter Wasser wirkt die UV-Strahlung noch zu 50 Prozent.

Für extrem empfindliche Haut im Gesicht: ‚Sun-Blocker-Stift von La Prairie.

Gefahren eines Sonnen-

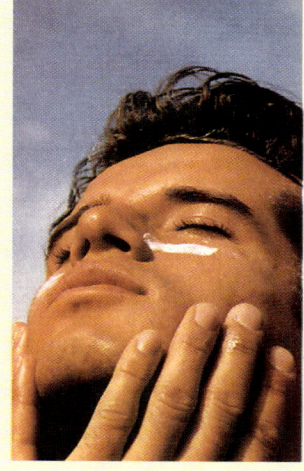

stichs drohen vor allem Männern mit lichtem Haar. Bester Schutz: Scalp Protector von Aramis.

Haftschalen mit eingebautem Sonnenfilter ersetzen die Brille. Oder schützende Augentropfen Chibro-Uvelin.

In der Stadt kann man dem Bräunungseffekt nachhelfen: City oder Weekend Bronzer mit verstärkender Substanz. Von Helena Rubinstein.

Jeder, der nach Sonnenuntergang noch nicht genug hat, nimmt den Post Tan Maintainer von Aramis.

Kühle Linderung bei Sonnenbrand verschafft Zuviel Sonne von Amery oder Après Lotion von Piz Buin.

Letzter Ausweg bei Verbrennungen: Antihistaminikasalbe aus der Apotheke.

Mit einem akustischen Warngerät gegen Sonnenbrand gewappnet: 120 Mark, CP-Versand, Mühlheim.

Scharfeinstellung der Augen ab. Denken Sie an nichts."

LEKTION 4: Dösen wie ein Löwe. Genußvoll in der Sonne räkeln, mit rundum zufriedener Mimik. Dazu wird dann allerdings ein Fixplatz benötigt.

LEKTION 5: Das Fläzen. Der Körper befindet sich fast liegend auf einem geeigneten Sitzmöbel. Hinterteil vor, Rücken tief, Arme schlaff, Beine ausgestreckt.

LEKTION 6: Schlendern – das bedeutet Fläzen beim Gehen. Beine schlampig von sich weg werfen, mehr nach rechts und links als geradeaus. Arme hinterm Rücken verschränken. Ständig in die Runde blicken.

LEKTION 7: Wanstiges Liegen. Auf der Wiese dösen, als sei man ohne Fallschirm abgestürzt.

LEKTION 8: Muße in der Natur. Ein einsames Plätzchen suchen und spannen – auf Tiere, Pflanzen und die Bewegungen des Winds. In der Stille der Natur Kraft und Erholung tanken.

LEKTION 9: Das Nickerchen. Das Geheimnis der Großen, schnelle zwei bis fünf Minuten Schlaf. Dabei werden Bewegungen und Töne aus der Ferne wahrgenommen.

LEKTION 10: Die geistige Faulheit. Kurz: verdoofen. Small talk ebenso. Ein Tip: das Endlosthema Wetter.

Psychologe Schober: „Das Faulenzerseminar besteht allerdings nur, wer als Ausgleich die Geselligkeit pflegt. Lachen kann, Feste feiert. Sich austobt. Geistig und körperlich. Und dann wieder faulenzt – nichts ist unmöglich mit Konzentration!"

Was haben gute Hotels

Sechs Reiseprofis schimpfen, loben, und geben ein paar kostenlose Tips

Was Willy Bogner, Weltreisender in Sachen Sport, in keinem Hotel vermissen möchte:

1. Ich erwarte, daß ein Hotel sich dem Gast anpaßt und nicht umgekehrt.

2. Das Frühstück darf keinen Wunsch offenlassen. Vor allem den nach Schwarzbrot nicht.

3. Ich liebe es, eine wunderbare Aussicht vom Zimmer aus zu haben.

4. Die Badewanne muß groß genug für zwei sein.

5. Ich liebe dicke, weiße, große, weiche Handtücher.

6. In einem guten Hotel gibt es keinen Kleidungszwang.

7. Ein kleiner Hotelgarten sollte nicht fehlen.

8. Wehe, wenn die Zimmerfenster nicht zu öffnen sind.

9. Traumhaft, wenn das Personal einen immer mit Namen anspricht.

10. Ich muß immer Sport treiben können. Kein Hotel ohne Health Club!

Willy Bogners besonders bevorzugte Hotels für seine Ansprüche sind das „Sonnenalp" in Sonthofen/Deutschland und das „Beau Rivage" in Genf, das „Chesa Guardalej" in Champfer bei St. Moritz/beide Schweiz, das „Park Lane" in New York und das „Beverly Hills" in Los Angeles/USA.

Wolfgang Joops absolutes Lieblingshotel ist das „Blakes" im bekannten Londoner Stadtteil South Kensington:

1. Ich brauche einen 24-Stunden-Zimmer-Service.

2. Die Wäscherei muß auch am Wochenende arbeiten.

3. Ein gutes Hotel hat eine eigene Bäckerei, damit man auch am Wochenende frische Brötchen bekommt.

as schlechte nicht haben?

4. Notwendig im Hotel sind Sauna, Massage und Schwimmbad, damit man sich bei einem Vier-Tage-Mode-Marathon die verkrampften Glieder massieren lassen kann.

5. In einem guten Hotel sollten auch spezielle Preisarrangements für Dauergäste möglich sein.

6. Ich erwarte eine ruhige Lage. Nicht daß die Trambahn durchs Zimmer fährt.

7. Kabelfernsehen ist wichtig, damit man Sat1 zum Frühstück sehen kann und in der Sexaufklärung auf dem laufenden bleibt.

8. Ich hasse Putzkolonnen, die morgens um 9 Uhr im Zimmer stehen und kreischend auf einen nackten Joop treffen.

9. Das Interieur darf weder zu überladen noch wie ein Cockpit gestylt sein.

10. Die Badezimmertür muß abschließbar sein, damit

WAS STÖRT SIE AM MEISTEN IN HOTELS?

Tom Wolfe: „Als ich in den USA unterwegs war, um ein Buch zu promoten, mußte ich mir in jeder Stadt eine Glühbirne kaufen, weil man mit diesen Funzeln in den Nachttischlampen der Hotelzimmer nie richtig lesen kann."

man in bestimmten Momenten auch wirklich ungestört sein kann.

Jil Sander, Hamburger Designerin mit Weltruf und -erfahrung, wohnt am liebsten im „Baur au Lac" in Zürich:

1. Ich erwarte perfekte Organisation mit selbstverständlicher Leichtigkeit.

2. Der Roomservice muß „unsichtbar" bleiben.

3. Im Badezimmer muß alles funktionieren, müssen große Handtücher und Bademäntel vorhanden sein.

4. Ich freue mich über Blumenschmuck, der mit Geschmack ausgesucht wurde.

5. Der Telefonist muß wissen, wann er stören darf und wann auf keinen Fall.

6. Eine wichtige Nachricht muß mich sofort und

überall im Hotel erreichen.

7. Nach dem zweiten Aufenthalt sollte man wissen, ob ich Tee mit Milch oder Zitrone bevorzuge.

8. Das ganze Haus muß durchweg gut designed sein.

9. Schwimmbad, Sauna und Massage sind wichtig.

10. Ein erstklassiges Hotelrestaurant muß ein erstklassiges Diner auf dem Zimmer servieren können.

Die Hotels, in denen Jochen Holy von Boss absteigt, müssen ebenso individuell wie akkurat im Service sein:

1. Ich muß zum richtigen Zeitpunkt auch genau das richtige Zimmer erhalten.

2. Ich erwarte absolute Ästhetik und Hygiene im Badezimmer.

3. Der Service muß absolut schnell und flexibel sein.

4. Ich hasse das Gefühl, Trinkgeld geben zu müssen.

5. Ich liebe angenehme Naturfaserbettwäsche und eine harte, straffe Matratze.

6. Die Zimmer sollten großzügig sein, vor allem auch das Badezimmer und WC.

7. Ein- und Auschecken müssen rasch abgewickelt sein.

8. Ich erwarte einen schnellen Kleiderservice.

9. Der Kleiderschrank, die Schubladen und Ablagen müssen sauber sein.

10. Ein gutes Hotel muß entweder sehr zentral oder sehr idyllisch gelegen sein. Jochen Holy bevorzugt das „Palace" in München, das „Saint-Simon" in Paris und das „Dukes" in London.

Reinhard Haas / Axel Thorer, Autoren des „Männerbuchs"

1. Doppeltüren mögen altmodisch und umständlich sein. Aber sie halten am besten den Lärm draußen und die Privatsphäre drinnen.

2. Eine Leselampe am Bett sollte auch ihren Namen

verdienen. In vielen Hotels müßte sie Tastlampe heißen – maximal 40 Watt!

3. Unbedingt ein zweites Telefon dort, wo man höchst ungern aufsteht bzw. sitzen bleiben muß. Der dritte Apparat soll auf den Schreibtisch, damit man beim Telefonieren nicht immer auf die Bettdecke kritzeln muß.

4. Als Gast bin ich im Hotelrestaurant König. Das heißt, daß ich dort immer einen Tisch kriege.

5. Zimmermädchen, die Laken, Bettdecke und Überzug zu einem Gefängnisfutteral verknoten, machen sich den Job zu leicht.

6. In einem teuren Hotel sollte man davon ausgehen, daß die Softdrinks der Minibar im Preis inbegriffen sind.

7. Er heißt zwar Weckruf, aber wehe, er kommt vom Band wie die Muezzins von der Moschee.

8. Gegen fade Hotelabende helfen nur zwei Dinge: ein Videorecorder auf dem Zimmer und jede Menge Lieblingsfilme.

9. Gute Zimmermädchen erkennt man nicht am gnadenlosen Klopfzeichen während der zweiten Traumphase.

10. Eine Telefonnummer, jeder Service. Haustelefonbücher mit eigener Bedienungsanleitung sind umständlich und nervenaufreibend.

1. HOTELS ZUM MITREDEN

Beverly Hills Hotel, Los Angeles
The Dorchester, London
The Ritz, Paris

Hotels, in denen ma

The Regent, Hongkong
Hotel Danieli, Venedig
Dolder Grand Hotel, Zürich

Diese Liste beweist, daß Luxus nicht unbedingt teuer sein muß. Ideen schlagen Geld

THE ORIENTAL Bangkok

The Oriental, Bangkok
Caesar's Palace, Las Vegas
Fairmont Hotel, San Francisco
La Mamounia, Marrakesch
Arlberg Hospiz, St. Christoph
Badrutt's Palace, St. Moritz
Hotel Rafael, München

2. HOTELS VON BLEIBENDEM WERT

La Residencia, Mallorca
Hotel Splendido, Portofino
The Raffles, Singapur
Brown's Hotel, London
The Peninsula, Hongkong
Vier Jahreszeiten, Hamburg
Tajmahal Hotel, Bombay
Hôtel de Paris, Monte Carlo
Villa Igiea, Palermo

The Savoy, London
Mena House, Kairo
Palais Schwarzenberg, Wien
Hotel Bora Bora, Bora Bora
St. James Club, Antigua
Half Moon Club, Jamaica
Copacabana Palace, Rio de Janeiro

3. HOTELS DER AUSSTERBENDEN ART

Hotel Baron, Aleppo
Hotel Pera Palace, Istanbul
L'Hôtel, Paris
Halcyon, London
Hotel Opera, München
Hotel Hirschgasse, Heidelberg

Testen Sie, ob Sie international wirklich auf dem laufenden sind

ewesen sein muß

4. HOTELS FÜR NOSTALGISCHE ABENTEURER

E & O Hotel, Penang
Hotel Imperial, Wien
Villa San Michele, Florenz
Casa Frollo, Venedig
Hotel San Pietro, Positano
Villa Condulmer, Treviso
Hotel Duc de Bourgogne, Brügge
Brenners Park Hotel, Baden-Baden
Richemond, Genf
Hotel National, Moskau
Algonquin, New York

5. HOTELS ZUM WUNDERN

Hotel Wasserturm, Köln
Pflaums Posthotel, Pegnitz
The Paramount, New York
The Royalton, New York
The Westin Stamford, Singapur
Paytons Place, Stapleford

Hotel Post, Lech
Hotel Cecilienhof, Potsdam
Château Marmont, Los Angeles
Hotel Quisisana, Capri
Hotel Cala di volpe, Sardinien
Hotel des Indes, Amsterdam
Hôtel de la Paix, Genf
Helmsley Palace, New York
Hotel Bel Air, Los Angeles

Jinling Hotel, Nanking
Goodwood Park, Singapur
Manila Hotel, Manila
Galle Face Hotel, Ceylon
Gran Hotel, Merida
Gran Hotel, Mexico-City
Mount Nelson, Kapstadt

The Westin Kauai, Hawaii
Hyatt Hotel, Beaver Creek
Grand Hyatt, Hongkong
Jumbo Bay, Antigua
Lord Milner, Matjesfontein

Souvenirs für Connaisseurs

Über die Kunst, von der Reise etwas mitzubringen, das nicht im nächsten Karneval, als Kitsch auf dem Fernsehapparat oder als Sperrmüll der Erinnerung endet. 24 Tips

Schrumpfköpfe sind zu teuer (40 000 Mark), außerdem war das mal jemand. Wie Elfenbein. T-Shirts zeugen von Geiz und Einfallslosigkeit. Der CD-Player ist in Singapur keinen Cent billiger.

Seit der weltweite Souvenirhandel industriell versorgt, ökologisch kontrolliert und plastikmäßig verhunzt wird, ist das gepflegte Mitbringsel zur Kunstform geworden. Und so selten.

Wir sprechen nicht von Saphiren aus Sri Lanka, Kolonialmöbeln aus Indien, Kula-Kanus aus Kiriwina, Originalzeichnungen Arhur Rackhams aus London, Jeep-nis aus Manila oder Goldnuggets aus Jacareacanga.

Wir meinen das wohlüberlegte, kleine, aber feine Souvenir, das den Urlaub noch jahrelang verlängert, seinen Besitzer als Connaisseur auszeichnet und dem trauten Heim einen kosmopolitischen Schliff verleiht.

Hier ein paar Tips von uns und von Freunden von uns. Fünf Kontinente lassen herzlich grüßen.

AMERIKA

RINDENSTOFF: Von Indianerhand gehämmert und bemalt – Stoff aus der Rinde der Regenwaldbäume. Mit archaischen Mustern und dem Geruch natürlicher Ewigkeit. Aus Brasilien.

WUNDER AUS DER TÜTE: Kleine Beutel mit bunten Kapseln. Wirft man sie in Wasser, entstehen daraus z. B. die Golden Gate Bridge, ein Cable Car und eine Krabbe (San Francisco). Oder das Empire State Building, die Freiheitsstatue oder ein Big Apple (New York). Kostet nur Pfennige, gleich mehrfach kaufen, verschenken.

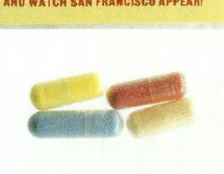

BLECHSPIELZEUG: Manchmal entdeckt man es noch, tief in der US-Provinz. Wie die „Lionel Line", die Hardy Krüger bei einer einsam gelegenen Tankstelle am Highway 1 kaufte.

POTENZMITTEL: Eine Miniflasche Gordon's Gin. Darin eine trübe braune Flüssigkeit, ölig, geheim. Preis: vier Mark. Anwendung? Fragen Sie selbst auf der kolumbianischen Insel San Andreas.

ASIEN

HELL'S MONEY: Phantasiebanknoten (z. B. 50 Millionen Hongkong-Dollar), die Chinesen in ganz Asien ihren Toten über

den Sarg streuen, damit sie im Jenseits gut versorgt sind. Keine Scheu – einen Schein mitnehmen, das nimmt man Ihnen nicht übel.

GINSENG-KAUGUMMI: Schmeckt merkwürdig, wirkt Wunder gegen Grippe, Magenverstimmung, Zahnschmerzen. Gibt's zwischen Bangkok und Seoul auf jedem Markt.

MAOS FÜHRERSCHEIN: Kann man in Peking binnen einer halben Stunde machen, geprüft wird nur Theorie (nicht unähnlich der deutschen). Ist ein hübsches, rotes, amtliches Dokument, das bei Kontrollen viel hermacht.

MADRAS-MUSCHELN: Kleine erotische Kunstwerke für fünf bis zehn Mark aus besagter indischer Stadt (und manchmal auch anderswo). Sie zeigen alle Spielarten menschlicher

und tierischer Kopulation, fein aus Perlmutt geschnitten.

MANI-STEINE: Das sind meist flache Steine, bemalt oder behauen (meist mit dem berühmten „Om mani padme hum"), die zu Ehren der Götter unter freiem Himmel abgelegt werden. Da dies seit Jahrhunderten geschieht, bilden die Mani-Steine riesige Mauern. Ein kleiner Diebstahl, aber ein riesiges Souvenir, zum

Beispiel aus Ladakh oder Tibet.

TRICKFOTOS: Made in India oder Penang. Da trägt man dann entweder sein eigenes Haupt (enthauptet) auf Händen (Foto) oder fliegt schwerelos um einen Tempel. Optisch unwiderbringlich.

AUSTRALOZEANIEN

COWBOYHÜTE: ... die echten! Wie Crocodile Dundee sie trägt (oder in Golfform der große Greg Norman). Sie stammen aus der Provinz Western Australia, man bekommt sie jedoch überall down under.

TROBRIAND-HOLZ: Die schönsten, weil feinsten Schnitzereien der Welt (eine ist auf der vorigen Seite abgebildet).

DRIZA-BONE: Die beste Regenkleidung der Welt. Hier kommt sie her. 100 Mark kostet ein Mantel in Sydney. Bei uns das Vierfache.

PENISHÜLLE: Wurde früher ehrenhalber verliehen. Gibt's jetzt schon am Flughafen von Port Moresby (Papua-Neuguinea). Auch kleiner.

EUROPA

DIKTATOREN: Oder Könige, Feldherren und Bonzen. In Spanien als feine Miniaturen zu haben (groß wie Spielzeugsoldaten). Von Stalin über A. H.

bis Heile Selassie, Juan Carlos und QE 2. Kostet so um die 50 Mark, auf jedem Flughafen.

DRUCKKLÖTZE: Eine englische Spezialität. Alte (und neue) Druckstöcke – winzig klein, vielleicht nur ein Initial oder seitengroß, etwa eine Beardsley-Zeichnung 1 : 1. Preis: ab einem Pfund.

MOGULSCHMUCK: Da sind viele Fälschungen unterwegs zwischen Klein- und Ostasien, aber (in den Basaren von Istanbul z. B.) auch ein paar schöne alte Stücke. Mattes Silber mit antiktrüben Saphiren oder vergoldetes Silber mit etwas Rubin – nicht billig, aber sehr büyük.

ROTE UHREN: Ein Spezialmarkt in der Ex-DDR (eine Fundgrube für Spezialisten). Was die GUS so an feinen Zeitnehmern produziert haben für Regimegetreue in Gold und Plastik. 20 Jahre NVA, 30 Jahre DDR, die Stasi-Watch – das tickt mit Profit oder mit Papst (links).

AFRIKA

NACKENSTÜTZEN: Aus Holz, halshoch (im Liegen) und oft kunstvoll geschnitzt. Notfalls auch als Stühlchen zu gebrauchen. Gibt's in ganz Afrika, aber besonders gut in Kenia (von fast allen Stämmen).

MASAI-WATCH: Keine Neuheit mehr, aber immer wieder schön – die „Uhr" aus Leder und bunten Glasperlen, nachgebaut jenem Chronometer, mit dem die Masai die Uhr des weißen Mannes kopieren wollten (in Kenia).

STEINMUSCHELN: Um das Meer zu schonen, schnitzen die Bildhauer von Kisii die schönsten Muscheln in Soapstone nach. Täuschend echt, ökologisch sauber – nur das Meer hört man nicht rauschen ... (rund um Mombasa).

MUSIK: ... die keinen ohne Zuckungen läßt. Berbermusik aus Marokko (mit echten Gewehrschüssen, live auch im Saal abgefeuert). Die beste Gruppe heißt Genaua oder Gnawa und stammt aus Marrakesch.

NILPFERDE: Aus wunderschönem, leuchtend rotbraunem Holz. Bis zu Babygröße, immer knuddelig rund und täuschend echt. Für Pfennige in Zimbabwe. Handeln!

TUAREG-TRUHEN: Von Zigarrenkisten- bis zu Geigenkastenformat – schwarze, weinrote oder braune Truhen aus ornamentiertem Leder. Gearbeitet wie vom Juwelier. In Niger, Mali und der Nachbarschaft.

MEERESFRÜCHTE: Über 3000 Wracks liegen rund um Kapstadt im Ozean – und täglich bergen Taucher Reliquien aus 500 Jahren Seefahrtsgeschichte: Münzen und Porzellan, Kanonenkugeln und Silberbesteck. „Treasure Chest" von Hout Bay, schöne 30 Autominuten an der Küste entlang nach Südosten.

Ein Brocken Schwedisch

Man ist sovielmal ein Mensch, wie man Sprachen spricht." Das stammt von Karl V., einem großen Herrscher (der fünf Sprachen fließend beherrschte). Nun könnte es ja vorkommen, daß Sie in Schweden ein modernes Taschenlexikon Englisch/Schwedisch erwerben wollen, und schon fängt die Schwierigkeit an. Auf Deutsch. Denn dieses nützliche kleine Wörterbuch heißt „Engelska Modern Fick-Lexikon". Ohne Worte.

Der Italiener in Detroit

Es kann schon sein, daß dies die komischte Reisegeschichte der Welt ist. Man muß sie allerdings auf Englisch erzählen

One day I gonna Detroit to bigga hotel. Inna morning I gonna down to breakfast. I tella the waitress I wanna two pisses of toast.

She brings only one piss. I tella her, I wanna two piss. She says, go to toilet. I say, you no understand, I wanna tow piss onna my plate. She says, you better no piss onna your plate, you sonna ma bitch.

I donna even know the lady and she calla me sonna ma bitch ...

Later I gonna eat inna big restaurant. The waitress bring me spoon and knife, but no fock. I tell her, I wanna fock. She tells mi, everybody wanna fock. I tella her, you no understand me, I wanna fock onna the table. She says, you better no fock onna the table, you sonna ma bitch.

I donna even know the lady and she calla mi sonna ma bitch ...

So I gonna back to my room inna hotel and there is no sheets onna ma bed. I calla the manager and tell him, I wanna sheet. He tell me to go to the toilet. I say, you no understand, I wanna sheet onna ma bed. He says, you better no sheet onna your bed, you sonna ma bitch.

I donna even know the man and he calla me sonna ma bitch ...

I gonna check out the hotel and the man at the desk say: „Peace to you." I say, piss onna yourself, you sonna ma bitch, I gonna back to Italy.

KULTUR & BILDUNG

Musik
Film
Bücher
Kritik
Ewige Werte
Gagen
Auktion
Erfahrung
Quiz

Klassik, die Ihr Ohr kennen muß

Ein Postulat des Pianisten Josef Bulva
im Auftrag der Autoren. Ergebnis: 39 ernste Stücke.
Bitte, Herr Kapellmeister – ein A ...

Der berühmte Kammerton A. Er koordiniert nicht nur die Stimmung bzw. Intonation der Musik, mit ihm beginnt auch die Toccata und Fuge in d-Moll von Johann Sebastian Bach (1). Der Komponist setzt diesen Ton am Anfang seines berühmtesten Werks zweimal an – und schiebt dazwischen das unten benachbart liegende gis. Jedem ist dieses musikalische Triumvirat ein selbstverständlicher Begriff.

Es hat allerdings noch zwei Verwandte: Den einen schickte 1808 Ludwig van Beethoven als Vorboten des ersten Satzes seiner Fünften Symphonie (2) auf den Weg in die Ewigkeit.

Den anderen schuf 1934 der in USA lebende Mega-Melodiker Sergej Rachmaninoff (3). Mit ihm pfeifen sich die Musiker weltweit ein, und, langsamer vorgetragen, wurde es zur musikalischen Vertonung der intimsten zwischenmenschlichen Aussage: Ich liebe nur Dich. Das Thema von Rachmaninoff leitet mühelos über zu Nicolo Paganini. Er komponierte für sein Instrument, die virtuose Geige, einen Zyklus von 24 Capricci. Das letzte (4) wurde der Evergreen der ernsten Musik. Kein anderes Thema wurde von anderen Komponisten so oft variiert.

Kommen wir zu Mozart. Der Mann von Welt muß nicht nur Hits wie Figaros Arie (5) erkennen, sondern auch die Ouvertüre zu·Figaros Hochzeit (6), den Zweiten Satz des Klavierkonzerts in C-Dur (7), den Anfang der g-Moll-Symphonie (8), das Krönungskonzert (9) und die Jupiter-Symphonie (10).

Beethoven (außer der Fünften Symphonie): seine wichtigste und beste, die Siebte Symphonie (11), das Fünfte Klavierkonzert (12), das Finale der Waldsteinsonate (13) und das Violinkonzert (14).

Carl Maria von Weber muß mit dem Hauptthema der Freischütz-Ouvertüre (15), Joseph Haydn mit seiner Symphonie mit dem Paukenschlag (16) und Franz Schubert mit seinem Ohrwurm aus der Rosamunde (17) im Bewußtsein nachsing- oder -pfeifbar sein.

Schwieriger wird es in der musikalischen Romantik und ihrer Fülle von wunderschönen Melodien.

Frédéric Chopin: Nicht der dritte, aber die übrigen Sätze seiner b-Moll-Sonate (18), die Polonaise in fis-Moll (19), die Ballade in f-Moll (20) und die Etüde Opus 25 a-Moll (21).

Franz Liszt: die 6. Ungarische Rhapsodie (22), die h-Moll-Sonate (23), Mazeppa (24), Irrlichter (25) und das Konzert in Es-Dur (26).

Bei Robert Schumann sollte es die letzte der Symphonischen Etüden (27) sein und bei Johannes Brahms das Zweite Klavierkonzert (28). Dieses Werk allerdings nicht nur von vorn nach hinten, sondern auch von hinten nach vorn, von unten nach oben und oben nach unten. Dazu noch sein Violinkonzert (29).

Ohne ins Detail zu gehen – was die Geige betrifft, muß unser Mann von Welt die Konzerte von Mendelssohn, Tschaikowskij und Dvorák sicher unterscheiden können (ohne sie gleich nachsummen zu müssen). Dies wird aber dann wieder verlangt bei Camille Saint-Saens' Introduction et Rondo Capriccioso (30).

Beim Violoncello tun wir uns einfacher, es gibt nur einen einzigen absoluten Gipfel: Antonin Dvoráks Konzert für Violoncello in h-Moll (31).

Die moderne symphonische Musik: die Symphonie von César Franck (32), Honeggers Symphonie Nr. 3 (33), Stravinskys Les Noces (34), Rimskij-Korsakovs Sheherazade (35) und Prokofjews Romeo und Julia (36).

Oper: Sicherlich mehr als nur das Finale des Zweiten Akts von Giuseppe Verdis La Traviata (37), die Ouvertüre zu Richard Wagners Tannhäuser (38) und Rossinis Vorspiel zu Wilhelm Tell (29). Aber diese drei zumindest.

Wem dies zuwenig Oper ist, den möchte ich daran erinnern, daß ein wahrer Weltmann viele Ouvertüren und Arien sowieso schon kennt (und deshalb viele berühmte musikalische „Haltestellen" gar nicht summend, singend oder pfeifend anlaufen muß). Und letztendlich ist das Bekannteste, auch wenn's schon die Spatzen von den Dächern pfeifen, nicht immer das qualitativ Beste.

„Nie sollst du mich befragen ..."

Doch! Denn die folgenden 27 Opern sollte auch jener mal gesehen haben, der Mozart für den Erfinder der gleichnamigen Kugeln hält. Von Lothar Strobach

KOMPONIST	OPUS	URAUFFÜHRUNG
Ludwig van Beethoven	**Fidelio**	**1805**

„Gott, welch Dunkel hier." Florestan in Ketten, Leonore, das liebend' Weib, holt ihn raus. Seit 185 Jahren das Hohelied der Freiheit.

| **Alban Berg** | **Lulu** | **1937** |

Femme fatale 1937. Väter und Söhne, Greise und Lesben verfallen „der Urgestalt des Weibes, geschaffen, um Unheil zu stiften". Jack the Ripper macht dem Kindweib den Garaus.

| **Georges Bizet** | **Carmen** | **1875** |

Femme fatale 1875. Noch heute trifft man ihre rassigen Töchter auf Betriebsfesten, bei Feuerwehrbällen, im Stadttheater. „Auf in den Kampf ..."

| **Francesco Cilea** | **Adriana Lecouvreur** | **1902** |

Ein Name, so duftend wie die vergifteten Veilchen, an der die große Mimin dem Operntod entgegenwelkt.

| **Gaetano Donizetti** | **Lucia di Lammermoor** | **1835** |

Schaurig-schönes Schottendrama mit Wahnsinnsszene für Primadonnen.

| **Rugiero Leoncavallo** | **Pagliacci** | **1892** |

Wenn Männer zu sehr lieben. 45 Minuten tödliche Leidenschaft. „Lache, Bajazzo."

| **Pietro Mascagni** | **Cavalleria Rusticana** | **1890** |

Wenn Frauen zu sehr lieben. Nochmal 45 Minuten tödliche Leidenschaft. Blutige Ostern.

| **Jules Massenet** | **Werther** | **1886** |

Ausgerechnet ein Franzose brachte Goethes „Sturm und Drang" zum Klingen.

| **Wolfg. Amad. Mozart** | **Die Entführung a. d. Serail** | **1782** |

„Erst geköpft, dann gehangen." Osmin 1782. Auch nicht besser als Saddam 1991.

| | **Figaros Hochzeit** | **1782** |

„Will der Herr Graf ein Tänzchen wagen ..." Liebeshungrige Herzen am Vorabend der Revolution. Der scharfe Graf geht leer aus, der Friseur macht das Rennen.

Don Giovanni 1787

Die Oper aller Opern. Bei Mozart holt den Wüstling der Teufel. Im modernen Opernhaus stirbt der alternde Play-boy an Herzinfarkt – oder AIDS.

Die Zauberflöte 1791

Vor der Pa-pa-pa-pause Wolfgang Amadeus' Hitparade. Danach wird's ziemlich lang(-weilig).

Jacques Offenbach Hoffmanns Erzählungen 1881

Wie viele Frauen braucht ein (Hoff-)Mann? Olympia für den Geist, Giulietta fürs Bett, Antonia fürs Herz.

Giacomo Puccini La Bohème 1896

Mimis „eiskaltes Händchen" läßt Herzen schmelzen und Tränen fließen. Nur eine stirbt noch schöner (siehe La Tra-viata).

Tosca 1900

Der Opernkrimi. Eine Diva, die „nur der Schönheit ihr Le-ben weiht", ein Held, der unter der Folter die strahlend-sten Töne von sich gibt, und ein Bösewicht, der während des Te Deums daran denkt, wie er Tosca rumkriegt. Am Schluß sind alle tot.

Madame Butterfly 1904

Harakiri unter Kirschblüten.

Giacchino Rossini Der Barbier von Sevilla 1816

Figaro hier, Figaro da. Der Hit nicht nur für Meir (Mün-chen), Möller (Hamburg), Tröndle (Frankfurt).

Camille Saint-Saens Samson et Dalila 1877

Hier erledigt Dalila die Arbeit von Meir, Möller, Tröndle (siehe oben). Die Weltgeschichte bebt.

Johann Strauß Die Fledermaus 1874

Es lebe König Schampus der Erste. Der Silvesterspaß.

Richard Srauss Salome 1905

Femme fatale 1905. In jeder Note: Sex! Inzestuöses Verlan-gen, Gier! Salomes siebter Schleier macht den keuschen Jo-chanaan kopflos: „Man töte dieses Weib!"

Der Rosenkavalier 1911

„Er hat eine alte Frau aus mir gemacht." Wenn reife Frau-en junge Männer lieben ...

Giuseppe Verdi Macbeth 1847

Schrille Karrierelady treibt schwachen Mann in den Ruin. Verdis swingendstes Jugendwerk.

Der Troubadour 1853

Keiner weiß, worum's geht. Macht nichts. Aber die Musik lodert zum Himmel.

La Traviata 1853

So schön kann Schwindsucht sein. Keine stirbt so elegant wie die Kameliendame.

Otello 1887

Ein schwarzer Mohr sieht rot. Und das nur wegen Desde-monas Taschentuch.

Richard Wagner Die Walküre 1870

„Winterstürme wichen dem Wonnemond, in holdem Licht leuchtet der Lenz." Richard Wagners göttlich-gigantischer Orgasmus. Wälsungenblut!

Tristan und Isolde 1865

Maßlos, grenzenlos, die Hymne an die Liebe. „In des Won-nemeeres wogendem Schwall, in der Duft-Wellen tönen-dem Schall, in des Welt-Atems wehendem All – ertrinken – versinken – unbewußt – höchste Lust."

50 klassische Platten, die man besitzen sollte

Nicht jedermanns Geschmack. Zugegeben – aber sind Sie jedermann?

Den tragischen Bach bietet Otto Klemperer mit der **MATTHÄUS-PASSION** (EMI 153-01312/15), den mönchisch kargen dazu Nikolaus Har-noncourts **H-MOLL-MESSE** (Telefun-ken 635019). Ein Exempel exaltierter Tastenkunst ist Glenn Goulds verrückt virtuose Einspielung der Bachschen **GOLDBERG VARIATIONEN**.

Als Gladiator der Renaissancemusik erscheint Gesualdo in seinen **MADRI-GALEN** (Telefunken 635015). Der Komponist brachte Gattin samt Liebhaber um, und man kann angesichts des wilden musikalischen Ingeniums seine Passion nachfühlen.

Bruckner: Dessen **SINFONIEN** (Phonogram 6717002) hört man – am besten komplett – vom sachlich-präzisen Holländer Bernard Haitink. Ein noch viel dickeres, schier unerschöpfliches Plattenpaket umfaßt alle 104 **SINFONIEN** von Joseph Haydn (gesammelt in sieben DECCA-Kassetten) mit dem Dirigenten Antal Dorati. Bei Beethoven sollte man wählerischer sein und sich auf die **FÜNFTE** (DGG 2538810) in der unübertrefflichen Gewitterstimmung Wilhelm Furtwänglers beschränken.

Schönste Kammermusik sind die Brahmsschen **KLAVIERQUARTETTE** (RCA 2635054) mit den Guarneri-Streichern und dem Pianisten Arthur Rubinstein. Hier schließen sich die großen Klavierzauberer an: Arturo Benedetti-Michelangeli mit Debussys **IMAGES I + II** (DGG 2530196), Vladimir Ashkenazy mit Chopins **ETÜDEN** (SAGA-GB 5293 M), Vladimir Horowitz mit seinem **RACHMANINOFF-RECITAL** (CBS 72940), Svatoslav Richter mit der späten **G-DUR-SONATE** von Schubert.

Einige sinfonische Kostbarkeiten: Rachmaninoffs drei **Sinfonien** (EMI 06302632) und Prokofjews **FÜNFTE SINFONIE** (EMI 06302690), Gustav Holsts orchestrale Weltraumvision **DIE PLANETEN** (DGG 2530102), **AUS DER NEUEN WELT** (RCA 2641019) und die **SLAWISCHEN TÄNZE** (CBS 61089) von Dvořák. Weiter wichtig: Strawinskys fesselndstes Stück **LE SACRE DU PRINTEMPS** (CBS MQ 31520), Michael Gielens berühmte Einspielung von Arnold Schönbergs Operntorso **MOSES UND AARON** (Phonogram 6700084).

Schostakowitschs Oper **DIE NASE** (Ariola 89502), Luigi Nonos Kantate **COMO UNA OTA DE FUERZA Y LUZ** (DGG 2530436) und Hans Werner Henzes Liedersammlung **VOICES** (DGG).

Charles Ives ist nicht mehr Außenseiter – seiner **VIER SINFONIEN** (CBS 77424) nahmen sich Maestri wie Bernstein, Ormandy und Stokowski an. Gershwins **PORGY AND BESS** (DECCA 635327) wurde von Lorin Maazel so beim Wort genommen wie noch nie zuvor. Ähnlich süperb wirkt Benjamins Brittens in Deutschland leider nicht bekannte DECCA-Aufnahme des spätromantischen Edward-Elgar-Oratoriums **DER TRAUM DES GERONTIUS** (TISSET 525-26). Gegen dessen sanfte Tonfluten ist der Gestus von Leos Janaceks **GIAGOLLTHISCHER MESSE** (Ariola 86859) in der Wiedergabe mit Karel Ancert ein belebender Kontrast. Die beste Interpretation einer Janacek-Oper des **SCHLAUEN FÜCHSLEINS** (Supraphon) mit Václav Neumann.

Märchenhaftes Musiktheater bietet Humperdinck in **HÄNSEL UND GRE-TEL** (DGG, derzeit gestrichene Karajan-Einspielung) und in den **KÖNIGS-KINDERN** (EMI, Neuaufnahme mit Heinz Wallberg). Beim **BARBIER VON BAGDAD** (EMI 14701448/9) des Peter Cornelius versammelte sich unter Erich Leinsdorfs Leitung ein legendäres Sängerteam. Das gleiche gilt für Richard Strauss' Spätwerk **CAPRICCIO** (EMI-GB OC 23G/2) mit dem Dirigenten Wolfgang Sawallisch und für die Toscanini-Einspielung von Verdis **LA TRAVIATA (**RCA 2635008**)**.

Zwei intellektuelle Vergnügungen: Berlioz' fulminante Oper **DIE TROJA-NER** (Phonogram 6709002) und die Sammlung mit politisch kämpferischer Musik von **HANNS EISLER** (Wergo 60064). Freund vielschichtiger Musikdramatik kommen bei Pfitzners **PALE-STRINA** (DGG 2711013, Dirigent: Rafael Kubelik) auf ihre Kosten, erst recht bei Wagners **RING DES NIBELUNGEN** (DECCA), den keiner so perfekt rundete wie Georg Solti.

Einen völlig neuen, geklärten Tschaikowskij vermittelte Jewgenij Mrawinskij mit seiner bereits klassischen Aufnahme der **SINFONIEN** 4 bis 6 (DGG 2720040). Unübertroffen die Furtwängler-Interpretation der **9. SINFONIE** (DGG 2535808) von Schubert. Aus dem umfangreichen Mahler-Fundus ragen das **LIED VON DER ERDE** (Turnabout TV 34220) mit Hans Rosbaud und die **2. SINFONIE** (EMI 163-0057071) mit Klemperer hervor. Mendelssohns 3. und **4. SINFONIE** (DECCA 641438) gehören zu den Domänen des jungen Dirigierstars Claudio Abbado. Ravels Sinnlichkeit kommt bei Pierre Boulez besonders gut zur Geltung – **ALBORADO DEL GRACIOSO** (CBS 72975).

Mozart in strengster Auswahl: die Klavierkonzerte **KV 459** und **595** (DGG 2548209) mit der Pianistin Clara Haskil, die Klaviersonate **KV 454** (DECCA 648047) mit Georg Kulenkampff und Georg Solti, das **RE-**

QUIEM (Westminster US 8204) mit Hermann Scherchen, **DIE HOCHZEIT DES FIGARO** (DECCA 635113) wegen Erich Kleiber und **COSI FAN TUTTE** (Turnabout TV 4120/22 H) in der Fritz-Busch-Einspielung von 1935. Rimski-Korsakows Oper **MAINACHT** (DGG 2709063) mit einem sowjetischen Idealensemble; Schuberts Liederzyklus **WINTERREISE**, auf dem Album gekoppelt mit Schumanns **DICHTERLIE-** BE (DECCA 635182), von dem unvergeßlichen Tenor Peter Pears und Benjamin Britten am Klavier; endlich, als einmaliger Glücksfall der Interpretationsgeschichte Victor de Sabatas Einspielung von Puccinis Tosca mit Maria Callas, Giuseppe di Stefano und Tiro Gobbi. Diese Platte bekommt man wie alle anderen vergriffenen nur noch über verständnisvolle Sammler oder über Schallplattenarchive.

Pop-Platten, die man haben muß

Es gibt zwei Dutzend Scheiben der vergangenen dreißig Jahre, die kann man mögen oder nicht – Hauptsache man hat sie im Schrank: Die Zeitzeugen der Unterhaltungsmusik

1. ELVIS PRESLEY „The Sun Sessions". Damit legte er den Grundstein für seine eigene Legende und baute darauf den Tempel der neueren Musikgeschichte.

2. BEATLES „A hard days night". Ohne die hätten 10 000 Songs anderer Interpreten anders geklungen.

3. ROLLING STONES „Exile on Main Street". Die stilistisch beste Mischung aus Rock 'n' Roll und Blues, die die rollenden Steine jemals in Vinyl gepreßt haben.

4. BOB DYLAN „Blonde on Blonde". Danach verunglückte Bob mit dem Motorrad und war 1½ Jahre später einfach nicht mehr der alte.

5. CHUCK BERRY „The Singles Collection". Der unübertroffene Meister der Single mit einer unübertroffenen Compilation.

6. VAN MORRISON „Astral Weeks". Nie mehr erreicht, diese Mischung aus Jazz und Kammermusik.

7. JANIS JOPLIN „Cheap Thrills". Blues: halb Studio, halb live. Die reinste Emotion der 60er Jahre.

8. JIMMY HENDRIX „The J. H. Experience". Einfach, weil es die erste und beste war.

9. ELVIS COSTELLO „This Years Model". Pop lernt nicht nur gehen, sondern laufen.

10. DAVID BOWIE „Ziggy Stardust ...". Und ein neuer Name ward geboren: Glamourrock.

11. DEEP PURPLE „Made in Japan". Hardrock live war nie lebendiger.

12. CLASH „London calling". Der Punkt hat die Noten entdeckt.

13. PRINCE „Purple Rain". Danach nannte man ihn den Mozart des 20. Jahrhunderts.

14. BRUCE SPRINGSTEEN „Born to run". Der Durchbruch eines Manns mit einer Gitarre.

15. JACKSON V „Best of". Michael als Zwölfjähriger schon so gut wie 15 Jahre später.

16. JAMES BROWN „Life at the Apollo '67". Unvergessen: der Brunftschrei von „Sex Machine".

17. PINK FLOYD „Dark Side of the Moon". Mehr denn je: der beste Stoff zum Träumen.

18. TALKING HEADS „Fear of Music". Funk goes Kult.

19. ABBA „Best of". Musik wie Fast food, Melodien wie Haute Cuisine.

20. MADONNA „Like a Virgin". Die Erfindung des Marketingpop.

21. EAGLES „Hotel California". Die Inkarnation des Free-and-easy-Westcoast-Gefühls.

22. THE WHO „Who's next". Der Rock bekommt erstmals Verstärkung – den Syntesizer.

23. GENESIS „A Lamb lies down on Broadway". Jeder für sich ein Genie, zusammen waren Phil Collins und Peter Gabriel unschlagbar.

24. SADE „Promises". Musikalisch eigentlich nichts Besonderes, aber der Anfang der neuen Cool-Jazz-Ära.

25. DIRE STRAITS „Dire Straits". Rhythm & Blues at its ever best.

170 Filme – Kino total

Wenn Sie die folgenden 170 Streifen kennen oder auf Video zu Haus haben oder sogar lieben, dann macht Ihnen kein Cineast mehr etwas vor

The Adventures of Robin Hood (1938)
Alexander Newsky
All About Eve
All Quiet on the Western Front
All That Money Can Buy
All The King's Men
Amadeus
An American in Paris
And Then There Were None
Angels With Dirty Faces
Annie Hall
A Nous la Liberté
The Apartment
Around the World in 80 Days
Bad Day at Black Rock
Bambi
Begone Dull Care
Ben Hur (1959)
The Best Years of Our Lifes
Big Business
The Birth of a Nation
Der Blaue Engel
Bonnie & Clyde
The Bridge of Frankenstein (1935)
Brief Encounter
The Bridge on the River Kwai
The Broadway Melody
Casablanca
Cavalcade
Chariots of Fire

D ie Frage, welche Filme man gesehen haben muß, ist allerdings mittlerweile fast identisch mit der Frage: Welche sollte man auf Video besitzen. Hier die Liste der erweiterten Musts, zusammengestellt vom eigenwilligen britischen Kinokritiker, Leslie Halliwell, nach Befragung der Filmschaffenden Luis Bunuel, Chaplin, Jack Lemmon, Tony Randall, Liv Ullmann, Peter Ustinov, Orson Welles, William

Wyler, des Karikaturisten Charles M. Schulz, plus alle Filme, die seit 1927/28 einen Oscar erhielten, und – last, but not least – nach Meinung der Autoren.

Anmerkung: Wir haben die Originaltite gewählt, da sie unter Filmfreunden gebräuchlicher sind als die deutschen Titel. Die Reihenfolge ist alphabetisch, die Auswahl – mit Verlaub – immer noch subjektiv.

„Ich seh' Dir in die Augen, Kleines!" – immer wieder!

The Godfather I

The Godfather II

Going My Way

The Golden Age of Comedy

Gone Withe the Wind

Grand Hotel

The Grapes of Wrath

Great Expectations

The Great Ziegfeld

The Greatest Show on Earth

Green for Danger

Hamlet

A Hard Day's Night

Harold Lloyd's World of Comedy

Hell's Angels

Henry V.

His Girl Friday

Horse Feathers

The House on 92nd Street

How Green as My Valley

I Am a Fugitive from a Chain Gang

I Married a Witch

Cimarron

Citizen Cane

City Lights

Crossfire

The Cure

David Copperfield

A Day at the Races

Dead of Night

The Deer Hunter

Der mit dem Wolf tanzt

Dr. Jekyll and Mr. Hyde (1931)

Double Indemnity

Fahrraddiebe

Fantasia

Fourty-Second Street

Frankenstein (1931)

The French Connection

From Here To Eternity

Gandhi

Gaslight

Geneviève

Gentleman's Agreement

Gigi

Gilda

Der Glöckner von Notre Dame (1939)

Intolerance

The Invisible Man

It Happened One Night

It's a Wonderful Life

The Jazz Singer (1927)

Jenseits von Afrika

The Jolson Story

Das Kabinett des Dr. Caligari

Die Kinder des Olymp

King Kong (1933)

King's Row

Kramer vs. Kramer

The Lady Vanishes

The Last Emperor

The Last Flight

Laura

The Lavender Hill Mob

The Letter

Letter from an Unknown Woman

The Life of Emile Zola

Ein zweifelhafter Film –
aber wer ihn nicht kennt,
kennt Kino nicht

Pflicht-lektüre

*Welche Bücher muß,
sollte der moderne Mann
besitzen, welche Romane
gelesen haben?*

Daß Sie die im folgenden genannten Romane, Novellen und Erzählungen, die allesamt von „Klassikern" oder „modernen" Klassikern stammen, wirklich im Bücherschrank stehen haben, ist nicht so wichtig. Wichtiger ist, daß Sie sie „kennen", wissen, wovon sie handeln, was sie mitteilen, sie also möglichst gelesen haben.

Die folgende Liste will keinen Anspruch auf eine allgemeine Gültigkeit erheben und kann es auch nicht, weil es diese Gültigkeit nicht gibt. Trotzdem ist der Rang aller dieser Titel unbestritten, sie werden immer wieder genannt, zitiert, gelesen und neu aufgelegt.

BELLETRISTIK:

Becker, Jurek: „Jakob der Lügner"
Broch, Hermann: „Die Schlafwandler"
Buchheim, Lothar Günther: „Das Boot"
Carrol, Lewis: „Alice im Wunderland"
Camus, Albert: „Die Pest"
Casanova, Giacomo: „Die Geschichte meines Lebens"
Cervantes, Saavedra: „Don Quijote"
Dostojewskij, Fjodor M. : „Schuld und Sühne", „Die Dämonen", und „Die Erzählung aus den tausendundeinen Nächten"

Limelight
Lost Horizon (1937)
The Lost Weekend
Love Me Tonight
The Magnificent Ambersons
A Man for All Seasons
The Man in the White Suit
Marty
A Matter of Life and Death
Midnight Cowboy
Le Million
The Miracle of Morgan's Creek
Les Misérables
Miss Daisy und ihr Chauffeur
Mrs. Miniver
Mr. Smith Goes to Washington
The Music Box
Mutony on the Bounty (1935)
The Mystery of the Wax Museum
The Naked Cuty
Napoleon
Nothing Sacred
The Old Dark House
Oliver!
Oliver Twist (1948)
On the Waterfront
One Flew Over the Cuckoo's Nest
Ordinary People
Panzerkreuzer Potemkin
Passport to Pimlico

Paths of Glory
Patton
The Philadelphia Story
Pinocchio
Platoon
Pretty Woman
The Prisoner of Zenda (1937)
Pygmalion
Queen Christina
Rain Man
Rashomon
Rebecca
The Red Balloon
The Red Shoes
Rocky I
San Francisco
Saturday Night and Sunday Morning
Singin' in the Rain
Sons of the Desert
The Sting
Sullivan's Travels
Sunset Boulevard
Terms of Endearment
The Thief of Baghda (1940)
The Thin Man
Things to Come
A Tree Grows in Brooklyn
The Thirty-Nine Steps
The Third Man
To Be or Not to Be
Top Hat
Trouble in Paradise
The True Glory
Twelve Angry Men
Unterwelt
West Side Story
Why We Fight
Wilde Erdbeeren
Wings
Wuthering Heights
Yankee Doodle Dandy
You Can't Take it with You

EINSAME INSEL

Sean Connery, gebeten die drei Filme zu benennen, die er auf eine einsame Insel mitnehmen würde, antwortete mit einer Gegenfrage: „Mit oder ohne Verführerin?"
Ohne.
Da kam, nach relativ langer Überlegung, folgende Auswahl:
1. Die sieben Samurai
2. Lawrence von Arabien
3. West Side Story

Frisch, Max: „Stiller" und „Mein Name sei Gantenbein"

Goethe, Johann Wolfgang von: „Die Leiden des jungen Werthers"

Gogol, Nikolaj: „Die toten Seelen", „Der Mantel"

Grass, Günter: „Die Blechtrommel" und „Hundejahre"

Grimmelshausen, Hans Jakob Christoph von: „Der abenteuerliche Simplicissimus"

Handke, Peter: „Wunschloses Unglück"

Hasek, Jaroslav: „Die Abenteuer des braven Soldaten Schwejk"

Hemingway, Ernest: „Wem die Stunde schlägt" und „Der alte Mann und das Meer"

Heym, Stefan: „Ahasver"

Homer: „Odyssee"

Huxley, Aldous: „Schöne neue Welt" und „Das Genie und die Göttin"

Johnson, Uwe: „Jahrestage"

Joyce, James: „Ulysses"

Kafka, Franz: „Das Schloß"

Koeppen, Wolfgang: „Das Treibhaus"

Koestler, Arthur: „Sonnenfinsternis"

Kundera, Milan: „Die unerträgliche Leichtigkeit des Seins"

Lawrence, D. H.: „Lady Chatterley"

Mailer, Norman: „Die Nackten und die Toten"

Mann, Heinrich: „Der Untertan", „Professor Unrat"

Mann, Thomas: „Die Buddenbroks", „Der Zauberberg"

Maugham, William Somerset: „Des Menschen Hörigkeit"

Melville, Herman: „Moby Dick"

Miller, Henry: „Wendekreis des Krebses", „Wendekreis des Steinbocks"

Musil, Robert: „Der Mann ohne Eigenschaften", „Die Verwirrungen des Zöglings Törless"

Nabokow, Wladimir: „Ada", „Lolita", „Das Nibelungenlied"

Poe, Edgar Allan: „Phantastische Erzählungen"

Proust, Marcel: „Auf der Suche nach der verlorenen Zeit"

Remarque, Erich Maria: „Im Westen nichts Neues"

Roth, Joseph: „Radetzkymarsch"

Rousseau, Jean-Jacques: „Emile oder Über die Erziehung"

Seghers, Anna: „Das siebte Kreuz"

Solschenizyn, Alexander: „Ein Tag im Leben des Iwan Denisowitsch", „Der Archipel Gulag"

Strauß, Botho: „Die Widmung"

Tolstoj, Leo: „Krieg und Frieden"

Voltaire: „Candide"

Walser, Martin: „Ein fliehendes Pferd"

Wilde, Oscar: „Das Bildnis des Dorian Dray"

Zola, Emile: „Germinal"

SACHBÜCHER:

Allendy, René: „Die Liebe"

Aristoteles: „Politik"

Balzac, Honoré de: „Tolldreiste Geschichten"

Beauvoir, Simon de: „Das andere Geschlecht"

Bismarck, Otto Fürst von: „Gedanken und Erinnerungen"

Burckhardt, Jakob Christoph: „Die Kultur der Renaissance in Italien"

Camus, Albert: „Der Mythos von Sisyphos"

Churchill, Winston: „Der Zweite Weltkrieg"

Darwin, Charles Robert: „Die Entstehung der Arten durch natürliche Zuchtwahl"

Ditfurth, Hoimar von: „Unbegreifliche Realität", „Innenansichten eines Artgenossen"

Engels, Friedrich: „Die Lage der arbeitenden Klasse in England"

Fest, Joachim C.: „Hitler"

Flaubert, Gustave: „Madame Bovary"

Freud, Sigmund: „Das Ich und das Es", „Das Unbehagen in der Kultur"

Friedell, Egon: „Kulturgeschichte der Neuzeit"

Haffner, Sebastian: „Bemerkungen zu Hitler"

Jaspers, Karl: „Die geistige Situation der Zeit"

Kant, Immanuel: „Kritik der reinen Vernunft"

Kinsey, Alfred C.: „Das sexuelle Verhalten der Frau", „Das sexuelle Verhalten des Mannes"

Knigge, Adolf Freiherr von: „Über den Umgang mit Menschen"

Le Bon, Gustave: „Psychologie der Massen"

Lichtenberg, Georg Christoph: „Sudelbücher"

Lorenz, Konrad: „Die acht Todsünden der zivilisierten Menschheit"

Machiavelli, Niccolo: „Der Fürst"

Mark Aurel: „Selbstbetrachtungen"

Marx, Karl: „Das Kapital"

Maslow, Abraham A.: „Psychologie des Seins"

Milgram, St.: „Das Milgram-Experiment"

Mitscherlich, Alexander: „Die Unfähigkeit zu trauern", „Die vaterlose Gesellschaft"

Monod, Jacques: „Zufall und Notwendigkeit"

Nietzsche, Friedrich: „Der Wille zur

Macht", „Jenseits von Gut und Böse"

Ortega y Gasset, José: „Der Aufstand der Massen"

Platon: „Die Apologie des Sokrates", „Phaidon", „Symposium", „Der Staat"

Plutarch: „Große Römer und Griechen"

Rousseau, Jean-Jacques: „Vom Gesellschaftsvertrag"

Sartre, Jean-Paul: „Das Sein und das Nichts"

Schmidt, Arno: „Die Gelehrtenrepublik"

Schopenhauer, Arthur: „Die Welt als Wille und Vorstellung", „Parerga und Paralipomena"

Spengler, Oswald: „Der Untergang des Abendlandes"

Tacitus: „Germania"

Toynbee, Arnold Joseph: „Der Gang der Weltgeschichte"

Xenophon: „Anabasis"

Zimmer, Dieter E.: „Tiefenschwindel"

PRÄSENZBIBLIOTHEK:

Nachschlagewerke und Bücher, die man griffbereit im Regal stehen, also „präsent" haben sollte. Mindestausstattung:

1. Ein mindestens zwei-, höchstens fünfbändiges Lexikon oder ein „Taschenlexikon"

(Die großen, zumeist über zwanzigbändigen Enzyklopädien – eine Anschaffung fürs Leben – sind erstens teuer, bieten zweitens allzuviel, was man nicht braucht, sind drittens nach zumeist mehrjähriger Erscheinungszeit in Teilen schon überholt und bieten aktuelles Wissen in nachgelieferten Ergänzungsbänden. Als bessere und wesentlich billigere Lösung bietet sich

ein Taschenlexikon wie das 24bändige von Meyer oder 20bändige dtv-Brockhaus an, die alle paar Jahre, auf den neuesten Stand gebracht, wieder erscheinen.)

2. Altes und Neues Testament

3. großer Atlas

4. Duden-Rechtschreibung, Duden-Grammatik

5. Wörterbücher für die wichtigsten Fremdsprachen (Englisch, Französisch, Italienisch, Spanisch)

6. Geschichtswerk und ein Geschichtsatlas

(oder ein Geschichtslexikon wie Plötz:

„Auszug aus der Geschichte")

7. Bürgerliches Gesetzbuch (BGB), Strafgesetzbuch (StGB)

8. Lexikon der Weltliteratur/Geschichte der deutschen Literatur

9. Schauspielführer

10. Musiklexikon (je nach Interessenlage: Oper- und/oder Kammermusikführer)

11. Ballettführer

12. Kunstlexikon (mehrbändig)

13. Lexikon der Philosophie

14. Lexikon der Psychologie

15. Lexikon der Naturwissenschaften/Technik

Blabla professionell

Die hohe Kunst, über ein Konzert zu reden, ohne dabei gewesen zu sein

Gehen Sie derweil ins Kino, ins Theater oder zum Essen. Mit dieser Anleitung und einem Programm des Abends können Sie sich über jedes klassische Konzert unterhalten, als seien Sie in der ersten Reihe gesessen.

Gesangskonzert

■ Wunderbar, wie jede Silbe des Tenor/Sopran/Alt noch im letzten Winkel des Saals klang!

■ Ich fand das Publikum wieder einmal viel zu kritisch heute.

■ Das Zusammenspiel mit den Musikern war aber nicht ganz perfekt.

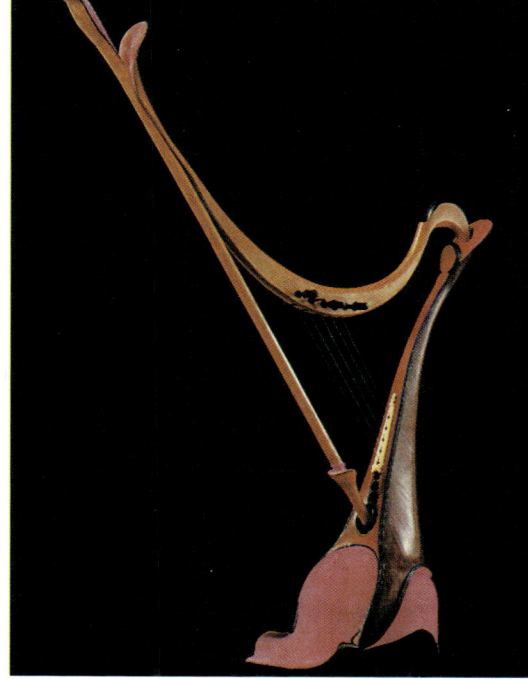

■ Dennoch war die erste Arie von zeitloser Reinheit.

■ Und man spürte seine/ihre volle Hingabe zu diesem bedeutenden Werk.

- Am bemerkenswertesten an ihr/ihm finde ich diese Zwischentöne, die man eher fühlt als hört.
- Außerdem hat er/sie einfach eine höchst ausgefeilte Technik.
- Sie müssen einmal auf seine/ihre perfekte Zwerchfellatmung achtgeben
- Und das alles mit einem so natürlichen Ausdruck in der Stimme.
- Gut, es war sicher nicht zu vergleichen mit Pavarotti vergangenes Jahr.
- Salzburg ist seit Karajans Tod auch nicht mehr das alte.

Violinkonzert

- Würde mich nicht wundern, wenn die Temperatur im Saal dem sauberen Klang etwas geschadet hat.
- Haben Sie gesehen, wie der erste Geiger im zweiten Satz einmal voll danebengegriffen hat.
- Da fehlte es stellenweise noch etwas an der Feinabstimmung mit der zweiten Geige.
- Gerade beim Pianissimo hätte ich mir mehr Ausdrucksstärke gewünscht.
- Im Allegro war nichts auszusetzen.
- Sicher, das klang sehr poliert und ein wenig aufgesetzt.
- Das ist natürlich auch eine Frage der Interpretation.
- Nach der Pause schien er/sie etwas besser aufgelegt.
- Mußten Sie auch wieder so lang für ein Glas Sekt anstehen?
- Beim Finale fand ich das Tempo genau richtig, nicht zu schnell, nicht zu langsam.
- Ein echter Kunstgenuß, finden Sie nicht?

Klavierkonzert

- Haben Sie seinen Chefintoneur dort in der dritten Reihe gesehen? Schien mir etwas unruhig der Mann.
- Mit den ersten Takten hat er/sie schon klar die Richtung angezeigt.
- Und dann dieser erste Lauf. Das macht ihm/ihr so leicht keiner nach.
- Dieser singende Klang ist schon bemerkenswert.
- Mit den Variationen hat er/sie sich manchmal etwas vergaloppiert.
- Der Anschlag kam dann auch etwas zu unvermittelt hart.

- Obwohl er/sie die Übergänge dann wieder bravourös genommen hat.
- Ich mag diese Tempowechsel.
- Im Fortissimo fehlt es ihm/ihr vielleicht noch ein bißchen an Durchsetzungskraft.
- Aber wenn man sieht, wie er/sie sein/ihr Instrument geradezu streichelt, ist man doch wieder versöhnt.
- Seine/ihre Interpretation ist sicher nicht jedermanns Sache.
- Wenn ich da an die alten Aufnahmen von Horowitz denke. Na ja, nun hat der auch schon das Zeitliche gesegnet.

Ewige Männerwerte

Es gibt ein paar Dinge, die weder Revolution noch Evolution zerstören können. Man muß sich allerdings von Zeit zu Zeit auf sie besinnen. Deshalb hier unsere ganz persönliche Liste (Reihenfolge alphabetisch)

- Vier **Asse** beim Pokern
- Fettes **Babylachen**
- Jemanden **beerben**
- **Beichten** oder sich das Herz erleichtern
- Das ewige Geräusch der **Brandung**

- Ein schlichtes **Butterbrot**
- Der Film „**Casablanca**"
- Eisgekühlte **Drinks** in bulliger Hitze
- **Duschen**
- **Eisblumen** am Hüttenfenster
- Schöne **Erinnerungen**

Einmal so lächeln wie John Wayne damals

- Ein **Fallrückzieher** in Zeitlupe
- **Fellatio**
- Erstklassige **Frauenbeine**
- **Frieden**
- Der **Gang von Gary Cooper**
- Das **Grinsen** von John Wayne
- Ein **Händedruck** unter Männern
- Ein **Hole-in-One** beim Golf
- Die drei Worte „**Ich liebe Dich**"
- Ein warmer **Kachelofen**
- **Kaminfeuer** (auch Lagerfeuer)
- Strahlende **Kinderaugen**
- **Komplimente**
- Eine erstklassige **Krankenschwester**

- Die **Oscars**
- **Pulverschneepisten**
- Spontane **Rachegefühle**
- Das, was Charles Bukowski „**A real good crap**" nennt
- Ehrliche **Reue**

- Ein weißer **Sandstrand**
- **Schatten** in der Hitze
- Der eigene **Schatten**
- Zwölf Stunden ungestört **schlafen**
- Schöne große **Schneeflocken**
- Ein **Schwur** ohne schlechtes Gewissen
- Rotorangene **Sonnenuntergänge**
- Das Lied „**Stardust**"
- Die **Stille auf der Lichtung eines gesunden Walds**
- **Vollmondnächte**
- **Von 0 auf 100** in sechs Sekunden
- **Warme Füße**

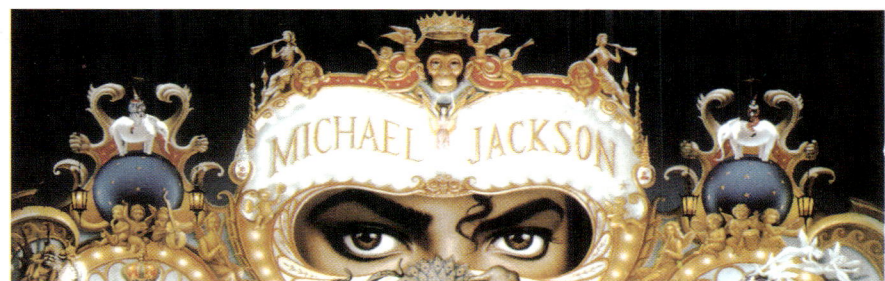

Seid umschlungen, Millionen

Als Kinoregisseur, Operntenor oder Big Mac der Showbranche – was Kulturtreibende mit ihrem Talent oder ihren Werbeverträgen verdienen. Pro Jahr, immer nur geschätzt und deshalb auch heftig dementiert

117 000 000 DM: Paul McCartney, 48, Exbeatle, Musiker

104 000 000 DM: Michael Jackson, 32, Popmusiker

101 000 000 DM: Steven Spielberg, 42, Kinogenie

56 000 000 DM: Arnold Schwarzenegger, 43, Schauspieler

49 000 000 DM: Charles M. Schulz, 66, Peanutserfinder

Die Erfinderin des Marketingpop: Madonna

45 000 000 DM: Madonna, 32, Popstar

35 000 000 DM: Julio Iglesias, 47, Sänger

20 000 000 DM: Frank Farian, 49, Komponist

10 000 000 DM: Ralph Siegel, 45, Komponist

10 000 000 DM: Loriot, 66, Autor, Regisseur, Karikaturist

9 500 000 DM: Peter Hofmann, 46, Tenor

Millionengeige: Anne-Sophie Mutter

7 000 000 DM: Dieter Bohlen, 36, Komponist und Sänger

6 000 000 DM: Thomas Gottschalk, 40, Showstar

4 800 000 DM: Anselm Kiefer, Maler

2 500 000 DM: Anne-Sophie Mutter, 26, Geigerin

2 000 000 DM: Johannes Mario Simmel, 66, Schriftsteller

1 800 000 DM: Wolfgang Rademann, 55, Fernsehproduzent

Lot	Gns.	$	Buyer's Name	Lot	Gns.	$	Buyer's Name
1	95	249	M. May	29	38	100	Lorie
2	240	630	Moss	30	38	100	Lorie
3	28	74	Webb	31	38	100	Lorie
4	25	66	Stone	32	120	315	Morris
5	38	100	Stone	33	32	84	Lorie
6	130	341	Landers	34	48	126	Lorie
7	60	158	Webb	35	1000	2625	Christopher
8	130	341	Webb	36	110	289	Adamson
9	320	840	Landers	37	65	171	Ca·
10	800	2100	Thompson	38	50		
11	80	210	Holmes				
12	300	788	Landers				
13	380	998	Land				
14	320	840	S				
15	180						
16							

PRICE LIST Tuesday 2nd October, 1973

MUSICAL BOXES, TALKING MACHINES, TYPEWRITERS, STEVENGRAPHS, TOYS, DOLLS AND TEXTILES

The Dollar prices given in this list are at $2.50 to the £ and are for guidance only. In view of the daily fluctuation of the Dollar/Sterling exchange rate, purchasers are reminded that payment is due either in Sterling or the Sterling equivalent on the date of payment.

„Zum Ersten, zum Zweiten und zum Dritten"

Ein paar Tips, um bei Versteigerungen eine gute Figur zu machen

Die Geschichte ist ebenso alt wie einleuchtend: Da geht einer, der von nichts eine Ahnung hat, in eine Auktion, sieht am Eingang einen alten Schulfreund, winkt ihm zu – und hat sich eine altdeutsche Standuhr für 8000 Mark ersteigert. Durch dieses Winken.

Denn: Überkopfbewegungen werden vom Auktionator als Kaufinteresse bewertet. So was hat's gegeben. Bei Sotheby's, Christie's und Hollywood-Komödien. Was tun in einem solchen Fall: sofort abwinken, lautstark auf den Irrtum aufmerksam machen. Der Auktionator wird dann beim vorletzten Gebot wieder einsteigen.

REGEL 1: Wenn man nicht zufällig in eine Versteigerung platzt, sondern gezielt an einem Los (so heißen die Auktionsnummern) interessiert ist, unbedingt die Termine der Vorbesichtigung wahrnehmen. Nie „blind" steigern, ein Los auch in den besten Häusern auf versteckte Mängel abklopfen.

REGEL 2: Nie ohne Katalog Platz nehmen. Denn über kurz oder lang werden Sie den Nachbarn bitten, Sie mal reinschauen zu lassen. Auch wenn Sie nur zufällig in den Saal geraten – wer keinen Katalog hat, ist hilflos.

REGEL 3: Die Katalogtexte dreimal lesen. Sie stecken voller juristischer Tükken. Verbal sicherte sich der Auktionator gegen spätere Regreßansprüche ab. Da kann es z. B. heißen: „... im Stil Art déco" (was keineswegs Art déco ist). Oder: „... aus der Zeit" auch das ist nicht so alt, wie's ausschaut, sondern eine Art guter Kopie.

REGEL 4: Der Zuschlagpreis („... und 8000 Mark zum Dritten!") ist nicht der Preis, den Sie zahlen müssen. Der liegt wesentlich höher, kann bis über 10 000 Mark (in diesem speziellen Fall) klettern – erkundigen Sie sich vorher, wie viele Prozente der Auktionator draufschlägt (z. B. 20 Prozent für den Auktionator, 7 bis 32 Prozent MwSt., 8,25 Prozent Kaufsteuer – wie in New York üblich).

REGEL 5: Erkundigen Sie sich nach sogenannten Rücklosen. Das sind Lose, die in der Auktion liegengeblieben sind. Hier können Sie handeln. („Untergebot" heißt das, wenn Sie weniger bieten als der „Aufrufpreis". Aber zu dem bekommen Sie es in jedem Fall.) Rücklose sind besonders interessant bei Teppich-, Briefmarken- und Münzauktionen.

REGEL 6: Gehen Sie nur nach Ihrem Geschmack. Ersteigern Sie nichts, das als Wertanlage verschrieen wird. Wäre es das wirklich, würden Hunderte mitbieten. Wichtig ist nur, was Ihnen ganz persönlich gefällt. Einer der Autoren saß bei Christie's in London mal neben dem legendären Sammler Paul Getty und bot bei einem schwedischen Humpen aus dem 30jährigen Krieg mit. Nur weil der so preiswert war (die Bieter standen so etwa bei 280 Mark). Da sagte Getty: „Gefällt der Ihnen wirklich?" – „Eigentlich weiß ich gar nicht, was ich damit soll." - Getty: „Dann hören Sie auf!" Gesagt, getan, und der Autor war froh, auf den Rat eines weisen alten Manns gehört zu haben.

PS: Bis zu dem Moment, als er das Getty-Museum in Malibu besichtigte – da stand der Humpen, fein angestrahlt, in einer Vitrine. Getty hatte einen zweiten Bieter im Saal postiert und nur verhindern wollen, daß der Autor den Preis in die Höhe trieb ...

Dennoch: Immer überlegen, wie ein Los aussieht, wenn es erst einmal zu Haus steht oder hängt. Und dann zählt wirklich nur der persönliche Geschmack, nicht ob's preiswert war.

REGEL 7: Sind Sie ernsthaft an einem Stück interessiert, signalisieren Sie dem Auktionator zu Beginn des Bietens, daß Sie mit dabei sind. Reduzieren Sie aber dann Ihre Signale – er wird Sie dennoch im Auge behalten und das Angebot registrieren. Merke: Man muß schon sehr viel Geld haben, um mit hochgerecktem Arm bis zum Ende dabeizubleiben. Viele Konkurrenten geben entnervt auf, wenn sie niemanden im Saal sehen, der sie dauernd überbietet. Praktikabel: Rechte Hand von der Brust, beim Bieten einfach nur Zeigefinger abspreizen.

REGEL 8: Immer im Hintergrund bleiben. Ernsthafte Bieter sitzen nicht in der ersten Reihe. Nur Spontanbieter, die keine Ahnung haben, was als nächstes drankommt, plazieren sich ganz vorn. So sehen Sie die Lose besser.

REGEL 9: Bei den meisten Auktionen

Marlene Dietrich:
Nach ihrem Tod verdoppeln sich
die Reliquienpreise

müssen sich Interessenten am Saaleingang in eine Liste eintragen und bekommen dafür eine „Bieternummer". Die ist nach dem „Zuschlag" („... und zum Dritten!") hochzuheben.

REGEL 10: Versteigerungen sind psychologische Grabenkämpfe. Wie Hochsprungkonkurrenzen: Kein Springer von Format wird, wenn der Sieg bei 2,40 Meter liegt, schon bei 2,08 Meter eingreifen. Ähnlich ist es bei Auktionen: Wird etwas, aller Wahrscheinlichkeit nach, 10 000 Mark kosten, das Steigern beginnt jedoch bei 1000 Mark – halten Sie sich zurück. Greifen Sie erst ein, wenn das Hämmerchen des Auktionators schon bis zum „... zum Zweiten ..." kommt.

Einer der Autoren beging mal den taktischen Fehler, bei der berühmten Filmausstattung von Charlie Chaplin (Bowler, Schuhe, Stöckchen, die er für das „Circus Roncalli"-Museum ersteigern sollte) schon bei 100 000 Mark flott mitzubieten – und mußte aufgrund seines Limits bei 180 000 Mark

aufgeben. Da hatten sich die beiden Hauptkonkurrenten noch nicht einmal gemeldet. Das Los ging letztendlich für 332 000 Mark über den Tisch.

REGEL 11: Hängt Ihr Herz wirklich an einem bestimmten Los, gehen Sie hin, bieten Sie nicht „fern". Entweder Sie unterliegen sowieso, oder der Auktionator zieht einen „Geisterbieter". aus dem Hut, und Sie zahlen weit mehr als im Saal (nichts gegen Auktionatoren, aber Life is Life).

REGEL 12: Auktionen sind Hochburgen der Sofortkasse. Zahlen Sie später und lassen deshalb Ihr Los beim Auktionator liegen, knallen Ihnen die meisten Versteigerungshäuser „Lagergebühren" auf die Rechnung (ausgenommen natürlich bei großformatigen alten Meistern oder Gartenskulpturen von Henry Moore). Mit anderen Worten: Wer etwas ersteigert hat, zahlt an der Kasse und klemmt sich sein Los unter den Arm.

REGEL 13: Erkundigen Sie sich nach Auktionen, bei denen „nach Gebot" gesteigert wird. Das heißt: Es gibt keinen festen Aufrufpreis, die Bieter selbst setzen die untere Grenze fest, indem sie einen Preis nennen. Das sind die Versteigerungen, bei denen der Auktionator mit seinen Losen überfordert ist (oder nicht die Zeit hat, sie durchzukalkulieren). Hierbei haben einige Sammler schon die schönsten Stücke gekauft (z. B. der große Lothar-Günther Buchheim die beste Afrika-Sammlung in deutscher Privathand). Immer populärer wird diese Art der Auktionen im Briefmarkenhandel und bei den am Wochenende überall in Hotels aufspringenden Versteigerungen.

„Ich bin so einsam"

Vier Dinge braucht der Mann

Ein Buch schreiben, einen Baum pflanzen, ein Haus bauen, einen Sohn zeugen? Es gibt da noch ein paar Dinge zwischen Himmel und Erde, die man heutzutage erlebt haben sollte

Zartyellow is beautiful

Ein Hundsfott, der nicht weiß, wie die Liebe anderswo schmeckt. Und sei es nur, um über den Komplex zu kommen, anderswo könnten es alle besser als wir (wir stünden, sozusagen, sexuell nur im zweiten Glied). Soll darüber doch mal eine lotuslippige Burmesin urteilen, laut George Orwell die „bekömmlichsten Frauen der Welt".

Mal sehen, was richtige Arbeit ist

Und sei es nur, um damit später möglichst wenig zu tun zu haben. Man setze sich, zum Beispiel im Urlaub auf der Kapverdischen Insel San Vicente an den Oststrand und helfe einer Familie, zwölf Stunden lang von Land aus ein Fischernetz an Land zu ziehen. Erstaunlich, wie leicht einem dann die läppischen Stunden im Büro vorkommen.

Orgie für alle

Darüber zu lesen befriedigt auf Dauer nicht. Aber was ist heutzutage noch eine Orgie? Drei Frauen sollten mindestens dabei sein, besser noch ist eine größere Gesellschaft, am besten ist, und da kommt das Raffinement in die Party, ein Schwesternpärchen oder eine Mutter, die das Töchterchen mitgebracht hat. Wie sagte schon der Olympiabaron Coubertin: Die Teilnahme ist wichtiger als der Sieg. Das war noch ein Sportsmann!

Der Tod, das bekannte Wesen

Nicht jeder war Landser oder Söldner, und wer das Leben hinterher besonders schätzen möchte, sollte es erstmal fast verlieren. Etwa bei einem Fußmarsch durch die winterliche Süd-Bronx oder auf einer Golfreise nach Nordirland. Snobs siedeln zeitweilig auf den Philippinen in Erwartung des nächsten Erdbebens.

Die Einsamkeit der Lebenden

Das ist wie beim Tod: Nur wer mal wirklich verloren war, lernt die Enge der Menschheit schätzen, und sei es nur in Form einer gepflegten Zweisamkeit. Laufen Sie mal beim Vasa-Lauf mit und lassen Sie die ersten 10 000 vor Ihnen in der Landschaft verschwinden; werfen Sie doch mal in Karachi einfach Ihre Barschaft weg; machen Sie was aus drei Wochen Halbpension in Pjöngjang.

Die einmalige Einmaligkeit

Beweisen Sie, daß Sie Ihre Zeit mit offenen Augen begreifen. Haben Sie denn schon mal irgend etwas getan oder erlebt, was sich nicht wiederholen läßt? Was Ihre Enkel sonst nur in Schulbüchern nachlesen? Es gibt da ein paar hübsche Dinge: die letzte Passage auf dem letzten Atlantikdampfer, im „Maxim's" essen am Abend, als es für immer dichtmacht, das unwiderruflich letzte Konzert der „Stones", dabeisein, wenn das Empire State Building gesprengt wird.

Jeder Mensch ist unsterblich,

wenn er nur will. Der Forscher Heinrich Harrer bestieg einen jungfräulichen Berg und taufte ihn – na, wie wohl? Ein Kandidat gewann „Das laufende Band", und jetzt heißt eine Tulpe nach ihm. Ein anderer kratzte all sein Geld zusammen und ließ sich von Francis Bacon malen. Ein dreizeiliger Eintrag im Hamburger Telefonbuch genügt allerdings nicht, über einen zweispaltigen Artikel auf Seite 4 der „Neuen Zürcher Zeitung" läßt sich streiten.

Den Abgrund unter den Füßen, das Paradies vor Augen

Glück? Bricht wie Glas. Außerdem hat man's nicht, man muß es sich holen. Auch wenn man dabei Kopf und Kragen riskiert. Machen Sie das mal, kosten Sie den Kitzel, die eigene Existenz für eine Sekunde lang in der Hand zu halten: Indem Sie auf Ihr Full house mehr setzen, als Sie besitzen. Stehen Sie mal am Abgrund, weil Sie das so wollen – freiwillig, aber mit allen Konsequenzen. Nirgendwo geht das schneller als am Spieltisch. Es waren keine Narren, die nach dem Jeu in Monte Carlo auf die Terrasse traten und sich erschossen. Es waren Weise.

Die Unwiederbringlichkeit des Abschieds

Erleben, wie jemand stirbt, den man mochte. Wie etwas von dieser Welt verschwindet, das einmalig und unwiederbringlich ist. Um den Tod als Tatsache zu erkennen, nicht als ewig drohende Gefahr. Wem das passiert ist, der lebt sein Leben von da an anders.

Leben, ohne auf den Pfennig zu achten

Einmal, nur ein einziges Mal, den Feh-

ler begehen, das Geld so auszugeben, daß man hinterher nicht mehr weiß wofür. Denn tut man's nicht, hat man Jahre danach eh vergessen, wo's geblieben ist. Andersherum bleibt wenigstens die Erinnerung: Weißt Du noch, wie ich mich in der Suite vom Ritz von Alexandre persönlich habe rasieren lassen ...?

Heilsame Prügel

Wer nie Dresche bezogen hat, kann sich kaum vorstellen, wie entwürdigend das ist. Aber Millionen von Menschen geht das täglich so. Oh, so was

Nur Geprügelte begreifen, was das bedeutet: Das Recht an der eigenen Person. Deshalb lieben wir die Clowns so sehr

macht vorsichtig und zeigt das Leben aus ungeahnter Sicht: Blut und Boden. Die herrliche Kehrseite: Der andere liegt unten, man hat die Faust noch geballt, da war so ein Geräusch – nur Prügler und Geprügelte verstehen, was das Recht an der eigenen Person wirklich bedeutet.

Die Großen ganz klein

Gelebt zu haben heißt auch erzählen zu können, wie man mit einem Meilenstein umgesprungen ist. Nein, es ist nicht unmöglich, mit Kim Basinger ins Bett zu gehen, Schach zu spielen mit Kasparow, mit Christo Weihnachtspakete zu verpacken. Das verpaßt zu haben, heißt eine passive Existenz verlebt zu haben.

Aussteiger auf Zeit

Wer nicht mehr gewußt hat, wer er ist, und vor allem wo, der hat ein Leben lang vegetiert. Die Existenz ganz unten im Gegensatz zu der ganz oben: die Ausnüchterungszelle in Frankfurt, eine Nacht am Bahnhof in Lille, einmal nachts aufs Revier in Hamburg. Das bedeutet Rückkehr zur eigenen Identität als Folge des Verlassens derselben.

Die Erde – eine Nebensache

In 5,7 Millionen Jahren hat es der Mensch nicht geschafft, die Natur zu zügeln, den Globus untertan zu machen. Einmal muß man am Wegrand gestanden haben, wenn ein Strom glühender Lava vorbeifließt. Der Mensch als unwichtige Winzigkeit, das Ego als Erbse – da darf der nächste Wasserrohr- oder Beinbruch ruhig kommen.

Das Kind im Mann

Es muß kein Sohn sein und schon gar kein eheliches Kind. Hauptsache man hat sich dupliziert, eine menschliche Zeitbombe plaziert, ein neues Glied an die seit Adam und Eva ungebrochene Kette geschmiedet. Wohl dem, der den Egoismus erkennt, der im Niederkommenlassen liegt.

Was heute als männlich gilt

Eine Umfrage zum Thema Nummer eins: Inwieweit dürfen Männer weiterhin maskulin sein, und welche Eigenschaften finden Frauen an ihnen besonders attraktiv

Attitüden und damit ihre Chancen ein? Das Ergebnis überrascht Macho wie Emanze: Männer dürfen zum Beispiel ruhig mal weinen, sollten jedoch keine Angst vor Mäusen haben – was ein seltsames Verhältnis von äußerster Stärke und innerer Schwäche ergibt.

„Sei ein Mann" sagte schon König David zum Sohnemann Salomon. Die Frage, was Männer denn in Wirklichkeit von Frauen unterscheidet, ist so alt wie das dazugehörige Testament. Aber die Antworten variieren von Generation zu Generation und von Zeitgeist zu Zeitgeist.

Was erwarten Frauen eigentlich noch oder wieder von Ihren Partnern? Und: Was dürfen sich Männer auf keinen Fall erlauben, wollen sie nicht als hoffnungslos altmodisch, überholt sexistisch oder schlicht unattraktiv gelten?

Und: Wie schätzen die Männer sich selbst, ihre

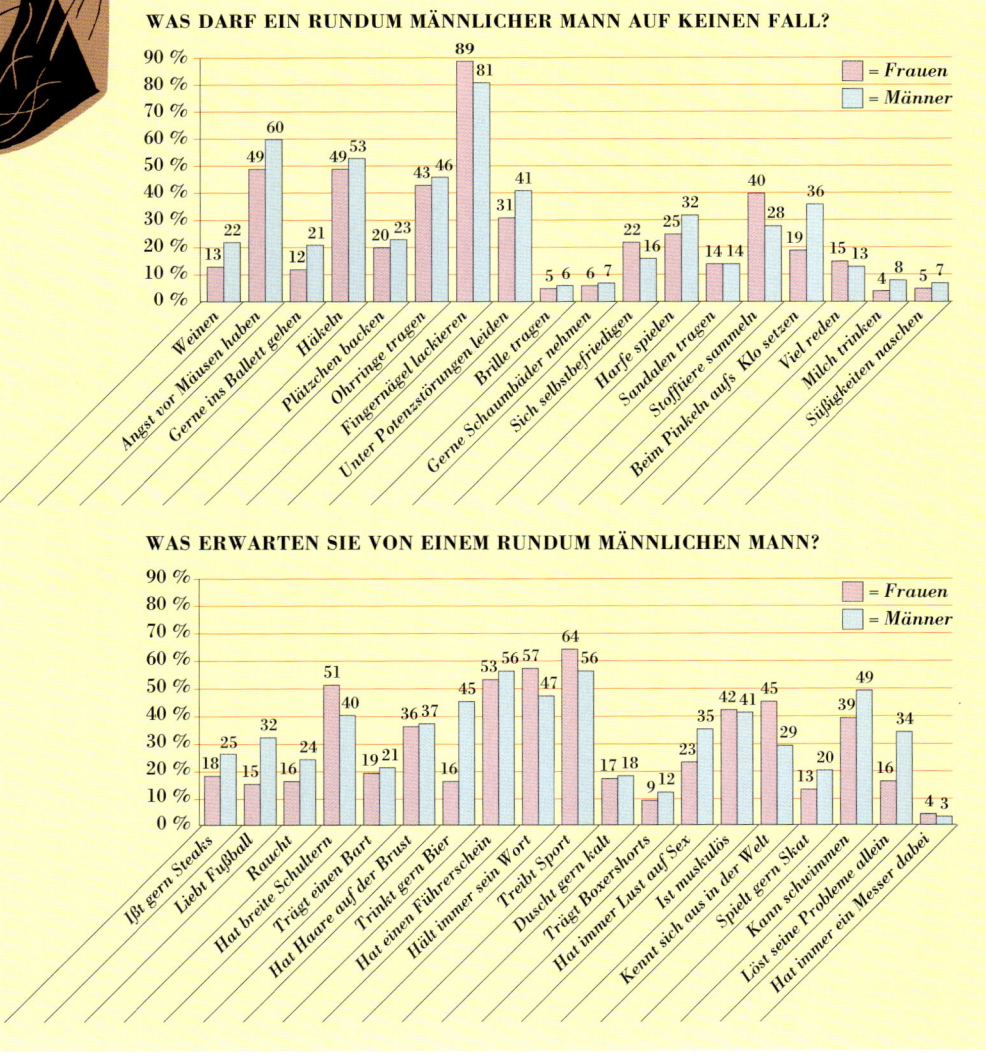

WAS DARF EIN RUNDUM MÄNNLICHER MANN AUF KEINEN FALL?

= Frauen
= Männer

WAS ERWARTEN SIE VON EINEM RUNDUM MÄNNLICHEN MANN?

= Frauen
= Männer

Andererseits ist für sechzig Prozent der befragten Männer und Frauen die Sportlichkeit wichtigstes Kriterium für Männlichkeit. Intelligenz dagegen taucht nicht in der Hitliste auf. Corpus sanum vor mens sana ?

Leiden die angeblichen Herren der Schöpfung hingegen unter Potenzschwierigkeiten, empfinden das nur ganze 36 Prozent der Befragten beiderlei Geschlechts, also etwa jeder Dritte, als negativ. Interessanterweise gehen die Männer (41 Prozent) mit den Kollegen Nichtkönnern weitaus strenger ins Gericht als die Frauen (31 Prozent).

Ein moderner Mann darf ... kurzsichtig sein, im Sitzen Wasser lassen, Süßigkeiten schlecken, Milch trinken, Ballett mögen und Sandalen tragen.

Und komisch: Breite Schultern rangieren vor dem Besitz eines Führerscheins, und erst danach folgt „Ein Mann – ein Wort", daß man unbedingt einhält, was man verspricht.

Vernichtend reagieren dagegen die Frauen, wenn Männer Ohrringe tragen, gern häkeln und – Höhepunkt der Unlust – sich gar die Fingernägel lakkieren.

An dieser Stelle können wir auch das Ende einiger von Männern liebevoll gehegter Vorurteile einläuten: ein Steak à la Cowboy hat nach Meinung der Frauen kaum etwas mit Männlichkeit zu tun, ebensowenig wie Rauchen nach Bogey-Manier, das Tragen von Boxershorts und Skatkloppen unter Kumpels.

Das Allerletzte, da sind sich Männlein wie Weiblen einig, ist das Messer in seiner Hosentasche, und sei es noch so klitzeklein.

Zitatequiz

Oder: Um Gottes willen, wer kann denn so etwas gesagt haben?

1. Von welchem Nobelpreisträger könnte folgender Satz stammen: „Kann besser vögeln als mit 25 und hinterher gut schreiben, was früher nie der Fall war."?
- Heinrich Böll
- Ernest Hemingway
- Gabriel García Márquez

2. Wer schimpfte über Journalisten, die Bücher schreiben: „Wollen die Eintagsfliegen in den Rang höherer Insekten aufsteigen?"?
- Günter Grass
- Ludwig Erhard
- Joseph Roth

3. Welcher Revolutionär notierte kurz vor seinem Tod ins Tagebuch: „Mein Asthma verschlimmert sich mehr und mehr. Ich schlafe immer schlechter. Höhe 780 Meter."?
- Che Guevara
- Michael Bakunin
- Andreas Hofer

4. Wer war der Schauspieler, der unbedingt Jesus spielen wollte und deshalb zum Produzenten sagte: „Ich sehe so aus, ich bin Jude, ich bin Komödiant – und wir alle wissen doch, wie nah eine gute Komödie an einer guten Tragödie liegt."?
- Woody Allen
- Emil Jannings

- Charlie Chaplin

5. Wer behauptete einmal: „Ein Intellektueller ist ein jemad, der etwas Interessanteres gefunden hat als eine Frau."?
- Oscar Wilde
- Edgar Wallace
- Albert Einštein

6. Von wem könnte folgendes Zitat stammen: „Auf den geringsten Reiz hin pflege ich, ,Faust I' aufzusagen. Bitte, verhindern Sie das!"?
- Konrad Lorenz
- Gustaf Gründgens
- Helmut Kohl

7. Wer schrieb in seinem Memoiren: „Zu meiner Überraschung stellte ich fest, daß einer, der in den Kofferraum eines Mercedes gesperrt wird, sich gut verständlich mit dem Chauffeur unterhalten kann."?
- Lucky Luciano
- Gottlieb Daimler
- Roman Polanski

8. Die amerikanische Schauspielerin Shelley Winters glaubte lange Zeit, ein Bekannter der Familie sei Juwelier. Denn auf die Frage ihres Vaters nach seinem Beruf hatte er geantwortet: „Ich mache Klein-

odien für arme Leute." Wer war das ?

■ Bertolt Brecht
■ George Gershwin
■ W. C. Fields

9. Wer führte die folgende Unterhaltung:
„Was halten Sie davon?"–
„Ich find's großartig."–
„Dann kann's nichts taugen."?

■ Joschka Fischer
■ Die Marx Brothers
■ Karl Kraus/Alfred Polgar

10. Welchen Chef kann eine Sekretärin gemeint haben, als sie zu einem Reporter folgenden Satz sagte: „Stellen Sie sich an den Frankfurter Flughafen, da kommt er einmal am Tag vorbei."?

■ Exaußenminister Genscher
■ Ex-Lufthansa-Boß Ruhnau
■ TV-Produzent Rademann

„Denkste!"

Noch ein Quiz. Es zeigt Ihnen, ob Sie Ihre Bildung nur aus Kreuzworträtseln haben oder aus der Kinderstube, aus ehrlichem Interesse oder von intensiven Reisen mitgebracht haben

1. Auf welcher beliebten Ferieninsel werden die Deutschen als „Cabezas quadradas" bezeichnet ?

2. Wo findet man die kleinste Statue, die jemals zu Ehren eines Monarchen aufgestellt wurde?

3. Welche besondere Bewandtnis hat es mit dem französischen Schloß Usse?

4. Was oder wer ist „Kakundakari"?

5. Wo gab der weltberühmte Pianist Vladimir Horowitz sein erstes Konzert?

6. In welcher europäischen Hauptstadt wurde sieben Jahre nach den Olympischen Spielen eine Dienststelle entdeckt, die sich mit der Abwicklung dieses Sportereignisses beschäftigte?

7. In welchem Land schlief ein König aus Angst vor Attentaten in einem fast zwei Meter hohen Bett?

8. Woher entlieh Ian Fleming den Namen seines Agentenhelden 007, James Bond?

9. Wer liegt auf dem Friedhof von San Vicente (Ibiza) unter einem eisernen Kreuz mit den Buchstaben R. V.?

10. Welches psychologische Phänomen bezeichnet Sigmund Freud als „Sekundär-Katexe"?

AUFLÖSUNG:

1. Hemingway, 1949 in einem Brief.
2. Der österreichische Romancier Roth.
3. Che Guevara, Juni 1947.
4. Chaplin 1922.
5. Wallace, in einem Interview.
6. Lorenz, in einem Interview.
7. Polanski.
8. Brecht.
9. Marx Brothers in „Animal Crakkers".
10. Rademann.

AUFLÖSUNG:

1. Fuerteventura.
2. In Victoria (Seychellen). Sie ist nur 35 cm hoch.
3. Charles Perrault, ein französischer Dichter des 16. Jahrhunderts, benützte es als Vorlage für sein Märchen von „Dornröschen".
4. Die legendäre, nie bewiesene, aber immer wieder vermutete Zwischenstufe zwischen Menschenaffe und Mensch. Sie lebt angeblich im Kongo-Dschungel.
5. In Brüssel, in der Wohnung einer Madam Stoop.
6. Berlin, 1943.
7. Auf Madagaskar.
8. Von dem Ornithologen James Bond, dessen Buch „Birds of the West Indies" er besaß.
9. Raoul Villain, der 1913 den französischen Politiker Jean Jaurès ermordete.
10. Die zwanghafte Verfolgung trivialer Ziele mit dem Zweck, die wirkliche Wahrheit, die ständig nach oben drängt, ignorieren zu können.

LEBENSART & GENIESSEN

Rauchen

Stil

Trinkgeld

Schreiben

Körpersprache

Grundwissen

Werte

Savoir vivre

Der Kenner.

CIGARETTEN LAFERME
DRESDEN

Preisgekröntes Original aus der Plakat-Concurrenz der Kunstanstalt Grimme & Hempel Act-Ges. Leipzig Schleussig

garrenraucher inhaliert den Rauch nicht, sondern läßt ihn über den Gaumen streichen. Folglich nimmt er wesentlich weniger Nikotin zu sich und schädigt seinen Körper um so weniger.

Wer über Zigarren spricht, geht davon aus, daß es sich dabei nicht um diese schmalen dunklen Stengel handelt, die mit Plastikmundstücken, sirupartigem Geschmack und einer Verpackung aus Umweltpapier. Nein, eine respektable Zigarre kommt aus Brasilien, Mexiko, Jamaica, Costa Rica oder allenfalls aus Holland. Von der kleinen „Schimmel penninck" bis zur monströsen „Macanudo". Die besten nach wie vor kommen aus Castros Kuba, das der Schriftsteller Bernard Wolf einmal

Kleiderschränke mit Zigarrenkisten-Holz verkleideten. Ergebnis: Anzüge, Hemden und Hosen mit Havanna-Note.

Eine gute Zigarre erkennt man, indem man sie zwischen Daumen und Zeigefinger rollt, ihre Konsistenz prüft und an ihr schnuppert. Sie muß geschmeidig in den Fingern liegen, fest gerollt sein und auf Druck elastisch nachgeben. Zigarren, die hart, brüchig oder knorrig wirken, legt man am besten gleich beiseite. Der Geruch ist ein höchst subjektives Empfinden, das man folglich auch nicht in Regeln pressen kann. Ebenso verhält es sich mit der Behandlung der „Bauchbinde", die man abstreifen kann oder auch nicht.

Über die Kunst des Rauchens

Was in öffentlichen Gebäuden verboten ist,
und was ein feiner Mann zu Feierabend zelebriert,
hat allenfalls den Namen gemein – Rauchen.
Stilistisch gesehen – zwei Welten

Das Rauchen ist inzwischen dermaßen in Verruf und Ungnade gefallen, daß bald jeder, der seine Vorzüge preist, von einem Anti mit einem telefonbuchstarken Gesundheitsreport erschlagen wird. Doch wenn wir vom Rauchen sprechen, dann meist von der hastig, hektisch inhalierten Zigarette an der Straßenecke. Der sich leicht kräuselnde Rauch einer guten Zigarre steigt erstens niemals im Freien auf, wird nie in Eile in die Luft geblasen, und ist im übrigen bei weitem nicht so schädlich wie der der Zigarette. Ein Zi-

als „Insel wie ein einziger Humidor" beschrieben hat.

Doch bevor wir solch eine gute Zigarre in die Hand nehmen, kommt erst das Vorspiel des Auspackens. Eine Zigarrenkiste ist immer aus Zedernholz, weil nur dieses Material dem Tabak genügend Luft zum Atmen und Reifen läßt. Dann ritzen wir das Papiersiegel mit dem Fingernagel, schieben das Seidenpapier zur Seite und nehmen erst einmal einen tiefen Atemzug. Dieses Aroma hat Männer mitunter schon so in seinen Bann gezogen, daß sie ihre

Niemals darf man sie mitrauchen. Angeschnitten werden muß eine gute Zigarre in jedem Fall. Entweder mit einer kleinen Schere oder mit einem speziellen Schneidegerät. Wer das hintere Ende abbeißt, demonstriert mehr Verwandtschaft mit Rambo als mit einem Connaisseur; und wer mit einem Zahnstocher oder ähnlichem ein kleines Loch hineinbohrt, zieht nichts als heißen bitteren Rauch ein.

Wenn Sie nun noch mindestens eine Stunde Zeit haben, sich in angenehmer Umgebung und Gesellschaft (auch der eigenen) befinden, dann können Sie die Zigarre anzünden:

1. Gebot: Niemals ein Gasfeuerzeug benutzen. Die Zigarre schmeckt danach. Benzinfeuerzeug = Aral-Aroma.

Zigaretten? Wenn schon, dann so!

Selten hat das Rauchen einer Zigarette etwas von einem Kulturgenuß. Es sei denn, man zelebriert es mit Andacht und Behutsamkeit

2. Gebot: Niemals an einer Kerze anzünden. Wachs und Tabak vertragen sich nicht.

3. Gebot: Nur Streichhölzer verwenden. Am besten einen Span aus Zedernholz.

4. Gebot: Das Ende der Zigarre zuerst ringsherum zum Glühen bringen, leicht blasen, bis die ganze Fläche gleichmäßig glüht.

5. Gebot: Den ersten Zug nehmen. Den Rauch für einige Sekunden im Mund behalten und dann gemächlich in den Himmel blasen.

Im Umgang mit einer Zigarre sollten Sie zudem folgende Verhaltensregeln beachten:

■ Wählen Sie eine Zigarre, die zu Ihrem Gesicht „paßt". D. h. kein dickes Stück in ein schmales Gesicht und umgekehrt.

■ Wenn Sie sprechen, nehmen Sie die Zigarre aus dem Mund. Sonst ist zum einen Ihre Aussprache eher texanisch, zum anderen die Zigarre naß.

■ Nie eine Zigarre mit Mundstück rauchen. Man trinkt einen Bordeaux auch nicht aus Plastikbechern.

■ Nicht ständig die Asche abstreifen, aber auch keine Aschenspitze jonglieren. Beides verhindert ein gleichmäßiges Abbrennen.

Zigarren werden am besten in einem Humidor aufbewahrt. Ein Kästchen aus Holz oder Glas, das die Innentemperatur konstant auf circa 20 Grad, die Luftfeuchte bei 75 Prozent hält.

Wem selbst das noch zu unkorrekt ist, der reserviert sich einen kleinen Lagerplatz im Spezialhumidor seines Tabakhändlers. Dort herrscht das beste Zigarrenklima jenseits von Kuba.

Ähnlich wie beim Rauchen einer Zigarre hängt auch der Genuß einer Zigarette von drei wesentlichen Faktoren ab:

1. ART UND WEISE: Die Gesundheitsapostel stöhnen auf, aber wer eine Zigarette richtig genießen will, der muß ihren Rauch inhalieren. Doch schon hier trennt sich die Genießerspreu vom Suchtweizen: Ein Kenner wird niemals den gesamten Zug inhalieren, sondern den Rauch zuerst im Mund behalten, einen Teil davon ausblasen, um den Rest in die Lungen zu ziehen. Um in den vollen Geschmack des Tabaks zu kommen, entläßt er den Rauch durch die Nase, legt dabei die Zunge an den Gaumen und „schmeckt" dabei am besten. Ein Genußraucher zieht nie öfter als zehn- bis zwölfmal an seiner Zigarette. Er tut es gleichmäßig und nicht zu fest und löscht die Glut mindestens einen Zentimeter vor dem Ende.

2. QUALITÄT UND HERKUNFT: Wer eine Zigarette wirklich schmecken will, sollte filterlose bevorzugen. Die industriell gefertigten Filter beein-

trächtigen den Geschmack durch ihr Wabensystem und die mikrofeinen Luftlöcher in der Hülle.

Ein guter Tabakhändler kann einen Zigarettenraucher genauso qualifiziert bei seiner Wahl beraten wie einen Pfeifen- oder Zigarrenraucher. Ob er einen hellen Virginia-Tabak bevorzugt oder einen dunklen Araber – in internationalen Topgeschäften kann man auch zur Probe rauchen. Bekannte Marken werden meist aus Tabakblends (Mischungen) hergestellt und zudem mit Aromastoffen versetzt, die Geschmacksstabilität garantieren.

3. ZEIT UND UMGEBUNG: Eine Zigarette, die man auf der Straße, im Auto oder in der Warteschlange raucht, ist so überflüssig, wie die Ärzte es sagen. Eine Zigarette in aller Ruhe nach dem Essen, ganz bewußt und gezielt, kann (!) ein Genuß sein. Wer nur diese Zigaretten rauchen würde (und nicht die aus Langeweile, Nervosität und Gewohnheit), könnte das damit verbundene Gesundheitsrisiko erheblich einschränken. Schädlich ist nicht die Tatsache, sondern die Gewohnheit.

Oberleitung

*Ein guter Kellner behandelt jeden Kunden
wie einen Stammgast – Oder: Wie man sich
gegenüber impertinenten Obern verhält*

Vorweg eine kleine, aber wichtige Unterscheidung: Es gibt gute Lokale und feine Lokale. Wobei gute Lokale nicht unbedingt fein und feine Lokale nicht unbedingt gut sein müssen. Erkennen kann man die guten an der Herzlichkeit des Empfangs, auch wenn man kein Stammgast ist. Wie ich in einem Lokal empfangen und zu meinem Tisch geleitet werde, das ist die eigentliche Visitenkarte eines Hauses. In den feinen Lokalen, die auch noch in sind, herrscht oft ein Klassensystem, nach dem Stammgäste und Prominente hofiert, Normalgäste als notwendiges Übel betrachtet werden, um das Lokal zu füllen. Nun steht es jedem Ober frei, seine Stammgäste zu hegen, er darf andere aber ihren Nicht-Stammgast-Status nicht spüren lassen. In feinen Lokalen der gehobenen Gastronomie herrscht oft bei den schwarzgekleideten Herren die Sünde der Arro-

dem steigt die Überlegenheit zu Kopf. Der gelernte Gast bleibt souverän, besteht auf seinen Wünschen und läßt sich unverdrossen beraten. Fragen ist ihm niemals peinlich. Bleibt der Kellner von oben herab, läßt man sich auf keine Auseinandersetzung ein, sondern verlangt allenfalls nach dem Ge-

ganz. Sie wird nicht zuletzt von Gästen provoziert, die mit deutlichen Zeichen von Minderwertigkeitsgefühlen an ihren Tischen sitzen. Die sich brav alles gefallen lassen und auf die Frage „Hat es Ihnen geschmeckt?" immer höflich mit Ja antworten. Wer keine gefestigte Kellnerpersönlichkeit ist,

schäftsführer. Oder ich gebe in diesem Fall sogar ein sattes Trinkgeld, auf die Gefahr hin, für einen Trottel gehalten zu werden. Wenn er nicht dumm ist, wird er sich für die reiche Belohnung seiner Unfreundlichkeit schämen. Im übrigen rede ich den Kellner immer mit Namen an, wenn er ein Namensschild trägt. Ich schätze den Kellner als informierten Gesprächspartner und mag keinen Diener. Auch das sollte man ihn merken lassen. Genauso wie ich mag er angebrachte Aufmerksamkeit mehr als Imponiergehabe.

DER ANFANG VOM ENDE

Über Stil kann man durchaus geteilter Meinung sein – als Mensch, der Mensch bleiben möchte. So schrieb der amerikanische Krimiautor Dashiell Hammett („Der dünne Mann"), der sich sein wildes Leben lang nicht um Konventionen scheren mochte: „Es ist der Anfang vom Ende, wenn man entdeckt, daß man Stil besitzt." Er besaß ihn – und stellte deshalb auf dem Höhepunkt seines Schaffens das Schreiben ein..

Snobismus an sich

*Snobismus darf nur bei britischen Gentlemen als
Hochmut verstanden werden. Für uns ist es die
effektivste Abwehrmethode, ohne zugeben zu müssen,
wie ignorant man eigentlich ist*

Keiner kann es sich heute noch erlauben, intolerant zu sein, und Prahlerei ist eine Beleidigung der Armen. Kritik? Überfliegen wir mit einem kleinen Scherz, nicht mit einer Antwort. Florett gegen Säbel. Dennoch nagt da was. Wir erkennen den Feind als eine Person, die nicht zu uns gehört. Der eine glaubt nämlich nicht an das, was wirklich zählt, weil wir es für wichtig halten. Der Feind stellt penetrant jene Fragen, die man nicht stellt.

Eigenartigerweise wachsen solchen Leuten besonders viele Härchen im Gesicht und aus den Ohren.

Das Florett gebrauchten wir auch deshalb, weil der Feind unter einem schweren Schicksal leidet – Übererziehung, Emporkommen, schlechter Körperhaltung, Mangel an präsentabler Familiengeschichte, Idealen und Unsportlichkeit.

Solche Leute verachtet man, behält sie jedoch im Auge. Sie können gefährlich werden. Besonders, wenn sie 1,65 Meter nicht überschreiten. Das sind Leute, die gern tief, aber laut denken. Leute, die Dinge betreiben, über die sich nicht diskutieren läßt, weil ihr Tun Ansichtssache ist: Philosophen, Politiker, Maler.

Wir lieben Macher, aber keine Denker. Denn nicht die Realisten verändern die Welt, sondern die Romantiker.

Leute, die stolz darauf sind, nie ein Buch gelesen zu haben, mögen wir aber auch nicht. Ronald Reagan und Lech Walesa zum Beispiel, die deutsche WM-Elf außer Jürgen Klinsmann und ein bekannter deutscher Schlagerkomponist.

PS: Zu Besuch im exklusivsten Männerklub der Welt, „White's" in London, fragte einer der Autoren den schwedischen Prinzen Bertil, was für ihn der ultimative Snobismus sei. Er erwiderte: „Bitte, was ist Snobismus?" Snobistischer geht's nicht.

THE ULTIMATE LUXURY

Es gibt eine rüde, aber finanziell sehr kluge Erkenntnis, was Luxus betrifft: „Alles, was schwimmt, fliegt oder bumst, sollte man mieten, nie kaufen." Die Rede ist von Yachten, Flugzeugen, Geliebten. Und von Geld – Mieten ist auf lange Sicht billiger. Der letzte wahre Luxus auf Erden sieht deshalb ganz anders aus.

Sportjournalisten fiel auf, daß der (schwarze) Caddy des südafrikanischen Weltklassespielers Gary Player dauernd neue und offensichtlich sehr teure Golfschuhe trug. „Na, gibst wohl Deine ganze Kohle für schöne Schuhe aus?" frozzelten die Schreiber. Aber der Caddy gab ihnen eine ernsthafte Antwort: „No Sir, I'm breaking them in for him." – Nein, Sir, ich laufe sie nur ein für ihn. Für ihn, Gary Player.

Das ist es, the Ultimate Luxury: Jemanden zu haben mit gleicher Fußgröße, der einem die harten neuen Schuhe einläuft. Snobismus hoch drei.

The Art of Tipping

Vom Geben und Nehmen

Ob im Hotel, im Restaurant oder im Taxi – das Trinkgeld ist vielerorts keine freiwillige Leistung mehr. Doch auch wer selbstverständlich etwas gibt, liegt manchmal falsch.

König Ibn Saud verteilte nach seiner Kur in Baden-Baden goldene Uhren an die Hotelangestellten. Sein Nachfolger, König Fahd, wollte ihm nicht nachstehen und sorgte für den spektakulärsten Fall: Er hinterließ den Mitarbeitern der dänischen Werft, die seine Privatyacht bauten, insgesamt 1,1 Millionen Mark Trinkgeld.

Das krasse Gegenbeispiel: Der Bremer Kaffeeröster Walter J. Jacobs gab im Münchner „Vier Jahreszeiten" dem Pagen, der ihm fünf Koffer aufs Zimmer gebracht hatte, ganze zwanzig Pfennig.

1,1 Millionen sind sicher zuviel, 0,20 Mark sicher zuwenig. Was ist an-

gemessen für den Pagen, das Zimmermädchen oder den Taxifahrer? Und: Wie unterscheiden sich Trinkgeldsitten in Amerika und Japan, in Deutschland und Skandinavien? Ein kleiner Reiseführer durch den internationalen Tipdschungel:

DEUTSCHLAND

Trinkgelder sind hierzulande kein Muß, aber oft ein Soll. Fünf bis zehn Prozent des Rechnungsbetrags sind üblich. Kritisch wird es nur, wenn Sie vom Chef bedient werden. Verzichten Sie trotzdem nicht auf Trinkgeld, und geben Sie mit dem Hinweis, er möge das Geld seinen Angestellten weiterleiten. Im Hotel sollten Sie nur dann dem Portier etwas zustecken, wenn Sie einige Extras wünschen. Die Zeiten, in denen der Gast beim Verlassen des Zimmers sein Kleingeld fürs Zimmermädchen liegen ließ, sind vorbei. Geben Sie ihr etwas beim ersten Zusammentreffen, und sie wird sich besonders um Sie kümmern. Fünf Mark sind in diesem Fall vernünftiges Mittelmaß.

Wunder wirken in Deutschland Trinkgelder vor allem bei Leuten, die sie sonst nicht unbedingt gewohnt sind: beim Tankwart zum Beispiel, beim Parkplatzwächter, beim Kurierfahrer oder Postboten.

ITALIEN

In jedem Ristorante ist es selbstverständlich, daß Sie dem Kellner keinen Tip unmittelbar beim Bezahlen geben. Er kann sich darauf verlassen, daß Sie eine angemessene Summe (mindestens fünf Prozent) auf dem Tisch liegen lassen.

FRANKREICH

In jedem französischen Restaurant gelten Sie mit zehn Prozent Pourboire als durchschnittlich großzügig. Besonders schwierig wird es in Paris nach Mitternacht, wenn die Métro nicht mehr fährt. Beim Taxifahrer können Sie sich dann getrost auf einen Aufschlag von hundert Prozent zum Fahrpreis gefaßt machen. Das senkt die Tipfreude erheblich.

GROSSBRITANNIEN

Die Cabdriver in London sehen ein Trinkgeld zwar gern, bestehen aber nicht darauf. Gut liegen Sie, wenn Sie auf das übernächste Pfund aufrunden. Übrigens: In Großbritannien ist die Service Large in Restaurants nicht mehr erlaubt. Sie sollten also mindestens 15 Prozent aufschlagen.

GRÖNLAND/ISLAND

Trinkgeld ist in diesen nordischen Gefilden nicht nur nicht üblich, sondern geradezu eine Beleidigung.

OSTBLOCK

Trotz Glasnost ist es in der GUS wie in fast allen sozialistischen Ländern verpönt, Tringeld zu geben (Ausnahme: Valutahotels). Sie schaffen sich ohnehin mehr Sympathie mit Zigaretten, Parfüm und anderen „westlichen" Geschenken.

JAPAN/CHINA

In der trinkgeldfreien Zone des Fernen Ostens sollten Sie sich vor allem davor hüten, einen Bonus offen zu überreichen. Wenn schon, dann nur in einem Briefumschlag.

MAGHREB

In fast allen nordafrikanischen Ländern (außer Libyen) werden Sie stän-

---

IMMER VORHER

Der amerikanische Schriftsteller Dashiell Hammett (1894–1961) schrieb nicht nur die schönsten (Film-)Krimis der Welt („Der Malteser Falke"), er entwickelte auch eine interessante Theorie des Trinkgeldgebens: „Trinkgeld sollte man nicht als Belohnung für geleistete Arbeit geben, sondern als Beweis des Vertrauens in eine erfreuliche Zusammenarbeit – also immer vorher!"

TRINKGELD INTERNATIONAL: WEM – WO – WIEVIEL?

LAND	TAXI	HOTEL	RESTAURANT
Arabische Staaten	unüblich	5 bis 10 %	10 %
Belgien	aufrunden	10 %	10 %
Dänemark	unüblich	unüblich	5 %
Frankreich	10 bis 15 %	2 bis 3 Francs pro Tag	5 bis 10 %
Griechenland	aufrunden	100 bis 400 Drachmen	10 bis 15 %
Großbritannien	10 %	unüblich	10 bis 15 %
Irland	10 bis 15 %	1 bis 2 Pfund pro Tag	10 bis 15 %
Italien	unüblich	5000 bis 10 000 Lire	5 %
Ex-Jugoslawien	10 %	5000 bis 10 000 Dinar	10 %
Niederlande	aufrunden	unüblich	10 %
Österreich	5 bis 10 %	5 %	10 %
Portugal	10 %	5 %	5 bis 10 %
Schweiz	5 %	1 Franken pro Tag	aufrunden
Spanien	10 %	200 bis 500 Pesetas	10 %
Türkei	aufrunden	2000 bis 3000 Lira	10 bis 15 %
USA	15 %	1 bis 5 Dollar	10 bis 20 %

dig von Horden von Bakschischjägern verfolgt. Denen entgehen Sie nur, wenn Sie sich auf einem Basar oder Markt einen einheimischen Führer nehmen und diesen gut bezahlen. Wie durch ein Wunder werden Sie fortan von niemandem mehr belästigt werden.

NEUSEELAND

Die Insel ist die letzte englischsprachige Bastion ohne obligatorischen Tip. Niemand wird Sie hier schief anschauen, wenn Sie nur den Rechnungsbetrag bezahlen. Einzige Ausnahme: die Bediensteten in internationalen Luxushotels.

SKANDINAVIEN

Selbst für deutsche Urlauber höchst ungewohnt ist die Tatsache, daß in den skandinavischen Ländern Trinkgeld für Taxifahrer oder Zimmermädchen absolut unüblich ist. Allenfalls dem Kellner im Restaurant können sie zehn Prozent des Rechnungsbetrags extra geben.

USA

Die Amerikaner müssen das Trinkgeld erfunden haben, denn ohne Tip geht im Land der unbegrenzten Möglichkeiten eigentlich gar nichts. Wundern Sie sich nicht, wenn Sie nach einem 150-Dollar-Menü dreißig Dollar Trinkgeld dazugeben müssen. Und dabei ist das noch die Untergrenze, denn zwanzig Prozent gelten im Restaurant als durchaus normal. Wenn Sie den schönsten Tisch im Lokal haben wollen, sollten Sie sich bereits beim Seater, der Sie an ihren Platz führt, er-

kenntlich zeigen. Das gilt auch bei jeder Art von Show oder Cabaret. Der Taxifahrer in New York fährt auch ohne weiteres mit Ihrem Gepäck im Kofferraum weiter, wenn sein Trink-

geld nicht mindestens 15 Prozent des Fahrpreises ausmacht. Vergessen Sie bitte auch das Kleingeld in ihrer Tasche. Eine Dollarnote gilt als Untergrenze.

Füllfederhalter – Kult und Kultur

Ein Füller gehört so quintessentiell in den Besitzstand eines Manns wie ein Taschenmesser, ein Werkzeugkasten und Vaters goldene Uhr. Er ist das wiederentdeckte Symbol gediegener Noblesse und zeitgemäßen Stilbewußtseins

Mit einem Füllfederhalter Marke „Parker 180" unterschrieb am 14. September 1981 Papst Johannes Paul II. seine dritte Enzyklika, die der Arbeit des Menschen gewidmet war. Den Schlußstrich unter das europäische

Wiederaufbauprogramm zog am 15. Dezember 1949 der Hohe US-Kommissar John McCloy mit einem „Waterman 849". Für die Unterzeichnung des amerikanisch-japanischen Friedensvertrages vom 8. September 1951 benutzte

ZEHN FÜLLERKAUFTIPS

- Nicht lachen: Aber waschen Sie sich vorher die Hände. Mit fettigen Fingern können Sie nicht beurteilen, ob ein Füller gut in der Hand liegt.
- Bei der Schreibprobe nicht stehen, sondern sich hinsetzen und normale Schreibhaltung einnahmen. Es sei denn, Sie haben ein Stehpult im Büro.
- Am besten schreibt es sich auf dem Papier, das Sie sonst auch benutzen. Die Probierblocks sind meist zu glatt und täuschen Geschmeidigkeit vor.
- Schreiben Sie im Geschäft mehr als nur Ihren Namen. Erst nach mindestens fünf Zeilen spüren Sie, ob der Füller ausgewogen in der Hand liegt.
- Lassen Sie sich nichts vormachen. Jeden guten Füller (mindestens 100 Mark) gibt es mit zwölf verschiedenen Federn (z. B. eine für Linkshänder).
- Goldfedern sind besser als Stahlfedern. Sie schwingen besser und ermüden weniger.
- Je mehr man von der Feder sieht, desto besser schwingt sie.
- Kolbenfüller sind eleganter. Patronenfüller erzeugen nur Tintenhände beim Wechseln und unnötigen Plastikabfall.
- Fragen Sie nach, ob die Mechanikteile aus Messing sind. Nehmen Sie das Ding ruhig einmal auseinander.
- Drehkappen sind besser als Steckkappen. Die können beim Abziehen Tinte aus dem Gehäuse saugen.

US-Außenminister Dean Acheson das Sondermodell „White Dot" der Firma Sheaffer. André François-Poncet, Frankreichs Hoher Kommissar, signierte den ersten Teil des Petersberger Abkommens am 21. September 1949 mit einem „Pelikan Souverän". Und, und, und ...

Wo immer auf der Welt ein Vertrag, ein Schriftstück oder ein Scheck von Bedeutung unterschrieben wird, tun dies die Herren (und Damen) mit einem Füllfederhalter. Tinte ist, wie man so schön sagt, dokumentenecht, d. h. die Unterschrift bleibt da, wo sie ist, und wie sie ist.

Nun wäre dies noch lang kein Grund für einen Mann, ständig einen Füller in der Innentasche zu tragen. Erstens schreitet auch Herr Direktor nicht jeden Tag zur feierlichen Signaturstunde, zweitens neigen selbst die teuersten Füller immer noch zum Klecksen (besonders nach Flugreisen), und drittens ist so ein Tintending nun weiß Gott nicht das praktischste Schreibgerät. Wozu also?

Wer mit einem Füller lebt, dokumentiert sich – im wahrsten Sinne des Wortes. Er dokumentiert, daß er noch bereit ist, Briefe zu schreiben, anstatt nur Messages zu hinterlassen. Er dokumentiert, daß er Damen noch persönliche Kärtchen mit dem Blumenstrauß sendet, anstatt einer Flasche Schampus vom Feinkostladen. Er dokumentiert, daß er Aktennotizen noch persönlich meint, anstatt sie zu diktieren. Und er dokumentiert schließlich, daß er ein bißchen altmodisch ist – schön altmodisch.

Nur das wäre auch noch zuwenig. Ein simpler Test macht es deutlich: Schreiben Sie einfach Ihren Namen und Ihre Adresse auf ein Stück Papier. Tun Sie dies mit einem Füller, einem Kugelschreiber, einem Faserschrift und einem Bleistift. Sie werden zugeben, daß Ihnen Ihr eigenes Schriftbild am besten mit Tinte und zweitens mit Bleistift gefällt. Der Trick liegt ganz einfach in der sich ändernden Breite des Strichs. Nun, warum sollten sich nicht andere ebenso an Ihrer Schrift

erfreuen wie Sie selbst. Sie schreiben mit Tinte einfach schöner und – wollte man noch tiefer gehen – auch besser.

Schließlich wäre da noch die Sache mit dem Status. Ein mit Tinte geschriebener Brief, eine Nachricht oder Notiz haben schlicht mehr Gewicht und Bedeutung als gedruckt oder „gekugelt". Das persönliche Anschreiben wirkt mit der Feder erst richtig wichtig. Nicht zuletzt haben diesen Effekt auch die Direct Mailer erkannt und simulieren den Federzug gedruckt.

Wenn Sie nun noch einwenden, der Füller wäre trotz allem völlig unpraktisch, klecksend und antiquiert, so haben Sie natürlich recht. Aber können Sie sich im Ernst die Redensart vorstellen „Der Rollerball ist mächtiger als das Schwert"?

LETZTE RETTUNG

Es gibt ein paar Adressen auf dieser Erde, die wie Nuggets gehandelt werden. Dazu gehört: An Sankt Maria Königin 26 in 5020 Frechen bei Köln. Hier arbeitet Manfred Süske, einer der letzten hauptberuflichen Füllfederhalter-Drechselmeister unserer Tage. Das heißt: Der 55jährige repariert jeden Füller, und die treffen, etwa 3000 pro Jahr, bei ihm aus aller Welt ein. Haupttübel: „Die Tinte frißt", sagt Süske. „Besonders die rote und grüne Tinte." Das gibt dann zum Beispiel undichte Kolben – und fleckige Finger, fleckige Hemden.

Blei-
bender Wert

*Das Schreibwerkzeug des Manns der 90er Jahre
ist der gute, alte Bleistift – der verlängerte Arm
des empfindsamen Geists*

Das letzte Schlagwort, das das ereignisreiche Jahr 1989 gebar (neben „Mauerspecht" und „Wendehals"), war der Begriff neue Bescheidenheit. Was die Schickeria aber von Anfang an wußte – dahinter versteckte sich nichts anderes als Luxus getarnt.

Die Genügsamkeitspropaganda hat uns jedoch den guten alten Bleistift zurückgebracht. Jenes ökologisch saubere (wenn auch damals bleihaltige) Schreibwerkzeug der Urgroßväter. Aus Holz und Mineral gefertigt und spurlos vernichtbar.

Auch wenn man einen Spitzer braucht, um einen längeren Gedankenfluß aufzuzeichnen; aber ein Gummibürzelchen genügt, um ihn wieder zu vernichten.

Es waren die Inhotels, die die Rekultivierung in Gang brachten: „Bla-

kes" in London (weißlackierter Bleistift, ohne Radiergummi) und „Morgans" in New York (pechschwarz mit weißem Radierschwänzchen).

Dann begriffen es die Luxusläden, und ganze Kollektionen verschieden starker und weicher Bleistifte aus Nürnberg und Venedig, London und Florenz tauchten auf.

Die Art-direktoren (schwarzer Anzug, weißes Hemd, bis oben zugeknöpft, keine Krawatte – selbst so eine Art Humanbleistift) waren die ersten, die sich einkauften.

Plötzlich, mit einem Schlag, rüsteten die Gästehäuser der gehobenen Inlandsklasse von Kuli auf Blei um: „Nassauer Hof" in Wiesbaden (weiß mit Gold) und Grundigs „Bühlerhöhe" (weiß und grün). Und am Ende waren es die Beherbergungsbahnhöfe „Ramada" und „Holiday Inn", die jene Kun-

de von der neuen alten Art, sich verbleit Notizen zu machen, unter die Leute brachten.

Da wurde es chic, Bleistifte statt Blumen mitzubringen, in der Präsentpackung, als Geschenk fürs Leben, 24 Bleistifte auf fünf Jahre. Denn 17mal läßt sich so ein rundes oder sechseckiges Ding spitzen und reicht 45 000 Wörter lang. Neun Wörter hat eine deutsche Durchschnittszeile, 30 Zeilen eine Seite, und das sind dann 166 Seiten pro Stift. Ein Taschenbuch.

Mit Recht kam der Bleistift zu seiner Renaissance. Denn kein anderes Schreibgerät fördert die Kreativität derart – weil er Fehler verzeihlich macht. Mit dem Füller (dem einzig anderen akzeptablen Schreibgerät) wirkt alles gleich so dokumentarisch; mit dem Kugelschreiber kritzeln Kellner Rechnungen und Popstars Autogramme.

DAS WERKZEUG DER LIEBHABER

„Eines Morgens, er schlief noch, fiel mir sein kleines Notizbuch in die Hände. Ich schlug es auf unter meinem Namen und entdeckte, daß er mich mit Bleistift eingetragen hatte."
Die Dame packte ihre Sachen und ging grußlos von dannen.
Nicht weil ihr Name mit Bleistift im Notizbuch stand – weil andere Namen mit Tinte eingetragen waren ...
Daraus lernen wir zwei Dinge: Daß es praktisch ist, den Bleistift für flüchtige Bekanntschaften zu verwenden, und daß es eine Auszeichnung ist, nicht mit Bleistift vermerkt zu werden.
Und drittens: Daß diese feine Methode noch höhere Diskretion bedingt.

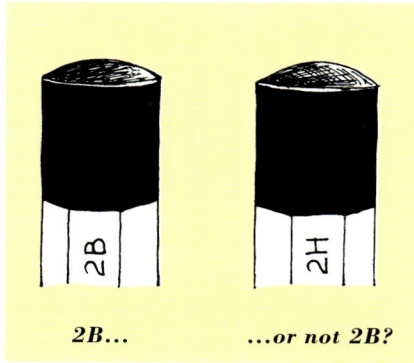

2B...   **...or not 2B?**

Der Bleistift ist die Verlängerung des Geists durch die Hand. Weil er zuläßt, auf leichten Fingerdruck hin flüchtiger und bedeutungsschwerer zu schreiben – dosiert eben, den Gedanken entsprechend.

Aber Bleistift ist nicht Bleistift, und überhaupt ist da gar kein Blei im Stift, sondern eine Mischung aus Tonerde und Grafit. Man läßt ihn sich anpassen wie einen Maßanzug für die Psyche: F für klare, unkomplizierte Typen, 2 H für Menschen, die dreimal nachdenken, bevor sie schreiben, 3 B ist für jene, die Tagebücher verfassen und Saul Steinberg verehren, und 6 B für Extrovertierte, Squashspieler und Bohemiens.

Wir Deutschen haben zwar mit Faber-Castell die beste Firma ihrer Gattung im Land und mit dem 9000 das beste Produkt; aber da gibt es so enorm schicke italienische Verwandte jenes Nürnberger Stammstifts aus adligem Haus, die werden in marmorierte Papiermäntelchen gehüllt und passen dann zum Cover eines ebenfalls marmorierten Notizbuchs, und die muß man einfach haben, Qualität hin und her – und damit wären wir eigentlich wieder am Anfang.

DIE ZU LANGE LIEBE

Leute, die Bleistifte lieben, sind Leute von Format. Aber diese Liebe wird einem nicht einfach gemacht – Bleistifte sind einfach zu lang. Man kann sie sehr schlecht am Körper tragen.
Der Berliner Fernsehproduzent und Bleistiftfreak Wolfgang Rademann („Traumschiff", „Schwarzwaldklinik", „Hotel Paradiso") ist deshalb auf einen Trick verfallen: Er sägt seine Bleistifte, auch die mit dem Radiergummi hinten dran, in der Mitte durch, erzielt auf diese Weise zwei kurze und steckt sie in seine Taschen (vorzugsweise in die Brusttaschen seiner Hemden).

Nämlich bei der gar nicht mehr so neuen und auch gar nicht so bescheidenen Bescheidenheit. Wir lernen nur daraus, daß die, die sich so neubescheiden geben, die Be-

PÖHLS P PLAUDERT'S AUS

Karl Otto Pöhl, Expräsident der Deutschen Bundesbank, war als Vize linkslastig und als Chef rechtslastig. Das dokumentiert seine Unterschrift auf den Geldscheinen. Als Vizebundesbankchef signierte er die Noten zunächst mit stark nach links geneigtem P. Seit dem 1. Januar 1980 neigte sich der erste Buchstabe seines Namens merklich nach rechts. Graphologen, die das Wirtschaftsmagazin „Forbes" engagierte, deuten die Linkslage als Vorsicht und Zurückhaltung. Die neue Unterschrift sei Hinweis auf Pöhls Fähigkeit, mit seiner Meinung hinter dem Berg zu halten. Sein Slalomlauf bei der Währungsreform überrasche deshalb nicht. Wie der Mann jetzt wohl unterschreibt, wenn er jeden Monat den dicken Rentenscheck unterschreibt?

SELTSAMES GERÄT

Der amerikanische Schriftsteller Mark Twain (1835–1910) war ein Füllerfreak. Dennoch schrieb er nach jahrzehntelanger Erfahrung mit diesem klassischen Schreibgerät: „Keiner von uns besitzt so viele Tugenden wie ein Füllfederhalter – oder auch nur halb soviel Niedertracht.
PS: Entschuldigen Sie, Sie haben da einen Tintenfleck auf Ihrem Hemd ...

Unterschriften lügen nicht: Vize Karl Otto Pöhl, der Linkslastige

Bundesbankchef Karl Otto Pöhl, der Rechtslastige

scheidensten (geistig) sind. „Der Bleistift", hat mal einer gesagt, „ist das Instrument, auf dem die Musik des Geists gespielt wird." Das stimmt voll und ganz. Und darüber hinaus ist er das Gentlemans Tool der 90er Jahre. Füller und Laptop dürfen Sie dennoch behalten.

Schriftprobe

Wenn wir nicht höllisch aufpassen, ist das „Spiegelbild unserer Seele" verschwunden – die Handschrift. Dabei gibt es kaum etwas Männlicheres als einen Liebesbrief, der nicht auf dem Computer getippt wurde, sondern direkt aus der Feder floß

Mehr noch als früher ist die Handschrift die unbestechlichste Aussage über einen Menschen. Weil wir so viel weniger schreiben, also weniger geübt sind darin, uns handschriftlich zu verbergen.

Es gibt keine seitenlangen Briefe „von Hand" mehr. Keine Tagebücher, in denen die Art eines großen T mehr über die Traurigkeit des Schreibers aussagt als seine Tränen.

Schriftsteller diktieren längst. Sind also eigentlich Sprachsteller geworden. Das Kreuzworträtsel und der Euroscheck sind zu letzten Oasen des Handgeschriebenen geworden. Ansonsten schreibt man per Computer. Warum auch nicht?

Zwar glauben wir nicht wie der hochverehrte Bruce Chatwin, „daß man jedem Manuskript anmerkt, ob es mit der Hand oder auf dem Computer geschrieben ist". Aber die Schrift ist verwildert. Kostbare Schreibgeräte wie „Meisterstück" und „Souverän" sind zu Statussymbolen verkommen.

Wie Bugattis, mit denen man ja auch nicht zum Brötchenholen fährt.

Da haben wir wieder die Schlange, die sich in den Schwanz beißt: Weil wir verlernt haben, mit der Hand zu schreiben, möchten wir unseren Mitmenschen nicht zumuten, was wir mit der Hand schreiben würden.

Bullshit!

Wir haben nur Angst. Weil die Handschrift die Essenz unserer Vergangenheit ist, das Bilderbuch unseres Charakters. Es gibt dem Empfänger unserer Briefe die Möglichkeit, uns zu sezieren – wie ein Schmetterlingssammler, der unter der Lupe die bunten Schindeln eines Flügels betrachtet.

Keine Schule zwingt ein Kind mehr, „gut" zu schreiben. Die Handschrift ist entfesselt, die Kalligraphie liegt im

Sterben. Weil man von etwas, das am Aussterben ist, nicht auch noch verlangen möchte, daß es schön zu sein hat.

Man notiert nur noch. Die Schrift ist zur Dienstmagd der Kommunikation geworden. Längst hat sich eingebürgert zu sagen: Man leistet eine Unterschrift. Wie ein Autogramm.

Die Handschrift hat nicht mehr die Kraft, ein „Spiegelbild der Seele" zu sein (wie einst gesagt wurde). Wir sind dafür, häufiger zu schreiben. Damit die Berichterstattung über unsere Seele nicht verlorengeht.

PS: Und es gehört zu den letzten großen Komplimenten unserer Zeit, wegen seiner schönen („Gelehrten"-) Handschrift bewundert zu werden. Das kommt gleich nach dem Lob, ein exzellenter Autofahrer zu sein.

Warum Hände nie lügen

Wie man spricht, ohne zu reden, und Botschaften erkennt, ohne etwas zu hören. Das beschrieb Stanley Bing

Menschen sagen oft Dinge, die sie nicht meinen. Nur die Körpersprache lügt nicht. Darum ist es wichtig, Bewegungen erkennen und ausführen zu können.

1. SCHUSSBEREITE PISTOLE: Besonders nützlich in Kneipen. Man spanne den Hahn (Daumen) im rechten Winkel zum Lauf (Zeigefinger). Dann lasse man den Hahn aufschla-

gen, wobei man mit der „Handwaffe" genau zwischen die Augen des Opfers zielt. DIE BOTSCHAFT: Ich mag Dich, Junge, aber im Augenblick kann ich mich nicht mit dir unterhalten. Bis später – ganz bestimmt.

2. HINHALTENDES WACKELN: Wenn man weder ja noch nein sagen will. Man halte die Hand horizontal. Handfläche nach unten, Finger gespreizt. Dann drehe man die Hand abwechselnd rechts- und linksläufig. Der Gesichtsausdruck darf zwischen Belustigung und ungläubigem Herabziehen der Mundwinkel schwanken. DIE BOTSCHAFT: Ich will mich noch nicht endgültig entscheiden, kann Dir aber jetzt schon sagen, daß ich ein paar ernsthafte Fragen stellen werde.

3. DAUMENSIGNALE: Der Daumen ist ungeheuer wichtig bei geschäftlichen Besprechungen. Und das aus Gründen, die man noch nicht völlig versteht. Vielleicht deshalb, weil er stumpf ist.

Die traditionelle Geste der Verächtlichmachung, bei der man kräftig auf den Daumen beißt und ihn dann vorschnellen läßt, wird leider kaum noch angewandt. Den Daumen in den Mund stecken ist ein Symptom fortgeschrittenen geistigen Verfalls. Und dann gibt es natürlich noch das alberne O.K.-Zeichen. Man formt einen Kreis mit Daumen und Zeigefinger und grinst dabei dumm und wohlgefällig. DIE BOTSCHAFT: Das Gefällt mir, Trottel, der ich bin!

4. SCHULTERKLOPFEN: Ein Schlag auf die Schulter ist der höchste Grad von Annäherung und Verständnis, dessen zwei Geschäftsleute ohne Anwendung von Alkohol fähig sind. In seiner echten Form ist es ein Zeichen von Ermutigung, nicht von unmännlicher Zärtlichkeit, angenehm weich und freundschaftlich warm. In wirklich starken Beziehungen oder Situationen kann man dem Schulterklopfen ein Drücken der Schulter folgen lassen. Es darf jedoch keinesfalls in eine Knutschgeste ausarten. DIE BOTSCHAFT: Von Mann zu Mann: Junge – Du bist ein toller Hecht.

5. DIGITALWINK: Wird hauptsächlich von Leuten angewendet, die gerade telefonieren und Sie hereinbitten wollen, ohne ihr Gespräch zu unterbrechen. Der Zeigefinger der dominierenden Hand wird gekrümmt und ungestüm in Richtung des Objekts hin und her bewegt. Danach deutet der Finger auf den nächsten Stuhl hin. DIE BOTSCHAFT: Ich habe gerade etwas Dringendes zu tun, aber sobald das erledigt ist, widme ich Ihnen meine Aufmerksamkeit.

6. FÜNFERÜBUNG: Hier ist eine klarer umschriebene Bewegung erforderlich als zum Beispiel beim Sport. Der Bogen ist enger gezogen, und nur die Fingerspitzen kommen ins Spiel. Dann nimmt man mit dem potentiellen Spender Sichtkontakt auf und geht auf Pumpstation, indem man murmelt: „Schieb mal einen Fünfer rüber!" Daß es natürlich auch etwas mehr sein darf, wird durch einen Blick nach oben angedeutet. Die offene Handfläche wird in Hosenlatzhöhe oder hinter dem Rücken dargeboten. DIE BOTSCHAFT: Los, Junge, ja oder nein?

7. HOCHGESTRECKTER FINGER: Vor zwei Jahren im Sommer mietete ich eine Baracke in einem Urlaubsort, wo amerikanische Industriekapitäne ihre Freizeit verbringen und Parties veranstalten. Die Straße war überfüllt mit BMWs und anderen teutonischen Wahrzeichen von Wohlstand und Macht. Ich fuhr nur einen klapprigen Buick. Wo immer ich mich sehen ließ – am Strand, vor der Bäckerei – wurde ich von Bossen in dicken Luxuskarossen von der Straße gedrängt, die mir mit mörderischem Blick den ausgestreckten Mittelfinger zeigten. Noch nie bin ich so häufig mit diesem Zeichen der Geringschätzung beehrt worden. Offenbar nehmen sie Bürositten mit in den Urlaub. DIE BOTSCHAFT: Du bist ein elender Stinker.

Zeige mir Deine Hände ...

Männer schütteln sie, Frauen schauen drauf.
Weil es kein besseres äußeres Charakterbild gibt
als die Hände eines Menschen

DER TRIEBHAFTE: Hand: breit, kräftig, harte Haut, Finger kurz, breit und steif, wenig Handlinien, diese aber tief und ausgeprägt, fester Händedruck, rötlich gefärbt.

Charakter: einfach strukturiert, gutmütig, schwerfällige Intelligenz, kindliche Phantasie, schwer zu erschüttern, unsensibel; geeignet für Arbeiten, die weder Initiative noch höhere Intelligenz erfordern.

DER SCHWERGEWICHTSBOXER: Hand: dick, fleischig, brutal, kurzer Daumen, dicker Handrand, kurzer fünfter Finger.

Charakter: den Gegner schlägt er k. o., zu Haus ist er das gute Kind, leicht erregbar, emotional unbeständig, oft auch überdurchschnittliche Intelligenz, träge, gutherzig, stumpf; Schwachsinnige, Kriminelle, Künstler.

DER ARISTOKRAT: Hand: elegant, mit langen, knochigen Fingern, beweglich, viele Handlinien.

Charakter: aktiv, lebhaft, Charme, beliebt, erfolgreich, Ichsucht, witzig, vornehm; geeignet für Berufe, die Takt und Menschenkenntnis erfordern.

DER GENIESSER: Hand: breit, fleischig, breiter Daumen, kurze Nägel.

Charakter: ißt gern, liebt das Schöne, etwas schwerfällig, ausdauernd, extrovertiert, Erfolg fällt ihm nicht zu, erreicht Erfolg aber durch seine Ausdauer; Staats-, Geschäftsmänner.

DER VIELSEITIGE: Hand: lange Handfläche, kurze Finger, betonte Ballen, beweglich.

Charakter: nervös, originell, kritisch, reicher Wortschatz; Journalisten, Schauspieler, Modebranche.

DER ÄSTHET: Hand: weibliches Aussehen, spitz zulaufende Finger, anmutig, schlank.

Charakter: zurückhaltend, intellektuell, sentimental; sieht die Dinge nicht so, wie sie sind, sondern indem er ihnen eine gewisse Bedeutung beimißt; eine sensible, künstlerische Natur mit Tiefgang.

dächtniseinschränkung: Wenn Ihre Frau dabei ist.

- An welcher Hand trägt man den Ehering? Besonders nachdem es im Büro wieder einmal „etwas später geworden ist".
- Auf welcher Seite des Gedecks stehen im Restaurant (das eigene) Glas und der Butterteller?

Zusatzfrage: Wozu ist das Wasserschüsselchen mit der Zitrone drin?

- Was signalisiert unerbittlich ein Strauß roter Rosen? Zusatzfrage: Wo kriegt man ihn nachts um 3 Uhr her?
- Was bedeutet die freundliche Geste, wenn sich ein Italiener in die Armbeuge schlägt?
- Was sagt die junge Griechin, wenn sie auf die Frage nach „Noch einer Tasse Kaffee bei mir?" einfach mit „Ne" antwortet?
- Unter welchem Sternzeichen und Aszendenten sind Sie geboren? (Nur wichtig, wenn sie auf neue Frauenbekanntschaften aus sind.)
- Wo ist bei Ihrem Auto der Ölmeßstab versteckt, wenn Sie mit ihrer neuen Flamme an der Tankstelle stehen und es eilig haben?

Zusatzfrage: In welche Richtung gehen Schrauben auf?

- Wie lautet die Kurzform der Relativitätstheorie?

Zusatzfrage 1: der Satz des Pythagoras?

Zusatzfrage 2: Wie viele Ar hat ein Hektar? Oder umgekehrt?

- Was ist ein Stalaktit?

Zusatzfrage 1: Was ist ein Stalagmit?

Zusatzfrage 2: Was ist eine Eselsbrücke?

Was ein Mann wissen muß

Es gibt ein paar Fragen, die sollte jeder Mann aus dem Stand, im Schlaf und selbst nach fünf Martini-Cocktails noch beantworten können

- Wie lauten Ihre Kontonummer, Bankleitzahl und Ihr Paßwort für das Schließfach in Zürich?
- Wann hat Ihre Frau/Freundin/Geliebte Geburtstag?

Zusatzfrage 1: Hochzeitstag?

Zusatzfrage 2: Mutters Geburtstag?

- Wie heißt die blonde Sekretärin aus Düsseldorf, die Sie vor zwei Monaten auf Ibiza in- und auswendig kennengelernt haben, und die Sie jetzt zufällig am Flughafen treffen? Ge-

WWZ

*Was Wirklich Zählt im Leben. Oder wie Männer
(auch Menschen) miteinander umzugehen haben.
Oder wie schon die Ausdrucksweise den Stil
eines erwachsenen Manns prägt*

WWZ ist persönliches Geheimwissen, das man mit Gleichgesinnten teilt, ohne darüber zu reden. So entsteht Gesellschaft. Eine Society genormter Sprache und Körperhaltung.

Das gilt für Mediziner ebenso wie für Mechaniker.

In den 80er Jahren galt Gesellschaft zeitweise nichts. Weil es mit den 68ern Mode geworden war, unter Leugnung der Normen sich selbst uneingeschränkt zu akzeptieren. Das verkaufte man uns dann als „neue Aufrichtigkeit".

„Aber es gibt auch nackte Lügner", wie der amerikanische Dramatiker Arthur Miller erkannt hat. Und Menschen sind nun mal die Leugnungsmaschinen der Natur.

„Wir"-People sind „uns" gegenüber tolerant. Lebensphilosophie: Man kann von Menschen wenig erwarten, aber das, was man erwarten kann, darf man verlangen, und sie sind verpflichtet, es zu geben.

Kritik nehmen die WWZ-Männer wie Flauten, über die man mit einem eleganten Scherz hinwegsegelt: „Ich streite nicht mit begabten Leuten."

Peng.

Was nicht wirklich zählt, existiert nicht. Oder um noch einmal Arthur Miller zu zitieren: „Glücklich der Mann, der nie vorgeben muß, mehr zu wissen, als er weiß, oder weniger, als er glaubt.

Andere Menschen?

Das sind Leute, die das Unglück einer Überbildung und/oder Untererziehung haben – und nie den Bruchteil eines Marathonlaufs durchstehen würden. Weil sie nie ihr eigenes Limit erfahren haben.

WWZ-Männer sagen: „Ich möchte gut sein, ohne deshalb das Recht zu verlieren, böse zu sein."

Unwissen stört uns nicht. Wenn's WWZ, fragen wir einfach: Hrdlicka?

Darüber kann man reden. Über andere Dinge nicht. Geld zum Beispiel. Oder darüber, daß man die Typenbezeichnung vom Hintern seines Mercedes montiert hat. Oder von seiner Leidenschaft (Leidenschaften sind langweilig für andere).

Oder von seinem Psychoanalytiker. Weil WWZ-Männer wissen: Psychoanalyse ist das Alibi für mangelnde gesellschaftliche Aktivität.

Anders herum: Wer einen Psychiater braucht, darf als bekloppt gelten. Oder auf dem Weg dorthin.

Übertreiben Sie. Weil nicht die Realisten die Welt verändern, sondern die Träumer. Dazu gehört die Kunst der unterhaltsamen Sprache. Sagen Sie einfach mal: „Der Pazifik wirkt immer irgendwie teilnahmslos. Beinahe verloren. Ganz anders als der scharfe, kalte Atlantik, der immer voller Zorn und voller Ideen steckt."

Unter uns gesagt: Eine gute Bemerkung.

Verdächtig sind Leute, deren Eloquenz sich auf Vorstandssitzungen und gedrucktes Papier beschränkt. Meiden!

GESCHMACK? GESCHMACKSFRAGE!

Der Seniorchef des exklusivsten Versandhauses der Welt, Stanley Marcus von Neiman-Marcus, über die Frage, wie wichtig guter Geschmack wirklich ist:

„Es gibt nicht wenige, die die Bedeutung von gutem Geschmack überschätzen, die einen Altar daraus machen, an dem sie ihre Andachten zelebrieren. Ich halte das für kompletten Schwachsinn. Ein Mensch mit schlechtem oder schwach entwickeltem Geschmack kann ein perfektes, glückliches, normales Leben führen, eine liebenswürdige Familie haben und finanziell sehr erfolgreich sein. Guter Geschmack, genau wie erstklassige Erziehung, eröffnet lediglich neue Möglichkeiten, das Leben zu genießen."

Aber nichts gegen Understatement. Korrekt angewandt: „Mein dummer Arm" (sie haben ihn sich gerade dreimal gebrochen). Oder wie britische Aristokraten über den Vietnamkrieg sprachen: „A little local difficulty around Saigon".

That's it. Und nur so kommen Sie durch jenen fatalen Zeitgeist, der die 90er Jahre bedroht und von einem kleinen Mann mit roter Brille sogar im deutschen Fernsehen propagiert wurde (und jetzt zitieren wir zum letzten Mal unseren geliebten Arthur Miller): „Überall Theater anstelle authentischer, belebender Erfahrung. Man be-

handelt praktisch alles, als sei daraus eine bewußte Kunstform geworden – Frisiersalons, Restaurants, Kaufhäuser, Autos. Alles dreht sich um den Stil, nicht um den Inhalt. Man entscheidet sich für ein Restaurant nicht, um seinen Hunger zu stillen, sondern wegen der Aufmachung und Bedienung. Man wählt Schuhe nicht wegen ihrer Haltbarkeit oder gar Bequemlichkeit, sondern wie sie in Mode sind. Entspringt das alles nicht der Faszination dessen, wie etwas gesagt wird, und nicht was?" Ja, Mr. Miller.

Und deshalb sollten die paar WWZ-Männer zusammenhalten.

Lebensartsprüche

Weil darin die komische Wahrheit eines unkomischen Lebens liegt

Wenn es sich bewegt – grüßen! Wenn es sich nicht bewegt – aufheben! Wenn's zu schwer ist, um es aufzuheben – anmalen!"
Weisheit, die in der US-Navy geboren wurde – irgendwo im Pazifik

Je schneller das Flugzeug, desto enger die Sitze."
Aus einem Leserbrief an das „Wall Street Journal" (nach einem Flug in der „Concorde")

Frag niemals den Friseur, ob du einen Haarschnitt brauchst!"
Der amerikanische Kolumnist Daniel S. Greenberg in der „Washington Post"

Eines der geheimnisvollsten Gesetze des Lebens ist: Am Monatsende nach einer Gehaltserhöhung haben Sie weniger Geld als im Monat vor der Gehaltserhöhung."
John W. Hazard, Chefredakteur des Magazins „Changing Times" (USA)

Wenn die Zeitungen eines Landes nur mit guten Nachrichten gefüllt sind, sind die Gefängnisse dieses Landes nur mit guten Leuten gefüllt."
Der US-Senator Daniel P. Moynihan

Kein Mann, der Spaghetti ißt, ist einsam."
Der britische Schauspieler und Schriftsteller Robert Morley

Eins der größten ungelösten Rätsel unserer Zeit ist, daß man in einem proppenvollen Restaurant schneller bedient wird als in einem halbleeren."
Der Schriftsteller Sydney L. Harris in seinem Buch „Leaving the Surface"

Die Reichen verstehen alles, sie tun nur nichts dagegen."
Charles Bukowski

Der Laden war so fein, daß sich die Kellner gegenseitig Trinkgeld gaben."
Der US-Komiker Jackie Mason

Den Entwicklungszustand eines Lands erkennt man am besten am Unterschied zwischen dem Preis eines Haarschnitts und dem Preis eines Autos. Je geringer der Unterschied, desto höher der Entwicklungsstandard."
Professor Samuel Davons, Physiker an der Columbia-Universität, New York

Schlaf niemals mit einer Frau, die mehr Probleme am Hals hat als du."
Die „New York Times"-Kolumnistin Susan Jacoby

Gott ist gerecht – in einem Entwicklungsland darf man das Wasser nicht trinken, in einer Industrienation die Luft nicht atmen." *„Reader's Digest"*

Zum ersten Mal in der Geschichte der Menschheit produzieren wir aus einer Tüte Einkäufe zwei Tüten Müll."
Der amerikanische Fernsehkomiker Bob Orben

An einer Orgie teilzunehmen, heißt die Einsamkeit kennenzulernen."
Der amerikanische Reporter Dan Greenberg, nachdem er für „Playboy" an einer Orgie teilgenommen hatte

Es gibt nur zwei Arten von Leuten: Solche, die man warten läßt, und solche, auf die man wartet."
Johannes, 11. Fürst von Thurn und Taxis

Niemals darf man einem Mann trauen, der mit einer Modelleisenbahn spielt."
Der britische Oberhausabgeordnete Lord Mowbray im Parlament

Glück ist kein Ziel, sondern ein Nebenprodukt." *Erstaunlicherweise aus einem Buch von Donald Trump*

Der kürzeste Lebensartspruch (aus einer Annonce des Zigarrenproduzenten Clubmaster):
„Friede – Freude – Eierkuchen"

„Der Glaube an die eigene Tugend ist weit gefährlicher als der Glaube an die eigene Intelligenz."

Gabriel García Márquez

„Übertreiben ist der erste Schritt zu einer neuen Erfindung."

Anonym, auf der Frankfurter Buchmesse gehört

„Soll Dir nie im Leben was Schlimmeres passieren ..."

Lebensweisheit des österreichischen Forschers Heinrich Harrer

„Vornehmheit besteht weniger darin, was man tut, als vielmehr darin, was man unterläßt."

Aus einem deutschen Aphorismenbuch

„Mitglieder dieses Klubs dürfen ihre Geliebten nur dann mitbringen, wenn es sich um Ehefrauen anderer Mitglieder handelt."

Anschlag am Schwarzen Brett des Londoner Herrenklubs „White's"

„Leute, die gern goldene Omeletts essen, sind natürlich davon überzeugt, daß Gänse, die goldene Eier legen, heilige Kühe sind."

Der indische Schriftsteller Kushwant Singh

„Sie sind unhöflich. Wovor fürchten Sie sich?"   *Anonym*

„Ich will wieder sein, was ich war, als ich wollte, daß ich werde, wie ich bin."

Der anspruchsvollste Graffito in der Toilette einer deutschen Universität

„Zum lustvollen Leben gehört das Baden in den eigenen Widersprüchen."

Der Wiener Publizist Günter Nenning

„Er war einer von denen, die glauben, daß Beaujolais Primeur mit den Jahren immer besser wird."

Die deutsche Weinkritikerin Helga Baumgärtel

„Wenn ich Ihre Haltung sehe, interessiert mich Ihre Meinung nicht mehr."

Bertolt Brecht (aus einer Annonce des Zigarrenproduzenten Clubmaster)

"Eyes right!"

Der Sonnenfinsternis-befehl

Oft kopiert, nie richtig. Oder was passiert, wenn eine einfache Geschichte sechsmal weitererzählt wird. Hier zum letzten Mal authentisch ...

Oberst zum Adjutanten: „Morgen früh um 8 ist Sonnenfinsternis. Das passiert nicht alle Tage. Die Männer sollen sich das seltene Schauspiel auf dem Kasernenhof ansehen, ich werde es erklären. Bei Regen sieht man nichts, dann Ausbildung in der Sporthalle." Adjutant zum Hauptmann: „Befehl vom Oberst – morgen früh um 8 ist eine Sonnenfinsternis. Wenn es regnet, kann man sie vom Kasernenhof aus nicht sehen, dann findet sie in der Sporthalle statt. Etwas, was nicht alle Tage passiert. Der Oberst wird erklären, warum das Schauspiel so selten ist." Hauptmann zum Leutnant: „Schauspiel vom Oberst – morgen früh um 8 Einweihung der Sonnenfinsternis in der Sporthalle. Der Oberst wird erklären, warum es auf dem Kasernenhof regnet. Sehr, sehr selten, so was!"

Leutnant zum Feldwebel: „Seltener Schauspielbefehl – morgen um 8 Uhr wird der Oberst die Sonne verfinstern, wie es alle Tage passiert. In der Sporthalle, wenn es ein schöner Tag ist, auf dem Kasernenhof, wenn es regnet."

Feldwebel zum Unteroffizier: „Morgen um 8 Verfinsterung des Obersts wegen der Sonne. Wenn es in der Sporthalle regnet, was nicht alle Tage passiert, Antreten auf dem Kasernenhof. Sollten Schauspieler dabei sein, sollen sie sich selten machen."

Gespräch unter Soldaten: „Wenn es morgen regnet, wird der Oberst finster. Aber wenn die Sonne keinen Hof hat, will er ihr einen machen. Dann wird er erklären, warum er die Sporthalle nicht mehr sehen kann. Schauspieler sollen Selters bekommen."

Originell statt normal

*Sie sind meist männlich,
Einzelkinder und werden
rund 73 Jahre alt.
Noch was?
Machen Sie den
Exzentrikertest*

Sein ganzes Leben lang ist der britische Psychologe Dr. David Weeks dieser Frage nachgegangen. Dabei kam er zu folgendem Ergebnis: Exzentriker fühlen sich ihren Mitmenschen überlegen, sieben von zehn sind Erstgeborene, viele erlebten eine nicht immer angenehme Kindheit, jeder dritte stammt aus einer exzentrischen Familie, natürlich handelt es sich um geborene Einzelgänger, und deshalb ist die Scheidungsrate bei ihnen überdurchschnittlich hoch.

Und noch etwas unterscheidet die Originellen von den Normalen. Weeks: „Fragt man einen Menschen, was der Höhepunkt seines bisherigen Lebens gewesen ist, benötigt er etwa zehn Minuten für die Erwiderung. Bei Exzentrikern reicht meine 45-Minuten-Kassette oft nicht.“ Allerdings besitzen sie einen ausgeprägteren Humor als ihre Mitmenschen und durchstehen Streßsituationen besser.

Wobei eines auffällt: Exzentriker sind meist männlichen Geschlechts, weibliche Originale waren zu allen Zeiten so gut wie unbekannt.

Nun kann man sich fragen, wieso es von Belang ist, Exzentriker zu sein. Dr. Weeks Antwort: „Meine Untersuchung aller uns bekannten Exzentriker zwischen 1550 und 1950 hat ergeben, daß sie im Durchschnitt 73 Jahre alt wurden, während die normale Lebenserwartung in diesen 400 Jahren nur 35 Jahre betrug.“

Es lohnt sich also, ein bißchen ausgeflippt, spinnig oder zumindest anders als die anderen zu sein – oder zu werden. Und ob Sie Talent zum Exzentriker haben, ergeben die folgenden zehn Fragen aus einem Test von Dr. Weeks. Zum Exzentriker braucht man Talent – testen Sie sich!

Antworten Sie wahrheitsgetreu und innerhalb von drei Sekunden mit R für richtig oder F für falsch:

1. Ich würde gern mehr wissen über alle möglichen Lebensbereiche.

2. Ich empfinde es als angenehm, nicht so zu sein wie andere Leute.

3. Erfolg ist ausschließlich ein Resultat harter Arbeit.

4. Ich bin mit meinen Ideen meiner Zeit weit voraus.

5. Ich genieße es, mich von Zeit zu Zeit unmöglich zu benehmen.

6. Ich bin in allem, was ich sage oder glaube, immer sehr beständig.

7. Ich liebe es, mich von Zeit zu Zeit Tagträumen hinzugeben.

8. Ich werde leicht ungeduldig im Umgang mit anderen Menschen.

9. Neugierde ist ein bestimmender Faktor meines Lebens.

10. Ich bin zu einem gewissen Prozentsatz von der Hilfe oder dem Rat anderer Menschen abhängig.

ER & SIE

Essen

Sex

Schönheit

Verführen

sich als Aperitif ein Bier oder sucht den Wein mit dem schönsten Namen aus. Wundern Sie sich nicht, wenn er zum Nachtisch „eine Pulle Brause" (Champagner) bestellt, „und zwar von dem teuren". Bei Tisch erkennt man Restaurant-Rambo am besten daran, daß er sich die Serviette in den geöffneten Hemdkragen steckt, schnaufend schmatzend nur von den Achtzylindern erzählt und schließlich das Wasserschälchen mit der Zitrone in einem Zug leertrinkt.

Er ist, wie er ißt

Vergessen Sie alles über den berühmten ersten Eindruck, über die Sprache der Augen, der Hände oder des Körpers. Einen Mann erkennt man am besten, wenn man zum ersten Mal mit ihm Essen geht

TYP SYLVESTER STALLONE: Rambo fragt die Dame nie, wo oder was sie gern essen möchte – er reserviert am liebsten in Restaurants, die nur für ihre Preise bekannt sind. Den Ober begrüßt er wie einen alten Kriegskameraden, die Bedienung würdigt er eines Poblicks. Am liebsten liest er die rechte Seite der Speisekarte („Was so teuer ist, muß gut sein."), bestellt von der Vorspeise gern die doppelte Portion und schwärmt unaufhörlich von seinem Leibgericht „Surf 'n' turf" (Shrimps mit Filet). Entweder bestellt er

TYP JAMES BOND (Provinzausgabe): Lieber würde er seinen Martini geschüttelt trinken als zugeben, daß er schon Wochen vor der Verabredung sämtliche Freßführer gewälzt hat und in dem Lokal beim Testessen war. Die Tageskarte schiebt er denn auch beiseite und bestellt wie auswendig gelernt. Er erzählt Ihnen vom dem getrüffelten Trüffelflan, der hier immer (!) ganz vorzüglich ist und von den überbackenen Jakobsmuscheln, die keiner so kann wie Salvatore (der Koch). Fragen Sie ihn nie nach den gefüllten Blinis

oder den Farfalle della casa – er hat sie nie gegessen, weiß gar nicht, was das ist, und wird Ihnen immer davon abraten. Zwar kann er Spaghetti mit der Gabel essen, wird sich aber angesichts eines Messerbänkchens über diese Tischdekoration amüsieren. Mr. Bond wird Sie auch nicht lang fragen, was Sie essen möchten, sondern es à la Weltmann wissen und bestellen. Übrigens: Wundern Sie sich nicht, wenn nach dem Essen Salvatore aus der Küche kommt und Ihren Begleiter freundlich begrüßt. Beim letzten Mal hat er dem Küchenmann wissen lassen, er werde wieder mal was über ihn schreiben.

TYP WOODY ALLEN: Sie erkennen ihn daran, daß er schon beim Hereinkommen vergißt, die Schwingtür hinter sich offenzuhalten. Bei Tisch steckt er sich die Krawatte ins Hemd, damit nicht wieder das mit der Suppe, dem heißen Wasser und dem neuen Tischgedeck passiert. Wenn er Sie vor dem Essen nach einem Digestif fragt, den Sommelier nach etwas Brot schickt und mit dem Soßenlöffel an die Consommé geht, müssen Sie auch davon ausgehen, daß er Ihnen einen Chianti zur Seezunge bestellt. Tischgespräche sollten mit Stadtneurotikern auf ein Minimum reduziert werden: Je schwieriger die Konversation, desto größer die Ablenkung, desto öfter heißes Wasser. Setzen Sie sich ihm niemals gegenüber, um so geringer ist die Gefahr, daß er sich heftig amüsiert – und der Aschenbecher vor ihm steht. Ein wenig Geld in der Tasche kann ebenfalls nicht schaden, zumal sich Ihr Begleiter darauf verlassen könnte, daß das Restaurant Kreditkarten akzeptiert.

TYP FRED ASTAIRE: Sie stehen an der Garderobe, Ihr Begleiter nimmt Ihnen den Mantel ab und hängt ihn und seinen an den Haken. Wenn das alles so angeht, kann der Abend schon kein Disaster mehr werden. Wenn er Sie (hinter dem Ober) vorgehen läßt, und wartet, bis Sie sich gesetzt haben, beweist er zumindest Höflichkeit. Wundern Sie sich nicht, daß auf Ihrer Speisekarte keine Preise stehen – die stehen auf seiner. Er wird Sie fragen, ob Sie ein Glas Champagner vorweg trinken möchten und dies bestellen. Er wird Ihnen Feuer geben für eine Zigarette und auf seine verzichten, wenn Sie Nichtraucher sind. Er wird den

Ober in ein freundliches Fachgespräch über die Karte verwickeln, das Sie interessiert mitanhören. Er wird Sie fragen, was Sie essen möchten und seine Anzahl der Gänge darauf einstellen. Er wird aufmerksam sein, daß es Ihnen an nichts fehlt und es notfalls mit dem Ober regeln. Er wird bezahlen und kein Wort darüber verlieren.

Und wenn Sie dann aufstehen und gehen und glauben, Sie hätten es mit einem perfekten Gentleman zu tun – dann wird er in seinem Auto vielleicht über Sie herfallen, Ihnen Unverschämtheiten ins Ohr flüstern oder einfach sagen: „So Baby, jetzt bist Du dran!" Sie hätten ihm doch besser in die Augen schauen sollen.

„Du sollst nicht begehren deines Nächsten Weib!" und ähnliche christliche Donnerworte vergewaltigen die Natur des Mannes

Untreue, wissenschaftlich

Als „ein Phänomen, das normalerweise moralisch verhangen wird", interessiert die Unmöglichkeit lebenslanger Treue den Verhaltensforscher Heinz Meyer, Lehrstuhlinhaber für Soziologie an der Technischen Hochschule Aachen. „Die Mehrzahl der Individuen leistet keine lebenslange Monotropie", urteilt der Professor nach dreijährigem Vergleich völkerkundlicher Beobachtungen, historischer Studien und aktueller Umfragen. Er interpretiert es als „biologisch durchaus sinnvoll", daß jedes Männchen sich mit

vielen Weibchen paaren möchte. „Das ist der männliche Beitrag zur Vermehrung der Menschheit. Da möglichst viele Vereinigungen stattfinden, ist die Sexualität mit Lust verbunden – eine List der Natur. Damit fördert sie gleichzeitig, was man in der Biologie als Konkurrenz der Gene bezeichnet." Spezifisch weiblich sei dagegen, „sich optimal um das Aufziehen der Brut zu kümmern". Männlicher und weiblicher Instinkt sind zeitweilig miteinander vereinbar: „Während einer Phase der Verliebtheit sind die Partner monotrop, d. h. nur einander zugewandt. Das ermöglicht eine Bindung, vielleicht auf die Dauer der Nachwuchserziehung. Noch darüber hinaus geht die Monogamie als institutionalisierte Form der Einehe." Der Verliebtheit eines Paars folgt freilich eine Phase der Neuorientierung, und zum Leidwesen der Eifersüchtigen beginnt diese Ablösung nicht unbedingt gleichzeitig bei beiden Partnern: „Sonst lebten wir einfacher.

Daß Partner heute eher bereit sind, eine Bindung aufzugeben, ist Folge der Aufklärung und des Anspruchs auf Selbstverwirklichung. Denn dazu gehört auch die sexuelle Selbstverwirklichung des Manns." Jeder Mann sucht dann wieder andere Frauen, doch auf die promiskuitive Phase kann erneut eine monotrope Verliebtheit folgen, ein Wechselbad immerfort. Wenn ein Mann sich entscheiden soll, alle

Frauen für eine oder eine für alle aufzugeben, müßte er so oder so eine Hälfte seiner Natur unterdrücken. Professor Heinz Meyer folgert: „Offenbar ein Konstruktionsmangel der Evolution."

Das tödliche Jawort

Passen Sie zusammen?

Aus der spiritistischen Szene Englands kommt ein scheinbar simpler, aber faszinierender Test, ob zwei Menschen zueinander passen. Wir liefern hier nur die „weltliche" Formel, ohne dazugehörenden satanischen Ballast:

Schreiben Sie die Zahlenwerte der Buchstaben des Alphabets auf einen Zettel oder benützen sie diese Vorlage:

A=1 B=2 C=3 D=4
E=2 F=5 G=3 H=5
I/J=1 K=2 L=3 M=4
N=5 O=9 P=8 Q=1
R=2 S=3 T=4 U=6
V=6 W=6 X=5 Y=1
Z=7.

Errechnen Sie den Zahlenwert Ihres Namens und des Namens Ihres Partners (Kosenamen sind so o. k. wie Vor- und Zunamen oder nur der Vorname):

Nehmen wir an, Ihre Partnerin wird BÄRCHEN genannt. Das ergibt 28, Quersumme von 28 ist 10. Quersumme von 10 ist 1. Die gesuchte Zahl ist 1. Sie heißen EDI. Das ergibt 10, Quersumme – ebenfalls 1.

Das bedeutet: Sie beide passen exzellent zusammen, denn das ist der Sinn dieses Tests: eine möglichst übereinstimmende Zahl zu erreichen.

Diejenigen, die diesen Test entwickelt haben, nennen die Namensziffer „die ganz persönliche Okkultzahl", bringen sie mit Gestirnen und Mineralien in Verbindung und betrachten sie als eine Art Psychogramm.

EINER WAR DAGEGEN

Das beste Argument für männliche Enthaltsamkeit fiel dem Earl of Chesterfield ein (britischer Staatsmann und Schriftsteller, 1694–1773). Und weil es so unnachahmlich englisch ist, sei uns das Zitieren im Originalton gestattet: „The pleasure is momentary, the position ridiculous, and the expense damnable."
Unter uns gesagt: Dieser Spruch, in Kupfer gegossen, hängt in der Schlafkajüte des Tenors René Kollo auf seiner Yacht.

Die Frauen werden es wieder mal nicht glauben, aber es ist nun mal so: Das Jawort vor dem Traualtar oder Standesbeamten ist das Todesurteil für ein aufregendes Liebesleben. Dieses Untersuchungsergebnis hat der amerikanische Psychologe William James nach 15 Jahren Forschung über das Intimleben von Eheleuten veröffentlicht. James fand heraus: Junge Paare, die vor und während der ersten Wochen ihrer Ehe durchschnittlich 20mal pro Monat miteinander schlafen, tun dies zum Ende des ersten Ehejahrs nur noch zehnmal pro Monat, später nur noch einmal pro Woche. „Dieser rapide Sturz aus dem siebten Himmel", sagt James, „ist nicht zu stoppen. Sex wird zur Gewohnheit – was früher eher versteckt gemacht wurde, ist dann verbrieftes Recht. Man nimmt es sich wie ein Bier, das man bestellt hat."

Wie oft denn nun wirklich?

Seit dem berühmten Luther-Wort dazu, kann man weder die Frage noch die Antwort mehr hören. Für alle, die es dennoch unindividuell wissen möchten, hier die amtliche Statistik. Sie stammt aus einem Land voll weiser Menschen – Tibet:

„Im Winter so oft wie möglich, im Herbst alle drei Tage, im Sommer alle zwei Wochen."

Die Erklärung: Im Herbst und Winter ist der menschliche Organismus topfit, im Frühjahr und Sommer läßt man nach. Deshalb sind die im Winter gezeugten Kinder meist auch robuster und energiegeladener.

UND WER GEHT ZUERST INS BAD? Diese Frage ist spätestens seit 1962 beantwortet, als Cary Grant in „Ein Hauch von Nerz" folgenden Satz sprach: „Ein Gentleman wartet stets, bis die Dame sich ausgezogen hat." PS: Kann sich jemand erinnern, daß sich Doris Day je ausgezogen hat? Und auch noch vor Cary Grant …?

Das erste Mal

Der deutsch-mexikanische Schriftsteller B. Traven über das Wunder des ersten Mals:

„Nach vielen Erfahrungen kommt der Mann endlich zu der Erkenntnis, daß von allen Frauen die erste, die er hatte, die beste war.

Denn die Erinnerung an sie liegt am weitesten zurück und ist am nächsten der Erinnerung an seine Jugend, die ihm romantisch erscheint, weil sie das Vergangene ist. Auch für die Frau ist der Mann, den sie zuerst liebte, der Mann, den sie für den besten hält, und den sie immer lieben wird, schon darum, weil er ihr nicht mehr im Weg ist. Der Grund ist der gleiche wie beim Mann."

Die sechs Jahreszeiten einer Ehe

Jede Ehe geht durch sechs Jahreszeiten, glauben Suzanne und Irving Sarnoff, Psychologen der Universität New York.

■ Frühling der Gefühle: Die Partner kommen sich näher, lieben sich häufig, besprechen alles.

■ Frühsommer des Kinderkriegens: Die Liebe steigert sich. Wenn der Mann an der Schwangerschaft nicht teilhaben kann, geht er auf Distanz.

■ Sommer des Kindererziehens: Beide übernehmen mehr Verantwortung. Er im Beruf, sie im Haushalt. Die besten Vorsätze gehen über Bord, wenn die Liebe plötzlich kein Vergnügen mehr ist.

■ Frühherbst des Machtkampfes: Er nimmt ihre Arbeit im Haushalt nicht mehr ernst. Sie spottet, wenn er handwerklich ungeschickt ist.

■ Herbst der Erneuerung: Wenn die Kinder aus dem Haus gehen, bekommt die Liebe neuen Reiz.

■ Winter der
Dankbarkeit: Ab 60
Jahren kann
das Paar den
Höhepunkt der
gemeinsam verbrachten Zeit erleben: Da ist Dankbarkeit für tiefe Gefühle – es gibt fast keine Mißverständnisse mehr, man hat viel Zeit fürs
Genießen zu Zweit.

OLD MAN OUT

Bis die Sache schließlich aufflog, bescherten englische Hausfrauen das
lustigste Signal für „Die Luft ist rein".
Sie stellten ein OMO-Paket gut sichtbar ins Fenster – übersetzt hieß das:
„Old Man Out."

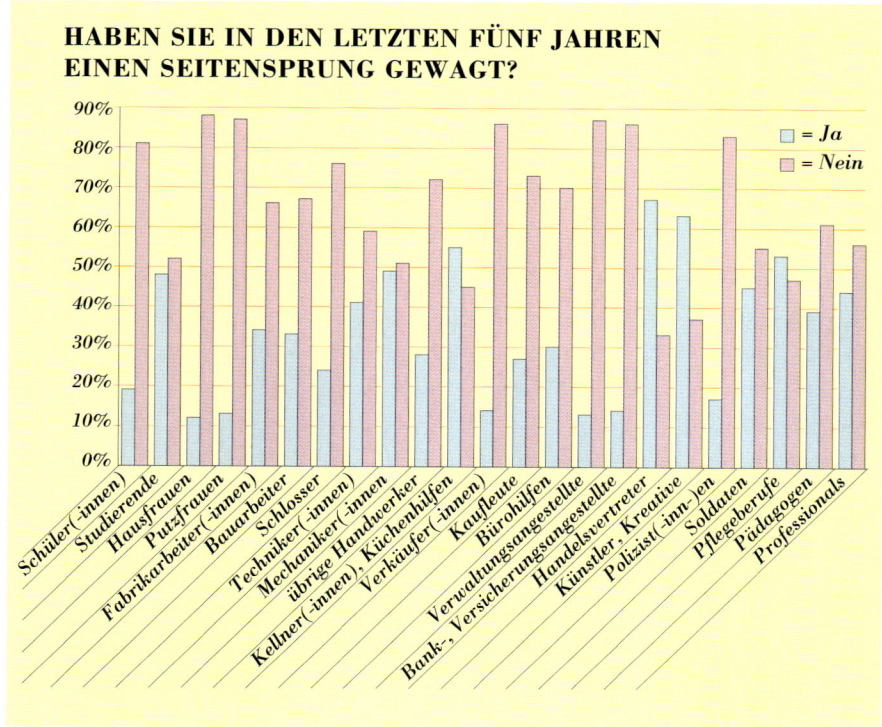

HABEN SIE IN DEN LETZTEN FÜNF JAHREN EINEN SEITENSPRUNG GEWAGT?

☐ = Ja
☐ = Nein

Eine Untersuchung, welche Berufsgruppe in Deutschland sich am häufigsten eine intime Beziehung außerhalb von fester Freundschaft oder Ehe leistet. Das Gewis-Institut Hamburg befragte über 2000 Männer und Frauen zwischen 16 und 60 Jahren. Das Ergebnis bestätigt ein weitverbreitetes Vorurteil

Sex macht schlank

Damit diese Frage ein für allemal beantwortet ist: Ja, es stimmt, ein guter Hahn wird nicht fett.

Der kanadische Wissenschaftler Richard Gordon stellte in einer neuen
Untersuchung fest: Zehn Minuten Sex
kostet 50 Kalorien. Zehn Minuten Fensterputzen (ein Hinweis an unsere Damen) verbrennt nur 48 Kalorien.

Gordon mußte, um zu einem wissenschaftlich haltbaren Ergebnis zu kommen, mit seiner Freundin 36 Tage hintereinander ins Bett steigen – und pro
Tag dreimal.

Er sagte hinterher: „It was a most
pleasurable form of research."

Die perfekte Traumfrau

*Sie sind beide Männer, denen man einen gewissen Erfolg
bei Frauen nicht absprechen kann. Wie aber müssen sie sein
und aussehen, die Traumfrauen von Charles Chaplin
und Rudolph Valentino?*

CHAPLIN:

1. Wenn sie mit mir zusammen ist, darf sie
keinen anderen Mann
anhimmeln.
2. Wenn ich eine geschäftliche Verabredung
habe ohne sie, ist ihre Enttäuschung groß genug, um
mir zu schmeicheln – und gering genug, um mich doch

vom Gehen abzuhalten.

3. Ihr Diamantcollier muß niemals geputzt werden.

4. Sie hat niemals glänzende
Schultern.

5. Sie ist niemals so ausschweifend, daß sie den
Überblick verliert.

6. Sie liest immer alle
Sonntagszeitungen
(die vermischte Seite zuerst).

Aber danach legt sie die Zeitung wieder sorgfältig zusammen, wie sie gehört.

7. Sie kennt keine Schlagertexte auswendig. Wenn doch, dann singt sie sie nicht in mein Ohr beim Tanzen.

8. Sie benutzt nur einen Hauch Eau de Toilette tagsüber, aber jede Menge „L'Heure Bleue" am Abend.

9. Ich bin nicht völlig verliebt in sie, aber ...

10. ... sie liebt mich.

VALENTINO:

1. Sie ist treu.

2. Sie erkennt die Liebe an als das höchste Gut.

3. Sie ist intelligent.

4. Sie ist schön.

5. Sie hat Sinn für Humor.

6. Sie ist aufrichtig.

7. Sie mag gutes Essen.

8. Sie hat ernsthaftes Interesse an Kunst, Literatur oder einem Hobby.

9. Sie hat eine altmodische und überzeugte Vorstellung von Monogamie.

10. Sie hat Mut.

SOFTWARE – HARDWARE

Unser vielzitierter Freund Charles Bukowski hat mal gesagt: „Bei Nacht den Exhibitionisten raushängen, das kann jeder. Um 2 Uhr nachmittags dagegen, da muß man wirklich was vorzuzeigen haben." Der Mann hat, wie immer, ja so recht. Und wer ordentlich was ausfahren kann, sollte aus seinen Partnerinnen Leseratten machen.

NORMAL	ERIGIERT
Brca:	Barcelona
Amseln:	Amsterdam sehen und lieben
Opel P4:	Konstantinopel Pfingsten 1984
Dattel:	Danke für die tolle Latte, Schatzl
Mother:	Momentane Hoffnung auf Erektion
Rumbalotte:	Ruhm und Ehre der baltischen Hochseeflotte
Wy:	Welcome to Jamaica, have a nice day

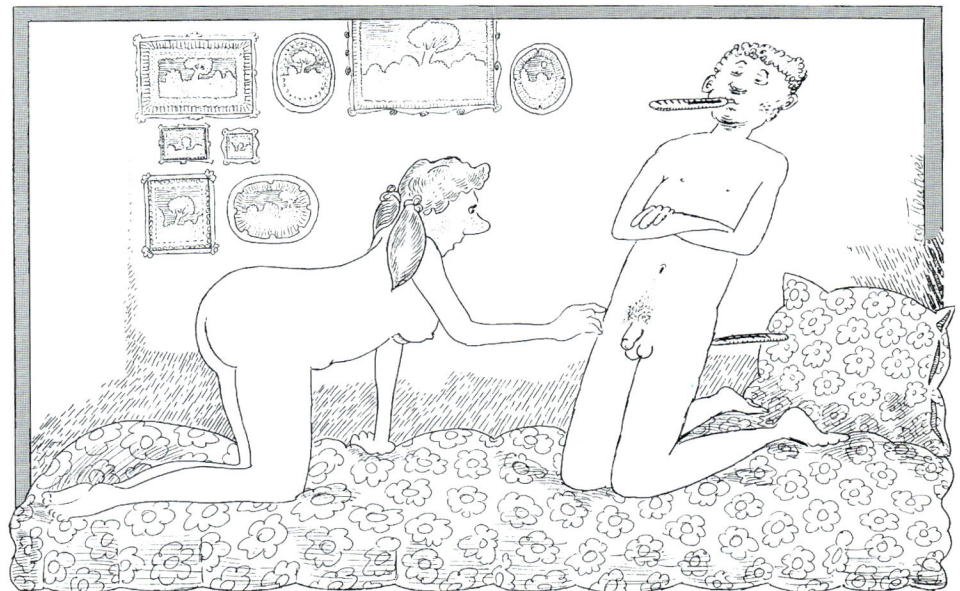

Wie fit sind Sie in der Liebe?

Zwanzig Fragen, die Ihnen zeigen, ob Sie sexuell in Ordnung sind – oder ob Ihr Partner recht hat mit seinen Klagen

Wer ist schon wirklich zufrieden mit seinem Sexualleben! Gibt es nicht im Leben eines jeden Manns gewisse Sehnsüchte, die unerfüllt bleiben, weil kaum einer mit seiner Frau offen darüber zu sprechen wagt? Dabei ist Sexualität wie Kriminalität: ein Prozent Veranlagung und 99 Prozent Gelegenheit.

Das hilft uns nur nicht weiter, wir warten auf Antworten. Und die kommen jetzt aus den USA. Dort ist soeben ein Buch* erschienen, in dem der Psychiater Harold Bloomfield und seine Frau, die Eheberaterin Sirah Vettese, einen Fragenkatalog erarbeitet haben. Sinn und Zweck: Die Leser können in einer Art Liebestest herausfinden, wie es um ihr Verhältnis zum Partner wirklich steht – bestens, so lala oder katastrophal. Für ihre Methode haben die beiden amerikanischen Experten dann auch gleich einen griffigen Namen erfunden: „Liebesfitneß".

Harold Bloomfield in einem Interview mit der Tageszeitung „USA Today": „Uns geht es darum, den Menschen zu zeigen, wieviel Ballast sie ins Bett mitnehmen – und daß sie diesen Ballast vorher abwerfen müssen, um mit sich und ihren Partnern ins reine zu kommen."

Lovemates: The Love Fitness Program For a Lasting Relationship, NAL Books, 18,95 Dollar.

Die Fragen

1. Ich bin öfter mal unsicher, ob ich meine Partnerin sexuell wirklich befriedigen kann.   ☐ **Ja**   ☐ **Nein**

2. Andererseits zweifle ich manchmal, ob die Frau, die ich liebe, sexuell wirklich die richtige für mich ist.
☐ **Ja**   ☐ **Nein**

3. Ich habe Schwierigkeiten, mich so richtig gehen zu lassen und die intimsten Freuden ungehindert zu genießen.
☐ **Ja**   ☐ **Nein**

4. Ich glaube, daß meine Partnerin mich verantwortlich macht, wenn es zwischen uns im Bett nicht klappt.
☐ **Ja**   ☐ **Nein**

5. Ich dagegen mache für solche sexuellen Schwierigkeiten eher meine Partnerin verantwortlich.
☐ **Ja**   ☐ **Nein**

6. Ich bin ziemlich irritiert, wenn meine Partnerin mal keine Lust auf Sex hat.   ☐ **Ja**   ☐ **Nein**

7. Von Zeit zu Zeit kommt es mir so vor, als wolle meine Partnerin bloß schnell „zur Sache" kommen, statt vorher noch ein bißchen zärtlich zu sein und unser Beisammensein zu genießen.   ☐ **Ja**   ☐ **Nein**

8. Mir scheint es so, als fänden wir in letzter Zeit immer häufiger Ablenkungen, um Sex zu vermeiden.
☐ **Ja**   ☐ **Nein**

9. Ich fürchte mich etwas vor der Reaktion meiner Partnerin, wenn sie zärtlich aufgelegt ist, ich jedoch keine Lust habe und nein sage.   ☐ **Ja**   ☐ **Nein**

10. Manchmal kann ich mich des Gefühls nicht erwehren, daß meine Partnerin ihre sexuelle Bereitschaft benützt, um mich zu kontrollieren, zu manipulieren oder sogar zu bestrafen.
☐ **Ja**   ☐ **Nein**

11. Meine Bereitschaft, mit ihr ins Bett zu gehen, nimmt jäh ab, wenn sie sich mir gegenüber vorher unsensibel benommen hat.   ☐ **Ja**   ☐ **Nein**

12. Es passiert, daß ich „hinterher" aus irgendeinem Grund depressiv, einsam oder sogar ärgerlich bin – oder mir so vorkomme.   ☐ **Ja**   ☐ **Nein**

13. Ich befürchte, daß ich mein Liebesleben zu häufig zwischen Tür und Angel betreibe, statt mir wirklich „wertvolle" Zeit dafür zu nehmen.
☐ **Ja**   ☐ **Nein**

14. Sex ist für mich und meine Partnerin mehr zu einer Freizeitübung als zu einer echten Leidenschaft geworden.
☐ **Ja**   ☐ **Nein**

15. Manchmal belastet mich die Erinnerung an negative sexuelle Erlebnisse.   ☐ **Ja**   ☐ **Nein**

16. Ich traue mich nicht, meine sexuellen Phantasien mit einem anderen Menschen zu teilen, vor allem nicht mit einer Frau (schon gar nicht mit der eigenen).   ☐ **Ja**   ☐ **Nein**

17. Mir scheint, daß die einzigen intimen Berührungen, die zwischen mir und meiner Partnerin vorkommen, nur (noch) während des Liebesakts im Bett passieren.   ☐ **Ja**   ☐ **Nein**

18. Allzu häufig verfallen meine Partnerin und ich neuerdings in unsere übliche sexuelle Routine.
☐ **Ja**   ☐ **Nein**

19. Ich kann es nicht leiden, wenn meine Partnerin mich sexuell bedrängt, zumindest reagiere ich dann sexuell desinteressiert.
☐ **Ja**   ☐ **Nein**

20. Meine Partnerin ist nicht gewillt, im Bett immer mal wieder was Neues auszuprobieren.

☐ **Ja**   ☐ **Nein**

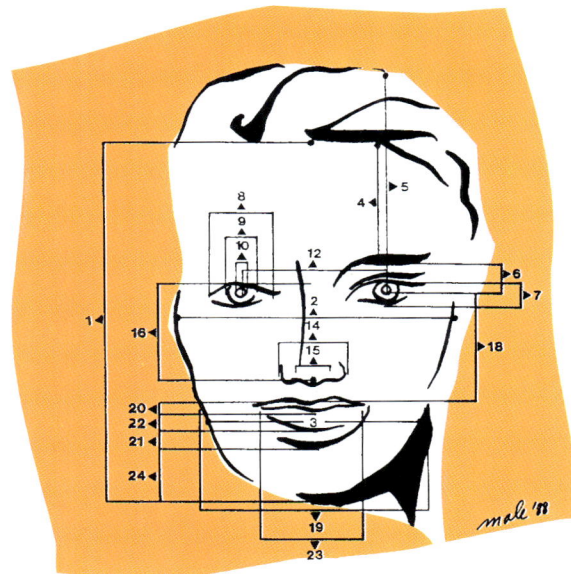

Und hier sehen Sie, was die Experten zu Ihren Antworten sagen.

Nur die Anzahl der Ja-Antworten zählt (vergessen Sie die Neins!). Aber – je häufiger Sie positiv reagiert haben, desto unbefriedigender, so die beiden Buchautoren, ist Ihr Sexualleben. Die Wertung im einzelnen:

0–5(mal ja): Sie fühlen sich sexuell rundherum wohl, zeigen gern Ihre Gefühle, und Ihr Partner ist Ihnen gegenüber offen. Sie sind sensibel und angenehm verletzlich und haben keine Probleme mit dem Signalisieren von dem, was Sie im Bett mögen.

6–10: Ihre Bereitschaft zu sexueller Intimität und Leidenschaft ist überdurchschnittlich hoch. Einziges Defizit: Manchmal fürchten Sie sich, Ihre wahren Empfindungen zu zeigen und gehen deshalb auch nicht immer ausreichend auf Ihren Partner ein.

11–15: Mit so vielen Ja-Antworten gehören Sie zur überwältigenden Mehrheit. Ihre sexuelle Intimität ist gestört, und Sie müssen Ihr Zusammenleben mit dem Partner überprüfen.

16–20: Dicke Krise! Sie leiden unter extremer Sexualfrustration und können mit Ihren eigenen intimen Gefühlen nichts anfangen – von denen Ihrer Partnerin gar nicht zu reden. Sie benötigen dringend Hilfe von außen.

PS: Für diejenigen, die mit ihrem Ergebnis unzufrieden sind, liefert Bloomfield ein schlüssiges Alibi nach. Er behauptet nämlich, daß unsere Generation „passiv" aufgewachsen sei. Wörtlich: „Wir beobachten nur noch, was andere tun und machen selbst möglichst wenig. Ich erinnere nur an an Peep-Shows oder Pornofilme.

Vermessungsarbeiten

Weibliche Schönheit läßt sich errechnen –
und manchmal hat man nur im Gefühl,
was wir Ihnen jetzt erklären

Schönheit ist – zeitlos. Unerklärlich. Individuell. „In the eyes of the beholder", wie die Briten sagen (im Auge des Betrachters).

Keiner ist bisher hinter das Lächeln der Gioconda gekommen (die nun auch nicht unbedingt schön ist). Niemand konnte die Anmut der Garbo in Worte fassen.

Dabei gibt es handfeste Kriterien, nicht immer streng wissenschaftlich, aber zumindest bedenkenswert. Und es gibt die Essenz aus 100 000 Generationen männlicher Erfahrung.

Bleiben wir zuerst mal im Labor: Ein gewisser Dr. Michael Cunningham von der Universität Louisville (Kentucky) hat jahrelang anerkannt schöne Frauen vermessen und ist auf folgende Standards gestoßen (seine hier abgedruckte

Grafik ist aber mit Vorsicht zu genießen, da sie Nichtwissenschaftlern einige Rätsel aufgibt):

■ Die Höhe der Kinnpartie muß ein Fünftel des Gesichts betragen.

■ Die Höhe des sichtbaren Augapfels macht im Idealfall 14 Prozent der Gesichtslänge aus.

■ Die Entfernung vom Mittelpunkt des Auges bis zum unteren Rand der Augenbraue muß zur Länge des Gesichts im Verhältnis 1:10 stehen.

■ Der ideale Mund ist halb so breit wie das Gesicht auf seiner Höhe.

■ Die Nase muß weniger als fünf Prozent der gesamten Gesichtsfläche ausmachen.

Wenn Schönheit nicht nur Zentimeter und Abstände bedeutet, sondern auch Klasse (was bei der Garbo der Fall war, bei der Sängerin Madonna nicht im geringsten), dann gibt es da noch ein paar andere Kriterien – zum Teil unsichtbar, zum Teil bisher unbeachtet.

■ Man wird keine bösen Überraschungen mit Frauen erleben, deren dritter Zeh länger ist als ihr zweiter.

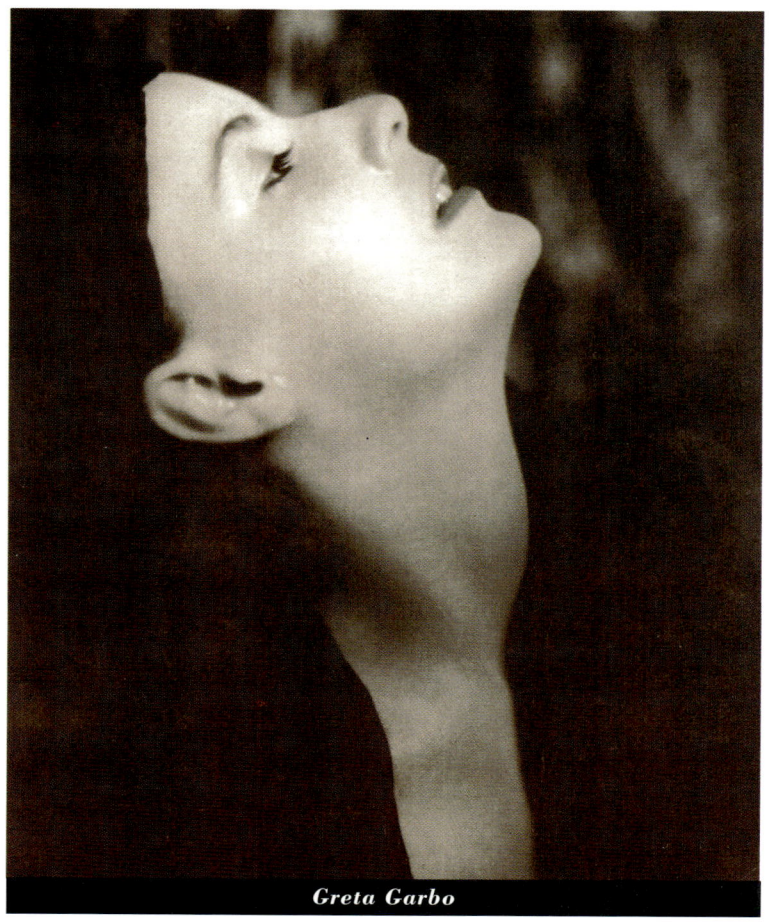

Greta Garbo

Eleonora Duse

Frauen,
die man nie vergißt

Es gibt ein paar Frauen, die begleiten einen Mann durchs Leben wie das Bild der Mutter. Nur länger, intimer, wilder. Und dann gibt es die, von denen werden wir immer nur träumen. Aber immer wieder

Gloria Swanson

Josephine Baker

Katharine Hepburn

Lauren Bacall

Mistinguett

Grace Kelly

WIDMUNG

Die wohl perfekteste Widmung bekam Ernest „Papa" Hemingway von Marlene Dietrich. Sie steht auf einem (leider inzwischen verschollenen) Foto und lautet – übersetzt – folgendermaßen:

„Papa – ich schreib Dir das auf einem Foto, damit Du es nicht so leicht verlierst. Ich liebe Dich bedingungslos. Das schließt aus, ärgerlich, beleidigt ect., ect. zu sein. Das beinhaltet ein Plain Pourvoir (Anm. = unbegrenztes Verfügungsrecht) für Dich, was mich betrifft. Wie gefällt Euch das, meine Herren?
Marlene"

PS: „Papa" war so stolz auf diese Widmung, daß er sie sofort seinem Freund, dem US-General Charles T. „Buck" Lanham mitteilte. Eine Angeberei, über die wir im nachhinein froh sein müssen – sie hat uns die Widmung erhalten ...

Jean Harlow

Romy Schneider

Audrey Hepburn

Sophia Loren

Anna Magnani

Shirley McLaine

Marilyn Monroe

Margaret Rutherford

Raquel Welch

Doris Day

Brigitte Bardot

Catherine Deneuve

Jane Fonda

Barbara Streisand

Jessica Lange

Isabelle Adjani

Julia Roberts

Kim Basinger

PAULINA ÜBER DIE MÄNNER

„Mein ganzes Leben lang habe ich davon geträumt, den komischen Spock aus ‚Raumschiff Enterprise' zu verführen. Dafür habe ich jetzt die Quittung bekommen: meinen Freund Rick Ocasek. Der sieht noch komischer aus als Spock. Aber mit Männern ist das so eine Sache, und ich bin ein gebranntes Kind. Immer wenn ich einsam war, und das war ich oft, da ich mir meinen Bedarf an Zärtlichkeiten ja nicht bei meiner Familie holen konnte, habe ich mich mit irgendeinem Mann eingelassen. Dabei wollte ich immer nur, daß mich einer in den Arm nimmt – aber sie wollten immer sofort ins Bett. Mit 16 Jahren lebte ich mit einem Fotografen in Paris, drei Jahre später mit einem Friseur in New York. Jetzt habe ich Rick (Foto oben), auch wenn sich alle wundern, was ich an ihm finde: Er stärkt mein Selbstbewußtsein und ist immer für mich da. Außerdem ist er klapperdürr, was ich liebe, und trägt keinen Bart. Männer mit Bart würden es bei mir nicht lang aushalten – sie zu küssen wäre mir unmöglich. Wenn es jemand interessiert, was ich an Männern mag, fällt mir zuerst ein, welche ich überhaupt nicht mag: verschlossene Typen und Chauvinisten. Sex ist für mich auch eine Frage der Sensibilität und des Humors. Männer sollten ihren Frauen gegenüber mehr Gefühl zeigen. Auch mit Anerkennung und Achtung sollten sie nicht geizen. Ist Ihnen aufgefallen, wie viele Frauen, die nicht so behandelt werden, die Freundschaft von Homosexuellen suchen? Weil sie das von denen halt bekommen ..."

■ „Something" von den Beatles,

■ „Can't Help Falling in Love With You" (Elvis Presley),

■ „The First Time Ever I Saw Your Face" (Roberta Flack),

■ „When A Man Loves A Woman" (Percy Sledge),

■ „Endless Love" (Diana Ross/Lionel Richie),

■ „And I Love You So" (Perry Como),

■ „If" (Bread),

■ „We've Only Just Begun" (The Car-

Verführung zu singen. Mathis selbst dazu: „Sinatra klingt mir zu wissend. Der singt wie einer, der oft verführt. Ich wollte immer unschuldig klingen. Weil das Wesen einer Romanze unschuldig ist."

Sein (Eigen-)Tip: „Wonderful! Wonderful!"

Der Grat ist schmal zwischen Verführungs- und Sexmusik. Prince (Schlagzeug, „O Baby, No Baby"-Schreie) bedeutet Bett; die Isley Brothers, The Spinners, Nancy Wilson, Marvin Gaye, Sonnenuntergänge, Kaminfeuer, Zärtlichkeit.

(Und vergessen Sie solche viel zu offensichtlichen Höschenstürmer wie „Feelings". Auch Roberta Flack war mit der „GQ"-Auswahl – „The First Time ..." – überhaupt nicht zufrieden. Sie schlägt stattdessen ihr „I Won't Tell A Soul" vor.)

Musik wird vom Gehirn auf der rechten Seite aufgenommen – der Ge-

„Das ist genau das, was sie braucht ..."

... sagte Tom Ewell und legte Rachmaninoff auf, als er Marilyn Monroe verführen wollte („Das verflixte siebte Jahr"). Es war die falsche Musikwahl. Hier die richtige

Erinnern Sie sich noch an diese wunderbar peinliche Verführungsszene, an deren Ende beide vom Klavierhocker kippen?

„Der gute alte Rachmaninoff, das unvergängliche Klavierkonzert, das wirkt immer! Das ist genau das, was sie braucht. Das wird sie aufwühlen", hatte Ewell gehofft.

Die beiden endeten beim vierfingrigen Flohwalzer. Auch nicht gerade die Musik für zärtliche Stunden.

Das amerikanische Männermagazin „GQ" hatte Interpreten, Schallplattenverkäufer und Musiktherapeuten befragt und kam auf folgende Verführungs-Top-ten:

penters),

■ Mozarts Klavierkonzert Nr. 21,

■ Pachelbels Canon in D.

Und was ist mit „Stardust"? Billie Holidays „Gloomy Sunday"? Oder Willie Nelsons „You Are Always On My Mind" (einem der größten unbekannten Songs der Popgeschichte)? Und Johnny Mathis? Exzellente Musikwahl.

Im Film „Diner" (1982, Regie: Barry Levinson, mit Mickey Rourke) sagt ein Mann: „Mathis ist in zärtlichen Stunden besser als Sinatra."

Richtig. Kein Sänger (vor allem keiner, der sich weniger für Frauen interessiert) hat je heftiger versucht, auf

fühlsseite. Erst wenn bedeutungsvoller Text dazukommt (Liebe, Vertrauen, Zukunft), beginnt die rationale linke Seite des Gehirns zu arbeiten. „Und dann setzt ein starker emotionaler Prozeß ein", sagt der Psychoprofessor Leon Miller von der University of Illinois (Chicago). Die Verführung beginnt zu wirken.

Das heißt: Reine Musikstücke, ohne Worte, sind nicht mal die Hälfte wert. Text gehört dazu. Möglichst mit altbewährten Reizworten. Deshalb (nur deshalb) empfinden wir Schnulzen als so schön. Besonders wenn die Schnulzigkeit durch Fremdsprachigkeit abgemildert ist.

Ein anderer wichtiger Gesichtspunkt: Manchmal ist die Ausstrahlung des Sängers so stark, daß die Eigenwirkung verlorengeht – Ihr Rendezvous möchte plötzlich lieber von Mick Jagger, Julio Iglesias oder Jon Bon Jovi verführt werden als von Ihnen.

Unser Tip: Unbekannte G-Punkt-Streichler wie Paul William.

Johnny Mathis verfolgt noch eine andere Theorie: „Ab Mitte der 70er Jahre hat man aufgehört, Musik zum Küssen zu schreiben. Nur noch Musik zum Tanzen war gefragt. Da wird zuviel Rhythmus reingepackt."

Seiner Meinung nach wurde die beste Verführungsmusik in den 50er Jahren geschrieben. Unwiderstehlichste Beispiele: die Oldtimer „In the Still of the Night" von den Five Satins, „Tonite, Tonite" von den Mello-Kings – nur 2½ Minuten lange Liebesgedichte. Harry Steckman, Gründer eines Instituts, das sich mit internationalen Musikeinflüssen beschäftigt, definiert Verführungsmusik so: „Möglichst Vier-Viertel-Takt, langsame bis moderate Tempi, nachsummbar, klare musikalische Linien mit viel Geige oder Klavier in C oder G, weiche, saubere Tenorstimme und fünf bis zehn Schlüsselworte im Text, die immer wiederkehren."

Du läßt Dich gehen ...

Was Lebensgefährten am Partner ändern würden – wenn sie könnten

Wenn Ehegatten das Aussehen ihres Partners änden könnten – was würde ihnen am dringlichsten erscheinen? Ergebnis einer Umfrage unter 600 Paaren:

Bei Männern und Frauen stehen weniger Pfunde an erster, eine neue Frisur an zweiter Stelle; dann jedoch scheiden sich die Geister. Der männliche Wunschzettel: 3. andere Kleidung, 4. jüngeres Aussehen und 5. größerer Busen. – Der weibliche Wunschzettel: 3. muskulösere Körper, 4. bessere Hygiene, 5. andere Kleidung.

Nebenaspekt: Während Männer ihre Frauen gern rundherum schlanker hätten, beanstanden Frauen meist nur den Bauch ihrer Partner.

In den USA haben die Psychiater dafür sofort einen neuen Begriff gefunden – Sexual Heart Talks (sexuelle Herzensgespräche).

Versuchen Sie einfach mal, zusammen mit Ihrer Partnerin folgende zehn Sätze wahrheitsgemäß und dennoch übereinstimmend zu vollenden:

■ „Das beste an unserem Sexualleben ist ...“

■ „An Dir finde ich Dein ... sexuell besonders attraktiv.“

■ „Mit Dir mache ich es ... am liebsten.“

■ „Mich verfolgt eine bestimmte erotische Phantasie, die ich mir gern mit

Billy Crystal und Meg Ryan
in „Harry und Sally“

■ „Was die Liebe zu Dir betrifft, habe ich nur vor einem Angst – ...“

■ „Ich hab' nie richtig Lust, wenn ...“

■ „Es würde mir weniger schwerfallen, meine sexuellen Wünsche zu nennen, wenn Du ...“

PS: Natürlich haben Sie längst erkannt, daß es neben dem Inhalt der Fragen vor allem darauf ankommt, überhaupt mit dem Partner so offen zu sprechen.

Wie Mann mit den Frauen spricht

Nein, man muß nicht sein Innerstes in den Windfang hängen. Nicht mal in einer sehr engen Partnerschaft. Aber es gibt ein paar Tricks, durch gemeinsame Offenheit jene Auseinandersetzungen zu vermeiden, die in Vorwürfen und Klagen enden

Julie Delpy und Sam Shepard in
„Homo Faber“

Dir erfüllen möchte – ...“

■ „Ich liebe es, wenn Du mich am ... berührst.“

■ „Wenn ich mal so richtig mit Dir flirten möchte und Du überhaupt nicht reagierst, dann fühle ich mich ...“

■ „Du ernüchterst mich sofort, wenn Du im Bett ...“

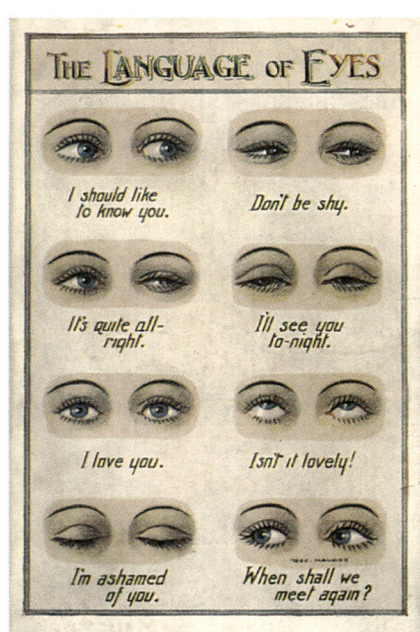

THE LANGUAGE OF EYES

I should like to know you.

Don't be shy.

It's quite all-right.

I'll see you to-night.

I love you.

Isn't it lovely!

I'm ashamed of you.

When shall we meet again?

liche Zimmer verbergen sich im alten Mühlhaus, ein kreatives Restaurant (Veilchenbowle, Gänseblümchensuppe ...) und viel Kultur (Dichterlesungen, Hauskonzerte). Nichts für Luxusprotze, eher was Kuschelcouples.
Bergmühle,
6541 Horbruch-Hunsrück,
Tel. (065 43) 40 41

OBERBAYERN
Nur 30 Minuten südlich von München, aber fern sämtlicher Streßfaktoren der

Die schönsten Liebesnester in und um Deutschland

Zehn romantische Tips für die berühmten Stunden zu zweit. Schwer zu finden, aber auch unauffindbar

MÜNSTERLAND
Rings herum nur Wiesen, Wälder und das kleine Flüßchen Werde. Mittendrin der Gutshof „Hof zur Linde" aus dem 17. Jahrhundert (sieben Kilometer von Münster). 33 Zimmer mit mittelalterlichen Himmelbetten (aber modernen Bädern), ein holzgetäfeltes Gourmetrestaurant mit offenem Kamin und eine Atmosphäre wie bei Freunden.
Hof zur Linde,
4400 Münster-Handorf,
Tel. (02 51) 32 50 02

UNTERFRANKEN
Fast wie im richtigen Märchen: Schloß Saaleck aus dem 13. Jahrhundert, hoch über der fränkischen Saale (eine Stun-

de südwestlich von Frankfurt). 13 Zimmer mit Stilmöbeln, Gobelins und Blick auf Unterfranken as it's best. Das Schloß wird von zwei „Gräfinnen", Helene und Christina Graf, geführt. Die beiden Schwestern stehen am Empfang, im Restaurant, in der Küche und haben nur eins im Sinn: diskret freundliche Gastfreundschaft.
Schloß Saaleck,
8783 Hammelburg,
Tel. (097 32) 20 20

HUNSRÜCK
Die „Bergmühle" in Horbruch im Hunsrück (eine Stunde westlich von Frankfurt) ist eins der verstecktesten Fluchtjuwele Deutschlands. Zehn nied-

Großstadtwelt: Das „Gut Faistenberg". Nur vier Zimmer vermietet Hausherr Freiherr von Stain, aber deren Gäste zeigt er mit Stolz seinen Weinkeller (einen der größten Bayerns), seine Kunstgalerie im ehemaligen Stall oder die einsamen Wanderwege durchs Voralpenland. Jeden Morgen fragt der Koch seine Gäste, was sie heute abend essen möchten, und das kauft er dann ein. Wer das Haus dann noch verlassen möchte: In der Umgebung gibt es zwei 18-Loch-Golfplätze.
Gut Faistenberg,
8196 Faistenberg bei Beuerberg,
Tel. (081 79) 12 00

HEIDELBERG
Mit seiner Liebsten kann man sich auch in der Stadt verstecken – am besten in Heidelberg im Hotel „Hirschgasse". Das 500 Jahre alte Bürgerhaus

liegt gegenüber dem Schloß und der Altstadt hoch am Berg. Die 18 Suiten wurden alle individuell von der englischen Designerin Laura Ashley eingerichtet und sind in Sachen Kuschelqualität kaum zu überbieten. Zum exquisiten Candle-light-Dinner muß man auch nur die Treppe hinuntergehen ins Hausrestaurant „Le Gourmet".

Hotel Hirschgasse,
Hirschgasse 3,
6900 Heidelberg,
Tel. (062 21) 403 21 60

BELGIEN

Vor zehn Jahren war der „Scholteshof" bei Hasselt (zwei Stunden westlich von Köln) noch ein halb verfallenes flandrisches Landgut aus dem 18. Jahrhundert. Heute ist der Hof so ziemlich das Beste, was sich ein Paar übers lange Wochenende gönnen kann. Zwölf Zimmer und sechs Appartements mit barocken Antiquitäten, ein Garten, wie von Breughel gemalt, und ein Restaurant, das zu den Top ten des Lands gehört.

Scholteshof,
Kermstraat 130,
B-3512 Hassel-Stevoort,
Tel. (00 32/11) 25 02 02

ITALIEN

Wer auf der Landstraße von Treviso nach Ponzano (eine Stunde nördlich von Venedig) rechts zum Hotel „El Toulà" abbiegt, hat mindestens einen Kilometer lang Zeit, sich zwischen den Rebstöcken hindurch mit einem der schönsten Landhäuser des Veneto bekannt zu machen. Durch das Marmorportal hindurch erspäht man schon

den riesigen Park hinter dem Haus, aber jedes der sechs Zimmer und zwei Suiten haben den Blick auf endloses Grün noch viel perfekter. Sicher, man kann auch die Vielzahl der Palladiovillen ringsherum, die Städte Padua, Vicenza und Asolo besuchen; aber bitte erst, wenn man mindestens 100mal die frischen Feigen mit Parmaschinken im Gartenrestaurant probiert hat.

El Toulà,
Via Postumia 63,
I-31050 Ponzano Veneto,
Tel. (00 39/422) 960 23

ÖSTERREICH

Mit dem Auto nur 15 Minuten von Innsbruck, unweit der Brenner-Autobahn, steht im Bobort Igls das „Schloßhotel Igls" (siehe Foto) wie aus einer vergangenen Welt. Ein Zuckerbäckerchâteau mit Romantikgarantie. Besonders zu empfehlen: das Turmzimmer mit Schmuseecke im Erker. Zum Ausgleich: ein Fitneßcenter der Extraklasse, die Kaminbar und der Gourmettempel im Blauen Salon.

Schloßhotel Igls,
Villersteig 2, A-6080 Igls,
Tel. (00 43/512) 772 17

FRANKREICH

13 Suiten in einem Landschloß aus dem 16. Jahrhundert, ein Restaurant mit zwei Michelin-Sternen und ein Weinkeller mit 30 000 Flaschen sind die äußeren Voraussetzungen. Ein Abendessen auf der Tulpen-gerahmten Terrasse mit dem Blick in die Weite der Provence und dem Duftgemisch aus Zypressen und Lammbraten in der Nase zählt zu den inneren Werten des

„Ousteau de Baumanière". An diesem Hügel, unterhalb des mittelalterlichen Dorfs Les Baux-de-Provence, scheint doch glatt die gute alte Zeit stehengeblieben zu sein.

Ousteau de Baumanière,
Les Baux-de-Provence,
F-13520 France,
Tel. (00 33/90) 54 33 07

DIE ZWÖLF GOLDENEN REGELN FÜRS GLÜCK ZU ZWEIT

Auch wenn's ein bißchen nach „Lore-Roman" klingt – selbst die kompliziertesten Dinge des Lebens sind eigentlich einfach. Und am einfachsten ist die Zweisamkeit. Wenn man die Spielregeln kennt.:

1. Nie beide zugleich sauer sein.
2. Sich nie anschreien – es sei denn, der Dachstuhl brennt oder ein Wasserrohr ist gebrochen.
3. Auf Gebrüll des Partners ruhig antworten.
4. Wenn man den anderen kritisieren will/muß, dann wenigstens freundlich.
5. Hat man die Wahl, sich selbst oder seinen Partner vor anderen gut aussehen zu lassen, unbedingt in den Hintergrund treten.
6. Nie Fehler der Vergangenheit aufbringen.
7. Lieber die ganze Welt mißachten als sich gegenseitig.
8. Keinen Tag ohne ein Kompliment für den Partner zu Ende gehen lassen.
9. Sich niemals ohne Küßchen begrüßen.
10. Hat man einen Fehler begangen, sofort mit dem anderen darüber sprechen.
11. Ein Problem immer gemeinsam diskutieren.
12. Nie wütend schlafen gehen.

Index: